Rudolf Steiner Taschenbücher
aus dem Gesamtwerk

RUDOLF STEINER

Esoterische Betrachtungen karmischer Zusammenhänge
Vorträge aus dem Jahre 1924

Band I	Zwölf Vorträge, gehalten in Dornach zwischen dem 16. Februar und 23. März	GA 235 (TB 711)
Band II	Siebzehn Vorträge, gehalten in Dornach zwischen dem 6. April und 29. Juni	GA 236 (TB 712)
Band III	Elf Vorträge, gehalten in Dornach zwischen dem 1. Juli und 8. August	GA 237 (TB 713)
Band IV	Zehn Vorträge, gehalten in Dornach zwischen dem 5. und 28. September	GA 238 (TB 714)
Band V	Sechzehn Vorträge, gehalten in Prag, Paris und Breslau zwischen dem 29. März und 15. Juni	GA 239 (TB 715)
Band VI	Fünfzehn Vorträge, gehalten in Bern, Zürich, Stuttgart, Arnheim, Torquay und London zwischen dem 25. Januar und 27. August	GA 240 (TB 716)

Das Werk Rudolf Steiners, wie es in der «Rudolf Steiner Gesamtausgabe» vorliegt, ist gegliedert in die Abteilungen: *Schriften – Vorträge – Künstlerisches Werk.* Seine stets frei gehaltenen Vorträge, insgesamt mehrere tausend, waren ursprünglich als «mündliche, nicht zum Druck bestimmte Mitteilungen» gedacht. Die anfänglich ohne, später mit seinem Einverständnis entstandenen Nachschriften, vor allem von den für Mitglieder der Anthroposophischen Gesellschaft gehaltenen Vorträgen, waren zunächst nur als interne Manuskriptdrucke zugänglich, da Rudolf Steiner aus Zeitmangel die Texte, mit wenigen Ausnahmen, nicht selbst korrigieren konnte. Kurz vor seinem Tod hat er die Einschränkung «Nur für Mitglieder» aufgehoben; die von ihm gemachten *Urteils-Voraussetzungen* bleiben weiterhin gültig. – Heute sind die Vortragstexte nach den vorhandenen Unterlagen geprüft und weitgehend veröffentlicht. Dennoch können Hör- und Übertragungsfehler nicht völlig ausgeschlossen werden.

Rudolf Steiner

Esoterische Betrachtungen karmischer Zusammenhänge

Zweiter Band

Siebzehn Vorträge, gehalten in Dornach
zwischen dem 6. April und 29. Juni 1924

RUDOLF STEINER VERLAG
DORNACH / SCHWEIZ

Nach vom Vortragenden nicht durchgesehenen Nachschriften
herausgegeben von der Rudolf Steiner-Nachlaßverwaltung

Erste Buchausgabe Dornach 1934

Ungekürzte Ausgabe nach dem gleichnamigen Band
der Rudolf Steiner Gesamtausgabe
herausgegeben von Robert Friedenthal
(Bibliographie-Nr. 235, ISBN 3-7274-2360-9)
6. Auflage, Dornach 1988

Taschenbuchausgabe

1.–7. Tsd. Dornach 1995

Bestell-Nr. tb 7120

Zeichen auf dem Umschlag und Titelblatt von Rudolf Steiner

Printed in Germany by Clausen + Bosse, Leck

ISBN 3-7274-7120-4

ZU DIESER AUSGABE

Die Fragen nach dem tieferen Sinn des Lebens und des menschlichen Schicksals hängen aufs engste zusammen mit der Grundfrage: Leben wir nur einmal oder sind unserer gegenwärtigen Verkörperung schon andere vorausgegangen und werden ihr weitere folgen? Gibt es tiefere Gesetzmäßigkeiten, die dem Schicksal des Menschen zugrunde liegen, oder ergibt sich dieses aus einer Aneinanderreihung äußerer Faktoren?

Wie aus Umfragen und zahlreichen neueren Publikationen hervorgeht, empfinden gegenwärtig zahlreiche Menschen die Anschauung der wiederholten Erdenleben für sich persönlich als zutreffend oder stehen ihr zumindest nicht ablehnend gegenüber. Vielfach liegt dieser Haltung vor allem ein Gefühl zugrunde, das gedanklich nicht begründet werden kann. Eine solche für das heutige Denken nachvollziehbare Begründung wurde von Rudolf Steiner (1861–1925) schon zu Beginn dieses Jahrhunderts gegeben, als er 1903 zwei Abhandlungen über *«Reinkarnation und Karma»* und *«Wie Karma wirkt»* als «vom Standpunkte der modernen Naturwissenschaft notwendige Vorstellungen» veröffentlichte. Weitere grundlegende Darstellungen sind in seinen zentralen Werken «Theosophie»[1] (Kap.: *Wiederverkörperung des Geistes und Schicksal*) und «Die Geheimwissenschaft im Umriß»[2] enthalten. Diese Darstellungen dürfen auch heute noch als die beste Einführung in das Thema betrachtet werden.

Die Tatsachen der wiederholten Erdenleben des Menschen und der daraus hervorgehenden Gesetzmäßigkeiten des Schicksals gehören zu den wesentlichsten Grundanschauungen der Anthroposophie. Welche Bedeutung Rudolf Steiner diesen Themen beigemessen hat, geht daraus hervor, daß er sie während seiner ganzen Lehrtätigkeit von immer neuen Gesichtspunkten aus in zahlreichen Vorträgen ausgeführt und erweitert hat.[3] Eine Kulmination erfuhren seine Dar-

1 Siehe Tb 615 und
2 Tb 601 in dieser Taschenbuchreihe.
3 Siehe u. a. Tb 647 «Wiederverörperung und Karma und ihre Bedeutung für die Kultur der Gegenwart», und Tb 620 «Die Offenbarungen des Karma» in dieser Taschenbuchreihe.

stellungen in seinem letzten Schaffensjahr 1924, in dem er in mehr als achtzig Vorträgen die Ergebnisse seiner geisteswissenschaftlichen Forschungen über karmische Zusammenhänge für die Mitglieder der Anthroposophischen Gesellschaft ausführte. Diese Karmabetrachtungen wurden innerhalb der Rudolf Steiner Gesamtausgabe und nun auch in der Reihe der «Rudolf Steiner Taschenbücher» in 6 Bänden herausgegeben.

Die ersten vier Bände enthalten die zusammengehörige Folge der in Dornach gehaltenen Vorträge, während im fünften und sechsten Band Vorträge in anderen Städten zu diesem Thema zusammengefaßt sind. Die Darstellungen richteten sich an Zuhörer, die mit den Grundlagen der Anthroposophie, wie sie in den oben genannten und weiteren Schriften Rudolf Steiners entwickelt sind, vertraut waren. Dies bestimmte den Duktus seiner Ausführungen. Da besonders die umfangreiche Dornacher Vortragsreihe in den Bänden I – IV einem inneren Aufbau folgt und in den ersten Vorträgen wesentliche Grundlagen für das Verständnis der weiteren Darstellungen gegeben werden, empfiehlt es sich für das Studium, diesen Aufbau nachzuvollziehen.

Weitere Literaturhinweise zu dem behandelten Thema finden sich zu Beginn der Hinweise in diesem Band.

INHALT

KARMISCHE BETRACHTUNGEN IN BEZUG AUF DAS GESCHICHTLICHE WERDEN DER MENSCHHEIT

KARMISCHE BETRACHTUNGEN
DES INDIVIDUELLEN MENSCHLICHEN LEBENS

KARMABILDUNG BEIM RÜCKLÄUFIGEN DURCHLEBEN DES ERDENWANDELS UNMITTELBAR NACH DEM TODE

Karmische Betrachtungen in bezug auf das geschichtliche Werden der Menschheit

Die Wiedergaben der Original-Wandtafelzeichnungen
Rudolf Steiners zu den Vorträgen in diesem Band
(vgl. die Randvermerke und den Text am Beginn der Hinweise)
sind innerhalb der Gesamtausgabe erschienen in der Reihe:
«Rudolf Steiner – Wandtafelzeichnungen zum Vortragswerk»
Band XVI

ERSTER VORTRAG

Dornach, 6. April 1924

Lassen Sie mich jetzt an dasjenige anknüpfen, was ich über das Karma in der letzten Zeit hier vorgetragen habe. Ich habe Ihnen gezeigt, wie durch die Geschichte hindurch die seelischen Impulse der Menschen von einem Erdenleben zu dem anderen sich hinüber fortpflanzen, so daß immer von einer früheren Epoche in die spätere Epoche dasjenige geleitet wird, was die Menschen selber hinübertragen.

Ein solcher Gedanke soll nicht nur theoretisch an uns herantreten, ein solcher Gedanke soll unser Empfindungsleben, soll unsere ganze Seele, soll unser Herz ergreifen. Wir sollen fühlen, wie wir, die ja im Grunde genommen so, wie wir hier sind, viele Male innerhalb des Erdendaseins vorhanden waren, jedesmal, wenn wir da vorhanden waren, in unsere Seele aufgenommen haben, was im Umkreise der Zivilisation war. Wir haben das mit unserer Seele verbunden. Wir haben es immer herübergetragen in die nächste Inkarnation, nachdem wir es vom geistigen Gesichtspunkte aus durchgearbeitet hatten zwischen dem Tode und einer neuen Geburt, so daß, wenn wir so zurückblicken, wir eigentlich uns erst recht drinnenstehend fühlen in der Gesamtheit der Menschheit. Und damit wir dieses fühlen können, damit wir gewissermaßen mehr übergehen können in den nächsten Vorträgen zu dem, was, ich möchte sagen, uns ganz intim selber angeht und das Hineinstellen in den karmischen Zusammenhang uns nahebringt, damit das geschehen könne, sollten ja konkrete Beispiele vorgeführt werden. Und ich suchte an solchen konkreten Beispielen zu zeigen, wie das, was irgendeine Persönlichkeit in alten Zeiten erlebt, ausgearbeitet hat, bis in die Gegenwart herein wirksam geblieben ist, weil es eben innerhalb des Karmas stand.

Ich habe zum Beispiel hingewiesen auf *Harun al Raschid*, habe hingewiesen darauf, wie Harun al Raschid, dieser merkwürdige Nachfolger Mohammeds im 8. und im 9. nachchristlichen Jahrhundert, im Mittelpunkte stand eines wunderbaren Kulturlebens, eines Kulturlebens, welches weit alles überflügelte, was gleichzeitig in Europa war.

Denn das, was gleichzeitig in Europa war, war eigentlich eine primitive Kultur. Während der Zeit, als in Europa Karl der Große herrschte, floß dort am Hofe Harun al Raschids, im Orient drüben, alles das zusammen, was an asiatischem, von Europa befruchtetem Zivilisationsleben nur zusammenfließen konnte: die Blüte dessen, was die griechische Kultur, was die altorientalischen Kulturen auf allen Gebieten des Lebens hervorgebracht hatten. Architektur, Astronomie, wie sie damals getrieben wurde, Philosophie, Mystik, Künste, Geographie, Dichtung, sie blühten am Hofe Harun al Raschids.

Und Harun al Raschid versammelte um sich eigentlich die besten derjenigen, die in Asien dazumal irgend etwas bedeuteten. Das waren ja zum großen Teile solche, die noch innerhalb der Eingeweihtenschulen, innerhalb der Initiationsschulen ihre Bildung fanden. Und Harun al Raschid hatte in seiner Umgebung eine Persönlichkeit – ich möchte nur diese eine Persönlichkeit erwähnen –, die in jener Zeit – wir stehen ja damit schon im Mittelalter auch für den Orient – zunächst in einer mehr intellektuellen Art aufnehmen konnte, was an wunderbarem Geistesgut von alten Zeiten her in die damals neueren überbracht wurde. Eine Persönlichkeit lebte da am Hofe Harun al Raschids, die in viel älteren Zeiten selbst durch die Initiation durchgegangen war.

Sie haben ja gehört von mir, wie es sehr wohl sein kann, daß wenn irgendeine Persönlichkeit, die für ein Zeitalter als ein Initiierter dasteht, wiederkommt – weil sie den Leib benutzen muß, der ihr eben zur Verfügung stehen kann, benutzen muß die Erziehungsverhältnisse, die ihr dann zur Verfügung stehen –, daß eine solche Eingeweihten-Persönlichkeit dann nicht als ein Eingeweihter erscheint, trotzdem sie alle diejenigen Dinge in ihrer Seele trägt, die sie geschaut hat während ihres Initiationslebens.

So haben wir ja bei *Garibaldi* kennengelernt, wie er das, was er als einstmaliger irischer Initiierter war, ausgelebt hat als ein Visionär des Willens, hingegeben an die Verhältnisse seiner unmittelbaren Gegenwart. Aber erkennbar ist an ihm, wie er, indem er sich hineinstellt in diese Verhältnisse seiner Umgebung, dennoch in sich andere Impulse trägt, als diejenigen sind, die ein gewöhnlicher Mensch hätte aufnehmen können aus der Erziehung, der Umgebung. Es wirkte eben in

Garibaldi der Impuls, der ihm kam von der irischen Einweihung her. Sie war nur verdeckt, und wahrscheinlich, wenn Garibaldi irgendeinen besonderen Schicksalsschlag oder sonst etwas erlebt hätte, das herausgefallen wäre aus dem, was in der damaligen Zeit erlebt werden konnte, dann wäre plötzlich aus seinem Inneren all das in Form von Imaginationen hervorgequollen, was er aus seiner irischen Einweihungszeit in sich trug.

Und so ist es immer gewesen bis heute. Es kann einer ein Eingeweihter sein in einer bestimmten Epoche, und weil er eben in einer späteren Epoche einen Leib benützen muß, der nicht aufnimmt, was die Seele in sich schließt, erscheint der Betreffende in diesem Zeitalter nicht als ein Eingeweihter, sondern es lebt der Einweihungsimpuls in seinen Taten oder in irgendwelchen anderen Verhältnissen. Und so war es auch, daß eine Persönlichkeit, die einmal ein höherer Eingeweihter war, am Hofe Harun al Raschids lebte. Diese Persönlichkeit, trotzdem sie nicht in einer äußerlich offenbaren Weise den Einweihungs-, den Initiationsinhalt in die spätere Zeit, in die Zeit Harun al Raschids hinübertragen konnte, war aber doch eine der glänzendsten Persönlichkeiten innerhalb der orientalischen Kultur im 8., 9. Jahrhundert. Sie war sozusagen der Organisator all desjenigen, was an Wissenschaften und Künsten am Hofe des Harun al Raschid vorhanden war.

Nun haben wir ja schon besprochen, welchen Weg die Individualität des Harun al Raschid durch die Zeiten hindurch genommen hat. Als er durch die Pforte des Todes gegangen war, blieb in ihm der Drang, mehr nach dem Westen zu kommen, dasjenige, was sich an Arabismus nach dem Westen hin ausbreitete, mit eigener Seele nach dem Westen zu tragen. Dann hat ja Harun al Raschid, der hinüberblickte über die Gesamtheit der einzelnen orientalischen Wissens- und Kunstzweige, seine Wiederverkörperung gefunden als der berühmte *Baco von Verulam,* der Organisator und Reformator des neueren philosophischen und wissenschaftlichen Geisteslebens. Wir sehen das, was Harun al Raschid gewissermaßen um sich herum gesehen hat, aber übersetzt ins Abendländische, in Bacon wiederum auftreten.

Und nun nehmen Sie, meine lieben Freunde, diesen Weg, den von

Bagdad aus, von der asiatischen Heimat, Harun al Raschid genommen hat nach England. Von England aus breitete sich ja dann in einer stärkeren, intensiveren Weise, als man gewöhnlich denkt, das, was Bacon gedacht hat in bezug auf die Organisierung der Wissenschaften, über Europa aus (siehe Zeichnung, rot).

Tafel 1*

Nun kann man etwa sagen: diese beiden Persönlichkeiten, Harun al Raschid und sein großer Ratgeber, die überragende Persönlichkeit, die in früheren Zeiten ein tiefer Eingeweihter war, sie trennten sich; aber sie trennten sich im Grunde genommen zu gemeinsamem Wirken, nachdem sie durch die Pforte des Todes gegangen waren. Harun al Raschid selber, der in glanzvollem Fürstentum gelebt hatte, erwählte den Weg, den ich Ihnen gezeigt habe, bis nach England herein, um als Baco von Verulam in bezug auf die Wissenschaft zu wirken. Die andere Seele, die Seele seines Ratgebers, sie wählte den Weg herüber (grüner Pfeil), um sich innerhalb Mitteleuropas zu begegnen mit dem, was von Bacon ausging. Wenn auch die Zeitalter nicht ganz stimmen, so hat das nichts weiter zu sagen, denn das hat für dasjenige, für das die Zeit selber nicht die tiefe Bedeutung hat, auch nicht solch große Bedeutung; denn manches, was oftmals Jahrhunderte auseinanderliegt, das wirkt zusammen in der späteren Zivilisation.

Der Ratgeber Harun al Raschids, er wählte den Weg durch den Osten Europas hindurch nach Mitteleuropa hinein während seines Le-

* Zu den Tafelzeichnungen siehe S. 303.

bens zwischen dem Tode und einer neuen Geburt. Und er wurde wiedergeboren in Mitteleuropa, in mitteleuropäisches Geistesleben hinein, als *Amos Comenius*.

Und so haben wir dieses merkwürdige, große, bedeutsame Schauspiel in dem geschichtlichen Werden, daß sich Harun al Raschid entwickelt, um vom Westen nach Osten eine Kulturströmung einzuleiten, die abstrakt, äußerlich-sinnlich ist; und von Osten herüber hat ja Amos Comenius in Siebenbürgen, in der heutigen Tschechoslowakei, bis nach Deutschland herein seine Tätigkeit entwickelt und ist dann in holländischer Verbannung gewesen. Amos Comenius hat – wer sein Leben verfolgt, wie er es darlebt als der Reformator der neueren Pädagogik für die damalige Zeit und als der Verfasser der sogenannten «Pansophia», kann es sehen –, er hat herübergetragen dasjenige, was er am Hofe Harun al Raschids aus älterer Einweihung heraus entwickelt hat. In der Zeit, als der Bund der «Mährischen Brüder» gegründet wurde, in der Zeit auch, als das Rosenkreuzertum schon einige Jahrhunderte hindurch gewirkt hatte, als die «Chymische Hochzeit» erschien, die «Reformation der ganzen Welt» von *Valentin Andreae*, da hat Amos Comenius, dieser große, bedeutende Geist des 17. Jahrhunderts, in all das, was da kam angeregt aus derselben Quelle heraus, seine bedeutsamen Anregungen hineingebracht.

Und so sehen Sie drei hintereinander liegende bedeutsame Erdenleben – und an bedeutsamen Erdenleben kann man eben die weniger bedeutenden dann studieren und sich selber hinaufranken zum Begreifen des eigenen Karma –, so sehen Sie diese drei bedeutsamen Inkarnationen hintereinander liegen: Zunächst tief drinnen in Asien dieselbe Individualität, die dann später erscheint als Amos Comenius, in alter Mysterienstätte aufnehmend alle Weisheit einer uralten Zeit Asiens. Sie trägt diese Weisheit hinüber bis zur nächsten Inkarnation, in der sie am Hofe Harun al Raschids lebt, hier sich entwickelnd zum großartigen Organisator dessen, was unter der Obhut und unter dem Fürsorgesinn des Harun al Raschid blüht und gedeiht. Dann erscheint sie wieder, um gewissermaßen dem Baco von Verulam, der der wiederverkörperte Harun al Raschid ist, entgegenzukommen und sich mit ihm im Hinblick auf dasjenige, was beide auszuströmen haben in die europäische

Zivilisation, innerhalb dieser europäischen Zivilisation von neuem zu begegnen.

Was ich hier sage, das ist schon von einer großen Bedeutung. Denn verfolgen Sie nur die Briefe, die geschrieben wurden und die den Weg machten – natürlich auf eine kompliziertere Art, als das bei Briefen der Fall ist, die heute geschrieben werden – von Baconianern oder Leuten, die in irgendeiner Weise der Bacon-Kultur nahestanden, zu den Anhängern der Comenius-Schule, der Comenius-Weisheit. Da können Sie in Schreiben und Antwortschreiben verfolgen, was ich Ihnen hier mit ein paar Strichen (Zeichnung S. 18) an die Tafel geschrieben habe.

Dasjenige, was an Briefen von Westen nach Osten und von Osten nach Westen geschrieben wurde, das war das lebendige Zusammenströmen zweier Seelen, die auf diese Art sich begegneten, nachdem sie die Grundlage zu dieser Begegnung gelegt hatten, als sie gemeinsam im Orient drüben im 8. und 9. Jahrhundert wirkten und dann sich zu entgegengesetztem und doch harmonisch zusammenwirkendem Tun wiederum vereinten.

Sehen Sie, so kann Geschichte studiert werden, so sehen wir die lebendigen Menschenkräfte in die Geschichte hineinwirken!

Oder nehmen wir einen anderen Fall. Es ergab sich mir aus ganz besonderen Verhältnissen heraus, daß sozusagen der Blick auf gewisse Ereignisse hingelenkt wurde, die, wir würden heute sagen, im Nordosten Frankreichs sich abspielten, aber sich abspielten auch im 8., 9. Jahrhundert, etwas später als die Zeit ist, von der ich jetzt gesprochen habe. Es spielten sich da besondere Ereignisse ab. Es war ja eine Zeit, in der noch nicht die großen Staatenbildungen da waren, in der deshalb dasjenige, was geschah, mehr innerhalb kleinerer Kreise der Menschheit geschah.

Da hatte denn eine Persönlichkeit von energischem Charakter einen gewissen großen Besitz eben in dem Gebiet, das wir heute den Nordosten Frankreichs nennen würden. Dieser Mann verwaltete den Besitz in einer außerordentlich geordneten Weise, in einer für die damalige Zeit außerordentlich systematischen Weise, möchte ich sagen. Er wußte, was er wollte, und war eine merkwürdige Mischung von einem zielbewußten Menschen und einer Abenteurernatur, so daß er mit mehr oder weniger Erfolg kleine Kriegszüge machte von seinem Eigentum aus, mit Leuten, die sich, wie das ja dazumal üblich war, als Krieger angezogen hatten. Es waren das kleine Heerhaufen, mit denen zog man aus und suchte das oder jenes zu erbeuten.

Mit einer Schar solcher Krieger zog der Betreffende von dem Nordosten Frankreichs aus. Und die Sache machte sich so, daß eine andere Persönlichkeit, etwas weniger Abenteuer als er selber, aber energisch, während der Abwesenheit des Eigentümers des Landgutes – heute erscheint das paradox, dazumal konnte eben so etwas geschehen – sich des Landgutes und des ganzen Besitztums bemächtigte. Als der Betreffende nach Hause kam – er war alleinstehend –, fand er, daß ein anderer Besitzer sich seines Landgutes bemächtigt hatte. Und die Verhältnisse entwickelten sich so, daß in der Tat der Betreffende nicht aufkam gegen den jetzigen Besitzer. Der war der Mächtigere, hatte mehr Mannen, hatte mehr Krieger um sich. Er kam gegen ihn nicht auf.

Nun waren die Dinge damals nicht so, daß man etwa, wenn man in seiner Heimat nicht fortkam, gleich in fremde Gegenden zog. Gewiß, diese Persönlichkeit war ja ein Abenteurer; aber das ergab sich doch nicht wiederum so rasch, er hatte nicht die Möglichkeit dazu, so daß der Betreffende mit einer Schar von Anhängern sogar eine Art Leibeigener wurde an seinem eigenen früheren Besitzerhof. Er mußte nun wie ein Leibeigener arbeiten mit einer Schar von denen, die mit ihm auf Abenteuer ausgezogen waren, während ihm sein Eigentum entrissen worden war.

Da geschah es, daß bei all den Leuten, die da Leibeigene geworden waren, während sie früher die Herren waren, eine ganz besonders, ich möchte sagen, dem Herrschaftsprinzip abträgliche Gesinnung entstand. Und es brannten in diesen Gegenden, die bewaldet waren, in mancher Nacht die Feuer da, wo man zusammenkam und wo man allerlei Verschwörungen besprach gegen diejenigen, welche sich des Eigentums bemächtigt hatten.

Es war einfach so, daß der Betreffende, der vom großen Besitzer mehr oder weniger zum Leibeigenen, zum Sklaven geworden war, sein übriges Leben nunmehr damit ausfüllte, abgesehen von dem, was er arbeiten mußte, Pläne zu schmieden, wie man etwa wiederum zu Besitz und Eigentum kommen könne. Man haßte denjenigen, der sich des Eigentums bemächtigt hatte.

Nun, sehen Sie, diese beiden Persönlichkeiten von damals gingen in ihren Individualitäten durch die Pforte des Todes, machten in der geistigen Welt zwischen dem Tod und einer neuen Geburt alles das mit, was seit jener Zeit eben mitgemacht werden konnte, und erschienen im 19. Jahrhundert wiederum. Derjenige, der Haus und Hof verloren hatte und zu einer Art von leibeigenem Sklaven geworden war, erschien als *Karl Marx,* der Begründer des neueren Sozialismus. Und der andere, der ihm dazumal seinen Gutshof abgenommen hatte, erschien als sein Freund *Engels.* Was sie dazumal miteinander auszumachen hatten, das prägte sich um während des langen Weges zwischen dem Tode und einer neuen Geburt in den Drang, das, was sie einander zugefügt hatten, auszugleichen.

Und lesen Sie, was sich zwischen Marx und Engels abgespielt hat, lesen Sie all das, was die besondere Geisteskonfiguration des Karl Marx ist, und halten Sie das damit zusammen, daß im 8., 9. Jahrhundert dieselben Individualitäten ja vorhanden waren, so wie ich es Ihnen erzählt habe. Dann wird Ihnen, ich möchte sagen, auf jeden Satz bei Marx und Engels ein neues Licht fallen, und Sie werden nicht in die Gefahr kommen, in abstrakter Art zu sagen, das eine ist durch dieses in der Geschichte verursacht, das andere ist durch jenes verursacht, sondern Sie sehen die Menschen, die etwas herübertragen in eine andere Zeit, das allerdings ganz anders erscheint, aber doch wiederum eine gewisse Ähnlichkeit mit dem früheren hat.

Was glauben Sie: im 8., 9. Jahrhundert, da hat man sich an Waldfeuern zusammengesetzt, da hat man in anderer Weise gesprochen, als man im 19. Jahrhundert zu sprechen Veranlassung hatte, wo Hegel gewirkt hatte, wo alles mit Dialektik abgemacht wurde. Aber versuchen Sie einmal sich vorzustellen den Wald im Nordosten Frankreichs im 9. Jahrhundert: da sitzen die Verschwörer, die Flucher, die Schimpfer in ihrer damaligen Sprache. Und übersetzen Sie sich das ins Mathematisch-Dialektische des 19. Jahrhunderts, dann haben Sie dasjenige, was bei Marx und Engels steht.

Das sind die Dinge, die von dem bloß Sensationellen, das man leicht verbinden kann mit Ideen über konkrete Reinkarnationsverhältnisse, herausführen und in das Verständnis des geschichtlichen Lebens hineinführen. Und man bewahrt sich am besten vor Irrtümern, wenn man nicht auf das Sensationelle ausgeht, wenn man nicht nur wissen will: Wie ist es mit der Wiederverkörperung? – sondern wenn man alles das, was im geschichtlichen Werden mit Wohl und Wehe, mit Leid und Freude der Menschheit zusammenhängt, aus den wiederkehrenden Erdenleben der einzelnen Menschen zu begreifen versucht.

So war mir immer in der Zeit, als ich noch in Österreich lebte, trotzdem ich in Österreich innerhalb des Deutschtums stand, eine Persönlichkeit besonders interessant, die ein polnischer Reichsratabgeordneter war. Ich glaube, viele von Ihnen werden sich erinnern, daß ich des öfteren von dem österreichisch-polnischen Reichsratsabgeordneten *Otto Hausner*, der in den siebziger Jahren ganz besonders wirkte, gesprochen habe. Diejenigen, die länger schon hier sind, werden sich erinnern. Und mir steht wirklich, seitdem ich im österreichischen Reichsrat Ende der siebziger Jahre, Anfang der achtziger Jahre immer wieder und wiederum Otto Hausner gehört und gesehen habe, mir steht dieser merkwürdige Mann immer vor Augen: Er hat in dem einen Auge ein Monokel; mit dem anderen Auge blickte er grundgescheit, aber so, daß er

Tafel 1

die Schwächen der Gegner mit dem anderen Auge, das durchs Monokel guckte, erlauerte. Während er redete, prüfte er dann, ob der Pfeil gesessen hat.

Dabei konnte er, der einen ganz merkwürdigen Schnurrbart hatte – ich habe das in meiner Lebensbeschreibung nicht bis in diese Einzelheiten ausführen wollen –, mit diesem Schnurrbart in merkwürdiger Art das, was er sagte, begleiten, so daß dieser Schnurrbart eine ganz merkwürdig bewegliche Eurythmie dessen war, was er dem gegnerischen Abgeordneten auf die beschriebene Weise ins Gesicht schleuderte.

Es war nun ein interessantes Bild. Stellen Sie sich vor: äußerste Linke, Linke, Mittelpartei, Tschechischer Klub, dann äußerste Rechte,

Tafel 1

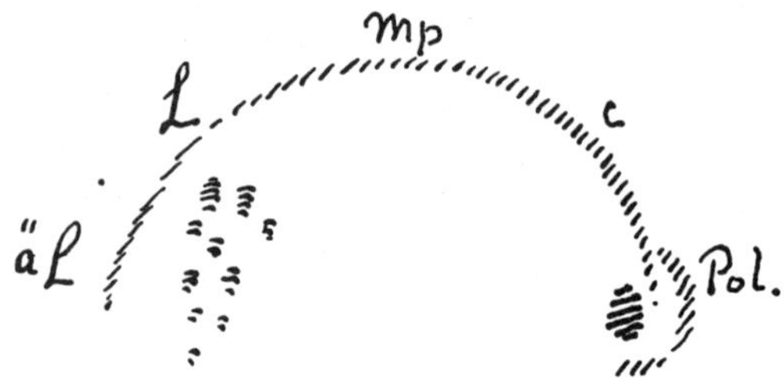

Polenklub; hier stand Hausner, und hier waren alle seine Gegner auf der äußersten Linken. Da waren sie alle; und das Kurioseste war, daß, als Hausner gelegentlich der Frage der bosnischen Okkupation *für* Österreich war, er einen stürmischen Beifall von diesen Leuten da auf der Linken hatte. Als er später über den Bau der Arlbergbahn sprach, da hatte er einen absoluten Widerspruch bei denselben Leuten auf der äußersten Linken. Und dieser Widerspruch blieb dann bei alldem, was er später zum Ausdruck brachte.

Aber gar manches von dem, was gerade Otto Hausner in den siebziger und achtziger Jahren als Warner, als Prophet gesagt hat, das hat sich bis in unsere Tage herein wörtlich erfüllt. Gerade heute hat man Veranlassung, oftmals zurückzudenken an das, was Otto Hausner damals geredet hat.

Nun, eines trat bei Otto Hausner fast bei jeder Rede hervor, und das wurde für mich, neben einigen anderen, wiederum nicht sehr bedeutenden Dingen des Hausner-Lebens, der Impuls, den karmischen Gang bei dieser Persönlichkeit zu verfolgen.

Otto Hausner konnte kaum eine Rede halten, ohne daß er so in Parenthesen eine Art Panegyrikus auf die Schweiz hielt. Immer stellte er die Schweiz Österreich als Muster hin. Weil in der Schweiz drei Nationalitäten sich gut vertragen, in Beziehung auf das Vertragen mustergültig sind, wollte er auch, daß sich die dreizehn österreichischen Nationalitäten die Schweiz zum Muster nehmen und diese dreizehn sich in ähnlicher Weise, föderalistischer Weise vertragen würden wie diese drei Nationalitäten in der Schweiz. Er kam immer wieder darauf zurück, es war merkwürdig. Die Hausnerschen Reden hatten Ironie, hatten Humor, auch innere Logik; nicht immer, aber oftmals wieder kam der Panegyrikus auf die Schweiz. Da konnte man immer sehen: das Entwickeln einer reinen Sympathie; es sticht ihn, er will das sagen. Dann wußte er seine Reden so auszurichten, daß eigentlich weiter niemand außer einer Gruppe von links, von liberalen Abgeordneten – aber diese schrecklich! – sich ärgerte. Es war sehr interessant zu sehen, wenn so irgendein linksliberaler Abgeordneter geredet hatte, wie dann Otto Hausner sich zur Gegenrede erhob und mit seinem bemonokelten Auge keinen Blick von ihm abwandte, aber die unglaublichsten Schnödigkeiten hinüberrollen ließ nach der Linken. Es waren bedeutende Männer da, aber vor keinem machte er halt. Und seine Gesichtspunkte waren im Grunde genommen immer große; er war einer der gebildetsten Männer des österreichischen Reichsrats.

Das Karma eines solchen Menschen kann einen schon interessieren. Ich ging nun davon aus, daß er so diese Nebenleidenschaft hatte, immer wiederum auf eine Lobrede auf die Schweiz zurückzukommen, und dann, daß er einmal in einer Rede über «Deutschtum und Deutsches Reich», die auch als Broschüre erschienen ist, mit einer großen Nichtsnutzigkeit, aber mit Genialität alles zusammengestellt hatte, was sich für das Deutschtum und gegen das Deutsche Reich von dazumal sagen ließ. Es ist wirklich auch da etwas grandios Prophetisches darinnen in dieser Rede, die im Beginn der achtziger Jahre gehalten worden ist, in der sozusagen das Deutsche Reich in den Grund gebohrt wird, ihm alles Schlechte nachgesagt wird, in der es der Ruinierer des deutschen

Wesens genannt wird. Und bewiesen wurden diese Sätze. Das war das zweite, sein eigentümlicher, ich möchte sagen, liebender Haß und seine hassende Liebe für Deutschtum und Deutsches Reich.

Und das dritte war, wie Otto Hausner wirklich mit einer ungeheuren Lebendigkeit damals sprach, als der Arlbergtunnel, die Arlbergbahn gebaut werden sollte, die Bahn, die von Österreich herüber nach der Schweiz geht und die also Mitteleuropa mit dem Westen verbinden sollte. Natürlich brachte er auch damals sein Loblied auf die Schweiz, denn die Bahn sollte ja in die Schweiz hineinführen. Aber man hatte, als er diese Rede hielt, die ja gesalzen und gepfeffert war, aber in einer wirklich delikaten Weise, man hatte da wirklich das Gefühl: der Mann, der weiß von Dingen auszugehen, die auf eine merkwürdige Weise in einem früheren Erdenleben in ihm veranlagt sein müssen.

Es war ja dazumal gerade überall die Rede von dem grandiosen Vorteil, den die europäische Zivilisation von dem deutsch-österreichischen Bündnis haben werde. Otto Hausner entwickelte damals im österreichischen Parlamente – worüber natürlich die anderen alle ihn furchtbar niederschmetterten – die Idee, die Arlbergbahn müsse gebaut werden, weil ein Staat, wie er sich Österreich vorstellte, nach dem Muster der Schweiz, dreizehn Nationen vereinigend, die Wahl haben müsse, sich seine Bundesgenossen zu suchen; und wenn es ihm paßt, hat er Deutschland zum Bundesgenossen, und wenn es ihm paßt, muß er einen strategischen Weg von Mitteleuropa nach dem Westen haben, um Frankreich zum Bundesgenossen haben zu können. Natürlich, als in dem damaligen Österreich das ausgesprochen wurde, da wurde er, wie man in Österreich sagte, schön niedergebügelt. Aber es war wirklich eine in herrlichster Weise mit allen Gewürzen durchsetzte Rede. Diese Rede, die gab die Direktion nach dem Westen hinüber.

Und indem ich diese Dinge zusammenhielt, fand ich dann, wie herüberwanderte von Westen nach Osten durch die Nordschweiz, in der Zeit, als *Gallus, Columban* auch herübergezogen sind, die Individualität des Otto Hausner. Das Christentum sollte er bringen. Er zog mit denjenigen Menschen, die von irischen Einweihungen angeregt worden waren, herüber. Er sollte mit ihnen das Christentum herüberverpflanzen. Auf dem Wege, ungefähr in der Gegend des heutigen Elsaß, wurde er ungeheuer angezogen von den Altertümern des germanischen Heidenwesens, angezogen von alledem, was im Elsaß, was in alemannischen Gegenden, was in der Schweiz hier an alten Göttererinnerungen, Götterverehrungen, Götterbildnissen, Götterstatuen vorhanden war. Das nahm er in tiefbedeutsamer Weise auf.

Und da entwickelte sich in ihm etwas, was man auf der einen Seite Hinneigung zum germanischen Wesen nennen kann, auf der anderen Seite aber wiederum entwickelte sich die Gegenkraft dazu: die Empfindung, daß er damals zu weit gegangen wäre. Und das, was er in einer gewaltigen inneren Umwandlung, in einer gewaltigen inneren Metamorphose erlebt hat, das erschien dann in diesen umfassenden Gesichtspunkten. Er konnte über Deutschtum und Deutsches Reich reden wie einer, der einmal bei all diesen Dingen intim dabeigewesen ist, der aber doch sie eigentlich aufgenommen hat, ohne daß er es sollte. Er hätte ja das Christentum verbreiten sollen. Er war sozusagen, ohne daß er es sollte, hineingekommen in die Gegenden – das hörte man selbst seinen Redewendungen an –, und er wollte wieder zurück, um diese Dinge gutzumachen. Daher seine Leidenschaft für die Schweiz, daher seine Leidenschaft für den Bau der Arlbergbahn. Man kann schon sagen, selbst in der äußeren Gestalt, wenn Sie sich dieses anschauen, drückte sich das aus – er sah eigentlich nicht polnisch aus. Und Hausner sagte auch bei jeder Gelegenheit, daß er ja nicht einmal der physischen Abstammung nach ein Pole sei, sondern nur der Zivilisation und Erziehung nach, daß «rätisch-alemannische» Blutkügelchen, wie er sich ausdrückte, in seinen Adern rollten. Er hatte aber aus einer früheren Inkarnation sich das hinübergenommen, daß er immer nach der Gegend schaute, wo er einmal gewesen war, in die er mit dem Columban und dem heiligen Gallus gezogen war, wo er das Christentum verbreiten wollte, aber eigentlich vom Germanentum festgehalten worden war. So machte er sozusagen den Versuch, in einer möglichst wenig polnischen Familie wiederum geboren zu werden, und fernzustehen, aber doch zu gleicher Zeit mit Sehnsucht gegenüberzustehen demjenigen, in dem er früher ganz drinnengestanden hatte.

Sehen Sie, meine lieben Freunde, das sind Beispiele, die ich Ihnen zunächst einmal heute entwickeln wollte, um Sie darauf aufmerksam zu machen, wie merkwürdig der Gang der karmischen Entwickelung ist. Wir werden nun das nächste Mal mehr eingehen auf die Art und Weise, wie das Gute und das Böse sich entwickelt durch die Inkarnationen der Menschen hindurch und durch das geschichtliche Leben. Wir werden auf diese Weise aber in der Lage sein, gerade von den bedeutenderen Beispielen, die in der Geschichte uns entgegentreten, ein Licht verbreiten zu können über mehr alltägliche Verhältnisse.

ZWEITER VORTRAG

Dornach, 12. April 1924

Es ist etwas schwierig, die Fortsetzung desjenigen, was in den letzten anthroposophischen Vorträgen hier gegeben worden ist, heute zu gestalten, da so viele Freunde erschienen sind, die eben die vorangehenden Betrachtungen nicht mitgemacht haben. Aber auf der anderen Seite ist es nicht gut möglich, gerade heute, wo manches zu ergänzen ist zu den früheren Vorträgen, mit etwas Neuem anzufangen, so daß also die jetzt angekommenen Freunde schon es werden hinnehmen müssen, daß mancherlei von den Betrachtungen, die an Voriges innerlich, nicht äußerlich, anknüpfen, vielleicht dem Verständnis Schwierigkeiten bereiten werde. Der geschlossene Vortragszyklus soll ja eben zu Ostern abgehalten werden, und der wird aus sich selber dann verständlich sein. Heute aber muß ich die Fortsetzung desjenigen geben, was vorangegangen ist. Es ist ja auch durchaus nicht vorauszusehen gewesen, daß so viele Freunde schon heute erscheinen, was auf der anderen Seite ja durchaus befriedigend ist.

Es handelte sich nämlich in unseren letzten Betrachtungen hier um die Besprechung konkreter karmischer Zusammenhänge, die immer angestellt worden sind, nicht um irgend etwas Sensationelles in bezug auf aufeinanderfolgende Erdenleben zu sagen, sondern um nach und nach zu einem wirklichen konkreten Verständnis der Schicksalszusammenhänge im Menschenleben zu kommen. Und ich habe aufeinanderfolgende Erdenleben geschildert, einfach so geschildert, wie sie zunächst an mehr historischen Persönlichkeiten beobachtet werden können, um einen Begriff davon hervorzurufen – was ja nicht besonders leicht ist –, wie das eine Erdenleben in das andere hineinwirkt. Man muß dabei immer wiederum im Auge behalten, daß ja seit der Dornacher Weihnachtstagung ein neuer Zug in die anthroposophische Bewegung hineingekommen ist. Und über diesen Zug möchte ich nur ganz kurz einleitend ein paar Worte sagen.

Sie wissen ja, meine lieben Freunde, es gab nach dem Jahre 1918 allerlei Bestrebungen innerhalb der Anthroposophischen Gesellschaft.

Diese Bestrebungen hatten einen ganz bestimmten Ursprung. Als die Anthroposophische Gesellschaft 1913 begründet worden ist, hat es sich darum gehandelt, einmal wirklich aus einem okkulten Grundimpuls heraus die Frage zu stellen: Wird diese Anthroposophische Gesellschaft sich weiter entwickeln durch die Kraft, die sie bis dahin in ihren Mitgliedern gewonnen hatte? Und das konnte nur dadurch auserprobt werden, daß ich selber, der ich ja bis dahin als Generalsekretär die Leitung der Deutschen Sektion hatte, als welche die anthroposophische Bewegung in der Theosophischen Gesellschaft drinnen war, daß ich selber dazumal nicht weiter die Leitung der Anthroposophischen Gesellschaft in die Hand nahm; sondern ich wollte zusehen, wie diese Anthroposophische Gesellschaft sich nun aus ihrer eigenen Kraft entwickelt.

Sehen Sie, meine lieben Freunde, das ist etwas anderes, als es gewesen wäre, wenn ich etwa dazumal geradeso wie bei der Weihnachtstagung gesagt hätte, ich wolle selbst die Leitung der Anthroposophischen Gesellschaft übernehmen. Denn natürlich muß ja die Anthroposophische Gesellschaft etwas ganz anderes sein, wenn sie von mir geleitet wird, oder wenn sie von jemandem anderen geleitet wird. Und aus gewissen Untergründen heraus hätte die Anthroposophische Gesellschaft, ohne daß ich selber sozusagen die Verwaltungsleitung gehabt hätte, um so besser geleitet werden können. Es hätten, wenn die Herzen gesprochen hätten, manche Dinge geschehen können, die eben dann unterblieben sind in Wirklichkeit, die nicht getan worden sind, ja, die sogar, unter dem Widerstand der Anthroposophen, von auswärts getan worden sind.

Und so ist es denn gekommen, daß – während des Krieges war ja natürlich nicht sehr viel Möglichkeit vorhanden, nach allen Seiten die Kräfte zu entfalten –, so ist es denn gekommen, daß nach dem Jahre 1918, ich möchte fast sagen, der Zustand, der da war, benützt worden ist von allen möglichen Seiten, um das oder jenes zu tun. Hätte ich dazumal gesagt, das soll nicht geschehen, dann würde heute natürlich die Rede dahin gehen, daß man sagt: Nun, hätte man das geschehen lassen, so hätte man heute florierende Unternehmungen nach allen Seiten.

Deshalb war es ja auch immer zu allen Zeiten Sitte, möchte ich sagen, daß die Leiter einer okkulten Bewegung sozusagen von denen, die etwas tun wollten, erproben ließen, wie das wird, damit durch die Tatsachen Überzeugungen hervorgerufen werden können. Das ist ja die einzig mögliche Art, Überzeugungen hervorzurufen. Und das mußte denn auch schon in diesem Falle geschehen.

Und das alles hat ja dazu geführt, daß dann gerade seit dem Jahre 1918 die Gegnerschaft in der Weise herangewachsen ist, wie sie nun einmal geworden ist, wie sie heute dasteht. Denn im Jahre 1918 hatten wir ja diese Gegnerschaft noch nicht. Wir hatten selbstverständlich einzelne Gegner. Um die kümmerte man sich nicht und brauchte sich nicht zu kümmern. Aber eigentlich sind die Gegner erst seit dem Jahre 1918 ins Kraut geschossen. Und das hat jenen heutigen Zustand hervorgerufen, unter dessen Einfluß es mir zum Beispiel unmöglich ist, öffentliche Vorträge innerhalb des Gebietes von Deutschland zu halten.

Das alles sollte gerade in der Gegenwart der anthroposophischen Bewegung nicht verhehlt werden. Darauf sollte man mit aller Klarheit schauen, denn wir kommen nicht vorwärts, wenn wir mit Unklarheiten arbeiten.

Nun ist aber auch verschiedenes experimentiert worden. Denken Sie nur einmal, was alles für Experimente gemacht worden sind, um immerzu, sagen wir, «wissenschaftlich» zu sein, ganz begreiflicherweise gewiß aus den Charakteren der Menschen heraus. Warum sollte es denn nicht dazu kommen, daß Wissenschafter, die ja auch teilnehmen an unserer Gesellschaft, wissenschaftlich sein wollen? Aber das ärgert die Gegner gerade. Denn dann, wenn man ihnen sagt, das oder jenes kann man beweisen als wissenschaftlich, dann treten sie mit ihren Aspirationen auf, die sie wissenschaftlich nennen, und dann werden sie natürlich wütend. Darüber muß man sich ja ganz klar sein. Nichts hat die Gegner mehr geärgert, als daß man über dieselben Themen, über die sie selber reden, in derselben Weise reden wollte, nur, wie man immer sagte, mit etwas «Einströmenlassen» von Anthroposophie. Dieses Einströmenlassen, das ist ja gerade das, was die Gegner in so großen Scharen herbeigerufen hat.

Und wenn man erst der Illusion sich hingibt, daß man etwa, sagen wir, die Menschen verschiedener Religionsgesellschaften dadurch irgendwie für Anthroposophie gewinnen könne, daß man dasselbe oder ähnliches sagt, was sie sagen, nur indem man wiederum Anthroposophie «einströmen» läßt, wenn man sich dieser Illusion hingibt, dann sündigt man ganz stark gegen die Lebensbedingungen der Anthroposophie.

Nun, in all das, was auf anthroposophischem Felde geschehen ist, muß eben seit der Weihnachtstagung ein ganz neuer Zug kommen. Und diejenigen, die bemerkt haben die Art, wie jetzt Anthroposophie hier vertreten wird, wie sie in Prag vertreten worden ist, wie sie jetzt wiederum in Stuttgart vertreten worden ist, die werden ja gesehen haben, daß nunmehr Impulse da sind, die auch in bezug auf die Gegner etwas ganz Neues hervorrufen. Denn wenn man wissenschaftlich sein will im gewöhnlichen Sinne des Wortes, wie es leider viele haben sein wollen, dann setzt man sozusagen voraus, es ließe sich mit den Gegnern diskutieren. Aber wenn Sie nun die Vorträge nehmen, die hier gehalten worden sind, die Vorträge, die in Prag gehalten worden sind, den Vortrag, der in Stuttgart gehalten worden ist: Können Sie da einen Augenblick noch glauben, daß es sich nur darum handeln kann, mit dem Gegner zu diskutieren? Selbstverständlich kann man nicht mit Gegnern diskutieren, wenn man von diesen Dingen spricht, denn wie soll man mit irgend jemandem von der heutigen Zivilisation darüber diskutieren, daß die Seele des Muawija in der Seele des Woodrow Wilson wiedererschienen ist!

Also es lebt jetzt in der ganzen anthroposophischen Bewegung ein Zug, der gar nicht auf etwas anderes hinausgehen kann als darauf, daß nun endlich einmal Ernst gemacht werde mit diesem Nichtdiskutieren mit den Gegnern. Wenn es sich um Argumente handelt, da kommt man ja ohnedies nicht zurecht. Und es wird doch endlich einmal eingesehen werden, daß es sich in bezug auf die Gegner nur handeln kann um das Zurückweisen von Verleumdungen und Unwahrheiten und Lügen. Man wird sich nicht der Illusion hingeben dürfen, daß man über solche Sachen diskutieren kann. Die müssen sich durch ihre eigene Macht und Gewalt verbreiten. Die lassen sich nicht durch Dialektik entscheiden.

Das ist dasjenige, was vielleicht jetzt gerade durch die Haltung der anthroposophischen Bewegung, wie sie seit Weihnachten ist, immer mehr und mehr auch in unserer Mitgliedschaft eingesehen werden wird. Und deshalb ist es schon so, daß nunmehr die anthroposophische Bewegung so gestaltet wird, daß sie auf nichts mehr Rücksicht nimmt als auf das, was die geistige Welt von ihr haben will.

Sehen Sie, ich habe nun von diesem Gesichtspunkte aus verschiedene Karmabetrachtungen angestellt, und diejenigen, die hier dabeigewesen sind, oder die das letzte Mal bei meinem Vortrag in Stuttgart waren, die werden sich erinnern, daß ich zu zeigen versuchte, wie diejenigen Individualitäten, die im 8. und 9. nachchristlichen Jahrhundert am Hofe des *Harun al Raschid* in Asien drüben vorhanden waren, nach verschiedenen Richtungen hin sich weiterentwickelt haben nach dem Tode und dann in ihren Wiederverkörperungen eine gewisse Rolle gespielt haben. In der Zeit, die wir auch das Zeitalter des Dreißigjährigen Krieges nennen können, etwas vorher, da haben wir auf der einen Seite die Individualität des Harun al Raschid, wiederverkörpert in dem Engländer *Baco von Verulam,* und haben den großen Organisator am Hofe von Harun al Raschid, der dort gelebt hat, allerdings nicht als Eingeweihter, aber als die Wiederverkörperung eines Eingeweihten, haben seine Individualität gefunden in *Amos Comenius.* Sie hat dann mehr in Mitteleuropa gewirkt. Aber aus diesen beiden Strömungen ist eigentlich vieles in dem geistigen Teil der neueren Zivilisation zusammengeflossen. So daß in dem geistigen Teil der neueren Zivilisation der Vordere Orient aus der Nach-Mohammed-Zeit gelebt hat, auf der einen Seite durch den wiederverkörperten Harun al Raschid in Baco von Verulam, auf der anderen Seite durch Amos Comenius, seinen großen Ratgeber.

Nun wollen wir heute einmal das betonen, daß ja die Entwickelung des Menschen nicht bloß stattfindet, wenn er hier auf Erden ist, sondern daß im wesentlichen auch die Entwickelung stattfindet, wenn die Menschen zwischen dem Tod und einer neuen Geburt sind. So daß man sagen kann: Sowohl Bacon wie Amos Comenius, nachdem sie sozusagen den Arabismus von zwei verschiedenen Seiten her in der europäischen Zivilisation befestigt hatten, sind ja nach ihrem Tode eingetreten in das Leben zwischen dem Tod und einer neuen Geburt. Da sind sie, sowohl Bacon wie Amos Comenius, mit verschiedenen Seelen zusammengewesen, welche später auf der Erde waren als sie, welche im

17. Jahrhundert starben und dann weiterlebten in der geistigen Welt. Dann sind ja Seelen im 19. Jahrhundert auf die Erde gekommen; die sind vom 17. bis 19. Jahrhundert mit den Seelen von Bacon und Amos Comenius in der geistigen Welt zusammen gewesen.

Nun gab es solche Seelen, die sich vorzugsweise versammelten um die Seele des ja tonangebenden Bacon, und solche Seelen, die sich sammelten um Amos Comenius. Und wenn das auch mehr bildlich ist, so dürfen wir doch nicht vergessen, daß, natürlich unter ganz anderen Verhältnissen, auch in der geistigen Welt, die die Menschen durchmachen zwischen dem Tode und einer neuen Geburt, sozusagen Führerschaft und Anhängerschaft vorhanden ist. Und es wirkten solche Individualitäten nicht bloß durch das, was sie auf der Erde hier bewirkten, etwa durch die Schriften von Bacon oder durch die Schriften von Amos Comenius, oder durch das, was in der Tradition hier auf der Erde fortlebte, sondern diese führenden Geister wirkten ja dadurch auch, daß sie in den Seelen, die sie herunterschickten, oder mit denen sie zusammen waren und die heruntergeschickt wurden, etwas ganz Besonderes auch noch in der geistigen Welt aufkeimen ließen. Und so sind nun auch in den Menschen des 19. Jahrhunderts Seelen, welche in ihrer Entwickelung schon im vorirdischen Dasein abhängig geworden sind von einem der beiden Geister, dem entkörperten Amos Comenius, dem entkörperten Bacon.

Und da möchte ich denn – wie gesagt, weil ich immer mehr und mehr hineinführen will in die Art und Weise, wie konkret Karma wirkt – aufmerksam machen auf zwei Persönlichkeiten des 19. Jahrhunderts, deren Namen den meisten bekannt sein werden, wovon der eine ganz besonders im vorirdischen Leben beeinflußt war von Bacon, der andere beeinflußt war von Amos Comenius.

Wenn wir uns Bacon anschauen, wie er innerhalb der Erdenzivilisation in seinem irdischen Leben als Lordkanzler in England gestanden hat, so müssen wir sagen: Er wirkte ja so, daß zu spüren ist, wie hinter seinem Wirken ein Eingeweihter stand. Der ganze Streit um Bacon und Shakespeare ist ja so, wie er äußerlich von Literaturhistorikern getrieben wird, etwas außerordentlich Ödes, denn es werden allerlei schöne Argumente vorgeführt, die da zeigen sollen zum Beispiel, daß eigentlich der Schauspieler Shakespeare überhaupt nicht seine Dramen geschrieben hat, sondern daß sie der Philosoph und Staatskanzler Bacon geschrieben haben soll, und dergleichen.

Alle diese Dinge, die mit äußeren Mitteln arbeiten, Ähnlichkeiten aufsuchen in der Denkweise der Shakespearschen Dramen und der Baconschen philosophischen Werke, alle diese äußeren Dinge sind ja eigentlich öde, weil sie an die Sache gar nicht herankommen, da ja die Wahrheit so liegt, daß in der Zeit, als Bacon, *Shakespeare*, *Jakob Böhme* und noch ein anderer gewirkt haben, ein Eingeweihter da war, der eigentlich durch alle vier gesprochen hat. Daher ihre Verwandtschaft, weil tatsächlich das auf einen Quell zurückgeht. Aber natürlich disputieren die Leute, die mit äußeren Argumenten disputieren, nicht über einen Eingeweihten, der dahintergestanden hat, sintemalen dieser Eingeweihte in der Geschichte geschildert wird, wie ja mancher moderne Eingeweihte, als ein ziemlich lästiger Patron. Aber er war nicht bloß das. In seinen äußeren Handlungen war er es schon auch, aber er war nicht bloß das, sondern er war eben eine Individualität, von der ungeheure Kräfte ausgingen und auf die eigentlich zurückgingen sowohl die Baconschen philosophischen Werke wie auch die Shakespearschen Dramen, wie die Jakob Böhmeschen Werke und wie noch die Werke des Jesuiten *Jakob Balde.* Wenn man dies ins Auge faßt, so muß man schon in Bacon auf philosophischem Gebiete den Anreger einer ungeheuren, breiten Zeitströmung sehen.

Will man sich nun vergegenwärtigen, was aus einer Seele werden kann, die durch zwei Jahrhunderte im überirdischen Leben ganz unter dem Einflusse des gestorbenen Bacon steht – es ist eine sehr interessante Frage –, dann muß man hinschauen auf die Art und Weise, wie Bacon nach seinem Tode gelebt hat. Es wird schon einmal wichtig werden für Betrachtungen der Menschengeschichte, daß man die Menschen, die auf der Erde leben, nicht bloß bis zu ihrem Tode betrachtet, sondern auch in ihrem Wirken über den Tod hinaus, wo sie, namentlich wenn sie Bedeutsames auf geistigem Gebiet geleistet haben, weiter wirken für die Seelen, die dann heruntersteigen auf die Erde.

Diese Dinge sind ja natürlich zuweilen etwas schockierend für die Menschen der Gegenwart. So zum Beispiel erinnere ich mich – es sei nur ein kleines Intermezzo, das ich einschiebe –, daß ich einmal auf dem Bahnhof einer kleineren deutschen Universitätsstadt, am Bahnhofstor, mit einem Arzt stand, einem bekannten Arzt, der sich viel mit Okkultismus beschäftigt. Um uns herum standen viele andere Leute. Er wurde warm, und aus seinem Enthusiasmus heraus sagte er zu mir in einem etwas lauten Ton, so daß es viele Umstehende hören konnten: Ich werde Ihnen die Biographie von Robert Blum schenken, aber die fängt erst mit seinem Tode an. – Es war, weil das so laut gesprochen war, schon etwas von Schockiertsein bei den Umstehenden zu bemerken. Man kann heute nicht so ohne weiteres zu den Leuten sagen: Ich schenke Ihnen die Biographie eines Menschen, die aber erst mit dem Tode anfängt.

Aber außer dieser zweibändigen Biographie von *Robert Blum*, die nicht mit der Geburt, sondern mit dem Tode anfängt, ist ja noch wenig geschehen nach dieser Richtung hin, biographisch von den Menschen zu sprechen, nachdem sie gestorben sind. Man fängt gewöhnlich bei der Geburt an und endigt mit dem Tode. Es gibt noch nicht viele Werke, die mit dem Tode anfangen.

Nun liegt aber für das reale Geschehen ein ungeheuer Wichtiges gerade in dem, was der Mensch nach dem Tode tut, wenn er die Ergebnisse dessen, was er auf der Erde getan hat, umgesetzt in das Geistige, den Seelen vermittelt, die nach ihm herunterkommen. Und man versteht gar nicht die Folgezeit eines Zeitalters, wenn man nicht auch auf diese Seite des Lebens hinschaut.

Es handelte sich für mich darum, einmal diejenigen Individualitäten anzusehen, die um Bacon nach seinem Tode herum waren. Und es waren herum um Bacon solche Individualitäten, die dann als Naturforscher geboren wurden in der Folgezeit, aber auch solche Individualitäten, die als Geschichtsschreiber geboren wurden. Und wenn man sich nun den Einfluß des gestorbenen Lord Bacon auf diese Seelen anschaut, so sieht man, wie das, was er auf der Erde begründet hat, der Materialismus, das bloße Forschen in der Sinneswelt – alles andere ist ja für ihn Idol –, wie das, hinaufgesetzt, übersetzt ins Geistige, in einen Radikalismus umschlägt. So daß in der Tat diese Seelen mitten in der geistigen Welt Impulse aufnehmen, die dahin gehen, nach ihrer Geburt, nachdem sie heruntergestiegen sind, auf der Erde nur auf dasjenige etwas zu geben, was eine Tatsache ist, die man mit den Sinnen sehen kann.

Nun möchte ich etwas populär sprechen, aber ich bitte Sie, das Populäre eben auch nicht ganz wörtlich zu verstehen, denn natürlich ist es dann furchtbar leicht zu sagen: Das ist grotesk. – Unter diesen Seelen waren auch solche, die nach ihren früheren Anlagen, nach den Anlagen ihrer früheren Erdenleben eben Historiker haben werden sollen. Einer unter ihnen war – ich meine, drüben noch im vorirdischen Leben – einer der Bedeutendsten. Alle diese Seelen haben eigentlich unter dem Eindruck der Impulse von Lord Bacon gesagt: Man darf jetzt nicht mehr Geschichte schreiben, wie die Früheren geschrieben haben, so daß man Ideen hat, daß man Zusammenhänge erforscht, sondern es müssen die realen Tatsachen erforscht werden.

Nun frage ich Sie: Was heißt in der Geschichte, die reale Tatsache benützen? – Das Wichtigste in der Geschichte sind ja die Absichten der Menschen, die nicht reale Tatsachen sind. Aber das zu erforschen, haben sich diese Seelen dann gar nicht mehr gestattet, und am wenigsten hat es sich gestattet diejenige Seele, die dann als einer der größten Geschichtsschreiber des 19. Jahrhunderts wieder erschienen ist, *Leopold von Ranke*, ein vorirdischer Schüler Lord Bacons, der eben als Leopold von Ranke wieder erschienen ist.

Verfolgt man nun den irdischen Historikerlauf des Leopold von Ranke, welches ist denn sein Grundsatz? Rankes Grundsatz als Geschichtsschreiber ist der: Nichts darf in der Geschichte geschrieben werden, als was man in Archiven liest; man muß die ganze Geschichte aus Archiven, aus den Verhandlungen der Diplomaten zusammenstellen.

Ranke, der ja ein deutscher Protestant ist, dem das aber gegenüber seinem Wirklichkeitssinn ganz gleichgültig ist, arbeitet mit Objektivität, das heißt, mit Archivobjektivität schreibt er die Geschichte der Päpste, die beste Geschichte der Päpste, die geschrieben worden ist vom reinen Archivstandpunkte aus. Wenn man Ranke liest, so ist man etwas irritiert, eigentlich im Grunde schrecklich irritiert. Denn es ist etwas Ödes, den bis ins höchste Alter beweglichen und regsamen Herrn sich denken zu müssen bloß in Archiven sitzend und zusammenstellend, was diplomatische Verhandlungen waren. Es ist ja gar keine wirkliche Geschichte. Aber es ist eine Geschichte, die nur mit den Tatsachen der Sinneswelt rechnet, und die sind für die Geschichte eben die Archive.

Und so haben wir gerade unter dem Gesichtspunkt der Berücksichtigung auch des außerirdischen Lebens die Möglichkeit, ein Verständnis dafür zu gewinnen: Warum ist Ranke so geworden?

Aber man kann auch hinüberschauen, wenn man solche Betrachtungen anstellt, zu Amos Comenius, wie der gewirkt hat auf das vorirdische Wollen von Seelen, die nachher heruntergestiegen sind. Und ebenso wie Leopold von Ranke der bedeutendste nachtodliche Schüler Bacons geworden ist, so ist *Schlosser* der bedeutendste nachtodliche Schüler von Amos Comenius geworden.

Und nun nehmen Sie bei Schlosser, wenn Sie seine Geschichte durchlesen, den ganzen Duktus, den ganzen Grundton: Überall spricht der Moralist, derjenige, der die menschlichen Seelen, die menschlichen Herzen ergreifen will, der zu den Herzen sprechen will. Manchmal gelingt es ihm ja schwer, weil er eben doch einen pedantischen Zug hat. Nun, er spricht halt auf pedantische Weise zu den Herzen, aber er spricht zu den Herzen, weil er ein vorirdischer Schüler des Amos Comenius ist, weil er von ihm etwas davon aufgenommen hat, was in diesem Amos Comenius steckte, der gerade durch seine besondere Geistesart so charakteristisch ist.

Denken Sie sich, er kommt ja doch vom Mohammedanismus herüber. Er ist etwas ganz anderes, als etwa die Geister sind, die sich an Lord Bacon angeschlossen haben; aber in die reale Außenwelt ging auch Amos Comenius in seiner Amos Comenius-Inkarnation. Überall forderte er Anschaulichkeit für den Unterricht, überall soll Bildliches zugrunde liegen. Anschauung fordert er, das Sinnliche wird betont, aber auf eine andere Art. Denn Amos Comenius ist zugleich einer derjenigen, die im Zeitalter des Dreißigjährigen Krieges in der allerlebendigsten Weise zum Beispiel an dem Eintritt des sogenannten «Tausendjährigen Reiches» festhalten; er ist der, der in seiner «Pansophia» große, weltumspannende Ideen geschrieben hat, der es also darauf abgesehen hatte, durch Stoßkraft auf die Erziehung der Menschen zu wirken. Das wirkte in Schlosser noch nach, das ist in Schlosser drinnen.

Ich erwähnte diese beiden Gestalten, Ranke und Schlosser, aus dem Grunde, um Ihnen zu zeigen, wie man das, was im Menschen als geistig produzierend auftritt, nur begreifen kann, wenn man das außerirdische Leben eben auch in Betracht zieht. Dann erst versteht man es, so wie wir manches verstanden haben dadurch, daß wir die wiederholten Erdenleben ins Auge gefaßt haben.

Nun ist ja bemerklich geworden in den Betrachtungen, die ich hier in den voranliegenden Stunden vor Ihnen angestellt habe, daß in einer merkwürdigen Weise von einer Inkarnation in die andere hinübergewirkt wird, und ich erwähne, wie ich schon sagte, diese Beispiele aus dem Grunde, damit dann eingegangen werden kann auf die Art und Weise, wie jemand über sein eigenes Karma denken kann. Man muß, bevor man eingeht auf die Art und Weise, wie Gut und Böse hinüberwirken von einer Inkarnation in die andere, wie Krankheiten und dergleichen hinüberwirken, erst eine Anschauung davon gewinnen, wie dasjenige hinüberwirkt, was dann im eigentlichen Geistesleben der Zivilisation zutage tritt.

Ich darf gestehen, meine lieben Freunde, daß eine der äußerst interessanten Persönlichkeiten mit Bezug auf ihr Karma aus dem neueren Geistesleben für mich *Conrad Ferdinand Meyer* war. Denn wer Conrad Ferdinand Meyer in seiner Gestalt, wie er gelebt hat als der Dichter Conrad Ferdinand Meyer, betrachtet, der sieht ja, daß die schönsten Leistungen Conrad Ferdinand Meyers darauf beruhen, daß immer und immer wieder in seiner gesamtmenschheitlichen Verfassung etwas da war wie ein Entfliehenwollen des Ich und des astralischen Leibes heraus aus dem physischen Leib und dem Ätherleib.

Krankhafte Zustände treten bei Conrad Ferdinand Meyer auf, bis hart an die Grenze des Geistesgestörtseins kommend. Es sind Zustände, die nur in einer etwas extremeren Form das zustande bringen, was eigentlich im Entstehungsgrunde, im Status nascendi immer bei ihm vorhanden ist: heraus will das eigentliche Geistig-Seelische und hält nur mit leisem Band das Physisch-Ätherische.

Und in diesen Zuständen, wo das Geistig-Seelische mit leisem Bande das Physisch-Ätherische hält, entstehen bei Conrad Ferdinand Meyer die schönsten seiner Leistungen, sowohl die schönsten seiner größeren

Dichtungen wie auch die schönsten seiner kleineren Gedichte. Man kann schon sagen, halb außerhab des Leibes sind die schönsten der Dichtungen von Conrad Ferdinand Meyer entstanden. Es war ein ganz eigentümliches Gefüge zwischen den vier Gliedern der Menschennatur bei diesem Conrad Ferdinand Meyer vorhanden. Es ist wirklich ein Unterschied zwischen einer solchen Persönlichkeit und einem Durchschnittsmenschen der Gegenwart. Bei einem Durchschnittsmenschen des materialistischen Zeitalters, da hat man es gewöhnlich mit einer sehr robusten Verbindung des Geistig-Seelischen mit dem Physisch-Ätherischen zu tun. Da steckt das Geistig-Seelische tief im Physisch-Ätherischen drinnen, setzt sich ganz hinein. Bei Conrad Ferdinand Meyer war das nicht vorhanden. Da war ein zartes Verhältnis des Geistig-Seelischen mit dem Physisch-Ätherischen. Und die Psyche dieses Menschen zu beschreiben, gehört wirklich zu dem Interessantesten, das man in bezug auf die neuere Geistesentwickelung machen kann. Es ist schon außerordentlich interessant zu sehen, wie manches, was bei Conrad Ferdinand Meyer heraufkommt, sich fast ausnimmt wie eine getrübte Erinnerung, die aber schön geworden ist durch die Trübung. Man hat immer das Gefühl: Wenn Conrad Ferdinand Meyer schreibt, so erinnert er sich an etwas, aber nicht genau. Er verändert es, aber er verändert es ins Schöne und ins Formvollendete. Das ist für einzelne seiner Dichtungen auch wiederum Stück für Stück in einer wunderbaren Weise zu beobachten.

Nun ist es ja das Charakteristische im inneren Karma eines Menschen, wenn ein ganz bestimmtes Verhältnis der vier Glieder der menschlichen Natur vorhanden ist, von physischem Leib, Ätherleib, astralischem Leib und Ich. Diese sonderbar intime Verbindung hat man nun zurückzuverfolgen. Da kommt man zunächst zurück in das Zeitalter des Dreißigjährigen Krieges. Das war mir zuerst bei dieser Persönlichkeit klar: da liegt etwas von einem vorigen Erdenleben in der Zeit des Dreißigjährigen Krieges. Dann wiederum ein weiter vorangehendes Erdenleben, das geht zurück bis in die vorkarolingische Zeit und geht deutlich zurück in die italienische Geschichte.

Aber bei dem Verfolgen des Karma von Conrad Ferdinand Meyer überträgt sich, ich möchte sagen, das eigentümlich Verschwimmende seines Wesens, das aber doch wiederum in solcher Formvollendung auftritt, auf die Untersuchung, und man hat dann das Gefühl: du kommst in die Verwirrung hinein. Und es ist eigentlich nur etwas getan, wenn ich diese Dinge tatsächlich so schildere, wie sie sich ergeben. Man hat, wenn man da zurückgeht in die Zeit des 7., 8. Jahrhunderts in Italien, man hat das Gefühl: du kommst in etwas außerordentlich Unsicheres hinein. Man wird immer wieder zurückgestoßen, und man merkt erst nach und nach, daß das nicht an einem selber liegt, sondern daß es an der Sache liegt; daß da in der Seele, in der Individualität des Conrad Ferdinand Meyer etwas liegt, was einen selber in die Verwirrung bringt beim Untersuchen. Denn man muß ja, wenn man eine solche Sache untersucht, immer wieder zurückkommen in die gegenwärtige Inkarnation, respektive in die jüngst vergangene vorhergehende, in die weiter vorangehende, dann muß man wiederum, ich möchte sagen, Posto fassen und immer wieder zurückkommen.

Und nun ergab sich folgendes. Sie müssen denken: Alles, was in vorangehenden Inkarnationen in einer Menschenseele gelebt hat, kommt ja in den verschiedensten Formen, in für die äußere Betrachtung manchmal gar nicht konstatierbaren Ähnlichkeiten zutage. Das werden Sie schon an anderen Wiederverkörperungen gesehen haben, die ich in diesen Wochen hier entwickelt habe.

Und so kommt man zu einer Inkarnation in Italien in den ersten christlichen Jahrhunderten, das heißt am Anfang der zweiten Hälfte des ersten christlichen Jahrtausends, wo die Seele, bei der man zunächst halt machen muß, gelebt hat – viel in Ravenna, viel am römischen Hofe. Aber nun kommt man dadurch in eine Verwirrung hinein, daß man sich doch fragen muß: Was lebte in der Seele? – In dem Augenblicke, wo man sich frägt, um die okkulte Forschung herauszufordern: Was lebte in der Seele? – da löscht sich einem das wieder aus. Man kommt auf die Erlebnisse, die diese Seele hat, die am Ravenna-Hofe, am römischen Hofe lebt; man kommt in diese Erlebnisse hinein, man glaubt sie zu haben: da löschen sie sich einem wieder aus. Und man wird dann zurückgetrieben zu dem in jüngster Zeit lebenden Conrad Ferdinand Meyer, bis man darauf kommt: Er löscht einem in diesem späteren Leben seinen eigenen Seeleninhalt des früheren Lebens aus.

Und wirklich, erst nach langer Mühe kommt man darauf, wie sich die Sache verhält. Da kommt man darauf: Conrad Ferdinand Meyer, das heißt die Individualität, die in ihm lebte, lebte dazumal in Italien in einem gewissen Verhältnisse zu einem Papste, der diese Individualität mit anderen zusammen in einer katholischen christlichen Mission nach England schickte. So daß diese Individualität, die dann Conrad Ferdinand Meyer wurde, erst all jenen wunderbaren Formensinn aufgenommen hatte, den man gerade in jener Zeit in Italien aufnehmen konnte, von dem namentlich die Mosaikkünste in Italien sprechen, von dem die ältere italienische Malerei spricht, die zum größten Teile ja überhaupt ganz zugrunde gegangen ist – das hat ja aufgehört –, und er ging dann mit einer katholisch-christlichen Mission zu den Angelsachsen.

Ein Genosse von ihm begründete das Bistum Canterbury. Und dasjenige, was in Canterbury geschehen ist, das hat sich im wesentlichen an diese Begründung angeschlossen. Die Individualität, die dann als Conrad Ferdinand Meyer erschienen ist, war nur dabei, aber diese Individualität war eine sehr regsame und hat dadurch den Unwillen eines Angelsachsenhäuptlings hervorgerufen und ist auf das Anstiften dieses Angelsachsenhäuptlings ermordet worden. Das ist etwas, das man zunächst findet. Aber es war in der Seele des Conrad Ferdinand Meyer, während er in England verweilte, etwas, was sie ihres Lebens nicht froh werden ließ. Diese Seele wurzelte eigentlich in der damaligen italienischen Kunst, wenn man das so nennen will, in dem italienischen Geistesleben. Sie wurde nicht froh bei der Ausübung der Missionstätigkeit in England, widmete sich aber dieser Missionstätigkeit dennoch in einer intensiven Weise, so daß eben dann die Ermordung sogar die Reaktion darauf war.

Dieses Nicht-froh-Werden, dieses eigentlich Abgestoßensein von etwas, das er aber wiederum aus einem anderen Trieb des Herzens heraus mit aller Kraft, mit aller Hingabe ausführte, das wirkte in einer gewissen Weise so, daß nun beim Durchgang durch das nächste Erdenleben eine kosmische Trübung des Gedächtnisses eintrat. Der Impuls war da, aber er deckte sich nicht mit irgendeinem Begriffe mehr.

Und so wurde zustande gebracht, daß dann in der Conrad Ferdinand Meyer-Inkarnation ein unbestimmter Impuls sich geltend machte: In England wirkte ich; etwas hängt zusammen mit Canterbury, ermordet worden bin ich wegen meines Zusammenhanges mit Canterbury.

Darauf hin wirkt nun das äußere Leben der Conrad Ferdinand Meyer-Inkarnation. Conrad Ferdinand Meyer studiert englische Geschichte, er studiert Canterbury, er studiert, was da im Zusammenhange mit der englischen Geschichte und Canterbury vor sich geht. Er stößt auf *Thomas Becket,* den Kanzler des Königs Heinrich II. im 12. Jahrhundert, auf dieses eigentümliche Schicksal des Thomas Becket, der zuerst ein allmächtiger Kanzler Heinrichs II. war, dann ermordet wurde auf Anstiften Heinrichs II. Dann erschien dem Conrad Ferdinand Meyer im Conrad Ferdinand Meyer-Leben in diesem Thomas Becket sein eigenes, halbvergessenes Schicksal – im Unterbewußten, meine ich, halbvergessen, denn ich rede natürlich von dem Unterbewußten, das da erscheint. Und da schildert er sein eigenes Schicksal aus uralter Zeit, indem er es schildert in der Geschichte, die sich abgespielt hat im 12. Jahrhundert zwischen dem König Heinrich II. und dem Thomas Becket von Canterbury, indem er dieses Schicksal schildert in seiner Dichtung «Der Heilige». Es ist gerade so – nur spielt sich das alles in dem Unterbewußten ab, das die aufeinanderfolgenden Erdenleben umfaßt –, es ist alles so, wie wenn etwa ein Mensch in einem Erdenleben in früher Jugend im Zusammenhange mit irgendeinem Orte etwas erlebt hätte, vielleicht im zweiten, dritten Lebensjahre etwas erlebt hat, das er dann vergessen hat, das nicht auftaucht. Dann taucht ein ähnliches anderes Schicksal auf, der Ort wird genannt: dieser Ort ruft hervor, daß der Betreffende eine besondere Sympathie hat für dieses andere Schicksal und dieses andere Schicksal anders empfindet als eben einer, der nicht mit diesem Orte irgendwie in eine Ideenassoziation tritt. So wie sich das in *einem* Erdenleben abspielen kann, so spielt es sich ab in diesem konkreten Falle, den ich Ihnen angebe: Das Wirken in Canterbury, die Ermordung einer an Canterbury gebundenen Persönlichkeit – denn Thomas Becket ist ja Erzbischof von Canterbury – durch den König von England. Indem also diese Motive zusammenwirken, schildert er das eigene Schicksal in demjenigen, was er darstellt.

Nun geht es aber fort bei Conrad Ferdinand Meyer – das ist das Interessante: Er wird wiedergeboren so im Zeitalter des Dreißigjährigen Krieges, als Frau wiedergeboren, als regsame, geistig interessenreiche Frau geboren in der Zeit des Dreißigjährigen Krieges, sieht manches Abenteuerliche. Diese Frau heiratet einen Mann, der zunächst an all den Wirren, die da waren im Dreißigjährigen Kriege, teilnahm, dem es dann aber zu dumm geworden ist und der nach der Schweiz auswanderte, nach Graubünden, und da als ein ziemlich philiströser Herr lebte. Aber seine Frau nahm alles das auf, was innerhalb des Graubündner Landes selber sich abspielte unter dem Einfluß der Verhältnisse des Dreißigjährigen Krieges.

Das ist wiederum wie mit einer Schicht zugedeckt, weil schon einmal dasjenige, was in dieser Individualität ist, ich möchte sagen, sich kosmisch leicht vergißt und dennoch wiederum in Veränderung heraufgeholt wird und dann glorioser, intensiver wird. Und aus dem, was diese Frau erlebt hat in ihrer Anschauung, entsteht die wunderbare Charakteristik des «Jürg Jenatsch», des Mannes aus Graubünden. Und so hat man, wenn man nun diesen Conrad Ferdinand Meyer in seiner Conrad Ferdinand Meyer-Inkarnation ansieht, keine Erklärung für seine Eigentümlichkeit, wenn man nicht auf sein Karma eingehen kann. Denn eigentlich muß ich sagen – das ist cum grano salis gesprochen selbstverständlich, denn das Wort paßt nicht recht –, eigentlich beneide ich die Leute, die Conrad Ferdinand Meyer so leichten Herzens verstehen. Als ich seine frühere Verkörperung noch nicht gekannt habe, habe ich nur verstanden, daß ich ihn eigentlich nicht verstehe. Denn diese wunderbare Geschlossenheit der Form, diese innere Freude an der Form, dieses Reine der Form, diese Kraft, die Gewalt, die in «Jürg Jenatsch» lebt, dieses ungemein Persönlich-Lebendige, das in dem «Heiligen» lebt – man muß schon ein Stück Oberflächlichkeit haben, wenn man das ohne weiteres zu verstehen glaubt.

Wenn man aber merkt: in den schönen Formen, die zugleich etwas Linienhaftes, etwas Strenges haben, die gemalt und wieder nicht gemalt sind, leben die Mosaiken von Ravenna; in dem «Heiligen» lebt eine Geschichte, die einstmals von der Individualität selber durchgemacht worden ist, über die sich aber Seelendunst breitete, so daß aus dem Seelendunst eine andere Formung herauskam – und wenn man weiß: vom Frauengemüt ist dasjenige aufgenommen worden, was in der Graubündner Dichtung des «Jürg Jenatsch» lebt, und in manchem, was da ist an Stoßigem in dieser Graubündner Dichtung, da lebt wiederum der Haudegen aus dem Dreißigjährigen Kriege, der ein ziemlich philiströser Herr, aber dennoch ein Haudegen war; wenn man weiß: da lebt in der Seele in einer eigentümlichen Form dasjenige auf, was von früheren Erdenerlebnissen herüberkommt – dann beginnt man eigentlich erst zu begreifen. Und man sagt sich dann: In alten Zeiten der Menschheitsentwickelung haben die Menschen ungeniert gesprochen über die Art und Weise, wie überirdische Geister auf die Erde herabgestiegen sind, wie wiederum Menschen der Erde sich hinaufgelebt haben, um von der Geisteswelt aus weiterzuwirken, und das ist etwas, was wieder kommen muß, sonst bleibt der Mensch bei seinem Regenwurm-Materialismus. Denn was sich heute naturwissenschaftliche Weltanschauung nennt, ist ja eine Regenwurm-Weltanschauung.

Die Menschen leben eigentlich so auf Erden, als wenn nur die Erde sie anginge und als wenn nicht der ganze Kosmos auf das Irdische wirkte und im Menschen lebte, und als wenn nicht frühere Zeiten fortlebten dadurch, daß wir dasjenige, was wir in ihnen aufgenommen haben, selber herübertragen in die späteren Zeiten. Und Karma verstehen, heißt nicht, irgendwie begrifflich reden zu können über aufeinanderfolgende Erdeninkarnationen, sondern Karma verstehen, heißt, in seinem Herzen das zu fühlen, was man fühlen kann, wenn man in spätere Epochen in Menschenseelen selbst dasjenige herüberfließen sieht, was vor Zeiten da war. Wenn man sieht, wie Karma wirkt, dann erhält das menschliche Leben ja einen ganz anderen Inhalt. Man fühlt sich selber ganz anders in dem menschlichen Leben drinnenstehend.

Solch ein Geist wie Conrad Ferdinand Meyer tritt auf und fühlt die früheren Erdenleben wie einen Grundton in seinem Wesen darinnen, wie Untertöne, die da herübertönen. Man versteht erst das, was da ist, wenn man ein Verständnis für diese Grundtöne entwickelt. Und der Fortschritt der Menschheit im Geistesleben wird darauf beruhen, daß in dieser Weise das Leben wird betrachtet werden können, daß man wirklich wird eingehen können auf das, was durch Menschen selber aus früheren Epochen der Weltenentwickelung in spätere Epochen der Weltenentwickelung hinüberströmt. Das Eigentümliche von mancher Seele, etwa wie die Psychoanalytiker es tun, auf törichte Art aus «verborgenen Seelenprovinzen» heraus zu erklären – man kann ja dem Verborgenen alles zuschreiben –, das wird aufhören, und man wird die wirklichen Ursachen suchen. Denn das Treiben der Psychoanalytiker, die ja in gewisser Beziehung wirklich wiederum ganz Gutes leisten, das erinnert einen manchmal daran, wie wenn jemand sagen würde: Im Jahre 1749 ist in Frankfurt einem Patrizier ein später begabt auftretender Sohn geboren worden; man kann heute noch den Ort feststellen, wo in Frankfurt dieser später als Wolfgang Goethe auftretende Mensch geboren worden ist. Man grabe einmal nach in der Erde, durch welche Ausdünstung seine Anlagen zustande gekommen sind. – So kommen einem die Psychoanalytiker manchmal vor! Sie graben unten ins Erdreich der Seele hinein, in die «verborgenen Provinzen», die sie erst selber hypothetisch entdecken, während man in Wirklichkeit in den vorangegangenen Erdenleben und in den Leben, die zwischen dem Tode und einer neuen Geburt sind, suchen muß. Dann eröffnet sich das Verständnis von Menschenseelen. Menschenseelen sind wahrhaft viel zu reich, als daß man ihren Inhalt aus einem einzigen Erdenleben heraus erkennen könnte.

DRITTER VORTRAG

Dornach, 23. April 1924

Ich möchte zu dem in diesen Tagen Gesagten einiges hinzufügen für die Freunde, die gelegentlich des Osterkursus hierhergekommen sind und die manches von dem in der letzten Zeit hier Gesagten nicht gehört haben, hinzufügen aus den Gebieten karmischer Zusammenhänge. Für diejenigen Freunde, die in den vorigen Stunden vor der Ostertagung hier gewesen sind, wird vielleicht einiges eine Wiederholung sein, allein das ist eben aus der Natur unserer jetzigen Veranstaltung hier doch wohl notwendig.

Ich habe ja in der letzten Zeit ganz besonders betont, wie das geschichtliche Leben der Menschheit herangebracht werden muß an die Betrachtung des Menschen selbst. All unser Streben geht ja darauf hin, den Menschen überhaupt wiederum in den Mittelpunkt der Weltbetrachtungen zu stellen. Es wird dadurch ein Doppeltes erreicht: Erstens, es wird überhaupt dadurch erst eine Weltbetrachtung möglich, weil dasjenige, was um den Menschen herum in der außermenschlichen Natur ausgebreitet ist, doch nur einen Teil, ein gewisses Gebiet der Welt darstellt. Etwa so nimmt sich eine Weltbetrachtung aus, welche sich auf dieses Naturgebiet beschränkt, wie eine Pflanzenbetrachtung, die immer stehenbleibt bei der Anschauung von Wurzeln, grünen Blättern und Stengeln, und niemals dazu kommt, Blüte und Frucht zu sehen. Eine solche Betrachtung liefert einfach nicht die ganze Pflanze. Könnten Sie sich ein Wesen vorstellen, das stets nur zu einer Zeit geboren wird und zu einer Zeit lebt, in der die Pflanze nur bis zu den grünen Blättern wächst, das niemals eine Blüte sieht, das zu der Zeit, wenn die Blüte kommen soll, stirbt, und erst wieder hervorkommt, wenn nur Wurzeln und grüne Blätter da sind? Ein solches Wesen würde die volle, die ganze Pflanze niemals kennenlernen, würde von der Pflanze als einem Wesen reden, das nur Wurzel und Blätter hat.

In eine ähnliche Lage gegenüber der ganzen Weltbetrachtung hat sich die moderne materialistische Gesinnung gebracht. Sie betrachtet nur die breitere Unterlage des Lebens, nicht das, was aus der Gesamtheit des irdischen Werdens und Seins hervorsprießt: den Menschen selber. Unsere Naturbetrachtung muß durchaus so sein, daß die Natur in ihren Weiten betrachtet wird, aber uns gleich in der Betrachtung so vorkommt, als ob sie aus sich heraus den Menschen schaffen müßte. Dadurch erscheint der Mensch wirklich als ein Mikrokosmos, als eine Konzentrierung alles dessen, was sich in den Weiten des Kosmos findet.

Sobald man diese Art der Betrachtung auf die Geschichte anwendet, ist man nicht mehr in der Lage, den Menschen bloß so zu betrachten, daß man die Kräfte der Geschichte auf den Menschen konzentriert und ein einheitlich zusammengehaltenes Wesen im Menschen sieht, sondern da muß man den Menschen betrachten, wie er durch verschiedene Erdenleben geht, denn er ist mit dem einen Erdenleben in einer älteren Zeit, mit dem anderen Erdenleben in einer späteren Zeit verbunden. Und der Umstand, daß es so ist, stellt wiederum den Menschen, aber jetzt die Totalität des Menschen, die Individualität des Menschen, in den Mittelpunkt der Betrachtung. Das ist das eine, was durch eine solche Anschauung von Natur und Geschichte erreicht wird.

Das andere ist, daß gerade dann, wenn man den Menschen in den Mittelpunkt der Betrachtungen stellt, ethisch das erreicht werden wird, daß in dem menschlichen Charakter eine gewisse Bescheidenheit eintreten wird. Unbescheidenheit kommt eigentlich nur aus mangelnder Menschenerkenntnis. Es wird ganz gewiß nicht aus einer eindringlichen, umfassenden Menschenerkenntnis im Zusammenhange mit den Welt- und Geschichtsereignissen das folgen, daß der Mensch sich überschätzt, sondern es wird zur Folge haben, daß der Mensch sich objektiver nimmt. Gerade wenn der Mensch sich nicht kennt, so sprießen in ihm diejenigen Gefühle auf, die eben aus dem Unbekannten seiner eigenen Wesenheit kommen. Instinktive emotionelle Regungen ziehen aus ihm auf, und diese im Unterbewußten wurzelnden instinktiven emotionellen Regungen, die machen den Menschen eigentlich unbescheiden, hochmütig und so weiter. Dagegen wenn das Bewußtsein immer mehr und mehr hinuntersteigt in diejenigen Regionen, in denen sich der Mensch erkennt, wie er den Weiten des Weltenalls und dem Leben der aufeinanderfolgenden geschichtlichen Ereignisse angehört, wird sich im Menschen einem innerlichen Gesetze nach Bescheidenheit entwickeln.

Denn die Anpassung an das Weltendasein ruft immer Bescheidenheit hervor, nicht Überhebung. Alles, was als eine reale, wahre Betrachtung in der Anthroposophie gepflogen werden kann, hat durchaus auch seine ethische Seite, zeitigt seine ethischen Impulse. Anthroposophie wird nicht eine Lebensauffassung hervorbringen so wie die neuere materialistische Zeit, welche die Ethik, die Moral als etwas Äußerliches hat, sondern die Ethik, die Moral wird ihr etwas sein, was innerlich hervorgetrieben wird aus alledem, was man betrachtet.

Nun möchte ich zeigen, wie in gewissen Menschenwesenheiten frühere Epochen herübergetragen werden durch den Menschen selber in spätere Epochen. Ich möchte das an einzelnen Beispielen auch heute zeigen. Da haben wir ein, ich möchte sagen, sehr fesselndes Beispiel, das uns in der Betrachtung in diese schweizerischen Gegenden führen kann.

Wir wenden den Blick hin auf einen Menschen der vorchristlichen Zeit, etwa ein Jahrhundert vor der Begründung des Christentums, und finden da – ich erzähle, was in einer geisteswissenschaftlichen Betrachtung gefunden werden konnte – eine Persönlichkeit, die eine Art Sklavenaufseher ist, die, wie gesagt, ein Jahrhundert vor der Begründung des Christentums in südlichen Gegenden Europas eine Art Sklavenaufseher ist.

Man darf sich unter einem Sklavenaufseher der damaligen Zeit nicht dasjenige vorstellen, was sogleich bei diesen Worten in uns an Gefühlen und Empfindungen erregt wird. Die Sklaverei war ja im Altertum etwas, was durchaus als gang und gäbe angesehen worden ist, und sie war in der Zeit, von der ich hier spreche, eigentlich im wesentlichen schon gemildert, und die Sklavenaufseher waren gebildete Leute. In dieser Zeit waren ja sogar oftmals die Lehrer von sehr bedeutenden Leuten Sklaven, weil unter den Sklaven auch die Bildung, die literarische Bildung, die wissenschaftliche Bildung der damaligen Zeit vielfach herrschte. Also man muß sich schon gesündere Ansichten über das Sklaventum verschaffen, ohne es selbstverständlich auch nur im geringsten zu verteidigen, wenn man auf das Altertum in dieser Beziehung hinsieht.

Wir haben also eine solche Persönlichkeit, deren Beruf es ist, sich mit der Austeilung der Arbeit, mit der Behandlung einer Reihe von

Sklaven zu beschäftigen. Aber diese Persönlichkeit, die eine außerordentlich liebenswürdige ist, eine milde Persönlichkeit, die alles tut, wenn sie sich selber folgen kann, um den Sklaven das Leben angenehm zu machen, untersteht nun einer rauhen, etwas brutalen Persönlichkeit. Wir würden nach unseren heutigen Benennungen jene Persönlichkeit den Vorgesetzten nennen. Dem muß sie folgen, diese Persönlichkeit. Dadurch kommt manches, was Groll erzeugt bei den Geführten. Und es stellt sich dann heraus, daß, als die Persönlichkeit, von der ich rede, der Sklavenaufseher, durch die Pforte des Todes geht, sie umringt ist in der Zeit zwischen dem Tode und einer neuen Geburt von all den Seelen, die mit ihr dadurch verbunden waren, daß sie ihr Sklavenaufseher war. Aber insbesondere stark verbunden war die Individualität dieser Persönlichkeit mit jenem Vorgesetzten, und zwar dadurch, daß sie, als sie Sklavenführer war, diesem Vorgesetzten folgen mußte, daß sie oftmals widerwillig, aber doch immer nach der Sitte der damaligen Zeit für ein solches soziales Verhältnis, ihm folgte. Das begründete einen tieferen karmischen Zusammenhang. Es begründete auch einen tieferen karmischen Zusammenhang das Verhältnis, das da war in der physischen Welt zwischen dem Sklavenführer, man könnte auch sagen in vieler Beziehung Sklavenlehrer, und der Schar der Sklaven.

So müssen wir uns also vorstellen, daß sich nun ein weiteres Leben entwickelt zwischen dem Tod und einer neuen Geburt zwischen all diesen Menschenindividualitäten, von denen ich jetzt gesprochen habe.

Dann wird etwa im 9. nachchristlichen Jahrhundert die Individualität dieses Sklavenführers wiederum geboren, in Mitteleuropa, aber jetzt als Frau. Wir haben es also jetzt zu tun mit einer Wiederverkörperung jenes Sklavenführers als Frau, und zwar, weil die karmischen Verbindungen so sind, als Frau gerade jenes Vorgesetzten, der als Mann wiedergeboren wird. Und es entwickelt sich ein nicht gerade glänzendes Eheverhältnis zwischen den beiden, ein Eheverhältnis, das aber karmisch durchaus dasjenige ausgleicht, was sich karmisch gegründet hat in der Zeit des Untertanen-Vorgesetztenverhältnisses während der alten Zeit im Beginne des ersten Jahrhunderts vor der christlichen Zeitrechnung. Dieser Vorgesetzte lebt jetzt, etwa im 9. Jahrhundert, in Mitteleuropa innerhalb einer Gemeinde, deren Bürger in einem außerordentlich familiären Verhältnis miteinander stehen. Er ist da als eine Art Gemeindebeamter tätig, der aber eigentlich aller Diener ist und außerordentlich stark gepufft wird.

Wir kommen darauf, wenn wir die ganze Sache untersuchen, daß die Mitglieder dieser etwas ausgebreiteten Gemeinde alle die Sklaven sind, die einstmals in der von mir erwähnten Weise geführt worden sind, behandelt worden sind, denen ihre Arbeit angewiesen worden ist. Also der Vorgesetzte ist sozusagen aller Diener geworden und muß außerordentlich viel karmisch in Erfüllung gehen sehen von dem, was durch seine Brutalität auf dem Umwege über den Sklavenführer an diesen Menschen getan worden ist.

Seine Frau, die ist nun aber der wiedergeborene Sklavenführer, der, ich möchte sagen, in einer gewissen stilleren, zurückgezogeneren Lebensweise unter den Eindrücken leidet, die jetzt von dem stets unzufriedenen früheren Vorgesetzten in seiner Wiederverkörperung kommen, und man kann im einzelnen durchaus verfolgen, wie sich das karmische Schicksal hier erfüllt.

Aber auf der anderen Seite sehen wir auch, wie dieses Karma durchaus nicht erfüllt ist, in seiner Totalität nicht erfüllt ist. Es ist nur ein Teil dieses Karma erfüllt. Nur was sich zwischen diesen beiden Menschen abgespielt hat, dem Sklavenführer und seinem Vorgesetzten, dieses karmische Verhältnis ist mit der mittelalterlichen Inkarnation im 9. Jahrhundert im wesentlichen erschöpft; denn da hat tatsächlich die Frau dasjenige abgedient, was sie durch die Brutalität ihres ehemaligen Vorgesetzten, der jetzt ihr Gemahl war, an der eigenen Seele erfahren hat.

Aber diese Frau, die Inkarnation des ehemaligen Sklavenführers, wird wiederum geboren, geboren nun auch so, daß die Mehrzahl derjenigen Seelen, die einstmals Sklaven waren und dann in der ausgebreiteten Gemeinde vereinigt waren, deren Schicksal also diese Individualität zweimal im Erdenleben mitgemacht hat, daß diese Gemeinde für den wiedergeborenen Sklavenführer jene Kinder liefert, deren Erziehung er sich jetzt in der neuen Verkörperung besonders annimmt. Denn diese Wiederverkörperung ist die des *Pestalozzi.* Und wir sehen, daß alles das, was jetzt an ungeheurer Milde, an Erzieherbegeisterung in Pestalozzi im 18. und 19. Jahrhundert lebt, die karmische Erfüllung ist gegenüber den Menschen, mit denen er zweimal in der geschilderten Weise verbunden war, die karmische Erfüllung dessen, was in früheren Inkarnationen erlebt, erlitten und erfahren worden ist.

Es wird das, was in einzelnen Persönlichkeiten auftritt, eben durchaus erst durchsichtig, stellt sich vor die Seele in seiner begreiflichen Gegenständlichkeit hin, wenn man beobachtet, wie auf dem Hintergrunde eines gegenwärtigen Erdenlebens die früheren Erdenleben erscheinen. Und zuweilen treten in irgendeinem Erdenleben Züge eines Menschen auf, die nicht etwa bloß auf die vorhergehende Inkarnation zurückgehen, sondern oftmals auf die vorvorige und noch auf weiter zurückgelegene. Das ist so, daß man sieht, wie mit einer gewissen inneren geistigen Konsequenz hindurchwirkt, was in den einzelnen Inkarnationen sich veranlagt hat und sein Dasein weiterführt, indem der Mensch lebt durch Erdenleben hindurch, aber auch durch Leben zwischen dem Tode und einer neuen Geburt.

In dieser Beziehung ist besonders fesselnd die Betrachtung eines Erdenlebens, das ich schon vor denjenigen, die vor der Ostertagung hier in Dornach waren, entwickelt habe, das Leben des *Conrad Ferdinand Meyer.*

Conrad Ferdinand Meyer gibt ja dem, der sein Leben innerlich betrachtet und zu gleicher Zeit in einem hohen Grade seine Dichtungen bewundern kann, ganz besondere Rätsel auf. Conrad Ferdinand Meyers Dichtungen haben ja einen in der Form wunderbar harmonischen Stil, so daß man sagen kann: Was in Conrad Ferdinand Meyer lebt, das schwebt eigentlich immer ein wenig über dem Irdischen in bezug auf den Stil, auch in bezug auf die ganze Denkungs-, Empfindungs- und Gefühlsart. Und man merkt schon, wenn man sich auf die Schöpfungen Conrad Ferdinand Meyers einläßt, wie er in einem Geistig-Seelischen drinnensteckt, das fortwährend auf dem Sprunge ist, sich etwas loszulösen von dem Physisch-Leiblichen. Man sagt sich, wenn man die edleren Dichtungen Conrad Ferdinand Meyers, auch seine Prosadichtungen, vor sich hinlegt und betrachtet: Da ist etwas Schöpferisches, was immer hinauswachsen will über den Zusammenhang mit dem physischen Leibe. – Das hat sich ja dann dadurch ausgesprochen, daß Conrad Ferdinand Meyer in der Tat in seiner Conrad Ferdinand Meyer-Inkarnation in krankhaften Zuständen leben mußte, in denen sich in einem sehr starken Grade das Geistig-Seelische von dem Physisch-Leiblichen loslöste, so daß Wahnzustände auftraten oder wenigstens Zustände, die Wahnzuständen ähnlich waren. Wiederum ist das Merkwürdige daran, daß zum Schönsten bei ihm gerade das gehört, was er in einer solchen Loslösung des Geistig-Seelischen von dem Physisch-Leiblichen geschaffen hat.

Nun wird man gerade bei Conrad Ferdinand Meyer, wenn man versucht, die karmischen Zusammenhänge durch seine Erdenleben hindurch zu erforschen, in eine Art Verwirrung hineingetrieben. Man findet sich nicht sogleich zurecht, wenn man den Faden ziehen will von der Conrad Ferdinand Meyer-Inkarnation zu den früheren Inkarnationen. Man wird zunächst in das 6. nachchristliche Jahrhundert versetzt, aber dann wiederum zurückgeworfen in das 19. Jahrhundert, in die Conrad Ferdinand Meyer-Inkarnation, weil man bei der Beobachtung auch durch die Sache selbst dazu verleitet wird, verführt wird, in die Irre zu gehen. Sie müssen sich nur das richtig vorstellen, wie ein wirkliches Ringen um Erkenntnis auf diesem Felde es außerordentlich schwer hat. Wer sich mit Phantastik begnügt, der hat es natürlich leicht, der kann irgendwie irgend etwas sich zurechtlegen. Wer aber auf diesem Gebiete sich nicht mit Phantastik begnügt, sondern tatsächlich bis zu jenem Punkte in seinem Forschen weiterrückt, wo er das Gefüge seiner Seele beim Forschen verläßlich findet, der hat es eigentlich schwer, wenn er solche Sachen verfolgt, insbesondere bei einer so komplizierten Individualität, wie sie sich in Conrad Ferdinand Meyer dargelebt hat. Und es ist ja beim Untersuchen von karmischen Zusammenhängen durch eine Anzahl von Erdenleben hindurch einem keine große Hilfe, auf die besonders signifikanten Dinge hinzuschauen. Das, was am meisten auffällt an dem Menschen, was man wahrnimmt, wenn man dem Menschen begegnet oder durch die Geschichte etwas von ihm erfährt, das hat er eigentlich zumeist aus der irdischen Umgebung. Man ist ja als Mensch viel mehr, als man denkt, ein Produkt seiner irdischen Umgebung. Man nimmt durch die Erziehung dasjenige auf, was in der irdischen Umgebung lebt. Erst die feineren, intimeren Züge eines Menschen, recht konkret aufgefaßt, führen durch das Leben zwischen Tod und neuer Geburt zurück in vorige Erdenleben.

Und für eine solche Betrachtung kann wichtiger sein, die Art und Weise anzuschauen, wie ein Mensch seine Gesten macht, wie ein Mensch als eine ständige Gewohnheit irgend etwas hält, als die Betrachtung dessen, was er vielleicht als eine berühmte Persönlichkeit leistet. Die Art und Weise, wie jemand etwas hält, oder wie er immer gewohnheitsmäßig auf Dinge antwortet – nicht was er antwortet, aber wie er antwortet, daß er zum Beispiel zunächst immer abweist und erst, wenn er nicht mehr anders kann, zugibt, oder daß er in aller Gutmütigkeit etwas renommiert und so weiter –, solche Züge, die sind es, die wichtig sind, und wenn man die besonders anschaut, so stellen sie sich in den Mittelpunkt der Betrachtungen, und es wächst viel aus ihnen heraus. Man betrachtet die Art, wie jemand etwas angreift, macht sich es ganz gegenständlich, arbeitet es künstlerisch aus; dann bleibt es nicht bei der Betrachtung der Geste, sondern da gliedert sich um die Geste die Gestalt eines anderen Menschen herum.

Es kann durchaus das Folgende geschehen. Es gibt Menschen, die haben kleine Gewohnheiten, sagen wir die Gewohnheit, bevor sie irgend etwas beginnen, die Arme in einer bestimmten Weise zu bewegen. Ich habe Menschen kennengelernt, die konnten keine Arbeit tun, ohne zuerst die Arme zusammenzulegen. Macht man sich solch eine Geste ganz gegenständlich, aber mit innerem künstlerischem Sinn, so daß sie plastisch vor einem steht, dann lenkt man die Aufmerksamkeit ab von dem Menschen, der zu dieser Geste dazugehört. Aber diese Geste bleibt nicht allein. Sie wächst sich aus zu einer anderen Gestalt. Und kommt man nun an diese Gestalt heran, dann ist diese Gestalt etwas, was wenigstens hindeutet auf etwas in der vorigen Inkarnation oder in der vorvorigen Inkarnation. Es kann dabei durchaus so sein, daß diese Geste auf irgend etwas angewendet wird, was in der vorigen Inkarnation noch gar nicht vorhanden war, sagen wir auf das In-die-Hand-Nehmen eines Buches und dergleichen. Aber eine solche Art von Geste oder solche Art von Lebensgewohnheit muß es eigentlich sein, wofür man Sinn haben muß, um zurückzukommen.

Nun, bei solch einer Individualität wie die des Conrad Ferdinand

Meyer ist aber eben dieses das Bedeutsame, daß sie schafft mit einer gewissen Neigung – so will ich es genau ausdrücken – zur Lockerung des Geistig-Seelischen von dem Physisch-Leiblichen. Das ist ein Anhaltspunkt, aber auf der anderen Seite auch wiederum ein Moment der leichten Verirrung.

Nun wird man also hingetrieben ins 6. Jahrhundert. Man hat zunächst das Gefühl: da muß er sein. Man findet auch eine Persönlichkeit, die in Italien gelebt hat, die in Italien verschiedene Schicksale in jener Inkarnation durchgemacht hat und die da in einer Art Doppelnatur gelebt hat, auf der einen Seite mit außerordentlicher Begeisterung hingegeben an das, was für uns Spätere in der äußeren Welt ziemlich verlorengegangen ist, was aber vorhanden war in großartiger Kunstentfaltung und was wir nur noch aus der Mosaiken-Kunstentfaltung sehen. In dieser Kunstentfaltung Italiens, Ende des 5., Anfang des 6. Jahrhunderts, hat nun diese Individualität, auf die man zunächst gestoßen wird, gelebt. So stellt es sich zunächst dar.

Aber nun verfinstert sich wiederum dieses ganze Bild, und man wird zurückgeworfen auf Conrad Ferdinand Meyer. Und die Finsternis, die man für die Anschauung empfangen hat an dem Menschen des 6. Jahrhunderts, die überstrahlt einem nun das Bild des Conrad Ferdinand Meyer im 19. Jahrhundert. Und man ist genötigt, wiederum auf dasjenige hinzuschauen, was nun Conrad Ferdinand Meyer im 19. Jahrhundert tut.

Man wird hingelenkt darauf, daß er in seiner Erzählung «Der Heilige» den Kanzler Heinrichs II. von England behandelt hat, Thomas Becket. Man hat das Gefühl, daß das außerordentlich wichtig ist. Man hat auch das Gefühl, daß man durch die Empfindung von dieser früheren Inkarnation hingestoßen ist gerade zu dieser Tat des Conrad Ferdinand Meyer. Jetzt aber wird man wiederum zurückgestoßen ins 6. Jahrhundert, und da gibt diese Tatsache keine Aufklärung. Und so wird man oftmals hin- und hergestoßen zwischen diesen zwei Inkarnationen, der fragwürdigen Inkarnation zunächst im 6. Jahrhundert und der Conrad Ferdinand Meyer-Inkarnation, bis man darauf kommt, daß in Conrad Ferdinand Meyer einfach aus der Geschichte heraus die Erzählung von Thomas Becket dadurch entstanden ist, daß die ganze

Geschichte etwas Ähnlichkeit hat mit dem, was er selbst im 6. Jahrhundert erlebt hat, wo er als Mitglied einer katholischen Mission, die von dem Papst Gregor von Italien nach England geschickt worden war, auch von Italien nach England gegangen ist. Da ist die zweite Wesenheit der Doppelnatur Conrad Ferdinand Meyers in der vorigen Inkarnation drinnenliegend. Auf der einen Seite war er in der vorigen Inkarnation im 6. Jahrhundert begeisterter Verehrer alles dessen, was in solcher Kunst lag, was dann ins Mosaikwesen übergegangen ist – daher sein ganz umfassendes Formentalent. Auf der anderen Seite aber war er eben ein begeisterter Vertreter des Katholizismus, der aus diesem Grunde bei dieser Mission mitgegangen ist. Die Mitglieder dieser Mission haben Canterbury begründet, den Ort, wo dann das Bistum Canterbury entstanden ist.

Die Individualität, die dann als Conrad Ferdinand Meyer im 19. Jahrhundert gelebt hat, die wurde damals von einem angelsächsischen Häuptling ermordet, unter Umständen, die außerordentlich interessant sind. Es lag etwas Juristisch-Verleumderisches und Spitzfindiges, allerdings in grober Art, in dem, was dazumal bei der Ermordung dieser Individualität sich abgespielt hat.

Nun, Sie wissen ja, meine lieben Freunde, wenn irgend etwas auch im gewöhnlichen Erdenleben in unseren Gesichtskreis getreten ist, was, ich möchte sagen, den Ton von etwas besonders hervorruft – ich habe einmal einen Namen gehört, ich habe ihn vielleicht nicht so stark beachtet –, so kann später im Zusammenhang mit diesem Namen eine ganze Summe von Ideenassoziationen auftreten. Aber durch die besonderen Umstände, wie dieses Mitglied einer katholischen Mission in England verbunden war mit dem, was später Erzbistum von Canterbury war, weil die Stadt Canterbury von dieser Mission begründet worden ist, lebte das alles fort, lebte eigentlich im Klange des Namens Canterbury weiter. Und so lebte wieder auf der innere Klang dieses Namens Canterbury in der Conrad Ferdinand Meyer-Inkarnation.

Dadurch wurde Conrad Ferdinand Meyer in der Ideenassoziation zu Thomas Becket geführt, dem Lordkanzler von Canterbury, der der Kanzler Heinrichs II. aus dem Hause Plantagenet war und der in einer spitzfindigen Weise ermordet wurde. Nachdem er zunächst Günstling war, wurde er nachher, weil er auf gewisse Propositionen von Heinrich II. nicht einging, von Heinrich II. ermordet. Diese ähnlich-unähnlichen Schicksale führten dazu, daß dasjenige, was Conrad Ferdinand Meyer in einer früheren Inkarnation im 6. Jahrhundert am eigenen Leibe, fern von seinem damaligen Vaterlande, erlebt hatte, von ihm aus der Geschichte heraus wiedergegeben worden ist an ganz anderen Gestalten.

Aber denken Sie, wie interessant das ist! Hat man es einmal, dann wird man nicht mehr hin- und hergeworfen. Dann aber schaut man, wie gerade deshalb, weil in Conrad Ferdinand Meyer auch im 19. Jahrhundert eine Art Doppelnatur lebt, leicht sich loslöst sein Geistig-Seelisches von dem Physisch-Leiblichen. Weil in ihm eine Art Doppelnatur lebt, stellt sich an die Stelle dessen, was im Realen erlebt war, ein anderes, das dem nur ähnlich ist, so wie sich oftmals in der Phantasie des Menschen die Bilder verändern. In der gewöhnlichen Phantasie eines Menschen im Laufe eines Erdenlebens verändern sich die Bilder in der Phantasie so, daß die Phantasie frei schafft. Im Laufe durch die Erdenleben hindurch verändert sich die Sache so, daß ein anderes historisches Ereignis, das mit dem betreffenden nur seiner Bildnatur nach zu tun hat, sich an die Stelle des wahren Ereignisses setzt.

Nun wird diese Individualität, die das erfahren hat und bei der stehengeblieben ist, fortwirkend durch zwei Leben zwischen Tod und neuer Geburt hindurch, was dann zum Vorschein gekommen ist in der Erzählung «Der Heilige», nun wird diese Individualität später, und zwar in der Zeit des Dreißigjährigen Krieges, wiedergeboren, jetzt als Frau. Wir brauchen uns nur zu erinnern, welche chaotischen Zustände zur Zeit des Dreißigjährigen Krieges in Mitteleuropa überall vorhanden waren, um auf unsere Seelen wirken zu lassen, wie es im Gemüte einer fein empfindenden Frau zugehen konnte, die im Miterleben der chaotischen Zustände während des Dreißigjährigen Krieges einen philiströsen, pedantischen, spießbürgerlichen Mann heiratet, der es im späteren Deutschland nicht aushalten konnte, auswanderte und in der Schweiz, in Graubünden, eine Heimat fand. Er überließ da seiner Frau eigentlich die Besorgung des Heimes. Er selber beschäftigte sich mehr mit einer ziemlich brutalen Bummelei. Aber die Frau hatte Gelegenheit, viel, viel zu beobachten; sowohl weiter historisch Ausgreifendes, wie die merkwürdigen Graubündner Verhältnisse, wirkten auf die Seele ein. Und das, was da an tatsächlichen Erfahrungen in dieser Frauenseele sich abspielte, gefärbt, nuanciert von den Erlebnissen mit dem philiströsen, spießbürgerlichen Mann, das zieht nun wiederum in die Untergründe der Individualität und lebt fort durch ein Leben zwischen Tod und neuer Geburt. Wir haben es mit einer auf die im 6. Jahrhundert folgenden Inkarnation desjenigen, der später Conrad Ferdinand Meyer wurde, in der Zeit des Dreißigjährigen Krieges als Frau zu tun. Diese Individualität lebte in Conrad Ferdinand Meyer wieder auf. Und was damals von der Frau erlebt worden ist, das wird in phantasievoller Weise umgestaltet in der Erzählung «Jürg Jenatsch» von Conrad Ferdinand Meyer.

So haben wir in dem Seelischen gerade dieser Persönlichkeit Conrad Ferdinand Meyers ein Fortwirkendes, das wir aus Einzelheiten der vorigen Inkarnationen bei ihm zusammensetzen. Aber was als eine so in sich geschlossene Individualität erscheint wie der literarischen Betrachtung Conrad Ferdinand Meyer – denn da erscheint er ja gerade in festen Formen, als ein Künstler, den man sehr scharf charakterisieren kann, weil er eben feste Formen hat –, gerade das verwirrt einen, weil man von diesen festen Formen sofort hingelenkt wird auf die labile, doppelwesenhafte Menschlichkeit.

Wer bloß auf den Dichter Conrad Ferdinand Meyer schaut, auf die berühmte Persönlichkeit, die Werke geschaffen hat, der kommt ganz sicher nicht dazu, irgend etwas über die früheren Inkarnationen dieser Persönlichkeit zu wissen. Da muß man von seinem Dichterischen auf das Menschliche hindurchschauen; dann erscheint eben auf dem Hintergrunde des Bildes dasjenige, was die Gestaltungen der vorigen Inkarnationen darstellt.

Nun, sehen Sie, so paradox es dem heutigen Menschen noch erscheint, es wird vertieft werden können das Menschenleben nur, wenn man es in dieser Weise vertieft, daß man das Geschichtliche, dieses äußerlich Geschichtliche, was man eben oftmals heute Geschichte nennt, hinlenkt zu der Betrachtung des Menschen in der Geschichte. Der läßt sich aber nicht als bloß *einem* Zeitalter angehörig betrachten, als bloß in *einem* Erdenleben lebend, sondern der läßt sich nur so betrachten, daß man schaut, wie die Individualität von Erdenleben zu Erdenleben geht, und wie dann wirkt in der Zwischenzeit das Leben zwischen Tod und neuer Geburt, gerade dasjenige umgestaltend, was mehr im Unterbewußten des Erdenlebens sich abspielt, was aber durchaus gerade mit der wirklichen Schicksalsbildung des Menschen zusammenhängt. Denn diese Schicksalsbildung des Menschen verläuft ja nicht in dem, was im Intellektuellen klar ist, sondern verläuft in dem, was im Unterbewußten webt und west.

Ich möchte noch auf ein Beispiel eines solchen Herüberwirkens in der Geschichte durch Menschenindividualiäten hinweisen. Wir haben in dem ersten Jahrhundert, oder etwa hundert Jahre nach der Entstehung des Christentums, einen außerordentlich bedeutenden römischen Schriftsteller in *Tacitus.*

Tacitus hat, außer in anderen Werken, insbesondere auch in seiner «Germania» gezeigt, wie er einen außerordentlich präzisen, kurzen Stil zu schreiben verstand, wie er die historischen Tatsachen, die geographischen Schilderungen in wunderbar gerundete Sätze bringt, die epigrammatisch wirken, richtig epigrammatisch wirken. Wir können da auch daran erinnert werden, daß er, der große Weltmann, der eigentlich alles weiß, was man dazumal für wissenswert gehalten hat, der ein Jahrhundert nach der Begründung des Christentums lebte, Christus überhaupt nur ganz vorübergehend erwähnt als jemanden, den die Juden gekreuzigt haben, was aber keine besondere Bedeutung eigentlich hat. Und doch ist Tacitus tatsächlich einer der größten Römer.

Nun ist mit Tacitus befreundet gewesen diejenige Persönlichkeit, die in der Geschichte als der *jüngere Plinius* bekannt ist, der viele Briefe geschrieben hat und der ein großer Bewunderer des tacitischen Stiles war, so daß eigentlich dieser jüngere Plinius, der selber Schriftsteller war, ganz aufging in der Bewunderung des Tacitus.

Nun, betrachten wir zunächst diesen jüngeren Plinius. Dieser jüngere Plinius, er geht natürlich durch die Pforte des Todes, geht durch das Leben zwischen Tod und neuer Geburt, und er wird wiedergeboren im 11. nachchristlichen Jahrhundert als eine Prinzessin von Tuscien in Italien, die sich vermählt mit einem mitteleuropäischen Fürsten, der seiner Länder von Heinrich dem Schwarzen aus dem fränkisch-salischen Kaisergeschlecht beraubt worden ist und der in Italien wieder festen Boden fassen will. Diese *Beatrix* besitzt das Schloß Canossa, bei dem dann Heinrich IV., der Nachfolger Heinrichs III., des Schwarzen, seine berühmte Canossa-Buße gegenüber dem Papst Gregor zu vollziehen hatte.

Nun, diese Markgräfin Beatrix, die ist eine außerordentlich regsame Persönlichkeit, interessiert für all die Verhältnisse, die sich da abspielen. Und sie muß sich ja für alles interessieren, denn ihr Mann, Gottfried, der zuerst, als er noch nicht mit ihr verheiratet war, von Heinrich dem Schwarzen aus dem elsässischen Gebiete vertrieben wurde, nach Italien hin, wo er dann sich mit dieser Beatrix vermählt hatte, der wird weiterverfolgt von Heinrich III., dem Schwarzen. Heinrich ist nämlich ein ganz energischer Herr, der einfach seine Fürsten und die Häuptlinge seiner Nachbarschaft einen nach dem anderen absetzt, der in ausgiebigem Maße macht, was er will, der sich auch nicht damit zufrieden gibt, einen einmal vertrieben zu haben, der es auch ein zweites Mal tut, wenn der andere sich wieder irgendwo festsetzt. Also das ist, wie gesagt, ein ganz energischer Herr, ein Herr in großem Format des Mittelalters. Und er hat ja auch, als der Gottfried sich in Tuscien festgesetzt hat, erstens ihn vertrieben, dann aber auch die Markgräfin mit nach Deutschland genommen.

Dadurch gliederte sich in ihrem Kopfe eine feinsinnige Betrachtung der italienischen Verhältnisse zusammen mit den deutschen Verhältnissen. So daß wir schon in dieser Persönlichkeit eine stark repräsentative Persönlichkeit der damaligen Zeit haben, eine scharf beobachtende, außerordentlich regsame, energische Frau, die aber zugleich etwas durchaus Weitherziges, weit Ausschauendes hatte.

Als nun Heinrich IV. gerade seinen Bußgang nach Canossa unternehmen mußte, da war die Tochter der Beatrix, *Mathilde*, die Besitzerin von Canossa, und sie, die sehr gut mit ihrer Mutter stand, sie hatte eigentlich alle die Eigenschaften der Mutter auch auf sich vereinigt, war eigentlich eine noch vorzüglichere Frau. Es sind zwei ganz außerordentlich sympathische Frauen, die gerade durch alles das, was sich da abgespielt hat unter Heinrich III. und Heinrich IV., tief historisch interessiert worden sind.

Vertieft man sich in das, so bekommt man das Merkwürdige: Die Markgräfin Beatrix ist der wiederverkörperte Plinius der Jüngere, und die Tochter Mathilde ist der wiederverkörperte Tacitus. Man findet also Tacitus, der Geschichte geschrieben hat in alten Zeiten, man findet ihn – es ist der Frau ja, wenn sie groß ist, gerade das Betrachten so eigen – als einen Geschichtsbetrachter im Großen, als den Teilnehmer, als den unmittelbaren Teilnehmer an der Geschichte; denn Mathilde ist eben die Besitzerin von Canossa, und da spielt sich die ganze Szene ab, etwas, wodurch sich ungeheur viel im Mittelalter entscheidet. Wir finden ihn als Geschichtsbetrachter.

Diese zwei Persönlichkeiten wachsen recht innig ineinander, Mutter und Tochter, und ihre alte Schriftstellerei befähigt sie in ihrem Unbewußten, die historischen Ereignisse in aller Intensität aufzufassen und dadurch instinktiv sehr verbunden zu werden mit dem Weltengang sowohl in der Natur wie auch im geschichtlichen Leben.

Nun spielt sich in späterer Zeit das Folgende ab. Wir sehen, wie der jüngere Plinius, der im Mittelalter die Markgräfin Beatrix ist, im 19. Jahrhundert wiedergeboren wird in romantischem Milieu, in romantischer Umgebung, alles Romantische mit großer, man kann nicht sagen Begeisterung, aber mit großem ästhetischem Genuß aufnimmt, sich hineinfindet zunächst in alles Romantische, indem er auf der einen Seite eben diese Romantik, auf der anderen Seite durch die Verwandtschaft einen etwas gelehrten Stil hat. Er lebt sich in einen gelehrten Stil hinein – einen gelehrten Schreibstil meine ich, nicht einen Lebensstil –, aber der paßt nicht zu seiner Natur. Er will immer heraus, will immer diesen Stil wegwerfen.

Diese Persönlichkeit, die also der wiederverkörperte jüngere Plinius und die wiederverkörperte Markgräfin Beatrix, Beatrice ist, diese Persönlichkeit ist einmal, wie das Schicksal es eben fügt, bei jemandem zu Besuch, blättert in einem auf dem Tische liegenden englisch geschriebenen Buche und wird ungeheuer gefesselt von dem Stil, bekommt in diesem Augenblicke den Eindruck: Der andere Stil, den ich von meinen physischen Verwandten erworben habe, der paßt mir nicht. Dieses ist mein Stil, der Stil, den ich brauche, dies muß ich bewundern, muß ich mir aneignen!

Er wird Schriftsteller, wird Imitator dieses Stiles, natürlich künstlerischer Imitator, nicht pedantischer Imitator, im allerbesten Sinne, im ästhetisch-künstlerischen Sinne der Imitator dieses Stiles.

Und sehen Sie, das Buch, das da aufgeschlagen lag, das dann die Persönlichkeit dazu brachte, so schnell wie möglich alles zu lesen, was von diesem Schriftsteller zu haben war, dieses Buch war Emersons «Representative Men». Und der Betreffende eignete sich den Stil daraus an, übersetzte auch zwei Stücke daraus sofort, wurde ein ungeheurer Verehrer von Emerson und ließ nicht nach, bis er dieser Persönlichkeit auch im Leben begegnen konnte.

Und wir haben es zu tun bei der einen Persönlichkeit, die durch die Bewunderung zu der anderen Persönlichkeit wiederum erst sich selber fand, ihren eigenen Stil fand, wir haben es bei der Wiederverkörperung des jüngeren Plinius und der Markgräfin Beatrix zu tun mit *Herman Grimm*, und bei *Emerson* haben wir es zu tun mit dem wiederverkörperten Tacitus, der wiederverkörperten Markgräfin Mathilde.

Und wiederum: In seiner Bewunderung für den Schriftsteller Emerson und in der ganzen Art, wie Herman Grimm Emerson begegnet, finden wir die Beziehung des jüngeren Plinius gegenüber dem Tacitus wieder. Wir können aus jedem Satze, möchte ich sagen, den dann Herman Grimm schreibt, wiederauferstehen sehen dieses alte Verhältnis zwischen dem jüngeren Plinius und Tacitus. Und wir sehen die Bewunderung, die der jüngere Plinius Tacitus entgegegenbringt, man kann sagen, in völliger Übereinstimmung wiederauftauchen in der Bewunderung, die Herman Grimm dem Emerson entgegenbringt.

Und nun wird man erst begreifen, worinnen der große Stil Emersons beruht, wie Emerson in einer besonderen Weise wieder darlebt dasjenige, was Tacitus in seiner Art darlebte. Wie arbeitet Emerson? Diejenigen Menschen, die Emerson besuchten, fanden es ja heraus, wie er arbeitet. Da war er in einem Zimmer, da waren viele Stühle, da waren mehrere Tische. Überall lagen aufgeschlagene Bücher, zwischen diesen ging Emerson spazieren. Er las manchmal einen Satz, nahm ihn auf: daraus bildete er dann seine, möchte man sagen, so großen, ausgreifenden, epigrammatischen Sätze, daraus bildete er dann seine

Bücher. Und man hat genau das im Bild, was Tacitus im Leben hatte: Was Tacitus im Leben hatte, wie er überall hinkam, das betrachtete Emerson wiederum in Büchern. Es lebt alles wiederum auf.

Und wir haben diesen unbesieglichen Drang in Herman Grimm, an Emerson heranzukommen. Er wird durch das Schicksal hingeführt auf «Representative Men». Er sieht darinnen sogleich: So mußt du schreiben, das ist dein Stil. – Er hatte, wie gesagt, einen Gelehrtenstil von seinem Onkel Jakob Grimm, von seinem Vater Wilhelm Grimm. Den verläßt er. Er wird durch das Schicksal in einen ganz anderen Stil hineingeschlagen.

Und wir sehen endlich die historischen Interessen des Herman Grimm, der eine gewisse innere seelische Beziehung zu Deutschland mit einem tiefen Interesse zu Italien verknüpft, auftauchen in dem Inhalt der Werke von Herman Grimm.

Das sind die Sachen, die einem zeigen, wie solche Dinge sich abspielen. Und was führt zu solchen Dingen? Ja, sehen Sie, es handelte sich darum, einen Eindruck zu bekommen, um den sich die Sache herumkristallisiert. Da wurde zunächst die Vorstellung dieses Herman Grimm gebildet, der den Emerson aufschlägt, «Representative Men» aufschlägt. Nun, Herman Grimm las auf eine merkwürdige Weise. Herman Grimm las und trat sogleich von dem Gelesenen zurück. Das hat er sicher dazumal auch gemacht, denn diese Geste ergibt sich, wie wenn er das Gelesene satzweise verschlucken würde. Diese innere Geste des satzweisen Verschluckens, das ist dasjenige, was von Herman Grimm zu seinen früheren Inkarnationen führen konnte. Und das Herumspazieren vor den aufgeschlagenen Büchern und die etwas steife römische Haltung, in der er Herman Grimm zuerst begegnet, als sie sich in Italien treffen, das ist, was nun wiederum von Emerson zurückführt bis zu Tacitus. Man muß plastische Anschauung haben, um diese Dinge zu verfolgen.

Und sehen Sie, meine lieben Freunde, das sollte Ihnen wiederum an einem Beispiele skizzieren, wie geschichtliche Betrachtungen vertieft werden müssen. Und solche Vertiefung muß schon auftauchen unter uns. Denn diese Dinge müssen ein Ergebnis jenes Zuges sein, der durch die Weihnachtstagung in unsere Anthroposophischen Gesellschaft hineinkommen muß. Wir müssen in der Zukunft mutig und kühn nach der Betrachtung der großen geistigen Verhältnisse hingehen, müssen uns hinstellen da, wo die geistigen Zusammenhänge wirklich betrachtet werden. Dazu brauchen wir vor allen Dingen Ernst, Ernst in unserem Zusammenleben mit der anthroposophischen Sache.

Und dieser Ernst wird in die Anthroposophische Gesellschaft einziehen, wenn von denen, die in ihr etwas tun wollen, immer mehr und mehr berücksichtigt werden wird, was ja jetzt jede Woche hinausgeht in die Kreise aller unserer Anthroposophen, was die dem «Goetheanum» beigelegten «Mitteilungen» enthalten. Die schildern ja, wie man sich im Sinne der Weihnachtstagung vorstellen möchte, daß in den Zweigen, in den Mitgliederversammlungen gearbeitet, gelehrt, getan werde, und die bringen auch dasjenige zur Darstellung, was geschieht. Sie heißen ja: «Was in der Anthroposophischen Gesellschaft vorgeht.» Und diese Mitteilungen wollen ein gemeinsames Denken über die ganze Anthroposophische Gesellschaft ausgießen, eine gemeinsame Atmosphäre über die Tausende von Anthroposophen hinwehen. Wenn man in einer solchen gemeinsamen Atmosphäre leben wird, wenn man verstehen wird, was das heißt, daß die «Leitsätze» Gedankenanreger sein sollen, und wenn man versteht, daß dadurch in der Tat real, konkret das Goetheanum in den Mittelpunkt gestellt werden soll durch die Initiative des esoterischen Vorstandes – das ist ja von mir immer wieder zu betonen, daß wir es jetzt mit einem Vorstand zu tun haben, der sein Wirken als ein Inaugurieren von Esoterischem auffaßt –, wenn wir das richtig verstehen werden, dann wird schon das, was nun durch die anthroposophische Bewegung fließen soll, in der richtigen Weise durch sie weitergetragen werden. Denn anthroposophische Bewegung und Anthroposophische Gesellschaft müssen eins werden. Die Anthroposophische Gesellschaft muß ganz und gar die anthroposophische Sache zu der ihrigen machen.

Und man kann schon sagen: Wenn nun dieses Gemeinsame da sein soll, was als gemeinsames Denken wirkt, dann kann das imstande sein, auch wirklich geistig umfassende und umspannende Erkenntnisse zu tragen. Dann aber wird in der Anthroposophischen Gesellschaft eine Kraft leben, die eigentlich in ihr leben sollte, weil die neuere Zivilisationsentwickelung, wenn sie nicht vollständig dem Niedergang verfallen will, einen mächtigen Aufschwung braucht.

Erscheine es immerhin paradox, was gesagt werden muß über aufeinanderfolgende Erdenleben von dem oder jenem, wer genauer zusieht, wer hinsieht bis auf die Schritte, die die Menschen machen, von denen in bezug auf solche wiederholte Erdenleben gesprochen wird, der wird schon sehen, wie real begründet es ist, was in dieser Beziehung vorgebracht wird, und wie man in die Wirklichkeit des Lebens und Webens von Göttern und Menschen hineinschauen kann, wenn man versucht, in dieser Weise die Geisteskräfte mit einem geistigen Blicke zu umspannen.

Das, meine lieben Freunde, möchte ich auf Ihre Seele legen, möchte ich in Ihr Herz versenken und möchte, daß Sie es als eine Empfindung mitnehmen auch von dieser Ostertagung hier. Dann wird diese Ostertagung etwas wie eine Auffrischung der Weihnachtstagung werden. Wenn diese Weihnachtstagung in der richtigen Weise wirken soll, so muß sie immer wiederum, als ob sie gegenwärtig wäre, aufgefrischt werden durch alles das, was sich aus ihr herausentwickelt.

Möge sich vieles aus dieser Weihnachtstagung in immer weiterer Erneuerung herausentwickeln. Und möge es sich vor allem herausentwickeln durch richtige, herzhafte, im Leben mit der Vertretung der anthroposophischen Sache stehende mutige Seelen, mutige Anthroposophenseelen. Wenn immer mehr und mehr durch unsere Veranstaltungen der Mut in den Seelen, in den Herzen unserer anthroposophischen Freunde wächst, dann wird endlich auch das heranwachsen, was man in der Anthroposophischen Gesellschaft – als dem Leib – braucht für die anthroposophische Seele: ein mutiges Hineintragen desjenigen in die Welt, was aus den Offenbarungen des Geistes im angebrochenen lichten Zeitalter, das auf den Ablauf des Kali Yuga folgt, für die weitere Entwickelung der Menschen notwendig ist. Fühlt man sich in diesem Bewußtsein, so wird man aus ihm heraus auch mutig wirken. Und möge jede unserer Veranstaltungen eine Energisierung eines solchen Mutes sein. Möge sie es sein dadurch, daß wir wirklich im Ernste auffassen vermögen, was paradox, töricht denjenigen erscheint, die heute vielfach noch den Ton angeben. Aber was in einer Zeit den Ton angegeben hat, das wurde vielfach bald ersetzt durch das, was unterdrückt war. Möge aus einer Anerkenntnis der Geschichte, verbunden mit dem Fortwirken der menschlichen Leben, eben der Mut des anthroposophischen Wirkens sich ergeben, der notwendig ist für den weiteren Fortschritt der Menschheitszivilisation.

VIERTER VORTRAG

Dornach, 26. April 1924

Betrachtungen, welche in das menschliche Karma eingreifen – natürlich betrachtend eben eingreifen –, müssen mit ernster Stimmung aufgenommen und seelisch verarbeitet werden. Denn im Grunde genommen ist es doch so, daß nicht etwa bloß das Wissen um irgendwelche karmische Zusammenhänge von Bedeutung ist, sondern dasjenige, was für die Belebung des menschlichen Wesens, für das ganze Sich-Hineinstellen in das Leben aus solchen Betrachtungen hervorgeht. Solche Betrachtungen können nur dann fruchtbar sein, wenn sie nicht zur größeren Gleichgültigkeit gegenüber dem Menschen werden, als das sonst der Fall ist, sondern im Gegenteil, wenn sie das, was Menschenliebe und Menschenverständnis ist, in einem höheren Grade anfachen, als es der Fall ist, wenn man, auf den Menschen hinsehend, bloß sich überläßt den Eindrücken des einen Erdenlebens.

Wer den Blick auf die aufeinanderfolgenden Epochen der Menschheitsentwickelung richtet, der wird ja einen hinreichenden Eindruck davon bekommen, daß sich in der Denkweise, in der Empfindungsweise, in allen Lebensanschauungen und Lebensauffassungen im Laufe der Menschheitsgeschichte viel geändert hat. Gewiß, das Vergangene macht auf den Menschen nicht jenen tiefgehenden Eindruck wie das, was da kommen soll, was im Grunde genommen erst begründet werden soll. Aber wer mit der nötigen Tiefe erfaßt, wie sich die Menschenseelen im Laufe der Entwickelung der Erde verändert haben, der wird auch nicht davor zurückschrecken, jene Änderung in sein Gemüt als etwas Notwendiges aufzunehmen, die dahin geht, daß nun wirklich nicht bloß das eine Erdenleben für die Betrachtung des einen oder des anderen Menschen genommen werde, sondern die Aufeinanderfolge der Erdenleben, soweit sie durchschaubar sind.

Und ich denke, an solchen Beispielen, wie diejenigen sind, die wir das letzte Mal ins Auge gefaßt haben, *Conrad Ferdinand Meyer*, *Pestalozzi* und so fort, kann sich zeigen, wie das rein menschliche Verständnis einer Persönlichkeit und die Liebe zu dieser Persönlichkeit wachsen können, wenn man das letzte Erdenleben auf dem Hintergrunde dessen betrachtet, aus dem sich dieses letzte Erdenleben eben ergeben hat.

Nun möchte ich noch einmal, um auf die eigentliche Fruchtbarkeit dieser Dinge zu kommen, zurückgehen zu der Frage, die ich für viele derjenigen, die hier sitzen, schon berührt habe. Es ist die Frage, die daraus entsteht, daß ja gerade bei geisteswissenschaftlichen Betrachtungen oftmals davon gesprochen werden muß, wie in alten Zeiten hellsichtige, eingeweihte Persönlichkeiten da waren, Persönlichkeiten, die die Geheimnisse der geistigen Welt mitteilen konnten, Initiierte also. Es ist naheliegend, daß daraus die Frage entsteht: Wo leben in unserem Zeitalter diese Eingeweihten? Wie steht es mit ihrer Wiederverkörperung?

Um diese Frage zu beantworten, ist es durchaus notwendig, darauf hinzuweisen, wie verschieden ein folgendes Erdenleben von einem vorangehenden in bezug auf Wissen, in bezug auf Erkenntnis sein kann, auch in bezug auf andere aus der Seele des Menschen hervorgehende Betätigungen; wie verschieden also aufeinanderfolgende Erdenleben in dieser Beziehung sein können. Denn wenn sich in der Zeit, die der Mensch zwischen dem Tod und einer neuen Geburt durchlebt, derjenige Zeitpunkt naht, in dem der Mensch auf die Erde heruntersteigen soll, sich vereinigen soll mit der physisch-ätherischen Organisation, da geht ja eigentlich recht viel im Menschen vor. Da ist zwar die Richtung nach Familie, Volk und so weiter lange bestimmt; aber der Entschluß, diese ungeheure Änderung des Daseins zu vollziehen, die da besteht in dem Übergange aus der geistig-seelischen Welt in die physische Welt, dieser Entschluß, er macht Ungeheures notwendig. Denn Sie müssen nur bedenken, meine lieben Freunde: Es ist ja nicht so, wie es hier auf Erden ist, wo der Mensch eigentlich, wenn er sein normales Leben absolviert, nach und nach schwach wird, wenig mehr, nach den Erfahrungen, die auf Erden gemacht werden, selbst zu dem Entschluß beiträgt, beim Durchgang durch die Todespforte eine andere Lebensform anzunehmen. Das kommt sozusagen über den Menschen, das bricht herein über ihn.

Hier auf dieser Erde ist der Tod etwas Hereinbrechendes. Das ist ganz anders beim Heruntersteigen aus der geistigen Welt. Da handelt es sich um ein hell-vollbewußtes Tun, um ein durchaus aus allen möglichen Untergründen der Seele hervorgehendes Überlegen. Da handelt es sich darum, darauf hinzuschauen, welche ungeheure Veränderung mit dem Menschen eintritt, wenn er die geistig-seelischen Lebensformen des vorirdischen Daseins mit dem irdischen Dasein vertauschen soll. Und da sieht ja der Mensch bei diesem Heruntersteigen, wie er einfach den Kultur- und Zivilisationsverhältnissen sich anbequemen muß, aber auch den Leibesverhältnissen, die ihm geboten werden können in einem bestimmten Zeitalter. Unser Zeitalter gibt, abgesehen von den Kultur- und Zivilisationsverhältnissen, nicht leicht Körper her, in denen auf die alte Art, wie Initiierte gelebt haben, das Leben wieder absolviert werden kann. Und wenn die Zeit heranrückt, wo die Menschenseele, auch die eines alten Initiierten, einen Menschenleib benützen muß, da handelt es sich dann darum, diesen Menschenleib zu nehmen, wie er ist, und hineinzuwachsen in diejenige Erziehungsform, in dasjenige umgebende Leben, das eben da sein kann. Dann geht aber für das Seelische nicht etwa verloren, was einmal da war in diesem Seelischen. Es drückt sich nur auf eine andere Weise aus. Die Grundkonfiguration des Seelischen bleibt, aber es kommt auf eine andere Weise heraus.

Sehen Sie, es war noch im 3., 4. nachchristlichen Jahrhundert so, daß die Seele des Menschen durch das Wissen um die Initiationswahrheiten sich sehr vertiefen konnte, weil die Leiber im 3., 4. nachchristlichen Jahrhundert, namentlich in südlicheren europäischen und in vorderasiatischen Gegenden, der Seele folgten, weil die Leiber innerlich so ihre organischen Funktionen vollzogen, daß sie der Seele folgen konnten. Heute muß derjenige, der mit sehr verinnerlichter, sehr weiser Seele vielleicht noch als ein Eingeweihter in den ersten christlichen Jahrhunderten gelebt hat, in menschliche Leiber untertauchen, die vor allen Dingen durch die seitherige Entwickelung auf die Außenwelt gerichtet sind, in der Außenwelt leben. Körperlich wird es bewirkt, daß nicht jene große Sammlung, jene große innere Konzentration der Seelenkräfte möglich ist, die noch im 3., 4. Jahrhundert nach der Entstehung des Christentums möglich war. Und so konnte sich folgendes in der Entwickelung der Erde vollziehen. Ich erzähle eben Dinge, die sich dem Schauen ergeben.

Denken Sie sich, meine lieben Freunde, ein vorderasiatisches Mysterium, eine Mysterienstätte mit all den Eigenschaften, die eine vorderasiatische Mysterienstätte eben in den ersten Jahrhunderten nach der Begründung des Christentums hatte. Überall waren da noch Traditionen vorhanden in jenen alten Zeiten, wo die Teilnehmer tief in diese Mysterien eingeweiht wurden. Überall war aber auch noch mehr oder weniger Bewußtsein von den Regeln vorhanden, die man anwenden mußte auf die Seele, um gewisse Erkenntnisse zu gewinnen, die namentlich tief in den Grund der Menschenseele hineinführten und hinausführten in das Weltenall. Und gerade in diesen vorderasiatischen Mysterien war es in den ersten Jahrhunderten nach der Entstehung des Christentums so, daß eine große Frage diese Mysterien beschäftigte.

Diese Mysterien hatten ja eine unendliche Weisheit durch ihre Opferstätten strömen sehen. Und Sie brauchen nur nachzulesen, was in meinem Buche «Das Christentum als mystische Tatsache» geschildert ist, soweit das dazumal charakterisiert werden konnte in einem öffentlichen Buche, so werden Sie sehen, daß all diese Mysterienweisheiten doch schließlich dahin tendierten, das Mysterium von Golgatha zu verstehen. Und da war denn die große Frage in diesen vorderasiatischen Mysterien: Wie wird sich die ungeheure Größe des Inhaltes, des Wirklichkeitsinhaltes, der durch das Mysterium von Golgatha der Erde zugeströmt ist, durch die Menschengemüter weiterentwickeln? Wie wird man die alte, die uralte Weisheit, die hinaufging zu den Bewohnern der Sterne, die in sich schloß die Erkenntnis göttlich-geistiger Wesenheiten der verschiedensten Art, welche das Weltenall und das Menschenleben lenken, wie wird sich diese uralte Weisheit vereinigen mit dem, was sich da konzentriert hat, zusammengezogen hat in dem Mysterium von Golgatha, und was als Impulse, die von einem hohen Sonnenwesen ausgehen, von dem Christus, nun in die Menschheit einströmen soll? – Das war die brennende Frage dieser vorderasiatischen Mysterien.

Da gab es einen Eingeweihten, auf dessen Mysterienweisheit und auf dessen Mysterienempfindungen diese Frage ganz besonders tiefen

Eindruck machte. Ich darf sagen, daß es einen ungeheuer erschütternden Eindruck macht, wenn man im Suchen nach karmischen Zusammenhängen an diesen einen, wirklich in ein solches vorderasiatisches Mysterium in den ersten christlichen Jahrhunderten Eingeweihten herankommt. Es hat etwas Erschütterndes, weil er ganz erfüllt war davon, mit allem, was er in seiner Initiationswissenschaft damals hatte, nun zu begreifen den ganzen Einschlag des Mysteriums von Golgatha: Was wird nun? Wie werden diese schwachen Menschenseelen das aufnehmen können?

Und sehen Sie, dieser Eingeweihte, mit der brennenden Frage nach dem Schicksal des Christentums in seiner Seele behaftet, er erging sich eines Tages im weiteren Umkreise von seiner Mysterienstätte, und er erlebte etwas mit, was einen ungeheuer erschütternden Eindruck auf ihn machte. Er erlebt mit, als Eingeweihter sozusagen sehend, wie *Julian Apostata* von einem Menschen meuchlings ermordet wurde. Mit Eingeweihtenwissen machte er es mit.

Er wußte, daß Julian Apostata bis zu einem gewissen Grade in die alten Mysterien eingeweiht war, daß er dasjenige, was man in alten Mysterien pflegte und was dort lebte, auf geistige Art der Menschheit forterhalten wollte, fortpflanzen wollte, daß er das Christentum vereinigen wollte mit der alten Mysterienweisheit, daß er verkündete im Sinne der alten Mysterienweisheit: Es gibt neben der physischen Sonne eine geistige Sonne, und wer die geistige Sonne kennt, kennt Christus. Aber das war etwas, was nun schon als etwas sehr Schlimmes betrachtet wurde in der Zeit, als Julian Apostata lebte, und was dazu führte, daß eben bei seinem Perserzug Julian Apostata meuchlings ermordet wurde. Das machte jener Eingeweihte mit: dieses bedeutungsvolle Symptom der Weltgeschichte.

Diejenigen, die seit längeren Jahren verschiedenes von dem mitmachen, was sich auf karmische Zusammenhänge in der Weltgeschichte bezieht, werden sich erinnern, daß ich in Stuttgart einmal vorgetragen habe – ich habe es auch bei der Weihnachtstagung hier erwähnt – über einige Kapitel okkulter Geschichte und daß ich da die ganze Tragik, das ganze tragische Eingreifen Julian Apostatas in die Menschheitsgeschichte erwähnt habe.

Das erlebte nun dieser Eingeweihte, bei dem, ich möchte sagen, die ganze Einweihungswissenschaft, die er in sich aufgenommen hatte in einer vorderasiatischen Mysterienstätte, überstrahlt und übertönt war von der Frage: Was wird aus dem Christentum? – Und durch dieses Symptom stand nun vor seiner Seele ganz hell und klar: Es wird eine Zeit kommen, da wird das Christentum zunächst mißverstanden werden, da wird das Christentum nur in Traditionen leben, man wird nichts wissen von der Erhabenheit des Sonnengeistes Christus, der in dem Jesus von Nazareth gelebt hat.

Das alles lud sich ab auf die Seele dieses Menschen. Und er bekam für den Rest seines damaligen Lebens etwas wie eine Gemütslage, die traurig und elegisch wurde mit Hinsicht auf die Entwickelung des Christentums. Mit jener Bestürzung, mit der so etwas auf einen Eingeweihten wirkt, wirkte dieses Symptom bestürzend auf ihn. Es ist schon etwas ungeheuer Erschütterndes, dies gewahr zu werden. Und dann geht man weiter. Es war ein Eindruck, den der betreffende Initiierte bekam, der durchaus nur zuließ, daß er bald wiederum inkarniert wurde, auch zur Zeit des Dreißigjährigen Krieges; wie ja denn viele außerordentliche, viele interessante Inkarnationen, die in der historischen Menschheitsentwickelung eine große Rolle spielen, in dieser Zeit liegen.

Er wurde als Frau wiederum verkörpert, eigentlich noch vor der Zeit des Dreißigjährigen Krieges, im Beginn des 17. Jahrhunderts, lebte dann nur hinein in die Zeit des Dreißigjährigen Krieges, erlebte mit einiges von dem, was von seiten des Rosenkreuzertums das Zeitalter des Dreißigjährigen Krieges korrigieren wollte, ich möchte sagen, auf geistige, spirituelle Art vorbereiten wollte, was aber dann übertönt worden ist von alldem, was roh und brutal im Dreißigjährigen Kriege lebte. Sie brauchen ja nur zu bedenken, wie kurze Zeit vor dem Ausbruch des Dreißigjährigen Krieges die «Chymische Hochzeit Christiani Rosenkreuz» entstanden ist. Neben diesem bestanden noch viel bedeutsamere Impulse, die dazumal, bevor der Dreißigjährige Krieg alles ausgelöscht und brutalisiert hat, in die Menschheit hineingekommen sind.

Und dann kam das 19. Jahrhundert. Diese Persönlichkeit, die einmal mit Initiation dieses bedeutsame Julian Apostata-Symptom aufgenommen hatte, diese Persönlichkeit, die dann durch die weibliche Inkarnation im 17. Jahrhundert gegangen war, wurde wiedergeboren. Und jetzt ergoß sie alles das, was auch noch verinnerlicht war durch die weibliche Inkarnation, ergoß alles das, was sie dazumal, nicht an Initiationsweisheit, aber an erschütterndem Gemütsinhalt in sich hatte, über dieses Symptom, das auf die initiierte Seele gewirkt hatte. Das alles ergoß sie nun im letzten Drittel des 19. Jahrhunderts in eine eigentümliche Art der Weltenbetrachtung, in eine tief in die Diskrepanzen des Menschendaseins hineingehende Weltenbetrachtung.

Nun neigt gerade dieses Zeitalter der unmittelbaren Gegenwart dazu, daß nicht auf solche wirksame Art, durch Taten derjenige wirken kann, der alte Initiationsweisheit aus früheren Erdenleben in das Leben des 19., des 20. Jahrhunderts trägt. Daher drängt, ich möchte sagen, alles das, was sich stark metamorphosiert, scheinbar veräußerlicht, aber doch innerlich wird, was sich von dem Herzen des Menschen, wo die alte Initiationsweisheit gelebt hat, nach den Sinnen und ihrer Beobachtung hin schiebt, stark metamorphosiert dahin schiebt, das alles drängt nun dazu, dichterisch, schriftstellerisch sich zu äußern.

Daher haben wir doch immerhin in der letzten Zeit wirklich großartige Proben – die nur inkohärent sind, die in dem, wie sie sind, gar nicht von der Zeit verstanden werden –, an denen nicht bloß gearbeitet hat dasjenige von der Persönlichkeit, was da am Ende des 19. Jahrhunderts oder Anfang des 20. Jahrhunderts da war, sondern an dem gerade mitgearbeitet hat so etwas wie eine Erschütterung, die über einen Initiierten kommt, einen Initiierten allerdings in schon degenerierten Mysterien, in Mysterien, die schon in der Dekadenz sind. Diese Gemütserschütterung wirkt weiter, strömt sich aus in dichterisch-künstlerischem Schaffen, und dasjenige, was da herüberwirkt in einer solch eigentümlichen Weise, das lebt sich aus in der Persönlichkeit *Ibsens*.

Und wenn man nun diese Schauung hat, dann lebt eigentlich die Menschheitsentwickelung in ihren Geheimnissen selber auf in dem, was ganz besonders am Ende des 19. Jahrhunderts nicht das Werk eines Menschen sein kann, sondern wo der Mensch so dasteht, daß durch ihn frühere Erdenzeitalter mitwirken.

Man braucht ein solches Thema nur anzuschlagen und man wird

tatsächlich den Respekt nicht verlieren, weder vor der weltgeschichtlichen Entwickelung noch von der einzelnen Persönlichkeit, die mit Größe vor der Menschheit dasteht. Man erlebt eben schon Erschütterndes auf diesem Gebiete, wenn die Dinge mit dem nötigen Ernst getrieben werden.

Und sehen Sie, da haben Sie öfter doch schon gehört, daß es in einer ziemlichen Frühzeit des Mittelalters eine Art Alchimisten gegeben hat, *Basilius Valentinus*. Bei der auf die weltgeschichtlichen karmischen Zusammenhänge hingehenden Betrachtung, die sich anschließen kann an Basilius Valentinus, den Benediktinermönch, der ungeheuer beteutende medizinisch-alchimistische Arbeiten machte, ergibt sich nun etwas ganz Merkwürdiges, was so recht zeigt, wie schwierig eigentlich das Verständnis unserer Zeit ist.

Man erlebt ja in unserer Zeit so vieles, was oftmals nicht nur unverständlich, was abstoßend, häßlich, in gewisser Beziehung greulich ist, und worüber derjenige, der nur das unmittelbar sinnlich-gegenwärtige Leben betrachtet, nicht anders als meinetwillen entrüstet, ekelhaft und so weiter berührt sein kann.

Aber so stehen die Dinge nicht für denjenigen, der die menschlichgeschichtlichen Zusammenhänge sieht. Sie stehen einmal nicht so, die Dinge! Und manchmal tritt heute auf irgendeinem Gebiete des Lebens etwas auf, über das die Menschen, die es sehen, in vollständig begreiflicher Weise nur schimpfen, es nur ekelhaft, greulich finden, und trotzdem hat das Ekelhafte, Greuliche etwas an sich, daß man doch furchtbar fasziniert davor stehenbleiben muß. Das wird immer mehr und mehr der Fall sein.

Nun, da gibt es also im frühen Mittelalter diesen medizinischen, alchimistischen Basilius Valentinus, den Benediktinermönch, der sehr viel arbeitet in seinen Klosterkellern in Laboratorien, der eine Reihe von wichtigen Untersuchungen macht. Dann sind gewisse Menschen da, die sind seine Schüler, die schreiben bald nach ihm dasjenige nieder, was Basilius Valentinus ihnen gesagt hat. Und so gibt es eigentlich kaum echte Schriften von Basilius Valentinus; aber es gibt Schriften von Schülern, die sehr viel des Echten von seiner Weisheit, von seiner alchimistischen Weisheit bringen.

Als ich einen der Schüler des Basilius Valentinus, der mir besonders auffiel, in einer bestimmten Zeit meines Lebens sah, da ergab sich mir: Der ist – auf eine merkwürdige Weise metamorphosiert in bezug auf sein Geistiges – ja wieder da! – Auch der ist im 19. Jahrhundert, Anfang des 20. Jahrhundert wieder gekommen.

Aber das, was in alchimistischen Elementen gelebt hat, trat eben ungeordnet, auf die Sinne hingelenkt, äußerlich hervor in einer Weltbetrachtung, die sozusagen alchimistische Begriffe fortwährend hineinschmilzt in die Sinnesbeobachtung, so daß die Sinnesbeobachtung dieser Persönlichkeit eine Gruppierung der äußeren Tatsachen dessen gibt, was die Menschen tun, wie es unter den Menschen zugeht, wie die Menschen miteinander reden, die in vieler Beziehung abstoßend ist. Aber sie ist eben abstoßend, weil der Betreffende in einer früheren Inkarnation alchimistisch gearbeitet hat in Anlehnung an Basilius Valentinus und das nun in das Leben hineinschmeißt. Wie die Menschen sich zueinander verhalten im Leben, was sie sich sagen, was sie tun, das sieht er nun nicht an wie ein gewöhnlicher Philister heute – er ist weit entfernt, das wie ein gewöhnlicher Philister anzuschauen –, sondern er schaut es an mit dem, was sein seelisches Auge geworden ist dadurch, daß es die Impulse aus seiner alchimistischen Zeit in sich hatte. Und da schmeißt er die Ereignisse, die sich unter den Menschen abspielen, untereinander, macht Dramen daraus und wird *Frank Wedekind.*

Nicht wahr, diese Dinge dürfen durchaus nur vom Standpunkt einer Sehnsucht nach echter Menschenerkenntnis genommen werden, dann wird das Leben dadurch nicht ärmer, sondern es wird das Leben wahrhaftig reicher. Nehmen Sie sein «Hidalla» oder irgendein anderes Frank Wedekindsches Drama, bei dem man ein sich drehendes Gehirn kriegt, wenn man das Frühere mit dem Späteren verbinden will. Man kann aber auch in einer eigentümlichen Weise davon fasziniert sein, so daß man ganz sicher ist: Da handelt es sich nicht darum, daß die Philister im Parterre sitzen und ihre Urteile abgeben. Die sind ja ganz berechtigt, vom philiströsen Standpunkt aus selbstverständlich, aber um das handelt es sich gar nicht. Sondern darum handelt es sich, daß die Weltgeschichte etwas Merkwürdiges bewirkt hat: daß alchimistische Denkweise, herübergeworfen durch Jahrhunderte, auf das Menschenleben angewendet wird und die menschlichen Taten und die menschlichen Reden zusammengebraut werden, wie man einstmals in alchimistischen Küchen, in einem Zeitalter, in dem die Alchimie schon im Untergange war, in Retorten probierend, die Stoffe und Kräfte mischte und auf ihre Wirkungen prüfte.

Und es sind ja eigentlich auch die Menschenleben bestimmt, sogar in bezug auf den Zeitpunkt, in dem sie hier auf der Erde erscheinen, durch schicksalsmäßige, karmische Zusammenhänge. Um Ihnen dafür auch ein erhärtendes Beispiel zu zeigen, möchte ich auf das Folgende hinweisen.

Wenden wir unseren Blick zurück in die Zeit, in der es in Griechenland die Platonische Schule gegeben hat: *Plato,* umgeben von einer Anzahl von Schülern. Diese Schüler Platos waren wahrhaftig von den verschiedensten Charakteren, und das, was Plato selber schildert in den Dialogen, wo ja die verschiedensten Charaktere auftreten als die sich miteinander besprechenden Persönlichkeiten, das ist schon vielfach ein Bild der Platonischen Schule. Es waren die mannigfaltigsten Charaktere in dieser Schule zu verschiedensten Zeiten.

Nun waren zwei Persönlichkeiten da in dieser Platonischen Schule, die in sehr voneinander verschiedener Art aufnahmen, was in einer so grandiosen Weise weltdurchleuchtend vom Munde Platos zu seinen Schülern kam und sich auch in Gesprächen mit den Schülern entwickelte.

Die eine dieser zwei Persönlichkeiten, die eben dem Schülerkreise angehörten, war eine, ich möchte sagen, fein ziselierte Persönlichkeit damals im Griechenzeitalter, eine Persönlichkeit, die insbesondere für alles zugänglich war, was Plato durch seine Lehre von den Ideen dazu veranlaßte, das Menschengemüt von der Erde wegzuheben. Wir brauchen uns nur vorzustellen, wie ja Plato überall sagte: Gegenüber dem Vergänglichen, das uns in den einzelnen Ereignissen, die in der menschlichen Umgebung sind, entgegentritt, stehen die ewigen Ideen. Das Stoffliche ist vergänglich, es ist nur ein Bild der ewigen Idee, die in immer aufeinanderfolgenden Metamorphosen als Ewiges durch die zeitlich vergänglichen Erscheinungen durchgeht. So hob Plato seine Schüler hinauf von der Betrachtung der vergänglichen äußeren sinnlichen Dinge zu den ewigen Ideen, die gewissermaßen als das Himmlische über dem Irdischen schwebten.

Zu kurz kam bei dieser platonischen Betrachtung der Mensch selber. Denn im Menschen, in dem die Idee unmittelbar lebendig und gegenständlich wird, kann man die platonische Denkweise nicht recht anwenden: er ist zu individuell. Bei Plato sind die Ideen sozusagen etwas über den Dingen Schwebendes. Die Mineralien, Kristalle, Quarzkristalle entsprechen ja dieser Idee, auch die anderen äußeren Dinge der leblosen Sinneswelt. Bei *Goethe* ist es auch so, daß er die Urpflanze verfolgt, die Typen betrachtet. Bei den Tieren kann man auch so verfahren. Aber bei dem Menschen ist es so, daß in jeder einzelnen Menschenindividualität die lebendige Ideenindividualität auch verfolgt werden muß. Das hat erst *Aristoteles* bewirkt, nicht Plato, daß die Idee als «Entelechie» im Menschen wirksam gesehen wurde.

Aber da war nun einer der Schüler, der mit ganzer Inbrunst und Hingabe eigentlich immer diesem Himmelsfluge im Platonismus folgte, der in bezug auf seine geistigen Anschauungen eigentlich nur mitkonnte in diesem Himmelsfluge, in diesem Hinaufgehen, in diesem Sich-Erheben über die Erde, und der wirklich, ich möchte sagen, in süßreifen Worten in der Platonischen Schule sprach von der Erhabenheit der über den einzelnen Dingen lebenden und schwebenden Idee. Dieser Schüler, der eigentlich mit seiner Seele immer heraufstieg zu diesen Ideen, hatte nun aber doch, wenn er nicht im Schauen lebte, sondern mit dem Herzen, mit dem Gemüte wiederum, wie er es unendlich gerne tat, unter Griechen herumging, er hatte für jeden einzelnen Menschen, der ihm begegnete, das wärmste Interesse. Er konnte den Menschen, die er so gerne hatte, nur sein Gefühl zuwenden. Wenn er wiederum im Leben war, so konzentrierte sich sein Gefühl auf die Menschen, von denen er zahlreiche liebte; denn sein Schauen riß ihn immer wieder hinweg von der Erde. Viele hatte er, die er liebte. Und so war bei dieser einen Persönlichkeit unter den Schülern des Plato ein gewisser Zwiespalt vorhanden zwischen dem Gemütsleben den lebendigen Menschen gegenüber und dem Aufschauen der Seele zu den ewigen Ideen im platonischen Sinne, wenn dieser Schüler in der Akademie den Worten Platos lauschte, oder wenn er mit seinen süß-reifen Worten selber formulierte, was der Platonismus ihm im Aufschauen gab. Es war etwas merkwürdig Sensitives in diese Persönlichkeit hereingekommen.

Und nun war diese Persönlichkeit mit einer anderen aus dem Schülerkreise der Platonischen Schule befreundet, innig befreundet. Zunächst aber, indem sich das immer mehr und mehr entwickelte, und eine andere Eigenschaft, die ich gleich charakterisieren werde, sich bei jenem Freunde entwickelte, kamen die beiden auseinander. Nicht etwa, weil die Liebe erkaltete, sondern weil sie mit ihrer ganzen Geistesart auseinanderwuchsen, brachte sie das Leben auseinander. Sie konnten sich anfangs gut verstehen, nachher nicht mehr verstehen. So daß der eine, den ich eben beschrieben habe, wir würden heute sagen, nervös wurde, schon wenn der andere in seiner Art sprach.

Und bei jenem war es ebenso. Er war nicht weniger geneigt, zu den ewigen Ideen aufzuschauen, von denen aus so lebendig in der Platonischen Schule gehandelt worden ist. Er konnte sich auch ganz erheben, aber jenes intensive Gemütsinteresse an zahlreichen Menschen, das der eine hatte, das hatte der andere nicht. Dagegen interessierte sich der andere in der allerintensivsten Weise für die alten Göttermythen, Göttersagen, die im Volke lebten, die ihm bekannt wurden. Für das, was wir heute die griechische Mythologie nennen, für die Gestalten von Zeus, Athene und so weiter interessierte er sich tief. Er ging sozusagen an den lebenden Menschen mehr oder weniger vorbei, aber interessierte sich tief, unendlich tief für die Götter, die ehemals auf der Erde gelebt hatten nach seiner Anschauung und die man als die Stammeltern der jetzt lebenden Menschen ansehen mußte. So wollte er das, was er in seiner Seele im Aufschwung erlebte, anwenden namentlich auf das Begreifen der tiefsinnigen Götter- und Heldensagen. Das Verhältnis zu den Götter- und Heldensagen war in Griechenland, wo das noch alles lebte, wo es nicht bloß in Büchern und durch Tradition vorhanden war, natürlich ein ganz anderes, als es heute ist.

Diese Persönlichkeit, die mit der anderen innig befreundet war, sie entwuchs auch dieser Freundschaft. Beide entwuchsen dieser Freundschaft. Aber nun gehörten sie schon zusammen als Mitglieder der Platonischen Schule. Und diese Platonische Schule hatte ein Eigentümliches. Ihre Schüler bildeten in sich solche, sie etwas voneinander wegschiebende Kräfte aus, Kräfte, die sie, nachdem sie in der Platonischen Schule in einem Zeitraume zusammengedrängt gewesen waren, dann etwas auseinanderdrängen wollten. Und dadurch bildeten sich auch solche verschiedene Individualitäten, die gemüthaft-innig zusammenhingen, die aber dann sich auseinanderentwickelten.

Diese beiden Persönlichkeiten, sie wurden in der Zeit der Renaissance in Italien als Frauen geboren und kamen in der jetzigen Zeit so wieder, daß der eine, der erste, den ich beschrieben habe, eigentlich zu früh, und der zweite, den ich beschrieben habe, etwas zu spät auf die Erde herunterkam. Es hängt das eben mit dem starken Entschluß zusammen, den man dazu braucht.

Bei dem einen, nämlich bei dem ersten, den ich beschrieben habe, war es so, daß er, als er durch die Pforte des Todes gegangen war – weil er mit seinem Geiste immer ins Überirdische hinaufging, aber ohne den ganzen, vollen Menschen, den er nur im Gemüte erfaßte –, deshalb zwischen dem Tod und einer neuen Geburt wohl alles das erfassen konnte, was da lebte, sagen wir, in der ersten Hierarchie: Seraphim, Cherubim und Throne –, auch noch einiges von der zweiten Hierarchie, aber nicht die dem Menschen nächste Hierarchie, durch die man begreift, wie der menschliche Körper hier auf der Erde organisiert wird.

Eine Persönlichkeit entwickelte sich, die wenig Einsicht, vorirdische Einsicht in den menschlichen Körper entwickelte, die daher, als sie wieder geboren wurde, sogar die letzten Impulse nicht mehr aufnahm, unvollständig herunterstieg in den menschlichen Körper, nicht vollständig untertauchte, sondern eigentlich immer etwas heraußen schweben blieb.

Der Freund aus der Platonischen Schule wartete mit der Inkarnation. Das Warten geschah aus dem Grunde, weil beide eigentlich, wenn sie zusammengekommen wären, wenn sie unmittelbare Zeitgenossen geworden wären, sich nicht ertragen hätten. Aber dennoch, es mußte derjenige, der unendlich viel von seinen Zusammenkünften mit Menschen dem anderen erzählt hatte, welcher nicht unter Menschen gegangen war, sondern sich nur mit Mythen und Göttersagen beschäftigt hatte, der, der so lebendig mit reifsüßer Stimme dem anderen erzählte, der mußte dennoch einen bedeutenden Eindruck auf den anderen machen, mußte ihm vorangehen, der andere ihm nachfolgen.

Der andere nun, weil er schon auf Erden in Imaginationen, in den Götterimaginationen lebte, hatte es zu einem zu starken Erfassen, ich möchte sagen dessen, was am Menschen und im Menschen ist, gebracht. Deshalb wollte er, über seine Zeit hinausgehend, Impulse sammeln, um den menschlichen Leib ganz tief zu ergreifen. Da passierte es ihm, daß er ihn zu tief ergriff, zu tief hinein sich versenkte.

Und so sehen wir, daß bei zwei verschiedenen Schicksalsgestaltungen von zwei Angehörigen der Platonischen Schule der eine zu wenig seinen Körper ergreift bei der zweiten Wiederverkörperung, der andere ihn zu stark ergreift. Der eine kann nicht in seinen Körper vollständig hinein, wird nur in seiner Jugend hineingetrieben, wird dann bald hinausgetrieben und muß draußen bleiben: *Hölderlin.*

Der andere wird so tief in seinen Körper hineingetragen, hineingetaucht durch die besondere Art, wie er damals war, daß er zu stark untertauchte in seine Organe und fast lebenslänglich krank wird: *Hamerling.*

Und so haben wir große menschliche Schicksale aus der Zeitenwende heraus und ihre Impulse vor uns und können eine Ahnung bekommen, wie nun eigentlich die geistigen Impulse wirken. Denn das müssen wir uns ja klar vor die Seele stellen: Eine solche Individualität wie Hölderlin, der, aus der Platonischen Schule hervorgehend, nicht in seinen Leib hinein kann, sich draußen halten muß, er erlebt in der Dumpfheit seines Wahnsinns vorbereitende Impulse für kommende Erdenleben, die ihn zu Großem bestimmen. Ebenso der andere, Robert Hamerling, durch die Krankheit seines Körpers.

Krankheit und Gesundheit nehmen sich ja natürlich, wenn sie im schicksalsmäßigen Zusammenhang betrachtet werden, noch ganz anders aus, als sie sich ausnehmen, wenn man sie nur in den Grenzen des einen Erdenlebens betrachtet.

Ich denke, meine lieben Freunde, es kann schon so sein, daß eine heilige Scheu vor dem geheimnisvollen Geschehen, das durch die geistige Welt bewirkt wird, durch die Menschengemüter hindurch gerade durch eine solche Betrachtungsweise entsteht. Wahrhaftig, ich muß es immer wieder sagen: Nicht um ein Sensationsbedürfnis zu befriedigen, sondern um immer tiefer und tiefer hineinzuführen in die Erkenntnis des geistigen Lebens, werden jetzt diese Betrachtungen angestellt. Und nur durch dieses tiefere Hineindringen in das geistige Leben kann das äußere sinnliche Leben, das Leben der Menschen erklärt werden.

Diese Betrachtungen werde ich morgen fortsetzen.

FÜNFTER VORTRAG

Dornach, 27. April 1924

Wir haben nun eine Reihe zusammenhängender Schicksalsentwickelungen betrachtet, welche aufklärend und erhellend für die Erfassung des geschichtlichen Lebens der Menschheit sein können. Die Betrachtungen, die wir gepflogen haben, sollten zeigen, wie aus vorhergehenden Erdenperioden das, was die Menschen in diesen vorhergehenden Erdenperioden erleben, erarbeiten, aufnehmen, hinübergetragen wird durch die Menschen selbst in spätere Erdenepochen. Und Zusammenhänge haben sich uns ergeben, so daß wir dasjenige, was durch Menschen, ich möchte sagen, tonangebend getan wird, begreifen aus im moralischen Sinne gemeinten Ursachen, die durch die Menschen selber gelegt worden sind im Laufe der Zeiten.

Aber nicht nur dieser, ich möchte sagen, ursächliche Zusammenhang kann uns durch solche auf das Karma gerichtete Betrachtungen vor die Seele treten, sondern auch manches kann sich lichtvoll aufklären, was eigentlich zunächst für eine äußerliche Weltenbetrachtung unklar, unbegreiflich erscheint.

Will man aber in dieser Beziehung mit der großen Umwandlung mitgehen, die in bezug auf die Empfindung und das Denken des Menschengemütes in der nächsten Zukunft notwendig ist, wenn die Zivilisation aufwärts-, nicht abwärtsgehen soll, dann ist es eben notwendig, daß man zunächst sozusagen einen Sinn für dasjenige entwickelt, was unter gewöhnlichen Umständen unbegreiflich ist und zu dessen Begreifen eben ein Einblick in tiefere menschliche und weltgesetzmäßige Verhältnisse gehört. Wer alles begreiflich findet, der braucht natürlich nichts zu begreifen von den oder jenen tieferen Ursachen. Aber dieses Begreiflichfinden ist ja nur scheinbar, denn alles begreiflich finden in der Welt, heißt eigentlich nur, allem gegenüber oberflächlich sein. Denn für das gewöhnliche Bewußtsein sind in der Tat die meisten Dinge in Wirklichkeit unbegreiflich. Und verwundert stehenbleiben können vor den Unbegreiflichkeiten selbst des alleralltäglichsten Daseins, das ist im Grunde genommen erst der Anfang für wirkliches Erkenntnisstreben.

Das ist es ja, wonach von diesem Rednerpulte aus so oft der Seufzer ertönt ist: Man möge innerhalb anthroposophischer Kreise Enthusiasmus haben für das Suchen, Enthusiasmus haben für das, was eben in anthroposophischem Streben drinnenliegt. Und dieser Enthusiasmus muß wirklich damit beginnen, das Wunderbare in der Alltäglichkeit wirklich als etwas Wunderbares zu ergreifen. Dann wird man eben, wie gesagt, erst versucht sein, zu den Ursachen, zu den tiefer liegenden Kräften zu greifen, die dem uns umgebenden Dasein zugrunde liegen. Es können für den Menschen diese Verwunderungszustände gegenüber der alltäglichen Umgebung aus geschichtlichen Betrachtungen hervorgehen, aber auch aus dem, was in der Gegenwart beobachtet werden kann. Bei geschichtlichen Betrachtungen müssen wir ja oftmals stehenbleiben vor geschichtlichen Ereignissen, die uns aus der Vergangenheit berichtet werden und die erscheinen, als wenn da oder dort das Menschenleben wirklich in das Unsinnige ausliefe.

Nun, es bleibt das Menschenleben sinnlos, wenn wir es nur so betrachten, daß wir den Blick auf ein geschichtliches Ereignis lenken und nicht fragen: Wie gehen aus diesem geschichtlichen Ereignis gewisse Menschencharaktere hervor, wie nehmen sie sich aus, wenn sie in ihrer späteren Wiederverkörperung auftreten? – Wenn wir darnach nicht fragen, so erscheinen auch gewisse geschichtliche Ereignisse völlig sinnlos, deshalb sinnlos, weil sie sich nicht erfüllen, weil sie ihren Sinn verlieren, wenn sie nicht ausgelebt werden können, wenn sie nicht weitere Seelenimpulse in einem folgenden Erdenleben werden, wenn sie nicht Ausgleich finden und dann weiterwirken in weiter folgenden Erdenleben.

So ist ganz gewiß eine historische Sinnlosigkeit gelegen in dem Auftreten einer solchen Persönlichkeit, wie sie der *Nero* war, der römische Cäsar Nero. Von ihm ist innerhalb der anthroposophischen Bewegung ja noch nicht gesprochen worden.

Nehmen Sie nur alles das in die Seele auf, was von dem römischen Cäsar Nero historisch berichtet wird. Gegenüber einer Persönlichkeit, wie es der Nero war, erscheint das Leben wie etwas, dem man ganz ungestraft einfach Hohn sprechen könnte, wie wenn man es verhöhnen könnte, wie wenn das gar keine Folgen hätte, wenn jemand mit einer restlosen Frivolität in einer an sich autoritativen Stellung auftritt.

Nicht wahr, man müßte eigentlich stumpf sein, wenn man so sieht, was der Nero macht, und wenn man gar nicht irgendwie dazu kommen könnte, sich zu fragen: Was wird denn nun eigentlich aus einer solchen Seele, die, wie der Nero, der ganzen Welt Hohn spricht, das Leben anderer Menschen, das Dasein fast einer ganzen Stadt als etwas betrachtet, womit er spielen kann? – Welch ein Künstler geht mit mir verloren! – Das ist ja bekanntlich der Ausspruch, der Nero in den Mund gelegt wird, und der wenigstens seiner Gesinnung entspricht. Also bis in ein Selbstbekenntnis hinein die alleräußerste Frivolität, der alleräußerste Zerstörungswille und Zerstörungstrieb, aber so, daß dieser Seele diese Sache gefällt.

Nun, da wird ja alles zurückgestoßen, was Eindruck auf den Menschen machen kann. Da gehen nur sozusagen weltzerstörende Strahlen von der Persönlichkeit aus. Und wir fragen uns: Was wird aus einer solchen Seele?

Man muß sich klar darüber sein: Alles das, was da sozusagen auf die Welt abgeladen wird, das strahlt ja nun zurück in dem Leben zwischen dem Tod und einer neuen Geburt. Das muß gewissermaßen auf die Seele selber wiederum sich abladen; denn alles dasjenige, was zerstört worden ist durch eine solche Seele, das ist nun da in dem Leben zwischen dem Tod und einer neuen Geburt. Nun kam Nero zunächst wenige Jahrhunderte oder verhältnismäßig kurze Zeit darnach in unbedeutenderem Dasein wiederum auf die Welt, wo sich zunächst nur dasjenige ausgeglichen hat, was Zerstörungswut war, die er auf die Souveränität hin ausgeübt hatte, ausgeübt aus sich heraus, weil er es so wollte; dabei wirkte die Rage, man möchte sagen, der Enthusiasmus für die Zerstörungswut. In einem nächsten Erdenleben erfüllte sich ausgleichend schon etwas von dieser Sache und dieselbe Seelenindividualität war jetzt in einer Stellung, wo sie auch zerstören mußte, aber zerstören mußte in untergeordneter Stellung, wo sie Befehlen unterlag. Und da hatte diese Seele die Notwendigkeit, nun zu fühlen, wie das ist, wenn man es nicht aus freiem Willen heraus tut, nicht in Souveränität vollbringt.

Nun handelt es sich bei solchen Dingen wirklich darum, sie ohne Emotionen zu betrachten, sie ganz objektiv zu betrachten. Solch ein

Schicksal, möchte ich sagen – denn auch so grausam zu sein wie Nero, so zerstörungswütig wie Nero zu sein, ist ja ein Schicksal –, ist im Grunde genommen ein erbarmungswürdiges Schicksal nach einer gewissen Seite hin. Man braucht gar nicht Rankünen zu haben, nicht irgendwie scharfe Kritik zu üben; dann würde man ohnedies nicht diejenigen Dinge erleben, die notwendig sind, um die Sache im weiteren Verlauf zu begreifen, denn in all die Dinge, von denen hier gesprochen worden ist, ist ja nur möglich hineinzuschauen, wenn man objektiv hineinschaut, wenn man nicht anklagt, sondern wenn man eben Menschenschicksale versteht. Aber die Dinge sprechen sich doch, wenn man nur den Sinn hat, sie zu verstehen, in einer deutlichen Weise aus. Und daß mir das Nero-Schicksal vor die Seele getreten ist, das war wirklich einem scheinbaren Zufall zuzuschreiben. Aber eben nur ein scheinbarer Zufall war es, daß mir dieses Nero-Schicksal einmal ganz besonders stark vor die Seele getreten ist.

Denn sehen Sie, als sich einmal ein erschütterndes Ereignis vollzogen hatte, ein Ereignis, von dem ich gleich sprechen werde, das in der Gegend, um die es sich handelt, weithin erschütternd wirkte, da kam ich gerade zu Besuch zu der in meinem Lebensabriß öfters genannten Persönlichkeit *Karl Julius Schröer*. Und als ich dahin kam, war auch er, wie viele Leute, ungeheuer erschüttert durch das, was geschehen war. Und er sprach – eigentlich so, daß es zunächst unmotiviert war – wie aus dunklen Geistestiefen heraus das Wort «Nero». Man hätte glauben können, es wäre ganz unmotiviert gewesen. Es war aber später durchaus zu sehen, daß da eigentlich nur durch einen Menschenmund etwas wie aus der Akasha-Chronik heraus gesprochen worden war. Es handelte sich um folgendes.

Der österreichische Kronprinz *Rudolf* war ja als eine glänzende Persönlichkeit gefeiert worden und galt als eine Persönlichkeit, die große Hoffnungen erregte für die Zeit, wenn er einmal auf den Thron kommen sollte. Wenn man auch allerlei über jenen Kronprinzen Rudolf wußte, so war alles das, was man wußte, doch so, daß man es eben als Dinge auffaßte, nun ja, die sich eigentlich fast so gehörten für einen «Grandseigneur». Jedenfalls dachte niemand daran, daß das zu bedeutsamen, tragischen Konflikten führen könnte. Und es war daher eine ungeheuer große Überraschung, eine furchtbar große Überraschung, als in Wien bekannt wurde: der Kronprinz Rudolf ist in den Tod gegangen auf eine ganz mysteriöse Weise, in der Nähe des Stiftes Heiligenkreuz, in der Nähe von Baden bei Wien. Immer mehr und mehr Details kamen da zutage, und zunächst sprach man von einem Unglücksfall; ja, der «Unglücksfall» wurde sogar offiziell berichtet.

Dann, als der Unglücksfall schon ganz offiziell berichtet war, wurde bekannt, daß der Kronprinz Rudolf in Begleitung der Baronesse Vetsera hinausgefahren war zu seinem Jagdgute dort, und daß er mit ihr gemeinsam dann den Tod gefunden hatte.

Die Details sind so bekanntgeworden, daß sie wohl hier nicht erzählt zu werden brauchen. Alles Folgende hat sich so vollzogen, daß kein Mensch, der die Verhältnisse kannte, daran zweifeln konnte, als die Dinge bekannt wurden, daß ein Selbstmord des Kronprinzen Rudolf vorlag. Denn erstens waren die Umstände so, daß ja in der Tat, nachdem das offizielle Bulletin herausgegeben war, daß ein Unglücksfall vorläge, sich zunächst der ungarische Ministerpräsident *Koloman Tisza* gegen diese Version wendete und von dem damaligen österreichischen Kaiser selbst die Zusage erlangte, daß man nicht stehenbleiben werde bei einer unrichtigen Angabe. Denn dieser Koloman Tisza wollte vor seiner ungarischen Nation diese Angabe nicht vertreten und machte das energisch geltend. Dann aber fand sich in dem Ärztekollegium ein Mann, der damals eigentlich zu den mutigsten Wiener Ärzten gehörte und der auch mit die Leichenbeschau führen sollte, und der sagte, er unterschriebe nichts, was nicht durch die objektiven Tatsachen belegt wäre.

Nun, die objektiven Tatsachen wiesen eben auf den Selbstmord hin. Der Selbstmord wurde ja dann auch offiziell, das Frühere verifizierend, zugegeben, und wenn nichts anderes vorläge als die Tatsache, daß in einer so außerordentlich katholisch gesinnten Familie, wie es die österreichische Kaiserfamilie war, der Selbstmord zugegeben worden ist, so würde schon einzig und allein diese Tatsache bedeuten, daß man eigentlich nicht daran zweifeln kann. Also jeder, der die Tatsache da objektiv beurteilen kann, wird nicht daran zweifeln.

Aber das muß man fragen: Wie ist es möglich gewesen, daß überhaupt jemand, dem so Glänzendes in Aussicht stand, zum Selbstmord griff, gegenüber Verhältnissen, die sich ja zweifellos mit leichter Hand in solcher Lebenslage hätten kaschieren lassen? – Es ist ja gar kein Zweifel, daß ein objektiver Grund, daß ein Kronprinz wegen einer Liebesaffäre sich erschießt –, ich meine, ein objektiver Grund, für die äußeren Verhältnisse objektiv notwendiger Grund, natürlich nicht vorliegt.

Es lag auch kein äußerer objektiver Grund vor, sondern es war die Tatsache vorliegend, daß hier einmal eine Persönlichkeit, welcher der Thron unmittelbar in Aussicht stand, das Leben ganz wertlos fand, und das bereitete sich natürlich auf psychopathologische Weise vor. Aber die Psychopathologie muß ja auch in diesem Falle erst begriffen werden; denn die Psychopathologie ist schließlich auch etwas, was mit dem Schicksalsmäßigen zusammenhängt. Und die Grundtatsache, die da in der Seele wirkte, ist dennoch die, daß jemand, dem also das Allerglänzendste scheinbar winkte, das Leben ganz wertlos fand.

Das ist etwas, meine lieben Freunde, das einfach unter diejenigen Tatsachen gehört, die man unbegreiflich finden muß im Leben. Und soviel auch geschrieben worden ist, soviel auch über diese Dinge gesprochen worden ist, nur der kann eigentlich vernünftig urteilen über eine solche Sache, der sich sagt: Aus diesem einzelnen Menschenleben, aus diesem Leben des Kronprinzen Rudolf von Österreich ist der Selbstmord, und auch die vorhergehende Psychopathologie in ihrer Ursächlichkeit für den Selbstmord, nicht erklärlich. Da muß, wenn man verstehen will, etwas anderes zugrunde liegen.

Und nun denken Sie sich die Nero-Seele – nachdem sie noch durch das andere durchgegangen ist, wovon ich gesprochen habe – herübergekommen gerade in diesen sich selbst vernichtenden Thronfolger, der die Konsequenz zieht durch seinen Selbstmord: dann kehren sich die Verhältnisse einfach um. Dann haben Sie in der Seele die Tendenz liegend, die aus früheren Erdenleben stammt, die beim Durchgang durch die Zeit zwischen dem Tod und einer neuen Geburt im unmittelbaren Anblicke sieht, daß von ihr eigentlich nur zerstörende Kräfte ausgegangen sind, und die auch auf eine splendide Weise, möchte ich sagen, die Umkehrung erleben muß.

Diese Umkehrung, wie wird sie erlebt? Sie wird eben dadurch erlebt, daß ein Leben, das äußerlich alles, was wertvoll ist, enthält, nach innen sich so spiegelt, daß der Träger dieses Lebens es für so wertlos hält, daß er sich selber entleibt. Dazu wird die Seele krank, wird halb wahnsinnig. Dazu sucht sich die Seele die äußere Verwickelung mit der entsprechenden Liebesaffäre und so weiter. Aber das alles sind ja nur die Folgen des Strebens der Seele, ich möchte sagen, alle die Pfeile auf sich selbst zu richten, die früher diese Seele nach der Welt hin gewandt hat. Und wir sehen dann, wenn wir in das Innere solcher Verhältnisse hineinsehen, eine ungeheure Tragik sich entwickeln, aber eine gerechte Tragik, eine außerordentlich gerechte Tragik. Und die beiden Bilder ordnen sich uns zusammen.

Ich sagte oftmals: Kleinigkeiten sind es, welche den Dingen zugrunde liegen, die in Wahrheit, im vollen Ernste Untersuchungen auf solchen Gebieten möglich machen. Da muß mancherlei im Leben mitwirken.

Wie gesagt, als dieses Ereignis, das so erschütternd dazumal gewirkt hat, sich eben vollzogen hatte, war ich auf dem Wege zu Schröer. Ich bin nicht wegen dieses Ereignisses hingegangen, sondern ich war auf dem Wege zu Schröer. Es war sozusagen der nächste Mensch, mit dem ich über diese Sache sprach. Der sprach ganz unmotiviert: «Nero» – so daß ich mich eigentlich fragen mußte: Warum denkt der jetzt gerade an Nero? – Er leitete das Gespräch gleich ein mit «Nero». Es erschütterte mich das Wort «Nero» dazumal. Aber es erschütterte mich um so mehr, als dieses Wort «Nero» unter einem besonderen Eindrucke gesprochen war, denn zwei Tage vorher war ja, das ist auch öffentlich ganz bekannt geworden, eine Soirée bei dem damaligen deutschen Botschafter in Wien, bei dem Prinzen Reuß. Da war der österreichische Kronprinz auch anwesend und Schröer auch, und er hatte dazumal gesehen, wie der Kronprinz sich verhalten hat, zwei Tage vor der Katastrophe. Und dieses merkwürdige Verhalten zwei Tage vor der Katastrophe bei jener Soirée, was Schröer sehr dramatisch schilderte, und dann der nachfolgende Selbstmord zwei Tage darnach: dieses im Zusammenhange damit, daß da das Wort «Nero» ausgesprochen wurde, das war etwas, was schon so wirkte, daß man sich sagen konnte: Jetzt liegt eine Veranlassung vor, den Dingen nachzugehen. – Aber warum bin ich denn überhaupt vielen Dingen nachgegangen, die aus Schröers Mund kamen? Nicht als ob irgend etwas von Schröer, der ja solche Dinge natürlich nicht wissen konnte, einfach von mir aufgenommen worden wäre wie ein Omen oder so etwas. Aber manche Dinge, gerade die, welche scheinbar unmotiviert kamen, waren mir wichtig, wichtig durch etwas, was einmal merkwürdig zutage trat.

Ich kam mit Schröer in ein Gespräch über Phrenologie, und Schröer erzählte, nicht eigentlich humoristisch, sondern mit einem gewissen inneren Ernst, mit dem er solche Dinge aussprach – man erkannte den Ernst eben an der gehobenen Sprache, die er auch in dem täglichen Umgang sprach, wenn er etwas mit vollem Ernst sagen wollte –, Schröer sagte: Mich hat auch einmal ein Phrenologe untersucht, hat mir den Kopf abgegriffen und hat da oben jene Erhöhung gefunden, von der er dann gesagt hat: Da sitzt ja in Ihnen der Theosoph! – Von Anthroposophie sprach man dazumal nicht, denn das war in den achtziger Jahren; es bezieht sich also nicht auf mich, es bezieht sich auf Schröer. Den hat er untersucht und gesagt: Da sitzt der Theosoph.

Nun, es war in der Tat so: Schröer war äußerlich alles eher als Theosoph; das geht ja aus meiner Lebensbeschreibung wohl hervor. Aber gerade da, wo er von Dingen sprach, welche eigentlich herausfielen aus dem Motivierten, das er sagte, gerade da waren seine Aussprüche manchmal außerordentlich tief bedeutend. So daß sich einem schon diese zwei Dinge zusammensetzen konnten: daß er da das Wort «Nero» aussprach und daß er auch durch dieses äußerliche Konstatieren seiner Theosophie einem gelten mußte als jemand, auf den man hinhorcht, bei dessen unmotivierten Dingen man sozusagen nachschaut.

Und so kam es denn wirklich, daß die Untersuchung in bezug auf das Nero-Schicksal dann aufklärend gewirkt hat für das weitere Schicksal, für das Mayerling-Schicksal, und gefunden werden konnte, daß man es wirklich mit der Nero-Seele in dem österreichischen Kronprinzen Rudolf zu tun hatte.

Es war mir diese Untersuchung, die lange gedauert hat – denn in solchen Dingen ist man sehr vorsichtig –, ganz besonders schwierig, weil ich ja natürlich immer beirrt worden bin durch alle möglichen

Leute – ob Sie es nun glauben oder nicht, es ist so –, die den Nero für sich in Anspruch nahmen und die das mit viel Fanatismus vertraten. So daß also, was an subjektiver Kraft ausging von solchen wiedergeborenen Neronen, natürlich zunächst bekämpft werden mußte. Man mußte durch das Gestrüpp da durch.

Aber man kann finden, meine lieben Freunde, daß das, was ich Ihnen jetzt hier sage, ja viel wichtiger ist, weil es eine historische Tatsache begreift – eben den Nero –, und daß das in dem weiteren Verlaufe viel wichtiger ist, als etwa die Katastrophe von Mayerling zu begreifen. Denn nun sieht man, wie solche Dinge, die eigentlich zunächst, man möchte sagen, empörend auftreten, wie das Dasein des Nero, sich mit voller Weltgerechtigkeit ausleben, wie sich die Weltgerechtigkeit wirklich erfüllt und wie zurückkommt das Unrecht, aber so, daß die Individualität hineingestellt ist in die Ausgleichung des Unrechtes. Und das ist das Ungeheure an dem Karma.

Und dann kann sich noch etwas anderes zeigen, wenn ein solches Unrecht ausgeglichen ist durch einzelne Erdenleben hindurch, wie es hier wohl fast schon ausgeglichen sein wird. Denn man muß nun wissen, daß ja zum Ausgleich dazugehört die ganze Erfüllung – denken Sie sich –, hervorgehend aus einem Leben, das sich wertlos hält, das so sehr sich wertlos hält, daß dieses Leben zunächst ein großes Reich – und Österreich war ja dazumal noch ein großes Reich – und seine Herrschaft über ein großes Reich hingibt! Dieses Handanlegen an sich selbst in solchen Umständen, und hinterher, nachdem man durch die Pforte des Todes gegangen ist, weiterzuleben in der unmittelbar geistigen Anschauung, das erfüllt allerdings in einer furchtbaren Weise, was man Gerechtigkeit des Schicksals nennen kann: also Ausgleich des Unrechts.

Aber auf der anderen Seite, wenn wir jetzt von diesem Inhalte absehen, so ist ja wiederum eine ungeheure Kraft in diesem Nero gewesen. Diese Kraft darf nun auch nicht verlorengehen für die Menschheit; diese Kraft muß geläutert werden. Die Läuterung haben wir besprochen.

Ist nun eine solche Seele geläutert, dann wird sie die Kraft, die geläutert ist, eben auch in der Folgezeit in spätere Erdenepochen in einer heilsamen Weise hinübertragen. Und gerade dann, wenn wir das

Karma als einen gerechten Ausgleich empfinden, werden wir auch niemals verfehlen können, zu sehen, wie das Karma prüfend auf den Menschen wirkt, prüfend wirkt selbst dann, wenn er sich in irgendeiner empörenden Weise in das Leben hereinstellt. Der gerechte Ausgleich geschieht, aber die Menschenkräfte gehen doch nicht verloren. Sondern es wird dann, wenn es durchlebt wird nach dem gerechten Ausgleich, dasjenige, was ein Menschenleben verübt hat, unter Umständen umgewandelt auch in Kraft zum Guten. Daher ist solch ein Schicksal, wie das heute geschilderte, schon auch durchaus erschütternd.

Damit aber sind wir unmittelbar herangelangt, meine lieben Freunde, an die Betrachtung dessen, was man Gut und Böse im Lichte des Karma nennen kann: Gut und Böse, Glück und Unglück, Freude und Leid, wie sie der Mensch in sein einzelnes individuelles Leben hereinblicken und hereinleuchten sieht.

In bezug auf die Empfindung der moralischen Lage eines Menschen waren frühere Erdenepochen, frühere geschichtliche Epochen viel empfänglicher als die heutige Menschheit. Die heutige Menschheit ist eigentlich gar nicht empfänglich für die Schicksalsfrage. Gewiß, man trifft ab und zu auf einen Menschen, der das Hereinspielen des Schicksals verspürt; aber das eigentliche Verständnis für die großen Schicksalsfragen, das ist für die heutige Zivilisation, welche das einzelne Erdenleben wie etwas Abgeschlossenes für sich betrachtet, doch etwas außerordentlich Dunkles und Unverständliches. Die Dinge geschehen halt. Es trifft einen ein Unglück, und man bespricht es, daß einen ein Unglück getroffen hat, aber man denkt nicht weiter nach. Man denkt namentlich auch darüber nicht weiter nach, wenn irgendein äußerlich scheinbar ganz guter Mensch, der gar nichts irgendwie verbrochen hat, durch irgend etwas, was von außen hereinwirkt wie ein Zufall, zugrunde geht, oder vielleicht nicht einmal zugrunde geht, sondern furchtbar viel leiden muß durch eine schreckliche Verletzung und dergleichen. Man denkt nicht nach, wie sich in ein sogenanntes unschuldiges Menschenleben so etwas hereinstellen kann.

Nun, so unempfänglich und unempfindlich für die Schicksalsfrage war die Menschheit nicht immer. Man braucht gar nicht sehr weit in der Zeitenwende zurückzugehen, dann findet man, daß die Menschen empfanden, daß die Schicksalsschläge aus anderen Welten hereinkommen, daß auch das, was man sich selber als Schicksal macht, aus anderen Welten hereinkommt.

Woher rührte denn das? Das rührte davon her, daß in früheren Epochen die Menschen nicht nur ein instinktives Hellsehen gehabt haben, und als das instinktive Hellsehen nicht mehr da war, Traditionen hatten über die Ergebnisse des instinktiven Hellsehens, nein, es waren auch die äußeren Einrichtungen so, daß die Menschen eigentlich die Welt nicht so oberflächlich, so banal anzusehen brauchten, wie heute im materialistischen Zeitalter die Welt angesehen wird. Man redet ja heute vielfach von der Schädlichkeit der bloßen äußerlich-materialistisch-naturalistischen Naturauffassung, die alle Kreise schließlich ergriffen hat, die auch die verschiedensten Bekenntnisse des religiösen Lebens ergriffen hat. Denn die Religionen sind ja auch materialistisch geworden. Von einer geistigen Welt will die äußere Zivilisation auf keinem Gebiete eigentlich mehr etwas wissen, und man redet davon, daß man so etwas theoretisch bekämpfen soll. Aber das ist nicht das Wichtigste; die theoretische Bekämpfung materialistischer Ansichten macht gar nicht so viel aus. Sondern das Wichtigste ist, daß durch die Anschauung, die allerdings den Menschen zur Freiheit gebracht hat und weiter zur Freiheit bringen will und die ja eine Durchgangsperiode bildet in der Entwickelungsgeschichte der Menschheit, auch das, was in früheren Epochen für die äußerliche sinnliche Anschauung des Menschen als ein Heilmittel da war, verloren worden ist.

Natürlich hat auch der Grieche in den ersten griechischen Jahrhunderten – es dauerte ja ziemlich lange – in der Natur ringsherum die äußere Erscheinungswelt gesehen. Er hat so wie die heutigen Menschen auf die Natur hingeschaut. Er hat die Natur etwas anders gesehen, denn auch die Sinne haben eine Entwickelung durchgemacht, aber darauf kommt es jetzt nicht an. Der Grieche hatte jedoch ein Heilmittel gegen die Schäden, die organisch in dem Menschen durch das bloße Hinausschauen in die Natur entstehen.

Wir werden ja wirklich nicht bloß physiologisch weitsichtig im Alter, wenn wir viel in die Natur hinausschauen, sondern durch das bloße Hinausschauen in die Natur bekommt unsere Seele eine gewisse

Konfiguration. Sie schaut eigentlich in die Natur hinein und sieht in der Natur so, daß nicht alle Bedürfnisse des Sehens befriedigt werden. Es bleiben unbefriedigte Bedürfnisse des Sehens übrig. Und eigentlich gilt das überhaupt für das gesamte Wahrnehmen, Hören, Fühlen und so weiter; für die ist es dasselbe: es bleiben gewisse Reste unbefriedigt vom Wahrnehmen, wenn man bloß in die Natur hinausschaut. Und das Sehen bloß in die Natur hinaus ist ungefähr so, wie wenn ein Mensch im Physischen sein ganzes Leben hindurch leben wollte, ohne genügend zu essen. Wenn der Mensch leben wollte, ohne genügend zu essen, so würde er natürlich immer mehr und mehr herunterkommen im physischen Sinne. Aber wenn der Mensch immer nur in die Natur hinausschaut, kommt er seelisch in bezug auf das Wahrnehmen herunter. Er bekommt die Auszehrung, die seelische Auszehrung für seine Sinnenwelt. Das wußte man in früheren Mysterienweisheiten, daß man die Auszehrung für die Sinnenwelt bekommt.

Aber man wußte auch, wodurch diese Auszehrung ausgeglichen wird. Man wußte, wenn man hinschaute bei der Tempelarchitektur auf das Ebenmaß des Tragenden und Lastenden oder wie im Orient auf die Formen, die eigentlich in äußerer Plastik Moralisches darstellten, wenn man hinschaute auf das, was in den Formen der Architektur sich dem Auge, dem Wahrnehmen überhaupt darbot, oder was dann eben wirklich an Architektur wiederum musikalisch sich darbot, daß darinnen das Heilmittel liegt gegen die Auszehrung der Sinne, wenn diese bloß in die Natur hinausschauen. Und wenn noch der Grieche in seinen Tempel geführt wurde, wo er das Tragende und Lastende sah, die Säulen, darüber den Architrav und so weiter, wenn er das wahrnahm, was da an innerer Mechanik und Dynamik ihm entgegentrat, dann wurde der Blick abgeschlossen. In der Natur dagegen stiert der Mensch hinaus, der Blick geht eigentlich ins Unendliche, und man kommt nie zu Ende. Man kann ja eigentlich Naturwissenschaft für jedes Problem ohne Ende treiben: es geht immer weiter, weiter. Aber es schließt sich der Blick ab, wenn man irgendeine wirkliche Architekturarbeit vor sich hat, die darauf ausgeht, diesen Blick zu fangen, zu entnaturalisieren. Sehen Sie, da haben Sie das eine, was da war in alten Zeiten: dieses Fangen des Blickes nach außen.

Und wiederum, die gegenwärtige Innenbeobachtung des Menschen, die kommt ja nicht dazu, wirklich in das menschliche Innere hineinzusteigen. Eigentlich sieht der Mensch, wenn er heute Selbsterkenntnis üben will, so ein Gebrodel von allen möglichen Empfindungen und äußeren Eindrücken. Es ist nichts irgendwie Klares da. Der Mensch kann sich im Inneren gewissermaßen nicht erfangen. Er kommt nicht an sein Inneres heran, weil er nicht die Kraft hat, so geistig bildhaft innerlich zu greifen, wie er greifen müßte, wenn er wirklich real an sein Inneres herankommen wollte.

Da wirkt der wirklich mit Inbrunst an den Menschen herankommende Kultus. Alles Kultusartige aber, nicht nur das äußerlich Kultusartige, sondern das Verstehen der Welt in Bildern, das wirkt so, daß der Mensch in sein Inneres hereinkommt. Solange man mit abstrakten Begriffen und Vorstellungen in sein Inneres zur Selbsterkenntnis kommen will, geht es nicht. Sobald man mit Bildern, die einem konkret machen die Seelenerlebnisse, in sein Inneres hinein sich versenkt, da kommt man in dieses Innere. Da erfängt man sich im Inneren.

Wie oft mußte ich daher sagen: Der Mensch muß meditieren in Bildern, damit er in sein Inneres wirklich hineinkommt. Das ist ja etwas, was sogar schon in öffentlichen Vorträgen jetzt hinlänglich besprochen wird.

Und so hat man, wenn man auf den früheren Menschen zurückblickt, in diesem früheren Menschen dieses: Auf der einen Seite wird sein Blick und seine Empfindung nach außen durch das Architektonische gewissermaßen abgeschlossen, in sich abgefangen (siehe Zeichnung); nach innen wird der Blick dadurch abgefangen, daß der Mensch sich sein Seelenleben innerlich vorstellt, wie es ihm dann äußerlich in den Bildern des Kultus vorgestellt werden kann (blau).

Auf der einen Seite kommt man in sein Inneres hinunter, auf der anderen Seite trifft man auf mit dem Blick nach außen auf das, was in der Architektur da ist, in der Tempelarchitektur, in der Kirchenarchitektur. Es schließt sich das merkwürdig zusammen. Zwischen dem, was im Inneren lebt, und dem, auf was der Blick hier zurückgeworfen wird, da ist ein Mittelfeld (orange), das ja der Mensch im gewöhnlichen Bewußtsein gar nicht sieht, weil er seinen äußeren Blick

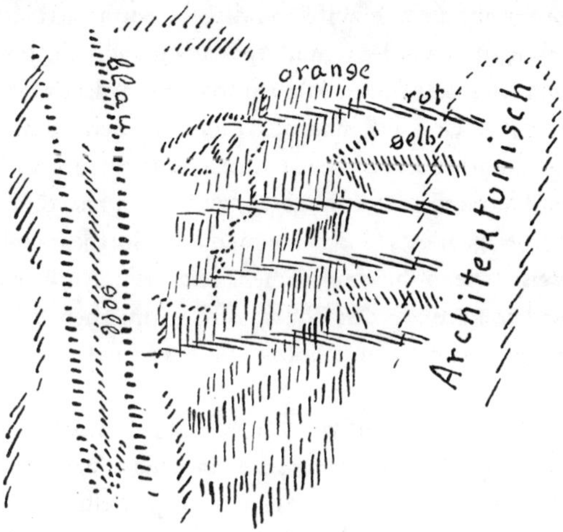

heute nicht abfangen läßt von einer wirklichen, verinnerlichten Architektur, und weil er seine Innenschau nicht abfangen läßt von Imaginativem, von Bildhaftem. Aber was dazwischenliegt: Gehen Sie mit dem im Leben herum, gehen Sie herum mit einer durch Imagination vertieften Innenerkenntnis und mit einem durch äußere architektonische Formen, die nun wirklich aus dem Menschlichen heraus erbaut sind, geheilten Sinnesempfinden, dann bekommen Sie die Empfindung, wie sie die älteren Menschen gehabt haben für die Schicksalsschläge. Wenn man das ausbildet, was zwischen diesen beiden liegt, zwischen Empfindung des wahrhaft Architektonischen und Empfindung des wahrhaft symbolisch nach innen Gehenden, dann findet man die Empfänglichkeit für die Schicksalsschläge. Man empfindet das, was geschieht, als herüberkommend aus früheren Erdenleben.

Das ist nun wieder die Einleitung zu weiteren Karmabetrachtungen, die in der nächsten Zeit angestellt werden sollen und die dann auch das «Gut und Böse» in die Karmabetrachtungen einschließen.

Aber sehen Sie, es handelt sich ja wirklich darum, daß in der anthroposophischen Bewegung real gedacht wird. Die dem heutigen modernen Menschen angemessene Architektur, die seinen Blick in der richtigen Weise abfangen könnte und die sein naturalistisches Schauen, das ihm das Karma verdeckt und verfinstert, allmählich in die Anschauung hätte hereinbringen können, die stand da draußen in einer gewissen Form da. Und daß innerhalb dieser Formen wiederum gesprochen wurde in anthroposophischen Auseinandersetzungen, das gab die Innenschau. Und unter allem anderen, was schon hervorgehoben worden ist, war gerade dieses Goetheanum, dieser Goetheanumbau mit der Art und Weise, wie in ihm immer mehr und mehr Anthroposophie getrieben worden wäre, die Erziehung zum karmischen Schauen. Diese Erziehung zum karmischen Schauen, sie muß in die moderne Zivilisation herein.

Aber den Feinden dessen, was herein muß in diese moderne Zivilisation, denen liegt natürlich daran, daß dasjenige, was im echten, wahren Sinne den Menschen heranerzieht, was notwendig ist für die Zivilisation, abbrennt. Und so ist es möglich, auch da in die tieferen Zusammenhänge hineinzuschauen. Aber hoffen wir, daß in Bälde an derselben Stelle wiederum Karmaschauen erweckende Formen vor uns stehen!

Das ist es, was ich heute, wo noch viele fremde, auswärtige Freunde zurückgeblieben sind von unserer Osterveranstaltung her, was ich gerade heute als ein Schlußwort aussprechen wollte.

Karmische Betrachtungen des individuellen menschlichen Lebens

SECHSTER VORTRAG

Dornach, 4. Mai 1924

Nachdem wir eine Reihe von karmischen Zusammenhängen betrachtet haben, die sich abspielten im geschichtlichen Werden der Menschheit, und nachdem wir durch diese Betrachtungen gesehen haben, wie das eine oder das andere aus einem Erdenleben in die nächsten Erdenleben hinüberfließt, werden wir nunmehr dazu übergehen, die karmischen Zusammenhänge noch von einem anderen Gesichtspunkte aus zu betrachten, von dem Gesichtspunkte, der, ich möchte sagen, noch mehr in das unmittelbare menschliche Leben hineinführt. Denn Karmabetrachtung hat ja eigentlich nur dadurch einen wirklichen Wert, daß diese Betrachtung in unser lebendiges Ethos, in unsere ganze Lebens- und Seelenverfassung hineinfließen kann, so daß wir, indem wir uns als Mensch in die Welt hineinstellen, durch die karmische Betrachtung eine Durchkraftung und zugleich Vertiefung des Lebens erfahren können. Das Leben hat ja viele Rätsel, und nicht alle Rätsel des Lebens können so betrachtet werden, daß sie ungelöst bleiben. Denn dadurch würde der Mensch allmählich aus seiner eigenen Wesenheit herausgerissen werden. Er würde ohne Bekanntschaft mit den Rätseln des Menschenwesens selbst wie ein unbewußtes Wesen sein Dasein verbringen. Aber es ist die Aufgabe des Menschen, immer bewußter und bewußter zu werden. Das kann er nur, wenn er alles dasjenige, was eigentlich an ihm, seiner Seele und seinem Geiste hängt, wirklich bis zu einem gewissen Grade durchschauen kann. Und da nun ein Bestandteil unseres ganzen Lebens und Daseins das Karma ist, so ist es selbstverständlich, daß karmische Betrachtungen unmittelbare Betrachtungen für die Grundlage unseres Menschenlebens sind.

Nun sind aber karmische Betrachtungen in unmittelbarer Anwendung auf das Leben gerade für das gegenwärtige Menschheitsbewußtsein eigentlich außerordentlich schwer anzustellen. Denn es erfordert jede auch nur einigermaßen taugliche Betrachtung des Karma in dem Leben, das uns umgibt, in dem Leben, in dem wir selber drinnenstehen, daß wir viel, viel objektiver dem Leben gegenüberstehen können, als das für ein Bewußtsein möglich ist, das aus den gegenwärtigen Bedingungen des Lebens, aus den gegenwärtigen Bedingungen der Erziehung herauswächst.

Es ist eben so vieles in den gegenwärtigen Lebensbedingungen, in die der Mensch hineinkommt, was die karmischen Zusammenhänge verdeckt, sie unsichtbar macht, so daß es außerordentlich schwierig ist, auch nur einigermaßen auf das hinzuschauen, was das Leben karmisch, schicksalsgemäß begreiflich macht.

Der Mensch der Gegenwart ist ja so wenig eigentlich dazu geeignet, sich von sich selber loszulösen und an anderes hinzugeben. Der Mensch der Gegenwart lebt außerordentlich stark in sich selbst. Und das Eigentümliche ist ja, daß der Mensch heute, gerade wenn er nach dem Geiste hinstrebt, wenn er Geistiges aufnimmt, sehr stark in die Gefahr hineinkommt, dadurch noch mehr in sich selber zu leben. Bedenken wir nur einmal, meine lieben Freunde, wie es gerade mit dem Sich-Vertiefen in das anthroposophische Leben oftmals steht. Da wird mancher sich sagen können, der im Verlaufe seines Lebens in die anthroposophische Bewegung hereingekommen ist: Als ich noch draußen stand, da hatte ich diese oder jene Beziehungen zum Leben, in denen ich aufging, die ich als etwas hinnahm, was mit mir innig zusammenhing. Ich schätzte dies oder jenes, ich glaubte, daß dies oder jenes für das Leben notwendig ist. Ich hatte auch Freunde, denen ich nahestehen konnte aus den Lebensgewohnheiten heraus, aus dem, was das alltägliche Leben gebracht hat. Nun bin ich in die Anthroposophie hineingekommen. Da hat vieles von dem eigentlich gänzlich aufgehört. Da bin ich herausgekommen aus den alten Zusammenhängen, da sind mir wenigstens diese alten Zusammenhänge nicht mehr so wertvoll geblieben, wie sie früher waren. Da wurde mir manches auch von dem, was ich früher gern getan habe, zuwider. Da betrachtete ich es nicht mehr als etwas, mit dem ich eigentlich zusammenhängen möchte.

Aber wenn dann der Mensch, nachdem er eine solche Betrachtung angestellt hat, weiter darüber nachdenkt, was denn nun für ihn an die Stelle davon getreten ist, dann findet er sehr leicht: Eigentlich hat sein Egoismus nicht abgenommen. Ich will jetzt das gar nicht in einem tadelnden, irgendwie auch nur mit einer Nuance von tadelndem Sinne aussprechen, sondern eben einfach als eine Tatsache hinstellen, die ja der Mensch sehr gut an sich selber beobachten kann: Eigentlich hat sein Egoismus zugenommen! Eigentlich gibt er jetzt viel mehr acht auf die Art und Weise, wie sein Inneres, sein Gemüt beschaffen ist. Eigentlich frägt er jetzt viel mehr, als er früher darnach gefragt hat: Was macht der andere Mensch auf mich für einen Eindruck?

Früher hat er das, was der andere Mensch neben ihm getan hat, mit einer gewissen Selbstverständlichkeit hingenommen. Jetzt tut er es nicht mehr. Jetzt frägt er nach dem Eindruck, den es auf ihn macht. Oder aber, er stand früher in irgendeinem Lebenszusammenhang drinnen, der ihm ganz plausibel war. Er hat seine Pflichten getan und so weiter. Jetzt werden ihm diese Pflichten zuwider, jetzt möchte er heraus aus diesen Pflichten, weil er meint, sie seien nicht geistig genug und so fort. So führt gerade das geistige Streben innerhalb der Anthroposophie sehr leicht in eine Art von Egoismus hinein, in ein sich viel, viel ernster nehmen, als man sich vorher genommen hat.

Die ganze Sache beruht aber darauf, daß eben in einem solchen Falle nicht die Erweiterung der Lebensinteressen nach außen eingetreten ist, sondern daß sich die Lebensinteressen in das Innere zurückgeschlagen haben. Ich habe es ja oftmals erwähnt, daß derjenige, der nun wirklich hineinwächst, ganz wahrhaftig hineinwächst in das anthroposophische Leben, nicht weniger Interesse an dem äußeren Leben nimmt, sondern gerade durch die Anthroposophie viel mehr Interesse an diesem äußeren Leben nimmt, daß alle anderen Wesen anfangen, ihm unendlich viel interessanter zu werden, viel mehr wert zu werden. Aber dazu ist notwendig, daß man sich nicht von dem äußeren Leben zurückzieht, sondern daß man in dem äußeren Leben drinnen die Geistigkeit sieht.

Gewiß, da treten dann Dinge auf, die man früher nicht bemerkt hat. Aber man muß dann auch den Mut haben, sie zu bemerken und nicht über sie hinwegzuschauen. Zur karmischen Lebensbetrachtung ist eben durchaus nötig, sich ein gewisses Maß von der Gabe anzueignen, aus sich herauszugehen, in den anderen hineinzugehen. Das ist natürlich ganz besonders schwierig, wenn der andere ein Werkzeug wird zu karmischen Ausgleichen im Leben, die einem unangenehm oder vielleicht sogar schmerzlich sind. Aber ohne daß man auch bei den Dingen, die einem unangenehm und schmerzlich sind, aus sich herausgehen kann, ist eigentlich eine karmische, eine wahrhaft geltende karmische Lebensbetrachtung nicht möglich. Denn bedenken Sie nur, welche Bedingungen da sind in der Welt, damit Karma entsteht.

Wir stehen in einem gewissen Menschenleben drinnen. In diesem Menschenleben tun wir, denken wir und fühlen wir das eine oder das andere. Wir treten in Beziehungen zu Menschen, und innerhalb dieser Beziehungen spielt sich das eine oder das andere ab. Wir denken, fühlen, wollen, tun solche Dinge, die einen karmischen Ausgleich fordern. Wir gehen Beziehungen zu Menschen ein, in deren Folgen Dinge geschehen, die wiederum einen karmischen Ausgleich fordern. Überblicken Sie nur einmal von diesem Gesichtspunkte aus ein menschliches Erdenleben, und sehen Sie dann darauf hin, daß am Ende dieses Erdenlebens der Mensch durch die Pforte des Todes eingeht in die geistige Welt.

Er lebt jetzt in der geistigen Welt drinnen. In der geistigen Welt ist es nicht so wie in der physischen Welt. In der physischen Welt, da stehen Sie außerhalb der anderen Menschen. Auch denen gegenüber stehen Sie außerhalb, denen Sie schon menschlich nahetraten. Es ist ja immerhin zwischen zwei Menschen in der physischen Welt mindestens Luft und bei jedem seine Haut. Also Menschen in der physischen Welt, wenn sie sich noch so nahetreten, können in einem gewissen Sinn sich in sich selber zurückhalten.

Das ist aber nicht möglich, wenn man durch die Pforte des Todes gegangen ist und in der geistigen Welt lebt. Nehmen Sie einen eklatanten Fall. Sie haben irgendeinem Menschen etwas zugefügt, was einen karmischen Ausgleich fordert. Sie leben mit ihm weiter, nachdem Sie beide durch die Pforte des Todes gegangen sind. Sie leben ja dann nicht durch Ihren guten Willen oder durch Ihre innere Vollkommenheit in dem anderen Menschen – also nicht bloß in sich, sondern wirklich in dem anderen Menschen –, sondern Sie leben zwangsweise, wenn ich mich so ausdrücken darf, in dem anderen Menschen.

Nehmen Sie an, der Mensch A und der Mensch B gehen durch die Pforte des Todes. Sie sind nachher in der geistigen Welt. B und A stehen einander gegenüber in der geistigen Welt. Ja, dann lebt, während hier B in sich und A in sich gelebt hat, A ebensogut wie in sich in B und B ebensogut wie in sich in A. Die Menschen leben ja in der geistigen Welt ganz ineinander, und zwar getragen gerade durch diejenigen Kräfte, die sich in den Erdenleben aufgespeichert haben. Wir kommen nach dem Tode nicht zu beliebigen Menschen in Beziehung, sondern eben zu denjenigen Menschen, zu denen sich in Gutem und Bösem Beziehungen ergeben haben. Aber diese Beziehungen machen es, daß wir nicht nur in uns, sondern auch in dem anderen leben.

Tafel 3

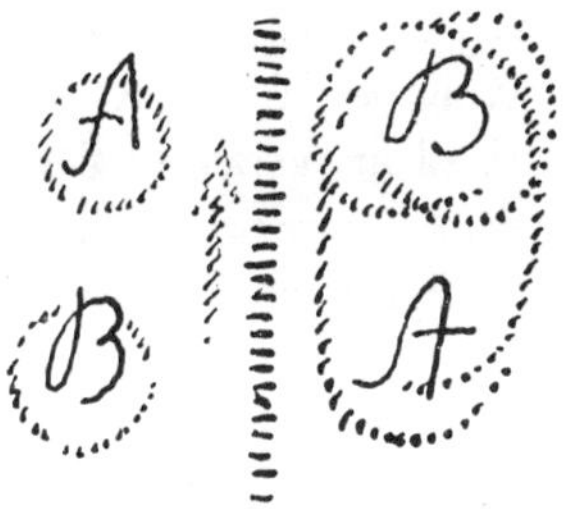

Nun denken Sie sich, Sie haben irgendeinem Menschen etwas zugefügt, oder sagen wir, der B hat dem A etwas zugefügt, was einen karmischen Ausgleich fordert. Indem nun der B durch die Pforte des Todes schreitet, lebt er nach dem Tode, beim Durchgang durch die Welt zwischen dem Tode und einer neuen Geburt, in dem A. Er erlebt dasjenige, was er dem A zugefügt hat, in dem A darinnen. Und er verursacht in diesem Außer-sich-Leben, daß der karmische Ausgleich geschieht. Also dasjenige, was im karmischen Ausgleich in einem nächsten Erdenleben durch den Menschen A geschehen soll, das verursachen Sie selber durch Ihr Hinüberleben in den Menschen A. Nur dadurch, daß dann der Mensch A wiederum heruntersteigt in die physische Erdenwelt, macht er das, was Sie eigentlich in ihn gelegt haben, zu seiner eigenen Tat. Und er kommt Ihnen dann im nächsten Erdenleben mit dem entgegen, was Sie eigentlich durch ihn sich selber zufügen wollen.

Wenn ich also in einem nächsten Erdenleben von einem anderen

Menschen etwas zugefügt erhalte als karmischen Ausgleich, so ist es so, daß, während ich in ihm in der Zeit zwischen dem Tode und einer neuen Geburt steckte, ich das Stück für Stück selber in ihn gelegt habe. Da war es gar nicht seine Tat, sondern zu seiner Tat wird es erst wiederum, indem er heruntersteigt ins irdische Leben. So daß also die Bedingungen des Karma im Weltenlaufe diejenigen sind, welche durch das Ineinanderleben der karmisch verbundenen Menschen in der Zeit zwischen dem Tode und einer neuen Geburt da sind.

Nun, wenn wir das gewöhnliche Erdenleben betrachten, dann sehen wir eigentlich in diesem gewöhnlichen Erdenleben nicht außerordentlich tief. Wir nehmen von dem anderen Menschen im Grunde genommen außerordentlich wenig bewußt wahr. Wir merken zum Beispiel einen gewissen Unterschied im Verhalten des anderen Menschen zu uns außerordentlich wenig. Uns tritt irgendein Mensch im Leben entgegen; sagen wir, er verhält sich in einer gewissen Weise. Nun werden wir es ja kaum bemerken, daß ein Mensch wirklich sich in einer gewissen Weise zu uns verhalten kann und daß ganz verschiedene Motive und Impulse zu diesem Verhalten in ihm stecken können. Es kann sich ein Mensch feindlich zu mir verhalten. Dieses feindliche Verhalten kann so liegen, daß ich einfach durch mein Dasein aufreizend auf ihn wirke, daß er auf etwas ganz anderes im Menschen gestimmt ist als auf das, was ich ihm entgegenbringe. Dadurch werde ich von ihm in einer gewissen Weise behandelt. Aber diese Behandlung, die kann so liegen, daß sie sich karmisch erst im nächsten Leben irgendwie ausgleicht. Die kann etwas ganz Ursprüngliches sein, etwas, was gar nicht durch vorige Erdenleben bedingt ist.

Dagegen kann mir eine ganz ähnliche, vielleicht die gleiche Behandlung werden von einem Menschen, in den ich Stück für Stück das, was aus dieser Behandlung folgt, in dem Leben zwischen dem Tode und einer neuen Geburt hineingepflanzt habe.

Das Gefühl, das unterscheiden kann zwischen zwei solchen Behandlungsweisen, die äußerlich gleich sind, dieses Gefühl ist bei den Menschen der Gegenwart außerordentlich wenig entwickelt. Sonst würde viel mehr etwas auftauchen im Leben, was heute im Grunde genommen kaum auftaucht, was aber wiederum auftauchen muß, damit das Ethos des Lebens viel reiner werden kann, damit das moralische Empfinden viel kräftiger werden kann. Es muß einfach wiederum auftauchen im Leben etwas, was in früheren Zeitläuften, in gar nicht so weit zurückliegenden Zeitläuften in der menschlichen Empfindung lag, daß man nämlich dem einen Menschen gegenüber das Gefühl hat: der haßt dich und vollbringt aus Haß gegen dich diese oder jene Dinge; daß man bei dem anderen Menschen aber das Gefühl hat: der muß etwas gegen dich tun, weil er einfach nicht anders kann. Der erste, der könnte auch anders; der zweite kann einfach nicht anders, der ist innerlich prädestiniert, sich so zu verhalten.

Dieses Gefühl, das in feiner Weise in den Tatsachen des Lebens unterschieden werden kann, muß wiederum allgemeiner werden. Dieses Gefühl wird dem Leben viele Nuancen geben, die außerordentlich wichtig sind im Leben.

Und dazu kommt ein anderes. Sie werden ja leicht zugeben können, daß der Mensch mit anderen Menschen in Beziehungen kommt und daß an diesen Beziehungen mancherlei hängt, was ihn nicht in der gleichen Weise interessiert wie diese Beziehungen selber. Ich will einen ganz eklatanten Fall konstruieren. Nehmen Sie an, Sie treten in eine Gesellschaft ein – ich meine jetzt nicht die Anthroposophische, die schließe ich aus davon, aus Gründen, die schon noch in dem Verlauf dieser Karmavorträge herauskommen werden –, aber in eine Gesellschaft treten Sie ein. Es kann der Grund, warum Sie in diese Gesellschaft eintreten, darinnen liegen, daß Sie eine karmische Verbindung mit einem oder zwei Menschen, vielleicht nur mit einem einzigen Menschen in dieser Gesellschaft haben. Aber Sie müssen, indem Sie in diese Gesellschaft eintreten, um dem Menschen, um den es sich handelt, so nahezukommen, als es Ihre karmischen Beziehungen notwendig machen, alles übrige der Gesellschaft mitnehmen. Während karmisch wichtig nur die Beziehung zu diesem einen Menschen ist, nehmen Sie alles mit, was sonst in dieser Gesellschaft durch Menschen, die Sie da treffen und so weiter, an Sie herankommt.

Da handelt es sich darum, daß wir auch wissen müssen: Das Leben steht uns so gegenüber, daß es in der verschiedensten Weise nuancierte Beziehungen zu uns hat, von den gleichgültigsten Beziehungen zu den im tiefsten Sinne bedeutendsten Beziehungen, die unmittelbar nebeneinanderstehen.

Aber dazu kommt nun wiederum etwas anderes. Dazu kommt, daß das äußere Leben eben vielfach Maja, die große Illusion ist. So daß es sein kann – ich konstruiere wiederum einen Fall –, daß Sie in eine Gesellschaft eintreten, aber die Beziehung zu dem einen Menschen, die karmisch gut vorbedingt ist, die stellt sich sehr schwer heraus. Sie müssen erst mit den verschiedensten anderen Menschen Beziehungen anknüpfen, um an den einen heranzukommen. Sie gehen also durch die verschiedensten anderen Menschen, um an den einen heranzukommen. Sie gehen dadurch Beziehungen ein mit den anderen Menschen, die, ich möchte sagen, vor der robusten Lebensbetrachtung sich außerordentlich wirksam erweisen, ja, die sich stark geltend machen, die stark da sind, während vielleicht diejenige Beziehung, an die Sie dann zuletzt herankommen, die karmisch bedeutsam sein kann, sanft, leise, unvermerkt oder fast unvermerkt sich abspielt.

Tafel 3

So daß es wirklich so sein kann, daß das karmisch Bedeutende in irgendeinem Lebenszusammenhang wie ein kleiner Hügel neben Riesenbergen erscheint, die aber eine geringe Bedeutung haben. Allerdings erscheint dann erst vor einer durchgeistigten Betrachtung der kleine Hügel in seiner wahren Bedeutung. Es ist ja wirklich so, daß die Ereignisse, die in unser Leben eintreten, uns viel, viel Täuschungen verursachen. Wir wissen sie in der Regel, wenn wir nur das eine Erdenleben in Betracht ziehen, nicht zu werten. Schaut man andere Erdenleben auf dem Hintergrunde, dann kann man das eine Erdenleben erst in seinen Ereignissen richtig werten.

Beispielsweise möchte ich nur etwas anführen. Nicht wahr, in unserer Zeit sind ja merkwürdige Persönlichkeiten aufgetreten. Abgesehen von denen, die ich schon karmisch vor Sie hingestellt habe, sind mancherlei höchst merkwürdige Persönlichkeiten da oder dort gewesen. Und eine äußerliche Betrachtung führt oftmals durchaus nicht in die karmischen Zusammenhänge hinein, sondern erst eine Betrachtung, die auf markante Punkte des Lebens eingehen kann. Und da ergeben sich eben dann, ich möchte sagen, mit vollster Klarheit jene Tatsachen, die uns darauf aufmerksam machen, wie eigentlich das äußere Leben illusionär ist in vieler Beziehung, wenn wir es nicht auf der Grundlage des Geistigen betrachten. Ich habe vor kurzem hier ein Beispiel angeführt, das Ihnen vielleicht sehr merkwürdig vorgekommen ist, das Beispiel eines Alchimisten, eines alten Alchimisten aus der Schule des Basilius Valentinus, der wieder aufgetreten ist als *Frank Wedekind*.

Mich hat zu der Beobachtung dieses merkwürdigen Karma – der Ausgangspunkt ist nicht immer bedeutsam, wenn dann der Ausgangspunkt zu der inneren Klarheit geführt hat, dann natürlich wird die Sache anders – der Umstand geführt, daß ich kaum jemals solche Hände gesehen habe, wie sie Frank Wedekind hatte, und daß ich dann mit diesen Händen Frank Wedekind einmal in München habe agieren gesehen, selber schauspielerisch agieren gesehen in seinem «Hidalla». Das ganze scheinbare Chaos dieses Stückes, das natürlich ein Horror für ein philiströses Gemüt ist, wie ich schon neulich sagte, im Zusammenhange mit dem Eindruck, den ich von früher von seinen Händen hatte, das ließ eben die alchimistischen Verrichtungen, die er getan hat, erscheinen. Und auf der Grundlage gerade des «Hidalla» im Zusammenhange mit diesen merkwürdigen Händen erschien diese frühere Inkarnation, die man dann weiterverfolgen konnte.

Da sehen Sie, daß man ein Auge für dasjenige entwickeln muß, was außerordentlich bedeutsam an einem Wesen, an einem Menschen namentlich, sein kann. Es gibt Menschen, bei denen ist das Gesicht das Charakteristische. Es gibt aber auch Menschen, bei denen ist es ganz und gar nicht das Gesicht, sondern da sind es zum Beispiel die Hände; und aus dem Gesicht kann man gar nichts entnehmen, lediglich etwas aus den Händen. Wenn man von dem Individuellen ins Allgemeine geht, gerade an dem Beispiele, das ich eben angeführt habe, dann wird man, ich möchte sagen, mit Händen greifen können, wie die Sache ist. Gerade bei so gearteten Alchimisten des Mittelalters war es ja so, daß sie sich eine außerordentliche Geschicklichkeit der Hände aneignen mußten.

Ich habe in früheren Vorträgen hier ausgeführt, wie von dem, was der Mensch als Haupt hat, nichts übrigbleibt. Aber das, was er in seinem übrigen Organismus hat, das prägt sich dann im Haupte aus. Wenn aber der Mensch Kind ist, geht ja die ganze Bildung des Menschen vom Haupte aus. Namentlich so ausdrucksvolle Organe wie die Hände bilden sich nach den intimsten Impulsen des Hauptes. So kann man geradezu erwarten, daß bei jemandem, der gearbeitet hat, wie eben Alchimisten arbeiten, etwas besonders Charakteristisches entweder in den Händen oder in den Füßen auftritt. Aber das alles soll ja nur darstellen, wie wichtig es ist, gerade dies oder jenes als bedeutsam zu nehmen, und als unbedeutsam etwas zu nehmen, was oftmals in der Sinneswelt als das Anschaulichste, als das Wesentlichste, als das Größte und so weiter auftritt.

In unserer Zeit, sagte ich, sind ja mancherlei merkwürdige Persönlichkeiten aufgetreten, die dastehen, ohne daß man den Zusammenhang voll überblicken kann. Da handelt es sich dann darum, gerade bei solchen Persönlichkeiten auf dasjenige hinschauen zu können, was bei ihnen eklatant, bedeutsam ist. Daß einer ein großer Künstler wird zum Beispiel, das ist etwas, was zum kleinsten Teile bedingt zu sein braucht in seinem Karma. Aber *was* er gerade in dieser Kunst treibt, *wie* er in dieser Kunst sich benimmt, das ist etwas, was im Karma besonders bedingt ist. So zum Beispiel Dinge, die, ich möchte sagen, das Leben eigentlich poetisch machen, die enthüllen sich gerade vor einer karmischen Betrachtung.

Sehen Sie, man kann da auf eines Menschen frühere Erdenleben zurückschauen. Dem jetzigen gegenüber stehen sie in gewissen Momenten ganz merkwürdig illustrierend da. Aber man versteht es nicht, sich in diese Dinge hereinzufinden, wenn man die gewöhnlichen Bedingungen des Verstehens, des Auffassens des Lebens nimmt. Denn in einem ganz anderen Sinne wird das Leben eine Realität, wenn man sich auf karmische Betrachtungen im Ernste einläßt.

Ein Beispiel. Ich will es zunächst ganz einfach erzählen. Ich ging auf der Straße, hatte ein Bild vor mir, das Bild eines Schiffbrüchigen. Das Schiff, von dem er gekommen war, war weit weg, aber im Untergehen. Er war in einem Rettungsboote, zueilend auf ein mäßig großes Eiland. Während er doch noch im Zweifel schwebte, ob er mit seinem Boote anlangt, um sich retten zu können, hielt er den Blick merkwürdig gerichtet – ich beschreibe ein Bild – auf die sprudelnden, schäumenden Wellen, so daß ein Gefühl da war: der hat noch Sinn, die Wellen anzuschauen, trotzdem er eigentlich davor steht, jeden Augenblick untergehen zu können. Eine durchrüttelte, aber in der Durchrüttelung, also in der leibfreien Art, mit der Natur tief verbundene Seele.

Derselbe Weg, auf dem ich dieses Bild vor mir hatte, das mit der Umgebung gar keinen Zusammenhang hatte, der führte mich dann in jene Kunstausstellung hinein, in der ich zum allerersten Mal Böcklins «Toteninsel» sah.

Ich möchte das nur aus dem Grunde erwähnen, damit Sie sehen, das Dem-Leben-Gegenüberstehen muß sich erweitern, wenn man an diese Dinge herankommt. Es handelt sich nicht etwa darum, bloß auf das hinzuschauen, was man nun empfinden oder vorstellen könnte in bezug auf Böcklin, wenn man die Möglichkeit hat, in der Beobachtung seines Karma von seiner «Toteninsel» auszugehen, während man schon davorsteht. Das muß gar nicht so sein, sondern man muß unter Umständen, wenn man wissen will, wovon man da auszugehen hat, zurückgehen auf das, was man vorher wie prophetisch gesehen hat, und muß das damit verbinden.

Und so ist es auch wiederum wichtig, wenn man einem Menschen im Leben begegnet, um karmische Zusammenhänge zu finden, nicht allein dasjenige zu betrachten, was man just erlebt, wenn man ihm nun begegnet ist, sondern es kann aufklärend sein, wie das, was man im intimsten Seeleninneren vorher erlebt hat und wovon einem nachher erst das Licht aufgeht, mit dem zusammenhängt, was man nachher sieht an ihm, oder wahrnimmt von ihm oder durch ihn.

Gerade das, was für das Karma aufhellend ist, das wirft seine Schatten voraus oder auch seine Lichter. Wenn man nicht einen Sinn für diese Intimitäten des Lebens hat, die zuweilen notwendig machen, daß man nicht nur das Zukünftige mit dem Vergangenen verbindet, sondern umgekehrt das Vergangene als etwas ansieht, was Aufschluß gibt über das Zukünftige, wenn man nicht in dieser Intimität das Leben betrachtet, wird man nicht leicht jene innere Regsamkeit der Seele entwickeln, die notwendig ist, um sich in karmische Zusammenhänge hineinzuleben.

Man kann sogar sagen: Wenn besonders bedeutsame karmische Ereignisse in das Leben eines Menschen eintreten, so sind diese so, wenn sie äußerliche Ereignisse sind, daß sie mit irgendwelchen innerlichen Ereignissen zusammenhängen, die vielleicht jahrelang vorangegangen sind. Man muß sich schon eine solche erweiterte Lebensbetrachtung aneignen. Denn bedenken Sie doch das Folgende: Wenn Sie auf den menschlichen Verstand sehen, so wie er im gewöhnlichen Bewußtsein ist, so hat er ja nur seine Beziehung zur Vergangenheit. Er ist wirklich ein Epimetheus, der Verstand, er hat nur Beziehung zur Vergangenheit. Wenn Sie aber auf das menschliche Fühlen hinsehen, wie es aus den Tiefen des Gemütes herauf seine Nuancierungen erhält, so kommen Sie zu merkwürdigen Lebensgeheimnissen. Man kann sagen, an dem, was der Mensch denkt, kann man sehr wenig ermessen, wie sein Leben verläuft; an dem, was er fühlt, sehr stark. Und wenn Sie solch ein Leben betrachten, sagen wir dasjenige *Goethes,* und Sie stellen sich einmal die Frage: Wie kann Goethe, sagen wir 1790, gefühlt haben –, dann bekommen Sie durch die besondere Physiognomie des Goethe-Fühlens im Jahr 1790 die ganze spätere Nuancierung seines Lebens, denn die liegt im Keime da drinnen in dem Fühlen vom Jahre 1790. Sobald wir in die Tiefe der Menschenseele hinuntergehen, nehmen wir im Grunde genommen – nicht in den Einzelheiten natürlich, aber in der Nuancierung – das spätere Leben des Menschen durchaus wahr. Und der Mensch selber würde viel Aufschluß über sein Leben gewinnen können, wenn er auf die unerklärlichen Gefühlsnuancen, die nicht von außen bewirkt sind, sondern die aufsteigen, mehr achten würde.

Solch ein Achten wird sich aber der Mensch ganz besonders angewöhnen, wenn er auf alle die Dinge eingeht, die ich heute erwähnt habe und die ich weiter erwähnen werde als wichtig für die Lebensbetrachtung, die auf karmische Zusammenhänge aufmerksam werden will, sei es auf karmische Zusammenhänge im eigenen Leben, sei es auf karmische Zusammenhänge, die ja ebenso wichtig sind, bei Menschen, die einem nahestehen. Sehen Sie, da handelt es sich dann darum, nun wirklich, wenn man das Karma betrachten will, durch den Menschen in einer gewissen Weise durchzuschauen. Solange im Gesichtsfelde, möchte ich sagen, der gewöhnliche physische Mensch steht, undurchsichtig dasteht, solange man zunächst nur auf seine Physiognomie sieht, auf die Art und Weise, wie er sich gebärdet, auf die Art und Weise, wie er spricht, oder gar auf die Art und Weise, wie er denkt – was ja zumeist überhaupt nur ein schablonenmäßiger Abglanz dessen ist, wie er erzogen ist und was er erlebt hat –, solange man nur auf das alles sieht, so lange erscheint eben im Hinschauen durchaus nicht die karmische Motivierung. Diese karmische Motivierung erscheint erst, wenn der Mensch in einem gewissen Sinne durchsichtig wird.

Aber wenn der Mensch durchsichtig wird, so wird er es zunächst so, daß man eigentlich das Gefühl hat, er schwebt in der Luft. Man gewöhnt sich zunächst ab, zu glauben, der Mensch gehe oder bewege die Arme und Hände: die verliert man sozusagen zuerst. Verstehen Sie mich richtig, meine lieben Freunde: Im gewöhnlichen Leben ist einem das außerordentlich wichtig, was der Mensch mit den Armen und Beinen tut. Aber das verliert seine Bedeutung, wenn man das Tiefere im Menschen betrachten will. Nehmen Sie das im alleräußersten Umfange. Können Sie absehen von dem, was ein Mensch mit seinen Armen und Händen vollbringt, sehen Sie ihn gewissermaßen schwebend – ich bitte Sie, sich das nicht zu räumlich-bildlich vorzustellen, sondern mehr lebensgemäß –, sehen Sie ihn also gewissermaßen schwebend, das heißt, legen Sie keinen Wert auf die Reisen, die er gemacht hat, auf die Gänge, die er gemacht hat, auf das, was er durch seine Beine tut, legen Sie keinen Wert auf die äußere Arbeit, die er mit seinen Armen verrichtet, sondern sehen Sie darauf, wie er gestimmt ist, wie sein Temperament ist, wie alles das ist, woran Arme und Beine keinen Anteil haben: dann ist das die erste Durchsichtigkeit, die Sie für den Menschen gewinnen können. Stellen Sie sich vor, Sie haben hier irgendeinen Gegenstand, Sie sehen zunächst nichts als diesen Gegenstand. (Es wird gezeichnet.) Tafel 4 links
Schön. Dann aber wird hier etwas darauf gezeichnet. Nun löschen wir das wieder aus. So ist es beim Menschen auch, wenn Sie zur ersten

Durchsichtigkeit kommen, wenn Sie absehen vom Menschen im Leben, wenn Sie absehen von seinen Armen und Beinen. Also Sie müssen ihn herausreißen aus den Zusammenhängen, in die er durch die Verrichtung seiner Arme und Beine gekommen ist. Wenn Sie ihn dann betrachten, dann wird etwas von ihm durchsichtig. Das, was früher durch die Tätigkeit der Arme und Beine verdeckt worden ist, das sehen Sie dann durch ihn durch.

Aber was sehen Sie dann? Dann fangen Sie nämlich an zu begreifen, daß hinter dem Menschen der Mond erscheint. Ich werde den dreigeteilten Menschen schematisch zeichnen; nehmen wir an, das hier (siehe Zeichnung, elliptischer Umriß, dreigeteilt) wird zunächst durchsichtig; Arme und Beine übersehen wir. Dann erscheint uns der Mensch

Tafel 4

nicht mehr so abgegrenzt von dem Weltenall, wie er uns sonst erscheint, sondern da beginnt er hinter sich den Mond zu zeigen mit all den Impulsen, die vom Monde aus auf den Menschen wirken. Wir fangen an zu sagen: Ja, der Mensch hat eine gewisse Phantasie, entwickelte oder unentwickelte Phantasie. Dafür kann er nichts. Da stehen die Mondenkräfte dahinter. Die werden uns nur durch das verdeckt, was aus der Tätigkeit seiner Arme und Beine hervorgeht. (Die untere Partie wird durchgekreuzt.) Jetzt ist das weg, und auf dem Hintergrunde erscheint uns der schöpferische Mond. (Der Mond wird gezeichnet.)

Wir gehen weiter. Wir versuchen den Menschen weiter durchsichtig zu machen, und denken uns auch das weg. Sagen wir, wir suggerieren uns das weg, was den Menschen emotionell macht, was ihn mit einem

gewissen Temperament begabt macht, was eben die mehr seelischen Äußerungen des alltäglichen Lebens sind. Da verschwindet vom Menschen noch mehr, der Mensch wird mehr durchsichtig. Und wir können weitergehen, wir können absehen von alledem, was im Menschen dadurch ist, daß er Sinne hat. Also früher haben Sie abgesehen von alledem, was im Menschen ist dadurch, daß er Arme und Beine hat. Jetzt fragen Sie sich, was bleibt von dem Menschen noch übrig, wenn ich absehe davon, daß er durch seine Sinne etwas wahrgenommen hat? Da bleibt noch eine gewisse Denkrichtung übrig, eine gewisse Impulsivität seines Denkens, eine gewisse Richtung seines Lebens. Aber dafür wird Ihnen das ganze rhythmische System, die Brust des Menschen durchsichtig. Jetzt ist auch dieses weg, und im Hintergrunde erscheint Ihnen alles das, was an Sonnenimpulsen da ist (siehe Zeichnung, Mitte). Tafel 4
Sie schauen durch den Menschen durch und schauen eigentlich auf die Sonne, wenn Sie von alledem absehen, was der Mensch durch seine Sinne wahrgenommen hat. Das können Sie bei sich selber machen. Sie können sich fragen: Was habe ich durch meine Sinne? – Wenn Sie davon absehen, sehen Sie durch sich selber durch und sehen sich als ein Sonnengeschöpf. Und wenn Sie jetzt auch noch absehen von seinen Gedanken, seiner Denkrichtung, dann verschwindet der Kopf auch noch. Der ganze Mensch ist fort. Sie sehen durch und sehen zuletzt Saturn im Hintergrunde. Aber in diesem Augenblicke liegt Ihnen das Karma des Menschen, oder Ihr eigenes Karma, bloß da. Denn in dem Augenblicke, wo Sie die Saturnwirkungen im Menschen beobachten, wo Ihnen der Mensch ganz durchsichtig geworden ist und Sie ihn soweit betrachten, daß Sie ihn auf dem Hintergrunde des ganzen Planetensystems schauen, auf dem Hintergrunde von Mond, Sonne, Saturn, in diesem Augenblicke liegt Ihnen das Karma des Menschen da. Und wenn man von praktischen Karmaübungen spricht – ich habe ja erzählt, daß ich es schon im Beginne der Errichtung der Anthroposophischen Gesellschaft tun wollte, daß es dazumal nur noch nicht geglückt ist –, so muß man eigentlich so anfangen, man muß sagen: Es handelt sich darum, daß wir bei uns oder bei anderen zunächst absehen von allem, was wir im Leben dadurch sind, daß wir arm- und beinbegabte Wesen sind. Das müssen wir fortdenken.

Also, was Sie jemals dadurch erlangt haben, daß Sie arm- und beinbegabte Wesen sind, das müssen Sie sich wegdenken. Nun werden Sie sagen: Ja, aber unser Karma erfüllen wir gerade dadurch, daß wir Arme und Beine haben! Das ist es eben! Solange Sie auf die Arme und Beine hinsehen, sehen Sie das nicht, was Sie dadurch erfüllen, daß Sie Arme und Beine haben. Sie sehen erst das, was Sie dadurch erfüllen, daß Sie Arme und Beine haben, wenn Sie auf die Arme und Beine nicht mehr hinsehen. Wenn Sie aber in der Arm- und Beintätigkeit dasjenige wirksam finden, was von Mondenimpulsen ausgeht, dann handelt es sich darum, daß wir weitergehen und absehen von dem, was der Mensch in sich aufnimmt durch seine Sinne, was er in seiner Seele hat durch seine Sinne, sei es bei uns oder bei anderen. Wir sehen ihn als Sonnenwesen, wir sehen den Sonnenimpuls in ihm. Und dann handelt es sich darum, daß wir absehen davon, daß er eine gewisse Denkrichtung hat, eine gewisse Seelenrichtung hat und so weiter. Dann sehen wir, wie er ein Saturnwesen ist.

Kommen wir so weit, dann haben wir den Menschen noch einmal vor uns, aber jetzt als Geist. Jetzt gehen auch die Beine, jetzt arbeiten auch die Arme, aber geistig, und zeigen uns wieder das, was sie tun; aber sie zeigen es uns nach den Kräften, die in ihnen walten. Und das muß man ja erfahren.

Wenn ich das geringste tue, wenn ich hier die Kreide aufhebe – solange ich bloß dieses Faktum sehe: «die Kreide-Aufnehmen», so lange weiß ich nichts von Karma. Ich muß das alles wegschaffen. Ich muß es dahin bringen, daß es sich mir noch einmal im Bilde nachschaffen kann, daß es im Bilde drinnen erscheint. Nicht durch die Kraft, die jetzt in meinen Muskeln liegt – aus der wird nichts erklärlich –, aber in dem Bilde, das dann an die Stelle tritt, erscheint dasjenige, was aus vorigen Inkarnationen heraus die Hand bewegen läßt, um die Kreide aufzunehmen.

Und so ist es, wenn ich auf die geschilderte Weise nach und nach den sichtbaren Menschen wegschaffe und hinter ihm seine Mondenimpulse, seine Sonnenimpulse, seine Saturnimpulse sehe. Dann kommt mir aus dem Weltenall das Bild des Menschen wieder entgegen. Aber das ist jetzt nicht der Mensch in seiner gegenwärtigen Inkarnation, das ist der Mensch in irgendeiner seiner vorigen Inkarnationen oder in ein paar vorigen Inkarnationen. Ich muß erst dazu kommen, daß der Mensch, den ich hier neben mir herumwandeln sehe, durchsichtig für mich wird, immer durchsichtiger und durchsichtiger, indem ich von seinem ganzen Leben absehe. Dann tritt an denselben Ort, aber hervorkommend aus Weltenfernen, der Mensch, wie er einmal war in früheren Erdenleben.

Es wird Ihnen heute vielleicht noch nicht ganz durchsichtig und verständlich sein, was über diese Zusammenhänge gesagt worden ist. Ich wollte heute auch erst fadenschlagend hinweisen auf das, was nun in der nächsten Zeit von uns berührt werden soll, wo wir eben eintreten wollen in immer genauere und genauere Betrachtungen des Wesens von Karma, wie es im Menschenleben von Erdendasein zu Erdendasein fließt.

SIEBENTER VORTRAG

Dornach, 9. Mai 1924

Es soll heute damit begonnen werden, die inneren Verrichtungen der Seele zu besprechen, die den Menschen dazu führen können, allmählich Anschauungen zu bekommen, Gedanken zu bekommen über das Karma. Diese Gedanken, diese Anschauungen können sich nur so ergeben, daß der Mensch Erlebnisse, welche eine karmische Verursachung haben, auch im Lichte des Karma sehen kann.

Nun sehen wir ja, wenn wir uns in unserer menschlichen Umgebung umsehen, eigentlich nur dasjenige, was in der physischen Welt auf physische Art durch physische Kraft verursacht ist. Und wenn wir doch etwas in der physischen Welt sehen, das nicht durch physische Kräfte verursacht ist, so sehen wir es durch äußere physische Substanzen, äußere physische Wahrnehmungsobjekte. Gewiß, wenn ein Mensch aus seinem Willen heraus etwas tut, so ist das ja nicht verursacht durch physische Kräfte, durch physische Ursachen, denn es kommt eben in vieler Beziehung aus dem freien Willen des Menschen heraus. Aber alles das, was wir äußerlich sehen, geht ja restlos auf in physisch-sinnlichen Erscheinungen innerhalb der Welt, die wir so beobachten. Im ganzen Umkreis dessen, was wir so beobachten können, kann uns der karmische Zusammenhang eines Erlebnisses, das wir selbst durchmachen, nicht aufgehen. Denn das ganze Bild dieses karmischen Zusammenhanges steht eben in der geistigen Welt, ist eigentlich eingeschrieben in demjenigen, was Ätherwelt ist, was der Ätherwelt dann als die astralische Außenwelt zugrunde liegt, oder als die Welt der geistigen Wesenheiten, die in dieser astralischen Außenwelt wohnen. Das alles wird ja nicht gesehen, wenn wir bloß unsere Sinne hinrichten auf die physische Welt.

Alles, was wir in der physischen Welt wahrnehmen, wird ja durch unsere Sinne wahrgenommen. Diese Sinne wirken, ohne daß wir eben viel dazu tun können. Unser Auge empfängt die Lichteindrücke, die Farbeneindrücke, ohne daß wir viel dazu tun können. Wir können höchstens, und das auch halb unwillkürlich, unsere Augen in eine bestimmte Richtung einstellen, wir können hinschauen, wir können wegschauen. Da liegt auch schon viel Unbewußtes darinnen, aber immerhin wenigstens ein Stückchen Bewußtsein. Und gar erst das, was das Auge innerlich tun muß, um eine Farbe zu sehen, diese ungemein weisheitsvolle, großartige innere Tätigkeit, die ausgeübt wird, wenn wir irgend etwas sehen, die könnten wir als Mensch nicht zustande bringen, wenn wir sie bewußt zustande bringen sollten. Davon könnte gar keine Rede sein. Das alles muß zunächst unbewußt geschehen, weil es viel zu weise ist, als daß der Mensch irgendwie etwas dazu tun könnte.

Man muß sich einmal, um einen richtigen Gesichtspunkt gegenüber der Erkenntnis des Menschen zu gewinnen, durchdringen mit dem, was alles in der Welt da ist an weisheitsvollen Einrichtungen, die der Mensch nicht hervorbringen kann. Wenn der Mensch nur immer an dasjenige denkt, was er kann, so versperrt er sich eigentlich alle Wege zur Erkenntnis. Es beginnt im Grunde genommen der Erkenntnisweg damit, daß man in der bescheidensten Weise sich klarmacht, was man alles nicht kann und was doch geschehen muß im Weltendasein. Das Auge, das Ohr, sogar die anderen Sinnesorgane sind ja so weise, so grundweise Einrichtungen, daß die Menschen lange werden studieren müssen, um ein ganz Weniges davon zu ahnen während des Erdendaseins. Das muß man sich wirklich ganz bewußt vor Augen stellen. Aber so unbewußt kann die Beobachtung des Geistigen nicht erfolgen. In älteren Zeiten der Menschheitsentwickelung war das auch für die Beobachtung des Geistigen der Fall; da gab es ein instinktives Hellsehen. Das ist dasjenige, was verglommen ist in der Menschheitsentwickelung.

Es muß nunmehr von dem Menschen bewußt eine Stellung zum Weltenall errungen werden, durch die die Menschen das Geistige durchschauen können. Und ein Geistiges muß durchschaut werden, wenn die karmischen Zusammenhänge durchschaut werden sollen für irgendein Erlebnis, das wir haben.

Nun kommt es darauf an, daß wir wenigstens für die Beobachtung des Karma damit beginnen, daß wir aufmerksam werden auf dasjenige, was in uns geschehen kann zum Herausholen der Beobachtung über die karmischen Zusammenhänge. Wir müssen dann ein klein wenig dazu tun, um diese Beobachtungen zum Bewußtsein zu bringen. Mehr müssen wir dazu tun, als wir zum Beispiel für das Auge tun, um die Farbe zum Bewußtsein zu bringen. Meine lieben Freunde, was man da lernen muß zunächst, das schiebt sich zusammen in das eine Wort: warten. Man muß auf die inneren Erlebnisse warten können.

Ich habe schon einmal über dieses Warten-Können gesprochen. Es war etwa im Jahre 1889 – ich werde auch das noch in meinem «Lebensgang» zu erzählen haben –, da trat zuerst an mich das innere geistige, das spirituelle Gefüge von Goethes «Märchen von der grünen Schlange und der schönen Lilie» heran. Und da war es zuerst, wo gewissermaßen die Anschauung eines größeren Zusammenhanges, weiteren Zusammenhanges, als er in dem Märchen selbst gegeben ist, an mich herantrat. Aber ich wußte auch dazumal: Das, was ich einmal mit diesem Zusammenhang werde anfangen können, das kann ich jetzt noch nicht damit anfangen. Und so blieb dasjenige, was sich mir dazumal nur durch die Veranlassung des Märchens offenbarte, einfach in der Seele liegen.

Dann trat es noch einmal hervor, 1896, sieben Jahre darnach, aber auch noch nicht so, daß es gestaltet werden konnte. Dann wiederum sieben Jahre darnach, 1903 etwa. Auch da, trotzdem es in großer Bestimmtheit und in Zusammenhängen auftrat, konnte es noch nicht gestaltet werden. So verwandelt, daß es in ganz plastischer Weise gestaltet werden konnte, trat es erst dann auf, als ich meine erste Mysteriendichtung, «Die Pforte der Einweihung», wiederum sieben Jahre darnach, konzipierte.

Solche Dinge erfordern also ein wirkliches Warten, ein Reifenlassen. Man muß da mit seinen eigenen Erlebnissen zu dem übergehen, was sonst auch in der Welt da ist. Man kann einfach nicht, wenn erst der Keim einer Pflanze vorhanden ist, die Pflanze schon haben. Man muß den Keim in die entsprechenden Bedingungen bringen, man muß ihn zum Wachsen bringen, und man muß abwarten, bis aus dem Keime die Blüte und wiederum die Frucht wird. Und so muß man es auch mit den Erlebnissen, die man durchmacht, zustande bringen. Man darf nicht auf dem Standpunkte stehen: Weil man irgendein Erlebnis hat, weil es gerade da ist, hat man Sensation dafür, und dann vergißt man es. Wer überhaupt in dieser Weise mit Erlebnissen umgeht, daß er sie nur als gegenwärtige haben will, der wird wenig wirklich tun können, um in die geistige Welt zur Beobachtung hineinzukommen. Da muß man warten können, da muß man in der Seele die Erlebnisse reifen lassen können.

Nun ist ja eine Möglichkeit eines verhältnismäßig schnellen Reifens für die Auffassung karmischer Zusammenhänge vorhanden, wenn man in Geduld längere Zeit hindurch ganz innerlich energisch versucht, dasjenige im Bewußtsein und immer mehr und mehr im Bewußtsein sich abspielen zu lassen, was sich sonst so abspielt, daß es da ist, aber nicht ordentlich aufgefaßt wird und einfach verglimmt im Leben. So ist es ja schließlich mit den Ereignissen. Was tut denn der Mensch mit den Ereignissen, mit seinen Erlebnissen, die eben im Tageslauf an ihn herankommen? Er erlebt sie eigentlich halb beobachtend. Sie können sich ein Bild davon machen, wie die Erlebnisse halb beobachtet werden, wenn Sie sich einmal – und ich rate dazu, es zu tun – nachmittags oder abends hinsetzen und sich fragen: Was habe ich eigentlich heute um halb zehn Uhr am Morgen erlebt? – Aber nun versuchen Sie einmal, in allen Einzelheiten, mit allen Details sich ein solches Erlebnis vor die Seele zu rufen, als ob es nun wiederum, meinetwillen um halb acht Uhr abends, einfach da wäre, als ob es dastünde, als ob Sie es geistig-künstlerisch darstellten vor sich. Sie werden sehen, wieviel Ihnen fehlt, wieviel Sie nicht beobachtet haben, wie schwer das wird. Sie werden, wenn Sie sich eine Feder oder einen Bleistift nehmen, um das aufzuschreiben, sehr bald anfangen, in den Bleistift oder in die Feder hineinzubeißen, weil Ihnen eben die Details nicht einfallen und Sie sie schließlich herausbeißen wollen aus dem Bleistift.

Ja, darauf kommt es aber zunächst an, sich die Aufgabe zu stellen, ein Erlebnis, das man gehabt hat, mit aller Schärfe sich – nicht wenn es dasteht, sondern hinterher – vor die Seele zu stellen, wie wenn man geistig es malen wollte, es so vor die Seele zu stellen, daß, wenn zum Beispiel in dem Erlebnisse etwas ist, wo jemand gesprochen hat, Sie sich das ganz gegenständlich machen: den Klang seiner Stimme, die Art und Weise, wie er geschickt oder ungeschickt die Worte gesetzt hat und so weiter, stark, energisch, kurz, das zum Bilde zu bringen, was man erlebt hat. Wenn man in dieser Weise ein solches Erlebnis des

Tages zum Bilde bringt, dann beschäftigt sich in der nächsten Nacht, wenn der astralische Leib aus dem Ätherleib und dem physischen Leib heraus ist, der astralische Leib mit diesem Bilde. Er ist eigentlich selber der Träger dieses Bildes, er gestaltet dieses Bild jetzt draußen außer dem Leibe aus. Er nimmt es mit, wenn er hinausgeht in der ersten Nacht. Er gestaltet es da draußen außer dem physischen und dem Ätherleib aus.

So haben wir das erste, wir wollen diese Etappen ganz genau nehmen: Der schlafende Astralleib gestaltet außer dem physischen und dem Ätherleib das Bild des Erlebnisses. Wo tut er das? Das tut er im äußeren Äther. Er ist ja jetzt in der äußeren Ätherwelt.

Stellen Sie sich jetzt den Menschen vor: Sein physischer Leib und sein Ätherleib liegen im Bette, draußen ist der astralische Leib. Von dem Ich wollen wir absehen. Da draußen ist der astralische Leib, dieses Bild, das man sich gemacht hat, nachbildend; aber er tut das im äußeren Äther. Dadurch geschieht folgendes.

Tafel 5

Stellen Sie sich vor, der astralische Leib ist da draußen (siehe Zeichnung, gelb). Jetzt gestaltet er da draußen dieses Bild, das ich rot zeichnen will – es ist natürlich alles schematisch. Dieses Bild gestaltet er. Das alles geschieht im äußeren Äther; der äußere Äther, der inkrustiert gewissermaßen mit seiner eigenen Substanz dasjenige, was da im Astralleib als Bild geformt ist. Also der äußere Äther bildet hier überall die Ätherform (blau) als ein so scharf ins geistige Auge gefaßtes Bild.

Jetzt kommen Sie am Morgen in den physischen und in den Ätherleib zurück, tragen das hinein, was vom äußeren Äther hineinsubstantiiert ist. Also: der schlafende Astralleib gestaltet außer dem physischen und dem Ätherleib das Bild des Erlebnisses; der äußere Äther bildet die eigene Substanz dem Bilde ein.

Sie können sich vorstellen, daß dadurch das Bild stärker wird und daß jetzt, wenn am Morgen der astralische Leib zurückkommt mit diesem stärker Substantiierten, er einen Eindruck machen kann auf den Ätherleib im Menschen. Mit dem, was als Kräfte vom äußeren Äther stammt, macht er jetzt einen Eindruck in den Ätherleib des Menschen. So daß das zweite ist: Vom Astralleib wird das Bild dem Ätherleib des Menschen eingeprägt.

Das sind die Ereignisse: erster Tag, erste Nacht (siehe Schema Seite 124). Jetzt kommen wir an den zweiten Tag heran. Während des zweiten Tages, während Sie sich da mit den anderen Kinkerlitzchen des Lebens im vollen Wachbewußtsein beschäftigen, da geschieht unter dem Bewußtsein, im Unbewußten dieses, daß das Bild sich in den Ätherleib hinuntersetzt. Und in der nächsten Nacht arbeitet der Ätherleib, wenn er ungestört ist, wenn der astralische Leib wieder draußen ist, dieses Bild aus. So wird also in der zweiten Nacht das Bild von dem eigenen Ätherleib des Menschen ausgearbeitet. Also zweitens: Vom Astralleib wird das Bild dem Ätherleib des Menschen eingeprägt, und der Ätherleib arbeitet in der nächsten Nacht das Bild aus.

Damit haben wir: Zweiter Tag und zweite Nacht (siehe Schema).

Nun werden Sie, wenn Sie dies durchmachen, wenn Sie wirklich es nicht verschmähen, sich so fortzubeschäftigen mit dem Bilde, das Sie sich am vorhergehenden Tag geformt haben – und Sie können sich fortbeschäftigen aus einem Grunde, den ich gleich angeben werde –, wenn Sie es nicht verschmähen, sich so fortzubeschäftigen mit diesem Bilde, dann werden Sie mit diesem Bilde eben weiterleben.

Was heißt, sich damit fortbeschäftigen? Sehen Sie, wenn Sie sich wirklich Mühe geben, solch ein Bild stramm zu bilden, mit charakteristischen, starken Linien ganz plastisch auszuarbeiten am ersten Tag, nachdem Sie das Erlebnis gehabt haben, dann haben Sie sich schon geistig angestrengt. So etwas kostet geistige Anstrengung. Verzeihen Sie, es soll nicht eine Anspielung sein – die Anwesenden sind ja immer bei allen diesen Dingen ausgenommen –, aber gesagt werden muß doch: Die meisten Menschen kennen nämlich gar nicht das, was geistige Anstrengung ist, denn die geistige Anstrengung, die wirkliche geistige Anstrengung geht erst durch Aktivität der Seele vor sich. Wenn man so die Welt auf sich wirken läßt, die Gedanken ablaufen läßt, ohne diese Gedanken in die Hand zu nehmen, dann hat man keine geistige Anstrengung. Müde werden, das bedeutet nicht, geistige Anstrengung gehabt haben. Man darf nicht sich einbilden, wenn man von irgend etwas müde wird, daß man sich geistig angestrengt hat. Müde kann man zum Beispiel auch beim Lesen werden. Aber wenn man nicht selber irgendwie mitproduzierend tätig ist beim Lesen, wenn man nur die Gedanken des Buches auf sich wirken läßt, strengt man sich ja nicht an. Im Gegenteil, derjenige, der sich wirklich geistig angestrengt hat, der aus der inneren Aktivität der Seele heraus sich angestrengt hat, der greift dann zu einem Buch, und zwar zu einem sehr interessanten; dann schläft er gerade die geistige Anstrengung im Lesen am allerbesten aus. Aber einschlafen kann man natürlich über einem Buche, wenn man müde geworden ist. Dieses Müde-Werden ist gar nicht ein Zeichen für die geistige Anstrengung.

Ein Zeichen aber für die geistige Anstrengung ist dieses, daß man spürt, das Gehirn ist abgenutzt, so wie man spürt, wenn man oftmals gehoben hat: der Armmuskel ist in Anspruch genommen gewesen. Durch das gewöhnliche Denken wird das Gehirn nicht in solche Mitleidenschaft gezogen. Nun, das geht einem nämlich nach, und Sie werden sogar bemerken, wenn Sie das Ding zum ersten Mal machen und wenn Sie das Ding zum zweiten Mal, zum dritten Mal, zum zehnten Mal machen: da bekommen Sie einen leisen Kopfschmerz. Nicht daß Sie müde werden oder einschlafen, im Gegenteil: Sie können nicht einschlafen, Sie bekommen viel eher einen leisen Kopfschmerz davon. Diesen Kopfschmerz müssen Sie nur nicht als einen solchen betrachten, den Sie verabscheuen, sondern im Gegenteil als einen solchen, der eigentlich ein Zeugnis dafür ist, daß Sie den Kopf angestrengt haben.

Nun, das geht Ihnen nach, das geht Ihnen so lange nach, bis Sie eingeschlafen sind. Am Morgen werden Sie, wenn Sie das wirklich gemacht haben am vorhergehenden Tage, schon aufwachen mit dem Gefühl: Da ist etwas in mir! Ich weiß nicht recht, was, aber da ist etwas in mir, da will etwas von mir etwas haben. Ja, das ist doch nicht so gleichgültig, daß ich gestern mir dieses Bild gemacht habe, das hat doch eigentlich etwas zu bedeuten: Dieses Bild hat sich verwandelt. Dieses Bild verursacht, daß ich heute ganz andere Gefühle habe, als ich bisher eigentlich gehabt habe; das Bild macht mir ganz bestimmte Gefühle.

Das bleibt Ihnen für den nächsten Tag als das restierende innere Erlebnis für das Bild, das Sie sich gemacht haben. Und dieses, was Sie da fühlen, was Sie den ganzen Tag nicht loskriegen, das ist ein Zeugnis dafür, daß das Bild nun hinuntergeht, wie ich es hier beschrieben habe, in den Ätherleib und daß der Ätherleib es aufnimmt.

Nun werden Sie wahrscheinlich nach der nächsten Nacht beim Aufwachen – wenn Sie also wiederum nach diesen zwei Tagen hier (siehe Schema) in den Leib hineinschlüpfen – erleben, daß Sie da drin- Tafel 6
nen dieses Bild etwas umgestaltet, etwas verwandelt wiederfinden. Sie finden es wieder, gerade im Aufwachen des dritten Tages finden Sie es wieder in sich; es scheint Ihnen wie ein sehr realer Traum. Aber eine Veränderung hat es durchgemacht, es ist nicht so geblieben, es ist etwas anderes. Es wird sich in mannigfaltige Bilder kleiden, bis es anders ist. Es wird sich Ihnen in das Bild kleiden, als ob da irgendwie geistige Wesen wären, die Ihnen dieses Erlebnis nunmehr bringen. Und Sie bekommen förmlich den Eindruck: Ja, dieses Erlebnis, das ich da gehabt habe, das ich mir so ins Bild gebracht habe, das ist mir eigentlich zugetragen worden. – Wenn es ein Erlebnis mit einem Menschen war, so hat man das Gefühl, nachdem dies alles geschehen ist: Eigentlich hat man nicht nur durch den Menschen das erlebt, sondern es ist einem zugetragen worden. Da sind andere, da sind geistige Mächte mit im Spiel, die haben einem das zugetragen.

Nun kommt der folgende Tag. Am folgenden Tag wird das Bild vom Ätherleib in den physischen Leib hinuntergetragen. Der Ätherleib prägt am folgenden Tag dieses Bild dem physischen Leib ein, wirklich den Nervenvorgängen, den Blutvorgängen ein. Am dritten Tag wird das Bild in den physischen Leib hinunter eingeprägt. Also wir müssen sagen, drittens: Vom Ätherleib wird das Bild dem physischen Leib des Menschen eingeprägt.

Und nun kommt die nächste Nacht, nachdem also am Tage – während Sie wiederum die gewöhnlichen Kinkerlitzchen des Lebens absolvieren – da unten dieses Wichtige vorgeht, daß dieses Bild Ihnen hinuntergetragen wird in den physischen Leib. Es geht das im Unterbewußten vor. Da wird dann, wenn nun wiederum die nächste Nacht kommt, im physischen Leib dieses Bild verarbeitet. Es wird nämlich das Bild im physischen Leibe vergeistigt. Zunächst wird während des Tages dieses Bild in Blut-, in Nervenvorgänge hinuntergebracht, aber in der Nacht wird es vergeistigt. Wer da sehen kann, sieht, wie dieses Bild nun vom physischen Leib verarbeitet wird, aber als geistig ganz verändertes Bild erscheint. Man kann sagen: Der physische Leib arbeitet in der nächsten Nacht das Bild aus.

Tafel 6

Erster Tag Erste Nacht	1. Der schlafende Astralleib gestaltet außer dem physischen und dem Ätherleib das Bild des Erlebnisses. Der äußere Äther bildet die eigene Substanz dem Bilde ein.
Zweiter Tag Zweite Nacht	2. Vom Astralleib wird das Bild dem Ätherleib des Menschen eingeprägt. Und der Ätherleib arbeitet in der nächsten Nacht das Bild aus.
Dritter Tag Dritte Nacht	3. Vom Ätherleib wird das Bild dem physischen Leib des Menschen eingeprägt. Und der physische Leib arbeitet in der nächsten Nacht das Bild aus.

Das ist nun etwas, was Sie sich nur ganz richtig vorstellen müssen. Der physische Leib arbeitet wirklich dieses Bild geistig aus. Er vergeistigt es. So daß, wenn Sie wirklich das alles durchgemacht haben, dann das eintritt, daß einfach, wenn der Mensch nun schläft, der physische Leib das Ganze ausarbeitet, aber nicht so, daß es im physischen Leibe drinnenbleibt. Es entsteht überall aus dem physischen Leibe heraus eine Umgestaltung, eine mächtige, vergrößerte Umgestaltung des Bildes. Und wenn Sie nun aufstehen, dann steht dieses Bild da, in dem Sie eigentlich drinnen schweben, das eigentlich wie eine Art Wolke ist, in der Sie drinnen sind. Mit diesem Bilde stehen sie auf.

Tafel 5

Das ist also der dritte Tag und die dritte Nacht. Mit diesem Bilde, das ganz verwandelt ist, mit dem kriechen Sie an dem vierten Tag aus dem Bette heraus. In dieser Wolke (siehe Zeichnung, rot) eingeschlossen, stehen Sie auf. Und haben Sie tatsächlich mit der nötigen Stärke am ersten Tage das Bild gebildet, sind Sie aufmerksam darauf gewesen, was Ihnen Ihr Gefühl gegeben hat am zweiten Tag, so werden Sie jetzt bemerken: Da in diesem jetzigen Bilde sitzt Ihr Wille drinnen. Da sitzt der Wille darinnen, aber dieser Wille, der kann sich nicht ausleben, der ist wie gefesselt. Es ist tatsächlich so, etwas extrem ausgedrückt, wie wenn man sich vorgenommen hätte – wie ein unglaublich kühner Schnelläufer irgendein Bravourlaufstückchen auszuführen sich vornimmt –: Ich renne, ich renne jetzt hinunter nach Oberdornach, ich stelle mir es schon vor, habe das in mir. Mein Wille ist es, aber in diesem Augenblick, wo ich ansetzen will, wo der Wille am stärksten ist, da fesselt mich jemand, so daß ich steif dastehe, daß der ganze Wille entwickelt ist, aber ich den Willen nicht zur Ausführung bringen kann. So ungefähr ist der Vorgang.

Wenn sich dieses Erlebnis dann entwickelt, daß man sich so wie im Schraubstock fühlt – denn es ist ein Sich-Fühlen wie im Schraubstock nach der dritten Nacht –, wenn man wieder aufwacht und sich so fühlt wie im Schraubstock, der Wille ganz durch und durch gefesselt ist, dann, wenn man darauf aufmerksam werden kann, verwandelt sich dieser Wille: dieser Wille wird zum Sehen. Er kann nichts, aber er führt dazu, daß man etwas sieht. Er wird zum seelischen Auge, und das Bild, mit dem man da aufgestanden ist, dieses Bild wird gegenständlich. Und das ist dann das Ereignis des vorigen Erdenlebens, oder eines vorigen Erdenlebens, welches das, was man am ersten Tag im Bilde entworfen hat, wiederum verursacht hat. Man bekommt durch diese Verwandlung durch Gefühl und Wille hindurch das Bild des verursachenden Ereignisses aus einem früheren Erdenleben.

Alle die Dinge nehmen sich, wenn man sie schildert, ein wenig gewaltsam aus. Das ist ja nicht zu verwundern, denn sie sind dem heutigen Menschen ganz und gar nicht bekannt.

Aber nicht so unbekannt damit waren Menschen in früheren Kulturepochen. Nur waren diese in ihrem ganzen Leben – nach der Ansicht der gegenwärtigen Menschen, die gescheit sind – dumm. Aber diese Erlebnisse haben diese dummen Menschen in früheren Kulturepochen schon gehabt. Der heutige Mensch verdunkelt nur das alles durch seinen Intellekt, der ihn gescheit macht, aber nicht gerade weise.

Nun, ich sage, es nimmt sich etwas tumultuarisch aus, wenn man die Sache so erzählt. Aber man muß ja solche Worte gebrauchen. Weil die Dinge heute ganz unbekannt sind, würden sie, wenn man sie sanfter erzählen würde, sich ja gar nicht so charakteristisch ausnehmen. Sie müssen sich charakteristisch ausnehmen. Aber das ganze Erlebnis, vom Anfang bis zum Ende, wie ich es da durch die drei Tage dargestellt habe, dieses ganze Erlebnis, das muß innerlich-intim, das muß in aller Ruhe und Gelassenheit verlaufen. Denn sogenannte okkulte Erlebnisse – und das sind ja solche –, die verlaufen nicht so, daß man damit renommieren kann. Wenn man anfängt zu renommieren damit, dann hören sie sogleich auf. Sie müssen wirklich in innerer Ruhe und Gelassenheit verlaufen. Und am besten ist es, wenn überhaupt niemand zunächst von einer solchen Erlebnisfolge etwas bemerkt als derjenige, der sie hat.

Nun dürfen Sie auch nicht glauben, daß die Sache gleich auf den ersten Anhub gelingt. Das erfährt man ja immer: Wenn so etwas geschildert wird, da gefällt es den Leuten. Das ist ja ganz begreiflich – es ist ja schön! Was kann man da alles erfahren! Und mit einem riesigen Fleiße machen sich die Leute darüber her. Sie fangen an: es geht nicht. Nun werden Sie schon ganz kleinmütig. Dann probieren sie es vielleicht noch ein paarmal – es geht wieder nicht. Aber tatsächlich, wenn man es neunundvierzigmal ungefähr, oder ein anderer neunundsechzigmal probiert hat, das fünfzigste oder siebzigste Mal geht es dann. Denn worum es sich bei all diesen Dingen handelt, das ist ja, daß man sich zuerst eine Art Seelengewohnheit aneignet. Zunächst muß man sich hineinleben in diese Dinge. Seelengewohnheiten sich aneignen. Das ist aber überhaupt etwas, was in der Anthroposophischen Gesellschaft, die ja jetzt ein voller Ausdruck der anthroposophischen Bewegung sein soll seit der Weihnachtstagung, sorgfältig beobachtet werden sollte.

In der Anthroposophischen Gesellschaft ist ja wirklich sehr vieles gegeben worden. Man kann schon einen leisen Schwindel kriegen, wenn man hintereinander alle diese Zyklen stehen sieht, die gedruckt worden sind. Aber trotzdem, immer wieder und wiederum kommen einzelne Menschen, die über das einzelne fragen. In den meisten Fällen ist das gar nicht notwendig, denn wenn tatsächlich das verarbeitet wird, was in den Zyklen steht, so beantworten sich die meisten Fragen auf eine viel sicherere Weise von selber. Man muß nur die Geduld dazu haben, wirklich nur die Geduld dazu haben. Es ist ja auch so, daß schon einmal in vielen Dingen der anthroposophischen Literatur vieles vorliegt, was arbeiten kann in der Seele. Und wir werden schon ein Herz haben von diesem jetzt bestehenden esoterischen Vorstand aus für das, was geschehen soll, und es wird die Zeit schon mit Geschehen-Sollendem ausgefüllt werden. Aber auf der anderen Seite muß für vieles, was die Leute wissen wollen, darauf hingewiesen werden, daß ja alte Zyklen da sind, alte Kurse da sind, die liegengeblieben sind, um die sich, nachdem sie gehalten waren, manche nur insoweit noch kümmern, als sie nun einen «neuen» haben wollen. Den alten lassen sie einfach liegen. Diese Dinge sind so, daß sie durchaus mit dem zusammenhängen, was ich gerade heute erörtern muß.

Man bekommt nicht die innere Stetigkeit im Verfolgen dessen, was in der Seele keimt und fruchtet, wenn man so eilen will von Neuem zu immer Neuerem, sondern es handelt sich wirklich darum, daß die Dinge reifen müssen in der Seele. Da muß man sich ganz abgewöhnen, was heute eigentlich in vieler Beziehung üblich ist. Da muß man sich gewöhnen an ein inneres aktives Arbeiten der Seele, an ein Arbeiten im Geiste. Das ist dasjenige, was einem dann hilft, um solche Dinge zustande zu bringen, wie ich sie gerade heute auseinandergesetzt habe, um überhaupt die innere Seelenverfassung nach dem dritten Tage für irgendein Erlebnis zu haben, das man karmisch durchschauen will.

Und so muß man überhaupt vorgehen, wenn man Geistiges erkennen will. Man muß sich von vorneherein sagen: In dem ersten Momente, wo man an dieses Geistige irgendwie gedanklich herantritt, da ist ja erst der Anfang gemacht. Und will man da sogleich irgendein Resultat, ein Ergebnis haben, so ist das ganz unmöglich – man muß warten können. Nicht wahr, wenn ich heute ein Erlebnis habe, das karmisch verursacht ist in einem vorhergehenden Erdenleben, so können wir das schematisch so zeichnen: Das bin ich, das ist mein Erlebnis, das Erlebnis von heute (siehe Zeichnung, weiß, rot). Das dort ist verursacht

Tafel 5

von der ganz andersartigen Persönlichkeit mit demselben Ich in einem vorigen Erdenleben (grün, gelb). Da steht es. Da hat es längst aufgehört, meiner Persönlichkeit anzugehören, aber es ist eingetragen in die Ätherwelt, respektive in die astralische Welt, die hinter der Ätherwelt steht. Nun muß ich erst zurückgehen, den Weg zurückmachen.

Ich habe Ihnen gesagt: Zunächst erscheint mir die Sache so, als ob irgend jemand mir eigentlich das Erlebnis zutrüge. So ist es namentlich am zweiten Tag. Aber nach dem dritten Tag wird es so, daß diejenigen, die mir es zugetragen haben, diese geistigen Wesen, sich zurückziehen, und dann werde ich es gewahr als mein Eigenes, das ich in einem vorigen Erdenleben als Ursache gelegt habe. Und deshalb, weil ja das nicht mehr in der Gegenwart darinnensteht, weil das etwas ist, was ich anschauen muß im vorigen Erdenleben, deshalb erscheine ich mir selber, indem ich darinnenstehe, wie gefesselt. Das Fesseln hört ja erst wiederum auf, wenn ich nun die Sache angeschaut, ein Bild habe von dem, was im vorigen Erdenleben war, und dann wieder zurückschaue auf das Ereignis, das ich ja die drei Tage hindurch nicht aus den Augen verloren habe, dann wieder zurückschaue, da werde ich wieder frei, indem ich zurückkomme, denn jetzt kann ich mich mit der Wirkung bewegen. Wenn ich bloß in der Ursache drinnenstehe, kann ich mich mit der Ursache nicht bewegen. Ich trete also zurück in ein voriges Erdenleben, werde von der Ursache wie gefesselt, und erst, wenn ich nun in dieses Erdenleben hineingehe, dann wird die Sache wieder aufgelöst.

Nehmen wir ein Beispiel. Nehmen wir an, jemand erlebt in einer bestimmten Zeit an einem bestimmten Tage, daß ihm ein Freund etwas nicht ganz Angenehmes sagt; vielleicht hatte er es nicht erwartet. Er sagt ihm also etwas nicht ganz Angenehmes. Nun, er versetzt sich in das, was er da durchmacht im Anhören dessen, was der Freund sagt, er macht sich ein lebendiges Bild von dem, was er da durchgemacht hat: wie er einen leisen Schock bekommen hat, wie er sich etwas geärgert hat, vielleicht auch gekränkt gefühlt hat und so weiter. Da ist ein innerliches Wirken, und ein innerliches Wirken muß da ins Bild gebracht werden.

Jetzt läßt man die drei Tage verlaufen. Am zweiten Tage geht man herum und sagt: Dies Bild, das ich mir da gestern gemacht habe, hat merkwürdig auf mich gewirkt. Ich habe heute den ganzen Tag so etwas in mir wie ein Säuerliches, wie etwas, was mich verstimmt innerlich – so etwas, wie es von diesem Bilde ausgeht, war noch nicht da. Am Ende des ganzen Prozesses, nach dem dritten Tag morgens, da stehe ich auf, und dieses, wovon ich genau spüre, es kommt von diesem Bilde, das fesselt mich. Jetzt bleibe ich in dieser Fesselung drinnen. Dann wird mir dieses Ereignis aus dem vorigen Erdenleben kund: ich sehe es vor mir. Ich gehe über zu dem Erlebnis, das noch ganz frisch ist, noch ganz da ist. Da hört die Fesselung wieder auf und ich sage mir: Aha, so war das im vorigen Erdenleben! Das hat das verursacht: jetzt lebt die Wirkung. Mit der kann ich wieder leben, jetzt ist die Sache wieder da.

Das alles muß oft und oft geübt werden, denn gewöhnlich reißt der Faden auf den ersten Anhub schon am allerersten Tage ab. Dann kommt nichts.

Besonders gut ist es, wenn man die Dinge nebeneinander ablaufen läßt, wenn man nicht bei *einem* Ereignis bleibt, sondern eine Anzahl von Erlebnissen des Tages in dieser Weise ins Bild bringt. Sie werden sagen: Dann muß ich mit den mannigfaltigsten Gefühlen am nächsten Tage leben. – Das können Sie aber auch. Das schadet gar nichts. Probieren Sie es nur, die gehen ganz gut zusammen. Und dann muß ich so und so oft gefesselt sein nach dem dritten Tag? – Das schadet auch nichts. Das tut alles nichts. Die Dinge lösen sich schon wieder auseinander. Dasjenige, was von einem früheren Erdendasein zu dem gegenwärtigen gehört, das geht schon zu ihm hinzu.

Aber es wird eben nicht gleich beim ersten Anhub erreicht, der Faden reißt ab. Man muß Geduld haben, die Sache immer wieder und wiederum zu machen. Dann fühlt man in sich auch etwas in der Seele erstarken. Dann fühlt man, daß etwas in der Seele erwacht, daß man sich eigentlich sagt: Bisher warst du nur mit Blut ausgefüllt, du hast das Blut und den Atem in dir pulsieren gefühlt. Jetzt ist noch etwas darinnen, noch etwas außer dem Blut, du bist ausgefüllt mit irgend etwas.

Sie können sogar das Gefühl bekommen, Sie seien ausgefüllt mit etwas, wovon Sie sich ganz deutlich sagen: Es ist wie ein luftförmig gewordenes Metall. Sie spüren tatsächlich so etwas wie Metall, fühlen das in sich. Man kann es nicht anders beschreiben, es ist so. Sie fühlen sich metallisch durchdrungen, den ganzen Körper durchdrungen, wie man von gewissen Wassern, die man trinkt, sagen kann, sie schmecken metallisch, so schmeckt sich eigentlich da der ganze Körper wie innerlich metallisch durchdrungen, wie wenn er durchdrungen würde von irgend etwas fein Substantiellem, was aber eigentlich ein Geistiges ist.

Das spüren Sie, wenn Sie auf etwas kommen, was ja natürlich immer da war in Ihnen, worauf Sie aber jetzt erst aufmerksam werden. Und dann bekommen Sie wieder Mut, wenn Sie so etwas spüren. Denn wenn der Faden immer abreißt und es wiederum so ist wie früher – Sie möchten gern irgendwo einen karmischen Zusammenhang anfassen, aber er reißt ab –, da könnten Sie den Mut verlieren. Aber wenn Sie dieses Innerlich-Erfülltsein verspüren, dann bekommen Sie wieder Mut und Sie sagen sich: Es wird schon werden.

Aber, meine lieben Freunde, die Dinge müssen in aller Gelassenheit und Ruhe erlebt werden. Wer sie nicht gelassen und ruhig erleben kann, wer aufgeregt wird, wer emotionell wird, der breitet sich einen inneren Nebel über die Sache, die eigentlich geschehen sollte, und es wird nichts daraus.

Man könnte ja folgendes sagen: Es gibt heute gewisse Leute draußen in der Welt, die die Anthroposophie nur vom Hörensagen kennen, vielleicht gar nichts gelesen haben oder nur das, was die Gegner geschrieben haben. Es ist ja jetzt furchtbar drollig: Manche gegnerische Schriften – sie erscheinen, ja sie kommen wirklich aus der Erde heraus wie die Pilze –, die führen Literatur an, aber unter der Literatur, die sie anführen, sind gar keine Schriften von mir, sondern nur gegnerische Literatur. Die Leute gestehen, daß sie gar nicht wirklich an die Quellen herangehen, sondern daß sie nur die Gegnerliteratur kennen. Solche Dinge gibt es heute. Also solche Leute, die da draußen sind, die reden darüber und sagen: Ach, die Anthroposophen sind verrückt! – Nun, was man am wenigsten sein darf, um überhaupt zu etwas zu kommen in der geistigen Welt, das ist gerade das Verrücktsein. Man darf nämlich nicht ein bißchen verrückt sein, wenn man zu etwas kommen will in der geistigen Welt. Und selbst ein bißchen verrückt sein, ist schon ein Hindernis, um zu etwas zu kommen. Das muß man eben vermeiden. Man muß selbst ein leises «Mucken-kriegen», ein leises Launenhaftsein sogar vermeiden. Denn das alles, dieses Sich-Hingeben an die Stimmungen des Tages, an die Launen, an die Mucken des Tages, all das bildet lauter Hindernisse und Hemmnisse auf dem Wege, irgendwie weiterzukommen in der geistigen Welt. Es bleibt einem nichts anderes übrig, als einen ganz unverrückten Kopf und ein ganz unverrücktes Herz zu haben, wenn man auf anthroposophischem Gebiete weiterkommen will. Mit Schwärmerei, die ja schon der Anfang der Verrücktheit ist, läßt sich da gar nichts machen.

Alle die Dinge, so sonderbar sie klingen, wie ich sie zum Beispiel heute wieder erzählt habe, müssen in dem Lichte der absoluten Besonnenheit, des absoluten Unverrücktseins von Kopf und Herz erlebt werden. Und wenn sie richtig erlebt werden, ja wirklich, man wird durch nichts sicherer selbst aus der leisesten täglichen Verrücktheit herausgerissen als gerade durch Anthroposophie. Es würden alle Verrücktheiten geheilt werden durch Anthroposophie, wenn man sich ihr wirklich intensiv hingeben würde. Wenn also jemand es sogar darauf anlegen wollte, just durch Anthroposophie verrückt zu sein, so wäre das ganz gewiß ein Versuch mit untauglichen Mitteln.

Aber das sage ich nicht, um einen Scherz zu machen, sondern das sage ich, weil es auch ein Bestandteil der Gesinnung des geisteswissenschaftlichen Strebens sein muß. Man muß sich so zur Sache stellen, wie ich es jetzt halb ironisch auseinandergesetzt habe, wenn man in der richtigen Weise mit der richtigen Orientierung an die Sache herantreten wird. Man muß sich so unverrückt wie möglich finden, dann kommt man mit der richtigen Gesinnung heran. Aber das muß man mindestens anstreben, und namentlich anstreben gegenüber den kleinen Verrücktheiten des Lebens.

Ich war einmal mit einem nun lang verstorbenen, sehr gescheiten Philosophieprofessor befreundet, der hat bei jeder Gelegenheit das Wort gebraucht: Ein bißchen einen Spleen haben wir ja alle! – Er meinte, alle Menschen haben ja ein bißchen einen Spleen. Aber er war ein sehr gescheiter Mensch – ich habe immer geglaubt, daß bei ihm doch so etwas dahinter ist: daß er nicht ganz unbegründet diese Behauptung tut! Anthroposoph ist er nicht geworden.

Nun, wir wollen morgen diese Betrachtung fortsetzen.

ACHTER VORTRAG

Dornach, 10. Mai 1924

Wir werden heute eine Art von Betrachtung anstellen, die von der Außenseite her in die Entwickelung des Karma des Menschen hineinweist. Von der Außenseite, sage ich, das heißt von der Seite der menschlichen äußeren Gestaltung, wie sie uns in der Physiognomie des Menschen entgegentritt, in dem Gebärdenspiel, in alldem, was die äußere Offenbarung des Menschen und der physischen Welt ist. Denn ich habe ja schon bei der Betrachtung einzelner karmischer Zusammenhänge darauf aufmerksam gemacht, wie gerade durch die Betrachtung von scheinbar geringfügigen Kleinigkeiten am Menschen man karmische Zusammenhänge beobachten kann. Und so ist es auch, daß das Äußere des Menschen ja vielfach ein Bild von dem gibt, wie der Mensch in seinem moralischen Verhalten, in seinem geistigen Verhalten in einem vorigen Erdenleben oder in einer Reihe von vorigen Erdenleben war. Man kann in dieser Richtung geradezu gewisse Typen von Menschen betrachten, und man wird dann gerade durch die Betrachtung dieser Typen von Menschen finden, wie ein gewisser Typus auf ein ganz bestimmtes Verhalten in irgendeinem der vorigen Erdenleben zurückgeht.

Um nicht im Abstrakten herumzusprechen, nehmen wir die Sache durch Beispiele. Sagen wir zum Beispiel, jemand habe ein Erdenleben damit verbracht, daß er sich mit den Dingen im Leben, die an ihn herangetreten sind, recht genau beschäftigt hat, daß er für vieles ein intimes, ein gutes Interesse hatte, daß er an nichts vorbeigegangen ist, weder an Menschen noch an Sachen noch an Erscheinungen vorbeigegangen ist. Sie werden ja auch Gelegenheit haben, im gegenwärtigen Leben das an Menschen beobachten zu können.

Man kann Menschen kennenlernen, die, sagen wir zum Beispiel, die alten griechischen Staatsmänner besser kennen als die gegenwärtigen Staatsmänner. Wenn man sie nach irgendeinem wie Perikles oder Alcibiades oder Miltiades und so weiter frägt, dann wissen sie Bescheid, weil sie das in der Schule gelernt haben. Wenn man sie um irgend etwas frägt, was in der Gegenwart in ähnlicher Weise vorgeht, dann wissen sie kaum Bescheid.

Das kann man aber auch in bezug auf die ganz gewöhnliche Lebensbeobachtung finden. Ich habe ja auch in dieser Beziehung schon manches angeführt, was gewiß denen, die oftmals glauben auf der höchsten Spitze des Idealismus zu stehen, sonderbar vorkommt. Ich habe zum Beispiel angeführt, daß es Menschen gibt, Männer, die einem etwa erzählen, wenn man am Nachmittag mit ihnen spricht, sie hätten am Vormittag eine Dame auf der Straße gesehen. Wenn man sie frägt, was sie für ein Kleid angehabt habe, so wissen sie es nicht! Es ist schließlich unglaublich, aber es ist wahr: es gibt solche Menschen.

Nun, nicht wahr, man kann solch einer Sache die verschiedensten Auslegungen geben. Man kann sagen: Der Mensch ist von so hoher Geistigkeit, daß es ihm eben, wenn er in dieser Lage ist, viel zu unbedeutend erscheint, auf so etwas achtzugeben. Aber das ist nicht von einer wirklich durchdringenden Geistigkeit. Es mag von einer hohen Geistigkeit sein, aber auf die Höhe allein kommt es nicht an, sondern es kommt auf die Eindringlichkeit oder Oberflächlichkeit der Geistigkeit an. Von einer eindringlichen Geistigkeit ist es eben nicht, weil es ja schon ganz bedeutsam ist, was der Mensch zu seiner Einhüllung gebraucht, und in einem gewissen Sinne ist das ebenso bedeutsam, wie zum Beispiel, was er für eine Nase hat, oder was er für einen Mund hat. Es gibt eben Menschen, die haben für alles im Leben Aufmerksamkeit. Sie beurteilen die Welt nach dem, was sie von der Welt erfahren. Andere Menschen, die laufen so durch die Welt, wie wenn sie gar nichts interessierte. Sie haben alles, was an sie herankommt, nur wie eine Art Traum aufgenommen, der gleich wiederum verrinnt.

Dies sind zwei, ich möchte sagen, polarische Gegensätze von Menschen. Aber wie man das nun auch beurteilen mag, meine lieben Freunde, ob Sie nun von einem Menschen, der nicht weiß, was die Dame, die er am Vormittag gesehen hat, für ein Kleid angehabt hat, glauben, daß das hoch oder niedrig ist, darauf kommt es nicht an, sondern wir wollen heute besprechen, was das für einen Einfluß auf das Karma des Menschen hat. Und es macht eben einen großen Unterschied, ob ein Mensch für die Dinge des Lebens aufmerksam ist, sich für alles einzelne interessiert, oder ob er unaufmerksam für die Dinge des Lebens ist. Gerade Einzelheiten sind für das ganze Gefüge des geistigen Lebens ungeheuer bedeutend, nicht wegen dieser Einzelheiten, sondern weil eine solche Einzelheit auf eine ganz bestimmte Seelenverfassung hinweist.

Denken Sie nur an den Professor, der immer sehr schön vorgetragen hat und dabei immer auf einen Punkt gesehen hat, nämlich auf die obere Brusthälfte eines Hörers immer starr die Augen hingerichtet hat. Er ist niemals aus dem Konzept gekommen, sondern hat immer recht schön vortragen können. Eines Tages kam er aus dem Konzept: er guckte hin, er mußte immer wieder weggucken – und nachher ging er hin zu dem Hörer und fragte: Warum haben Sie sich nun den Knopf, der immer abgerissen war, angenäht? Das hat mich ganz aus dem Konzept gebracht! – Er hatte immer auf den fehlenden Knopf hingesehen, das hatte ihm Konzentration gegeben. Es ist unbedeutend, nicht wahr, ob man auf einen abgerissenen Knopf sieht oder nicht sieht; aber für die ganze Seelenverfassung ist es bedeutend, ob man das tut oder nicht. Und wenn man die karmischen Linien beobachten will, dann hat das schon eine außerordentlich große Bedeutung.

Also betrachten wir zunächst einmal diese zwei Menschentypen, von denen ich gesprochen habe. Sie brauchen sich nur an das zu erinnern, was ich öfter über das Hinübergehen des Menschen von einem Erdenleben in das andere gesagt habe: Es ist ja so, daß der Mensch in einem Erdenleben einen Kopf hat, dann die übrige Gestalt, und dasjenige, was übrige Gestalt ist, außer dem Kopfe, das hat einen gewissen Kräftezusammenhang. Der physische Leib des Menschen wird den Elementen übergeben. Die physische Substanz trägt natürlich der Mensch nicht von einem Erdenleben ins andere herüber. Aber den Kräftezusammenhang, den ein Mensch in seinem Organismus hat außer dem Kopf, den trägt er durch das Leben zwischen dem Tod und einer neuen Geburt, und das wird der Kopf des nächsten Erdenlebens, während der Kopf des gegenwärtigen Erdenlebens sich aus dem Gliedmaßensystem und dem übrigen Organismus des vorigen Erdenlebens gebildet hat. So verwandelt sich immer, wenn ich den Ausdruck gebrauchen darf, das Außerkopfliche von einem Erdenleben hinüber in den Kopf des anderen Erdenlebens. Und der Kopf ist immer das Ergebnis des Außerkopflichen vom vorigen Erdenleben. Das gilt nun für den ganzen Kräftezusammenhang in der Gliederung der menschlichen Wesenheit.

Wenn jemand mit großer Aufmerksamkeit durch das Leben ging und er nicht gerade eine ausschließlich sitzende Lebensweise hatte – und solche Menschen sind sehr schwer heute karmisch zu beobachten, weil es die in früheren Zeiten ja gar nicht gegeben hat; wie Menschen mit einer ausschließlich sitzenden Lebensweise sich in dem nächsten Erdenleben ausnehmen werden, das muß man erst abwarten, denn solche Erdenleben, wo man nur sitzt, gibt es ja eigentlich erst in der Gegenwart –, nun also, wenn der Mensch aufmerksam auf die Dinge seiner Umgebung wurde, mußte er ja immer zu diesen Dingen gehen, er mußte seine Glieder regsam machen, seine Glieder in Tätigkeit bringen. Der ganze Körper kam in Tätigkeit, nicht nur die Sinne, die zu dem Kopfsystem gehören, sondern der ganze Körper kam in Regsamkeit. Das, was da der ganze Körper mitmacht, wenn der Mensch aufmerksam ist, das geht hinüber in die Kopfbildung des nächsten Erdenlebens, und das hat eine ganz bestimmte Wirkung. Es wird dann der Kopf des Menschen im nächsten Erdenleben so, daß er einen sehr starken Drang hat, solche Kräfte in den übrigen Organismus, der dann im nächsten Erdenleben sich angliedert, hineinzuschicken, daß die Kräfte der Erde sehr stark auf diesen Organismus wirken.

Und nun müssen Sie bedenken: Wenn das, schematisch gezeichnet, der Kopf des Menschen ist, und das die übrige Organisation ist, so wird ja in den ersten sieben Lebensjahren alles, was in dieser übrigen Organisation ist, Muskeln, Knochen und so weiter, vom Kopfe aus gebildet. Der Kopf schickt diese Kräfte hinein. Jeder Knochen ist so gebildet, wie er vom Kopf aus gebildet werden soll. Wenn nun der Kopf durch die Art des Erdenlebens, wie ich es geschildert habe, die Tendenz hat, eine starke Verwandtschaft zu den Kräften der Erde zu entwickeln, was geschieht dann? Dann werden, ich möchte sagen, durch die Gunst des Kopfes die Erdenkräfte bei dem Aufbau des Menschen schon im Embryonalleben mehr protegiert, aber namentlich auch in dem Leben bis zum Zahnwechsel. Die Kräfte der Erde werden vom Kopfe sehr, sehr stark protegiert, und die Folge ist, daß ein solcher

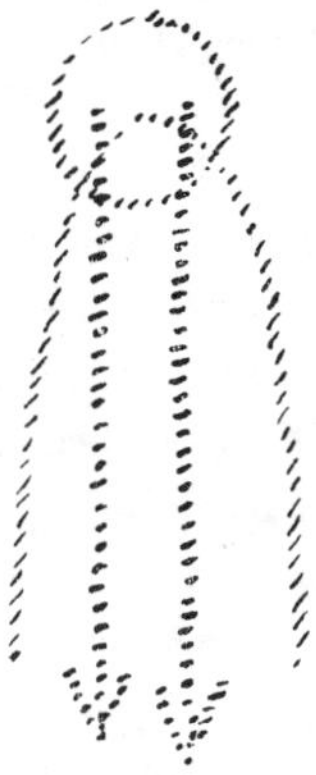

Mensch alles das in besonderer Ausbildung bekommt, was von den Kräften der Erde abhängt. Das heißt, er bekommt große Knochen, starke Knochen, er bekommt zum Beispiel außerordentlich breite Schulterblätter, die Rippen sind gut ausgebildet. Alles trägt den Charakter des gut Ausgebildeten. Aber in alledem sehen Sie, wie da die Aufmerksamkeit im vorigen Erdenleben herübergebracht wird in das gegenwärtige Erdenleben, wie da der Organismus gebildet wird. Alles das geht ja zwar räumlich vom Kopfe aus, aber eigentlich doch von der Seele und vom Geiste. Denn an all diesen Bildekräften sind Seele und Geist beteiligt, und wir können daher von so etwas immer auf das Seelisch-Geistige sehen. Daher ist es, daß wir bei solchen Menschen sehen: der Kopf ist erdverwandt geworden durch die Umstände im vorigen Erdenleben, wie ich sie geschildert habe. Das können wir der Stirne absehen, sie ist nicht besonders hoch – denn hohe Stirnen sind nicht erdverwandt –, aber sie ist scharf und stark ausgebildet, und dergleichen Dinge mehr.

Also wir sehen, der Mensch entwickelt sich so, daß seine Knochen kräftig ausgebildet werden. Und das Eigentümliche ist: Wenn stark herüberwirken solche erdverwandten Kräfte aus dem früheren Erdenleben, dann wachsen die Haare sehr schnell. So daß wir bei Kindern, deren Haare sehr schnell wachsen, immer das in Zusammenhang bringen müssen mit ihrem Aufmerksamkeitsleben im vorigen Erdendasein. Es ist schon so, daß sich der Mensch aus seinem moralisch-geistigen

Verhalten in irgendeinem Erdenleben seinen Körper im nächsten Erdenleben formt.

Dagegen werden wir immer bestätigt finden, wie das Geistig-Seelische an dieser Bildung des Menschen beteiligt ist. Bei einem solchen Menschen, dessen Karma so ist, wie ich es geschildert habe – daß er aus einem besonderen starken Hang zur Aufmerksamkeit für das Leben im nächsten Erdenleben starke Knochen bekommt, wohlausgebildete Muskeln bekommt –, bei einem solchen Menschen werden wir sehen, daß er mutig durchs Leben geht. Er hat sich durch das auch zur gleichen Zeit, ich möchte sagen, das Natürliche, die natürliche Kraft eines mutvollen Lebens angeeignet.

Nun ist es schon einmal so, daß man in der Zeit, in der man abging von der Beschreibung der aufeinanderfolgenden Erdenleben, aber noch die Kenntnisse hatte, die man eigentlich nur hat, wenn man auf wiederholte Erdenleben hinblickt, was zum Beispiel in der Zeit des *Aristoteles* noch der Fall war. Aristoteles konnte in seiner «Physiognomik» noch wunderbar schildern, wie die äußere Gesichtskonfiguration mit der moralischen Haltung, mit der moralischen Verfassung eines Menschen zusammenhängt.

Dagegen betrachten wir einmal Feiglinge, furchtsame Menschen. Es sind solche, die im vorigen Erdenleben sich für nichts interessiert haben. Sie sehen, das Karmabetrachten hat auch eine gewisse Bedeutung für die Hineinstellung in das Leben mit Bezug auf die Zukunft. Es ist ja schließlich eine Befriedigung der Wißbegierde, aber nicht allein der Wißbegierde, wenn wir das gegenwärtige Erdenleben auf die früheren zurückführen. Denn wenn wir unser gegenwärtiges Erdenleben mit einiger Selbsterkenntnis nehmen, so können wir uns vorbereiten für das nächste Erdenleben. Huschen wir so oberflächlich durch das Leben, indem uns nichts interessiert, dann können wir sicher sein, daß wir im nächsten Erdenleben ein Furchthase werden. Das aber kommt wiederum dadurch zustande: indem sich die wenig teilnahmsvolle Wesenheit des unaufmerksamen Menschen wenig mit der Umgebung verbindet, so bekommt die Kopforganisation im nächsten Leben keine Verwandtschaft mit den Erdenkräften. Die Knochen bleiben unentwickelt, die Haare wachsen langsam; der Mensch hat sehr häufig O- oder X-Beine.

Das sind solche Dinge, die durchaus den Zusammenhang zwischen dem Geistig-Seelischen auf der einen Seite und dem Natürlich-Physischen auf der anderen Seite sehr intim zeigen. Ja, meine lieben Freunde, man kann bis in die Einzelheiten der Konfiguration des Kopfes, an dem ganzen Menschen hinüberschauen in die vorigen Erdenleben.

Diese Dinge sagt man aber nicht, um gerade an ihnen die Beobachtung zu machen. Alle die Beobachtungen, die ich Ihnen mitgeteilt habe zur Vorbereitung der Karmabetrachtungen, die sind ja nicht auf äußerliche Weise, sondern durchaus auf innerliche Weise durch geisteswissenschaftliche Methoden zustande gekommen. Aber gerade diese geisteswissenschaftlichen Methoden zeigen, wie der Mensch äußerlich eigentlich gar nicht so hingenommen werden darf, wie ihn die heutige Physiologie und Anatomie nimmt. Daß man einfach die Organe kennenlernt und ihren gegenseitigen Zusammenhang, das hat im Grunde genommen gar keinen Sinn. Denn der Mensch ist ein Bild. Zum Teil ist er ein Bild dessen, was die Kräfte sind zwischen dem Tod und einer neuen Geburt, zum Teil ein Bild seines vorigen Erdenlebens, und es hat gar keinen Sinn, Physiologie oder Anatomie so zu treiben, wie sie gegenwärtig getrieben werden: daß man nur den Menschen nimmt, wie er dasteht, und dann eins nach dem anderen, was an ihm ist, betrachtet. Denn der Kopf zum Beispiel steht viel mehr im Zusammenhang mit dem vorigen Erdenleben, als er mit dem Körper, den der Mensch in diesem Erdenleben bekommt, im Zusammenhang steht.

So daß man also sagen kann: Gewisse physische Prozesse versteht man erst, wenn man auf die vorigen Erdenleben zurückschaut. Ein Mensch, der die Welt kennengelernt hat in einem früheren Erdenleben, bei dem ist es halt so, daß er schnell wachsende Haare hat. Ein Mensch, der die Welt wenig kennengelernt hat in einem vorigen Erdenleben – Sie können es beobachten –, bei dem entwickeln sich ganz langsam wachsende Haare. Die liegen dann an die Oberfläche des Körpers an, währenddem diejenigen, die sich am intensivsten interessiert haben in einem vorigen Erdenleben, die sich überintensiv interessiert haben, die ihre Nase in alles hineingesteckt haben, struppiges Haar haben. Das ist ein ganz richtiger Zusammenhang. So können wir die mannigfaltigsten Körperkonfigurationen auf Erlebnisse in einem der vorigen Erdendaseine zurückbeziehen. Das geht wirklich bis auf die Einzelheiten der Konstitution. Nehmen wir zum Beispiel einen Menschen, der in einem Erdenleben viel sinnt, viel nachsinnt. Ja, sehen Sie, der wird im nächsten Erdenleben ein schmächtiger, magerer Mensch sein. Wer in irgendeinem Erdenleben wenig nachsinnt, sondern mehr so im Erfassen der Außenwelt lebt, der ist im nächsten Erdenleben veranlagt, viel Fett anzusetzen. Das hat wiederum eine Bedeutung für die Zukunft. Man kann geistige Magerkuren nicht für das *eine* Erdenleben gut durchführen, da müssen schon physische Kuren eventuell, wenn sie helfen, zu Hilfe kommen; aber für das nächste Erdenleben kann man ganz entschieden dadurch eine Magerkur machen, daß man viel sinnt, daß man also viel nachdenkt, namentlich über solches viel nachdenkt, was einem Mühe macht, von der Art, wie ich es gestern geschildert habe. Es braucht nicht Meditieren zu sein, sondern es braucht einfach viel Nachsinnen, viel Willen zu sein, innere Entscheidungen zu treffen. Es ist wirklich ein solcher Zusammenhang zwischen der geistig-moralischen Art, wie der Mensch in einem Erdenleben lebt, und seiner physischen Konstitution in seinem nächsten Erdenleben. Das kann man nicht genügend betonen.

Nehmen Sie andere Fälle. Nehmen Sie zum Beispiel den Fall, daß in einem Erdenleben ein Mensch, sagen wir, so lebt, daß er ein Denker ist. Darunter verstehe ich nicht einen Professor – es ist gar nicht scherzhaft gemeint –, sondern ich verstehe darunter einen Menschen, der meinetwillen hinter dem Pflug gehen kann und dennoch viel denken kann. Es kommt gar nicht darauf an, in welcher Lebenslage man denkt, sondern Denker kann man wirklich auch dann sein, wenn man hinter dem Pflug geht oder sonst irgendein Handwerk besorgt. Aber ein solcher Denker wird dadurch, daß er im Denken hauptsächlich dasjenige beschäftigt, was ja mit dem Erdenleben abfällt, und daß er unbeschäftigt läßt, was in die nächste Inkarnation die Kräfte hinüberschickt und an der Kopfbildung teilnimmt, ein solcher Mensch wird in einem neuen Erdenleben auftreten mit einem weichen Fleisch, mit zartem, weichem Fleisch. Aber das Eigentümliche ist dieses: Wenn er viel denkt, so wird in seinem nächsten Erdenleben seine Haut sehr wohlgebildet sein, die ganze Oberfläche des Körpers, die Haut, wird sehr wohlgebildet sein. Und wiederum, wenn Sie Menschen finden, deren Haut zum Beispiel Flecken zeigt, Leute mit unreiner Haut, so können Sie von da aus immer schließen – es müssen natürlich andere Gründe dazukommen, man kann nicht aus einem Merkmal gleich ganz unbedingt schließen, aber im allgemeinen sind doch die Angaben richtig, die ich heute über den Zusammenhang des Seelisch-Geistigen und des Physischen mache –, daß das Menschen sind, die in einem früheren Erdenleben wenig gedacht haben. Leute also mit viel Sommersprossen waren ganz gewiß nicht Denker in einem vorigen Erdenleben.

Das sind die Dinge, die zugleich zeigen, wie gerade Geisteswissenschaft sich nicht nur um das Abstrakt-Geistige kümmert, sondern auch um das Wirken des Geistigen im Physischen. Ich habe es ja oft betont, es ist nicht so stark schade, daß der Materialismus bloß auf die Materie hinschaut, sondern schade ist es, die Tragik des Materialismus ist es, daß er von der Materie nichts wissen kann, weil er das geistige Wirken in der Materie nicht erkennt. Man sollte gerade bei der Menschenbetrachtung erst recht auf die Materie sehen, denn in der Materie drückt sich, gerade bei der Menschengestalt, beim ganzen menschlichen Wesen das Wirken des Geistigen aus. Die Materie ist die äußere Offenbarung des Geistigen.

Sie können es schon in den «Leitsätzen» sehen, die zu allerletzt jetzt gegeben worden sind in dem Mitteilungsblatt, das dem «Goetheanum» beigelegt ist, daß das Haupt des Menschen, der Kopf, nur richtig betrachtet wird, wenn man die imaginative Erkenntnis schon auf das Äußerliche anwendet; denn der menschliche Kopf in seiner Gestaltung, in Ohrengestaltung, namentlich dann aber auch in Nasen-, Augengestaltung, er ist eigentlich nach dem Muster der Imagination gegeben. Er besteht aus äußerlich sichtbaren Imaginationen.

Das gilt aber auch von der Art, wie der Mensch gebaut ist. Es gibt Menschen, welche den unteren Teil des Rumpfes länger haben als den oberen Teil, also vom unteren Anfang des Rumpfes bis zur Brust länger haben, und dann den oberen Teil, von der Brustmitte bis zum Hals, kürzer haben.

Ist dieser Teil von der Brustmitte bis zum Hals kürzer als der untere Teil des Rumpfes, so hat man es mit einem Menschen zu tun, welcher in der Zeit zwischen dem Tod und einer neuen Geburt ein solches gei-

Tafel 7

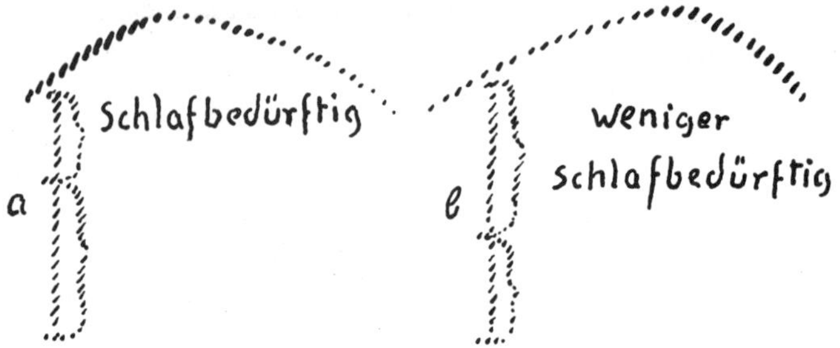

stiges Leben durchgemacht hat, daß er sehr schnell den Aufstieg im Leben zwischen dem Tod und einer neuen Geburt bis zu der Mitte durchgemacht hat. Da ist er sehr schnell gegangen. Dann geht er langsam und behaglich herunter zum neuen Erdenleben.

Hat man es aber zu tun mit einem Menschen, dessen oberer Teil vom Hals bis zur Brustmitte länger ist als der untere Teil von der Brustmitte bis zum Ende des Rumpfes, dann hat man es mit einem Menschen zu tun, der langsam, bedächtig bis zur Mitte gegangen ist in dem Leben zwischen dem Tod und einer neuen Geburt und dann schneller hinuntergeht zum Erdenleben. So daß man also in der Physiognomie, ja in den Maßen des menschlichen Mittelkörpers, die Nachwirkung von der Art und Weise hat, wie der Mensch die erste Hälfte des Durchganges vom Tod zu einer neuen Geburt durchmachte gegenüber der zweiten Hälfte.

Es ist wirklich das, was am Menschen physisch ist, durchaus ein Abbild desjenigen, was dem Menschen geistig zugrunde liegt. Und das hat nun eine Folge für das Leben. Denn wenn Sie *die* Menschen nehmen, a mit kurzer Oberbrust und langer Unterbrust, und *die* Menschen, b mit langer Oberbrust und kurzer Unterbrust – es ist natürlich extrem gezeichnet –, so ist es so: Diese Menschen hier mit langem Unterrumpf und kurzem Oberrumpf, das sind solche, die vom Anfange an zeigen, daß sie sehr schlafbedürftig sind. Das ist bei den anderen nicht der Fall; die sind weniger schlafbedürftig. Sie sehen also an einem Menschen, je nachdem er schlafbedürftig ist oder nicht, was sich wiederum in den Maßen seines Mittelleibes ausdrückt, ob er schneller oder langsamer durchgegangen ist durch die erste Hälfte des Lebens zwischen dem Tod und einer neuen Geburt, beziehungsweise schneller oder langsamer durch die zweite Hälfte durchgegangen ist.

Aber das hängt ja wiederum mit dem vorigen Erdenleben zusammen. Ein Mensch, der im vorigen Erdenleben, nicht durch Anlage, sondern mehr durch Erziehung und durch sein Leben, stumpf war für das Leben, nicht so sehr, daß er sich nicht interessiert hat, der aber stumpf war – er konnte eigentlich nichts richtig, er ging nicht darauf aus, die Dinge richtig zu begreifen, er konnte dabei sogar aufmerksam sein, seine Nase überall hineinstecken, aber es blieb bei der Neugierde und bei einer oberflächlichen Erfassung, er blieb stumpf –, ein solcher Mensch hat dann kein Interesse an der ersten Hälfte des Lebens zwischen dem Tode und einer neuen Geburt. Er bekommt erst Interesse, wenn es über die Mitternachtshöhe des Lebens hinausgegangen ist und er heruntersteigt.

Dagegen ein Mensch, der sich angewöhnt, mit seinem Verstande überall einzudringen, auch mit seinem Gemüte überall einzudringen, ein solcher Mensch bekommt großes Interesse für die erste Hälfte, für den Aufstieg, und macht schnell den Abstieg durch. So daß man wieder sagen kann: Wenn einem ein Mensch im Leben entgegentritt, der eine Schlafratte ist, dann ist das zurückzuführen auf ein solches stumpfes Leben im vorigen Erdenleben. Ein Mensch, der regsam ist, der keine Schlafratte ist, der meinetwillen sogar nötig hat, erst irgend etwas zu tun, damit er einschläft – es gibt ja Bücher, nicht wahr, die man als Schlafmittel benützen kann –, also ein Mensch, der das nötig hat, der ist nicht stumpf gewesen, sondern regsam gewesen, mit seinem Verstande, mit seinem Gemüte eindringlich regsam gewesen.

Man kann weitergehen. Es gibt Menschen – ja, wie soll ich sie nennen? Sagen wir, sie sind Gernesser, sie essen gerne; andere essen nicht so gerne. Ich will nicht sagen, gefräßige Menschen und nichtgefräßige Menschen, nicht wahr, das schickt sich nicht in ernster Betrachtung; aber ich will also sagen, es sind Menschen, die gerne essen, und solche, die weniger gerne essen.

Auch das hängt in einer gewissen Weise mit dem zusammen, was der Mensch beim Durchgang durch das Leben zwischen dem Tod und einer neuen Geburt vor und nach der Mitternachtshöhe des Daseins erlebt. Die Mitte ist die Mitternachtshöhe des Daseins.

Da gibt es Menschen, welche, ich möchte sagen, sehr hoch hinaufsteigen in das Geistige, und Menschen, welche nicht sehr hoch hinaufsteigen, für die eben die Mitternachtshöhe nicht so hoch ist. Solche Menschen, die sehr hoch hinaufsteigen, die werden essen, um zu leben. Solche Menschen, die nicht hoch hinaufsteigen, die leben, um zu essen.

Tafel 7

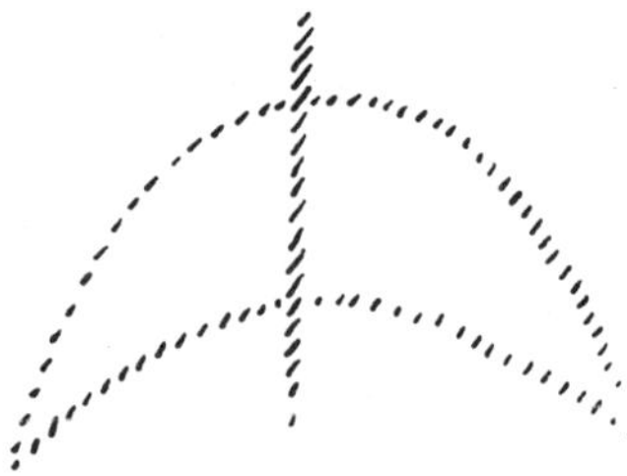

Damit sind schon Unterschiede im Leben angegeben. Und man kann sagen, die Art und Weise, wie ein Mensch sich verhält gerade bei solchen Verrichtungen, die mit der Förderung oder Nichtförderung seines physischen Daseins zusammenhängen, aus denen kann man ersehen, wie sein karmisches Leben aus einem früheren Erdendasein herüberkommt.

Wer sich Beobachtungsfähigkeit nach dieser Richtung angeeignet hat, der sieht einfach in der Art und Weise, wie sich jemand bei Tisch etwas nimmt, also im Zugreifen, eine Geste, die ganz besonders stark zurückführt auf die Art und Weise, wie das vorige Erdenleben herüberleuchtet.

Ich rede heute vom Physischen; ich will dann morgen mehr von den moralischen Seiten reden, aber man muß das Physische durchaus auch ins Auge fassen, sonst wird das Gegenteil weniger verständlich werden. Die Menschen, die furchtbar vehement zugreifen, bei denen man sieht, wenn sie nur eine Birne anfassen beim Essen, so tun sie das mit Begeisterung – solche Menschen, das sind diejenigen, die im vorigen Erdenleben sich mehr an die Trivialitäten des Lebens gehalten haben, die nicht hinaus konnten über die Trivialität des Lebens, die festgehalten worden sind in dem, was nicht aufsteigt bis zum moralischen Erfassen des Lebens, was im Gewohnheitsmäßigen, im Konventionellen sitzen bleibt und so weiter. Auch das hat wiederum eine große Bedeutung für die Lebenspraxis selber. Die Dinge erscheinen uns ja heute, weil wir ungewohnt sind solcher Betrachtungen, oftmals sogar kurios, und wir lachen darüber. Aber sie sind im allertiefsten Ernst zu betrachten, denn Sie sehen, es gibt ja heute gewisse Gesellschaftsklassen, die gehen ganz in den trivialen Gewohnheiten des Lebens auf; die eignen sich eigentlich nicht gerne irgend etwas an, was aus den gewöhnlichen, gebräuchlichen Lebensgewohnheiten herausgeht.

Man darf dies übrigens nicht bloß, meine lieben Freunde, so auf den Habitus des Benehmens anwenden, sondern man kann es zum Beispiel auch auf die Sprache anwenden. Es gibt Sprachen, bei denen darf man gar nichts willkürlich sagen, weil alles streng vorgeschrieben ist im Satzgefüge; man darf das Subjekt nicht an einen anderen Ort stellen und so weiter. Es gibt Sprachen, bei denen kann man das Subjekt hinstellen, wo man es hinstellen will, und das Prädikat auch; die haben dann in sich die Anlage, daß sich die Menschen innerhalb solcher Sprachen individuell entwickeln können.

Nun, das ist nur ein Beispiel, wie stark triviale Gewohnheiten angeeignet werden und der Mensch nicht hinaus kann aus der Trivialität. Ein Erdenleben, das in solcher Trivialität verbracht wird, führt in ein nächstes hinein, in dem man gefräßig ist. Man steigt dann nicht hoch genug hinauf in dem Leben zwischen Tod und neuer Geburt – man wird gefräßig.

Da nun heute die Zeit anbrechen soll, wo die Menschen wirklich nicht nur, wie das in der materialistischen Epoche der menschlichen Entwickelung der Fall ist, mit dem einen Erdenleben rechnen, sondern wo die Menschen auf die ganze Erdenentwickelung hinsehen und wissen, daß dasjenige, was in einem Erdenleben von einem getan und vollbracht wird, hinübergetragen wird in ein nächstes Erdenleben, daß die Menschen selber aus einer Epoche in die andere das Geschehen hinübertragen, da, wo dieses Bewußtsein auftreten soll, ist es schon notwendig, daß selbst in die Erziehungsprinzipien sowohl der aufwachsenden Kinder wie der Erwachsenen solche Dinge hineingenommen werden.

Nun möchte ich noch auf zwei Menschentypen aufmerksam machen. Es gibt einen Menschentypus, der kann alles ernst nehmen, und dabei meine ich nicht bloß das äußere Ernstnehmen. Man kann sich ja durchaus ernste Menschen denken, die sogar viel Tragisches in ihrer Seelenverfassung haben und die dennoch lachen können, denn wenn man gar nicht lachen kann – und es gibt doch lächerliche Dinge im Leben – wenn alles an einem so vorübergeht, daß man nicht lachen kann, dann muß man auch stumpf sein. Also man kann schon lachen. Aber trotzdem man ein Mensch ist, der über Lächerliches gut lachen kann, kann man doch in der Grundverfassung seiner Seele ein ernster Mensch sein.

Aber dann gibt es den anderen Typus von Menschen, der überhaupt nichts tut als lachen, den alles zum Lachen reizt, der, wenn er etwas erzählt, dabei lacht, ganz gleichgültig, ob es komisch oder nicht komisch ist. Man kann Menschen kennenlernen, die, wenn sie anfangen zu erzählen, gleich das Gesicht zum Lachen verzerren und selbst die ernsteste Sache in eine Art von Grinsen, in eine Art von Lachen kleiden. Es sind das Extreme, die ich schildere, aber die gibt es, diese Extreme.

Sehen Sie, dieses ist ein Grundzug der Seele. Wir werden morgen sehen, wie das seine moralische Seite hat. Ich will heute hauptsächlich die physische Seite berühren. Das führt wiederum zurück auf die karmische Entwickelungsströmung. Ein Mensch, der einen ernsten Zug in seinem Leben hat, wenn er auch lachen kann, bei dem wirken starke Kräfte, solide Kräfte, möchte ich sagen, aus dem vorigen Erdenleben in dieses Erdenleben herüber. Wenn man einem solchen ernsten Menschen begegnet, einem Menschen, der Sinn hat für ernste Seiten des Lebens, der stehenbleibt in der Betrachtung der ernsten Seiten des Lebens, nachdenklich wird über die ernsten Seiten des Lebens, dann kann man sagen: Diesem Menschen kann man es anfühlen, daß er sozusagen in seinem Wesen seine früheren Erdenleben trägt. Man wird ernst in seiner Lebensauffassung dadurch, daß die früheren Erdenleben nachwirken, richtig nachwirken. Man wird ein ewig mit dem Munde tänzelnder Schwätzer, der selbst bei den ernstesten Sachen, wenn er sie erzählt, lacht, wenn die früheren Erdenleben nicht nachwirken. Wenn der Mensch durch eine Reihe von Erdenleben oder wenigstens durch ein Erdenleben gegangen ist, in dem er wie ein halb Schlafender gelebt hat, da wird er dann im nächsten Erdenleben ein solcher, der den Ernst nicht bewahren kann, der an die Dinge des Lebens nicht mit dem nötigen Ernst herangehen kann. So daß man aus der Art, wie sich ein Mensch verhält, sehen kann, ob er seine vorigen Erdenleben wohl angewendet hat, oder ob er sie mehr oder weniger dumpf verschlafen hat.

All das führt aber dazu, sich zu sagen: Man darf gar nicht den Menschen, so wie er uns entgegentritt als Mensch, mechanisch oder auch nur nach dem Muster des gewöhnlichen Organismus betrachten. Das darf man nicht tun, sondern man muß den Menschen in seiner Gestalt und bis in seine Bewegungsmöglichkeiten hinein als ein Bild der geistigen Welt betrachten.

Da hat man zunächst die Hauptesorganisation. Diese Hauptesorganisation ist im wesentlichen durch die früheren Erdenleben mitbedingt. Und wir können schon sagen: Am richtigsten betrachten wir ein menschliches Haupt, wenn wir all das lernen, was man lernen kann über das imaginative Vorstellen. Sonst nirgends, nur dem menschlichen Haupte gegenüber kann man das imaginative Vorstellen in der Sinneswelt anwenden, das, was man sonst immer braucht als imaginatives Vorstellen, um in die geistige Welt hineinzuschauen. Man muß mit der Imagination ja anfangen, wenn man in die geistige Welt hineinschauen will; da erscheinen einem zuerst die geistig-ätherischen Bilder der geistigen Wesenheiten. In der physischen Welt gibt es außer dem menschlichen Kopf nichts, was an Imaginationen erinnert, aber am menschlichen Kopf, bis in seine innere Organisation, bis in den Wunderbau des Gehirnes ist eigentlich alles ein physisch-sinnliches Abbild des Imaginativen.

Wenn Sie weitergehen, dann kommen Sie dazu, etwas am Menschen zu betrachten, was eigentlich viel schwieriger zu betrachten ist – man macht sich es nur gewöhnlich leicht –, das ist, eine Auffassung davon zu gewinnen, wie der Mensch seinen Atem aufnimmt, wie er also sein rhythmisches System in Bewegung setzt, wie er den Atem dann überführt in die Blutzirkulation. Dieses ungeheuer lebendige Spiel, das den ganzen Körper durchsetzt, ist sogar viel komplizierter, als man denkt, denn zunächst ist es ja so, nicht wahr: der Mensch nimmt den Atem auf (Zeichnung, gelb), der Atem setzt sich um in die Blutzirkulation (rot), aber auf der anderen Seite geht der Atem wieder über in das Haupt, und er steht in einer gewissen Beziehung zu der ganzen Tätigkeit des Gehirnes (grün). Es ist das Denken einfach ein verfeinertes Atmen. Und wiederum geht die Blutzirkulation über in dasjenige, was die Impulse der Bewegungen der Gliedmaßen sind (blau-grün).

Tafel 8

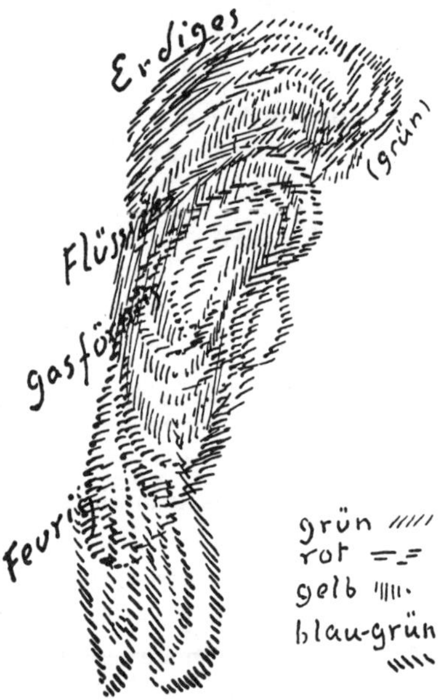

Wenn man dieses rhythmische System des Menschen, das sich ausdrückt nun nicht in einer ruhigen Lage, sondern in einer immer fortdauernden Beweglichkeit, wenn man dieses rhythmische System des Menschen nimmt, muß man diesen Unterschied genau beachten. Den Kopf des Menschen betrachtet man ja am besten dadurch, daß man ihn als abgeschlossene, ruhige Gestaltung betrachtet, daß man auch sein Inneres, zum Beispiel das Gehirn, partienweise betrachtet, wie eine Partie neben der anderen ruht. Über den Kopf erfährt man nichts, wenn man zum Beispiel die Blutzirkulation im Kopfe durch Anatomie oder Physiologie kennenlernt; denn das, was die Blutzirkulation im Kopfe vollbringt, bezieht sich gar nicht auf den Kopf, das bezieht sich bloß auf das, was der Kopf an Rhythmus braucht. In dieser Beziehung ist der Kopf genauso wie die Blutzirkulation. Das, was man sehen kann, wenn man einen Teil des Knochengerüstes vom Kopfe abhebt und da die Zirkulation anschaut, das bezieht sich gar nicht auf den Kopf, der Kopf muß als ruhendes Organ betrachtet werden, wo eines neben dem anderen liegt.

Das kann man nicht, wenn man auf das rhythmische System übergeht, das vorzugsweise in der Brust lokalisiert ist. Da muß man alles in der Regsamkeit betrachten, in der Regsamkeit der Blutzirkulation, des Atmens, des Denkens, des Sich-Bewegens. Es ist dieser Prozeß sogar bis ins Physische hinein noch viel weiter zu betrachten.

Betrachten Sie den Atmungsprozeß. Indem er in den Blutprozeß übergeht, dann auch ins Gehirn hinüberspielt, bildet sich Kohlensäure, also eine Säure im menschlichen Organismus. Indem aber der Atmungsprozeß ins Gehirn, in das Nervensystem überhaupt hinüberspielt, bilden sich aus den Säuren Salze; da lagern sich Salze ab.

So daß man sagen kann: Indem der Mensch denkt, sondert sich Erdiges ab. Im Kreislauf selbst lebt Flüssiges. Im Atem lebt Gasförmiges. Und in dem Bewegen, wenn das übergeht in die Bewegungen, da lebt Feuriges. Es sind die Elemente in all dem enthalten, aber die Elemente in Regsamkeit, in fortwährendem Entstehen und Vergehen. Diesen Prozeß, den kann man eigentlich nicht durch sinnliches Anschauen erfassen. Diejenigen, die ihn in der Anatomie durch sinnliches Anschauen auffassen wollen, die verstehen ihn eigentlich nie. Man muß viel dazu tun können aus der inneren produktiven Kraft des Geistes, um diesen Prozeß zu verstehen. Wenn man die Auseinandersetzungen, die sich auf den rhythmischen Prozeß beziehen, in den gewöhnlichen Anatomie- und Physiologievorträgen hört, dann ist es wirklich so, daß man aus der toten Beschreibung, die da gegeben wird – diejenigen, die das durchgemacht haben, werden das bezeugen können –, eigentlich das Gefühl hat, daß das weit von der Wirklichkeit entfernt ist. Ja, wer unbefangenen Sinnes sich das anhört und dann die Zuhörer dabei ins Auge faßt, der hat eigentlich das Gefühl, daß diese Zuhörer durch die Öde, die sie da empfangen, eigentlich alle absterben müßten, sitzenbleiben müßten auf den Bänken, gar nicht mehr weiter könnten, nicht mehr kriechen könnten. Denn es müßte gerade dieses Zirkulationssystem nach allen Seiten hin in regster Lebendigkeit geschildert werden, so daß der Mensch immer vom Sinnlichen ins Übersinnliche übergeht, vom Übersinnlichen wieder ins Sinnliche zurückgeht und in eine Art musikalischer Stimmung bei diesem Schildern hineinkommt.

Dann, wenn man so etwas hat, dann kommt man auch in innere Seelengewohnheiten hinein, durch die das Karma zu verstehen ist. Wir werden darüber morgen zu sprechen haben. Aber das, was man da hat, das ist dann ein sinnliches Abbild der Inspiration.

Wie man also bei der Hauptesbetrachtung ein sinnliches Abbild der Imagination hat, so hat man in der Betrachtung des rhythmischen Systems des Menschen, wenn diese Betrachtung regelrecht gemacht wird, ein Abbild der Inspiration.

Und geht man über auf das Stoffwechsel-Gliedmaßensystem – ja, an dem, was heute in Anatomie und Physiologie betrachtet wird vom Stoffwechsel-Gliedmaßensystem, hat man ja nicht die Kräfte dieses Stoffwechsel-Gliedmaßensystems, sondern nur dasjenige, was herausfällt, was abgeworfen wird. Alles, was im Stoffwechsel-Gliedmaßensystem Inhalt ist der heutigen wissenschaftlichen Betrachtung, gehört gar nicht zum Aufbau und zu der Organisation des Menschen, sondern ist herausgeworfen – der Darminhalt ist nur das Extremste –, aber überhaupt alles, was im Stoffwechsel-Gliedmaßensystem physisch wahrnehmbar ist, gehört nicht zum Menschen, sondern ist abgesondert vom Menschen, nur daß das eine länger, das andere kürzer liegenbleibt. Der Darminhalt bleibt kürzer übrig; das, was sich in Muskeln, Nerven und so weiter absondert, bleibt länger übrig. Aber zum Menschen gehört das, was im Stoffwechsel-Gliedmaßensystem physisch-sinnlich nachgewiesen werden kann, nicht, sondern ist Ausscheidung, Ablagerung. Dagegen ist alles das, was zum Stoffwechsel-Gliedmaßensystem gehört, von übersinnlicher Art. So daß man beim Stoffwechsel-Gliedmaßensystem, wenn man eine Menschenbetrachtung anstellt, übergehen muß zu dem, was rein übersinnlich im Sinnlichen drinnen lebt.

Man muß also das Stoffwechsel-Gliedmaßensystem beim Menschen sich so vorstellen, daß physische Arme und so weiter in Wirklichkeit geistig sind und in diesem Geistigen das Ich entwickeln. Wenn ich meine Arme, meine Beine bewege, werden fortwährend Ausscheidungen gemacht, und diese Ausscheidungen sieht man. Aber die sind nicht das Wesentliche. Sie können, wenn Sie das Greifen des Armes, der Hand erklären wollen, sich nicht berufen auf das Physische, sondern Sie müssen sich auf das Geistige berufen; auf das, was da längs des Armes geistig ist, auf das kommt es an beim Menschen. Das, was Sie sehen, ist bloß Ausscheidung in bezug auf das Stoffwechsel-Gliedmaßensystem (siehe Zeichnung, dunkle Schraffierung: das Sichtbare; helle Schraffierung: das «Geistige»).

Tafel 8

Ja, wie soll man denn überhaupt eine karmische Betrachtung anstellen, wenn man glaubt, das, was man im Stoffwechsel-Gliedmaßensystem sieht, das sei der Mensch? Das ist er ja gar nicht. Man kann erst eine karmische Betrachtung anstellen, wenn man weiß, was der Mensch ist. Und dasjenige, was man da in der Betrachtung haben muß, das ist ein jetzt allerdings in der Sinnenwelt befindliches, trotzdem aber noch übersinnliches Abbild der Intuition.

So daß Sie, meine lieben Freunde, sagen können: Kopfbetrachtung ist eigentlich imaginativ projiziert in die Sinneswelt. Rhythmische Menschenbetrachtung muß eigentlich inspiriert sein, wirksam innerhalb der Sinnesbeobachtung, wirksam in der Sinnenwelt. Betrachtung des Stoffwechsel-Gliedmaßenmenschen muß intuitiv, übersinnlich in der Sinneswelt sein.

Das ist sehr interessant, denn man hat in der Menschenbetrachtung Bilder für Intuition, Inspiration und Imagination. Und man kann lernen an einer regelrechten Betrachtung des Stoffwechsel-Gliedmaßenmenschen, was eigentlich im Übersinnlichen die Intuition ist. Man kann lernen an einer regelrechten Betrachtung des rhythmischen Menschen, was im Übersinnlichen die Inspiration ist. Man kann lernen an einer ordentlichen Kopfbetrachtung, was im Übersinnlichen eine imaginative Betrachtung ist.

Tafel 8 Kopfbetrachtung: imaginativ, projiziert in die Sinneswelt.
Rhythmische Betrachtung: inspiriert, wirksam in der Sinneswelt.
Betrachtung des Stoffwechsel-Gliedmaßenmenschen: intuitiv, übersinnlich in der Sinneswelt.

Das ist dasjenige, was in den «Leitsätzen» des letzten Mitteilungsblattes angedeutet ist und was durchaus jeder, der nun wirklich emsig die bisherigen Zyklen betrachtet, eigentlich selber finden kann.

Nun haben wir heute, meine lieben Freunde, versucht, die karmischen Zusammenhänge in bezug auf das Physische zu betrachten. Wir wollen dann morgen dazu übergehen, die karmischen Zusammenhänge in bezug auf das Moralisch-Geistige des Menschen näher ins Auge zu fassen.

NEUNTER VORTRAG

Dornach, 11. Mai 1924

Es werden uns nun noch eine Zeit hindurch die gesetzmäßigen Zusammenhänge innerhalb der menschlichen Karmaentwickelung beschäftigen, und ich werde heute zunächst die innere Konfiguration in der Bildung des Karma etwas auseinandersetzen, und zwar desjenigen Teiles des Karma, der es vorzugsweise mit der moralischen, mit der ethischen und mit der geistigen Seite des menschlichen Lebens zu tun hat.

Nur müssen Sie dabei berücksichtigen, daß in dem Augenblicke, wo man hinausschaut aus der physischen Welt – und das tut man ja, indem man das Karma betrachtet, und die karmischen Zusammenhänge sind geistige, auch wenn sie sich im Physischen, sagen wir zum Beispiel in Krankheiten ausleben –, dann dasjenige, was dem Karma angehört bei einer Krankheit, eben geistig verursacht ist. Also unter allen Umständen kommt man in das Geistige hinein, wenn man an die karmische Betrachtung heranrückt. Aber wir wollen heute einmal den ethisch-geistigen, den seelischen Teil des Karma besonders ins Auge fassen.

Es ist ja schon einmal von mir darauf aufmerksam gemacht worden, wie das Karma, die Karmabildung, zusammenhängt mit jenen Wesenheiten auf der Erde, welche in sehr alten Zeiten der Erdenentwickelung auf der Erde selbst vorhanden waren, und die dann mit dem Mondenaustritt von der Erde weggegangen sind, um weiter im Weltenall als eine Art von Mondbewohner, Mondwesenheiten eben auf dem Monde ihren Wohnplatz zu haben.

Wir müssen dasjenige, was wir Mond nennen, wovon ja der physische Teil, der gewöhnlich beschrieben wird, nur, ich möchte sagen, eine Andeutung ist, wir müssen ja den Mond ansehen als den Träger gewisser geistiger Wesenheiten, von denen eben die wichtigsten diese sind, die einmal als die großen Urlehrer die Erde bewohnt haben, die auf der Erde jene Urweisheit unter den Menschen begründet haben, von der ich des öfteren gesprochen habe. Diese Wesenheiten waren also einmal auf der Erde. Sie waren da, als der Mond noch nicht von der Erde getrennt war. Da haben sie, so wie ich es früher einmal beschrieben habe, den Menschen die Urweisheit gewissermaßen eingeflößt, so daß die Menschen durch eine Art innerer Erleuchtung zu dieser Urweisheit gekommen sind. Und die Art, wie diese Wesen gewirkt haben, ist durchaus verschieden von der Art, wie heute auf der Erde von Menschen gewirkt werden kann.

Denn sehen Sie, man würde die Art der Wirksamkeit dieser alten Urlehrer unter den Menschen eigentlich als eine Art magischer Wirkung bezeichnen müssen, als Wirkungen, die dadurch geschehen sind, daß der menschliche Wille noch einen wesentlich größeren Einfluß gehabt hat, auch auf das, was äußerlich geschehen kann, als er heute haben kann. Heute kann ja der Wille nur durch physische Übertragung auf die Außenwelt wirken. Wir müssen, wenn wir einen Gegenstand stoßen wollen, den Willen entfalten, durch unseren Arm und durch unsere Hand müssen wir an den Gegenstand anstoßen. Die unmittelbare Wirkung des Willens auf äußere Vorgänge, die wir heute als Naturvorgänge bezeichnen würden, die war aber zur Zeit der alten Urlehrer noch vorhanden in einer Weise, die wir heute als magische Wirkungen bezeichnen würden. Man kann etwa folgendes sagen: Die letzten Reste solcher Wirkungen des menschlichen Willens ragten ja noch herein bis vor einer verhältnismäßig kurzen Zeit. So zum Beispiel erzählt uns ja noch *Rousseau,* wie er in gewissen wärmeren Gegenden in der Lage war, Kröten, die in seine Nähe gekommen sind, einfach dadurch, daß er sie scharf mit dem Blicke fixierte, bis zur Lähmung, ja bis zum Sterben zu bringen. Diese in wärmeren Gegenden noch bis ins 18. Jahrhundert hineinreichende Wirksamkeit des menschlichen Willens ist ja immer mehr und mehr hingeschwunden. Sie war noch in der alten Ägypterzeit vorhanden als Einwirkung des menschlichen Willens auf das Wachstum der Pflanzen; der Wille konnte noch das Wachstum der Pflanzen befördern. Und als die alten Urlehrer auf Erden waren, da war es durchaus möglich, auch leblose Naturprozesse in die Gewalt des menschlichen Willens hereinzubringen.

Diese Dinge hängen natürlich davon ab, oder hingen davon ab, daß man auch eine genaue instinktive Einsicht in die Zusammenhänge der Welt hatte, die ja der heutigen groben Wissenschaft ganz verborgen bleiben. Daß zum Beispiel Wärmewirkungen für die Wirkungen des menschlichen Willens stark in Betracht kommen, geht ja wiederum daraus hervor, daß derselbe Rousseau, der imstande war, in wärmeren Gegenden Kröten durch seinen Blick zu töten, es auch später in Lyon versucht hat, einer Kröte ins Gesicht zu schauen so, daß er meinen konnte, sie würde durch seinen Blick wenigstens gelähmt. Und siehe da, nicht die Kröte wurde gelähmt, sie guckte ihn mit aller Schärfe ihrerseits an, und er wurde in einer gewissen Weise gelähmt und mußte erst wieder durch Schlangengift vom Arzt zum Leben gebracht werden. Es hängt diese Art, den Willen zu entfalten, durchaus zusammen mit der Berücksichtigung der instinktiven Erkenntnis dessen, was in der Umgebung des Menschen ist.

Aber es haben schon die alten Urlehrer aus ihren geistigen Unterlagen heraus eben eine ganz andere, intensive, eindringlichere Naturerkenntnis besessen, als die heutigen Menschen sie haben. Kurz, diese Urlehrer waren tatsächlich begabt mit etwas, was sich in Naturgesetze eben nicht fassen läßt. Man brauchte es auch damals, als die Urlehrer auf Erden walteten, nicht in Naturgesetze zu fassen, denn die heutige Naturwissenschaft hat es damals natürlich nicht gegeben. Sie wäre auch den Leuten dazumal höchst wertlos erschienen, man hätte gar nicht begreifen können, was man damit will. Denn alles Wirken beruhte eben auf einem viel innerlicheren Erkennen und Wissen von den Dingen, als das heute sein kann.

Diese Urlehrer, wie gesagt, veränderten den Schauplatz ihres Wirkens von der Erde nach dem Mond hinein und haben nun, da ja im Weltenall alles zusammenhängt, eine große Aufgabe im Zusammenhange des ganzen Weltgeschehens. Und sie sind es, welche mit dem Karma, mit der Karmabildung des Menschen außerordentlich viel zu tun haben. Denn ein wichtiger Bestandteil in der Karmabildung ist derjenige, den wir beobachten können, wenn der Mensch nach dem Tode, nachdem er seinen Ätherleib nach wenigen Tagen abgelegt hat, dann zurücklebt – nun nicht sein waches Leben, sondern sein Schlafesleben. Wenn also der Mensch durch die Pforte des Todes gegangen ist, so ist ja zunächst ein heller Rückblick vorhanden in einem mächtig großen Tableau auf das, was der Mensch im Leben durchgemacht hat. Aber das ist ein bildhaftes Zurückblicken. Es löst sich nach einigen

Tagen der Ätherleib auf im allgemeinen Weltenäther, und dann schwindet so langsam hin dieser Rückblick. Dann aber beginnt ein wirkliches Zurückschauen.

Nicht wahr, unser Leben während unseres Erdendaseins verfließt so, daß, wenn wir es auch als eine Einheit in der Erinnerung auffassen, das natürlich eine Täuschung ist; denn das Leben verfließt nicht als eine Einheit, sondern wir erleben immer bewußt Tag, unbewußt Nacht, bewußt Tag, unbewußt Nacht und so weiter. Wenn dann der Mensch sich zurückerinnert, so vergißt er, daß die Nächte immer dazwischenliegen. In diesen Nächten geht viel vor mit dem Seelischen, mit dem Astralleib und mit dem Ich, nur weiß der Mensch davon nichts. Was da vorgeht, was der Mensch also während des Erdenlebens unbewußt durchlebt, das durchlebt er bei einem Rückgange so, daß ihm die Zeit dann nach dem Tode wirklich wie zurückgehend erscheint; da durchlebt er dann in voller Bewußtheit die Nächte.

Daher erlebt er diesen Rückgang, weil man etwa ein Drittel des Lebens verschläft, auch eben in einem Drittel der Lebenszeit. Wenn also einer sechzig Jahre alt geworden ist, hat er ungefähr zwanzig Jahre verschlafen, und er erlebt dann diesen Rückgang in zwanzig Jahren ungefähr. Dann geht es in das eigentliche Geistgebiet hinein, und der Mensch lebt dann auf eine andere Weise. Aber diesen Rückgang, das Anschauen desjenigen, was in den Nächten geschieht, das erlebt der Mensch zunächst nach dem Tode. Er erlebt es aber so, daß es einem zunächst auffallen muß, wie groß, bedeutsam sich dieses Rückerleben unterscheidet von dem gewöhnlichen Erleben während der Nacht.

Mit Ausnahme der aus dem Schlaf herauftauchenden Träume, die ja nicht sehr treu wiedergeben, was im Erdenleben durchgemacht wird, sondern es in einer sehr illusorischen, phantastischen Weise oftmals wiedergeben, mit Ausnahme also dessen, was als Träume heraufwurlt aus dem nächtlichen Leben, hat ja der Mensch wenig Bewußtsein von all dem Mannigfaltigen, das mit ihm vorgeht. Ich habe es in früheren Zeiten ja auch hier beschrieben, was mit ihm vorgeht während des Schlafes; aber nach dem Tode erlebt das der Mensch mit einer außerordentlichen Klarheit, mit einer außerordentlichen Anschaulichkeit. So daß man sagen kann, dieses Leben in der Seelenwelt nach dem Tode, das ist eigentlich ein eindrucksvolleres als das Erdenleben. Die Bilder, die man erlebt, die Art, wie man selber drinnensteht in diesem Erleben, ist eine außerordentlich intensive, gar keine traumhafte, sondern eine außerordentlich intensive. Und man erlebt eigentlich alles so, daß man es, ich möchte sagen, von dem Gesichtspunkt einer Art photographischen Negativs erlebt. Wenn Sie also jemandem während des Erdenlebens ein Leid zugefügt haben, so haben Sie während des Erdenlebens die Zufügung dieses Leides von sich aus erlebt. Sie haben dasjenige während Ihres Erdenlebens erlebt und getan, was von Ihnen ausgeht. Wenn Sie aber da zurückleben, dann erleben Sie nicht das, was Sie erlebt haben während des Erdenlebens, sondern wie durch Hinüberschlüpfen in den anderen, was der andere erlebt hat, dem Sie die Sache zugefügt haben.

Also, wenn ich ein drastisches Beispiel wähle, so erleben Sie, wenn Sie jemandem eine Ohrfeige gegeben haben, nicht das, was Sie während des Erdenlebens im Beabsichtigen dieser Ohrfeige, im Verabreichen dieser Ohrfeige, in der Schmerzlosigkeit dieser Ohrfeige für Sie, wenn Sie sich nicht dabei durch starke Anstrengung an der eigenen Hand einen Schmerz zugefügt haben, erlebten, sondern statt dessen, was Sie da bei der Verabreichung einer solchen Ohrfeige erlebten, erleben Sie nun bei diesem Rückgehen alles das, was der andere, dem Sie die Ohrfeige verabreicht haben, erlebt hat. Sie erleben es als Ihr Erlebnis, und zwar in einer außerordentlichen Anschaulichkeit, in einem verstärkten Maße erleben Sie es.

So daß in der Tat der Mensch, wenn er diesen Rückgang macht, sich sagt: Oh, das ist außerordentlich eindrucksvoll, was ich da erlebe! Und kein Eindruck auf der Erde wirkt eigentlich so mächtig ein wie die Eindrücke dieses rückwärtsgerichteten Lebens nach dem Tode in dem Dritteil der Lebenszeit. So daß Sie in dieser Zeit eigentlich die ganze karmische Erfüllung dessen, was Sie im Leben selber getrieben haben, erleben; das alles erleben Sie vom Standpunkte des anderen aus. Also Sie erleben die gesamte karmische Erfüllung Ihres Lebens, nur noch nicht als Erdenleben – das werden Sie im nächsten Leben tun –, aber Sie erleben es, wenn es auch in bezug auf das Tun nicht so intensiv ist, wie es später im Erdenleben sein wird, Sie erleben es mit Bezug auf den Eindruck eben stärker noch, als es in irgendeinem Erdenleben der Fall sein könnte.

Nun, das ist etwas Auffälliges, meine lieben Freunde. Es ist wirklich, ich möchte sagen, die Durchsättigtheit, die Stärke des Erlebens da etwas ganz Außerordentliches, etwas Merkwürdiges.

Wenn aber der Mensch nur diejenige Kraft in seinem Ich und in seinem astralischen Leibe entwickeln könnte, die er hat, wenn er durch die Pforte des Todes geht, so würde er diesen ganzen Rückweg höchstens wie einen sehr lebendigen Traum erleben. Erwarten könnte man eigentlich zunächst nach dem Erdenleben, wenn man nur auf das Erdenleben schaut und auf das, was das Erdenleben aus einem machen kann, wenn man gestorben ist, daß man diesen Rückweg als einen sehr, sehr lebendigen Traum erlebt. Das ist aber ganz und gar nicht der Fall. Es ist nicht ein lebendiger Traum, es ist ein außerordentlich intensives Erlebnis, viel intensiver, als die irdischen Erlebnisse sind.

Nun hat man keinen physischen Leib, man hat keinen Ätherleib, durch die man doch auf der Erde seine Erlebnisse hat. Denken Sie sich nur, was Sie überhaupt auf Erden erleben würden mit dem gewöhnlichen Bewußtsein, wenn Sie keinen physischen und keinen Ätherleib hätten. Sie würden so hinhuschen über die Erde, daß ab und zu ein Traum auftritt; dann schlafen Sie wieder weiter und so fort.

Nun kann man sich wohl vorstellen, daß ein Traum, den ein Sechzigjähriger nach dem Erdenleben durch zwanzig Jahre hat, kontinuierlich fortdauert; aber es ist eben kein Traum, es ist ein ganz energisches, intensives Erleben. Und woher kommt das? Sehen Sie, das kommt daher, daß in dem Augenblicke, wo der Mensch durch die Pforte des Todes durchgegangen ist, seinen Ätherleib abgelegt hat, in diesem Augenblicke, wo er diese Rückwanderung antritt nach dem Tode, sogleich diese Mondenbewohner an ihn herankommen, und sie sind es, die mit ihrer alten magischen Macht, mit der Weltsubstanz seiner Bilder in ihn hineinfahren, in sein Erleben hineinfahren.

Sehen Sie, es ist gerade so, was einem da passiert, wenn ich einen Vergleich brauchen darf, wie wenn ich ein Bild malen würde. Da male ich zunächst nur ein Bild – das tut keinem Menschen weh, wenn es nicht gar zu scheußlich ist, und da ist es ja auch nur ein moralischer

Eindruck –, das tut also keinem Menschen weh. Aber denken Sie sich, ich male meinetwillen drei von Ihnen hier auf einem Bild, und es würde dadurch, daß mit einer magisch wirkenden Kraft das Bild durchsetzt würde, geschehen, daß diese drei aus dem Bilde hervortreten und sogleich alles dasjenige ausführen, was sie etwa im Schilde führen gegen irgend jemanden hier. Sie würden intensiver, mächtiger, regsamer auftreten, als Anthroposophen gewöhnt sind aufzutreten. So ist es. Das ganze Erleben ist mit einer ungeheuren Regsamkeit verbunden, weil diese Mondenwesen mit ihrem ganzen Sein die Bilder, die da erlebt werden, durchdringen, ich möchte sagen, mit einem «Übersein» durchdringen und sättigen.

So daß wir also durch die Region dieser Mondenwesen durchgehen nach dem Tode. Dadurch aber wird ganz mächtig im Weltenäther dasjenige fixiert, was wir in dieser Weise als den Ausgleich für unsere eigenen Taten, so wie ich es eben geschildert habe, erleben. Und gerade dieses Zurückgehen, wenn man es nicht bloß prinzipiell schildert, wie ich es in meiner «Theosophie» getan habe, sondern wenn man es so konkret anschaulich zu schildern versucht, wie ich es jetzt tun möchte, gerade dieses Rückleben ist außerordentlich interessant, wie überhaupt das Rückleben des Menschen unmittelbar nach dem Tode ein außerordentlich wichtiger Teil des Lebens schon einmal ist.

In unserer Zeit sind ja in der Tat die Erlebnisse, die da ein Mensch haben kann, noch in einem ganz besonderen Maße kompliziert. Denken Sie nur einmal daran, wie ganz andersartig die gesamte Seelenverfassung dieser Mondenwesen eigentlich ist gegenüber den Erdenbewohnern. Diese Mondenwesen, mit denen wir also, wie ich geschildert habe, so viel nach dem Tode zu tun haben, sie haben den Menschen jene Urweisheit gegeben, die gerade in unserem Zeitalter verglommen ist, die eigentlich nur bis zum 3., 4. nachchristlichen Jahrhundert etwas intensiver noch gedauert hat, dann in Tradition vorhanden war, dann aber ganz verglommen ist. Ich habe es ja öfter ausgeführt, wie die Menschen nicht zu ihrer Freiheit hätten kommen können, wenn ihnen die großartige, gewaltige Urweisheit dieser Urlehrer geblieben wäre. Also, sie ist verglommen. Es ist etwas anderes, das abstrakte Denken ist an die Stelle getreten. Der Mensch denkt heute in Begriffen, welche eigentlich gar nicht mehr viel zu tun haben mit der geistigen Welt. Ich möchte da noch einmal einen Vergleich gebrauchen, den ich schon einmal hier gebraucht habe: *Aristoteles* hat zehn Begriffe aufgestellt, die eigentlich noch die Überbleibsel der alten Weisheit waren: Sein, Menge, Eigenschaft, Relation, Lage, Raum, Zeit, Haben, Tun, Leiden. Er hat sie die Kategorien genannt. Es sind zehn einfache Begriffe. Diese zehn einfachen Begriffe stehen ja gewöhnlich in unseren Schullogiken. Die Gymnasiasten müssen sie auswendig lernen, die Professoren der Philosophie kennen sie. Aber man kennt eben nur diese zehn Begriffe: Sein, Haben, Lage, Raum, Zeit und so weiter. Aber was weiß man, wenn man diese zehn Begriffe kennt? Diese zehn Begriffe sind natürlich für den heutigen Menschen etwas Langweiliges, aber für den, der sie in ihrer Bedeutung durchschaut, sind sie nicht langweiliger als es die zweiundzwanzig oder dreiundzwanzig Buchstaben unseres Alphabetes sind.

Wenn Sie nichts wüßten vom Alphabet als: a, b, c, d, e, f, g und so weiter bis zum z, stellen Sie sich vor, was der Goethesche «Faust» für Sie wäre! Sie schlagen das Buch auf, finden da überall in dem Buch in der verschiedensten Weise durcheinandergewürfelt diese zweiundzwanzig Zeichen. Sonst enthält ja der «Faust» nichts anderes als diese zweiundzwanzig Zeichen, nur immer in verschiedener Weise zusammengesetzt. Aber wenn Sie nichts weiter wüßten, wenn Sie nie lesen gelernt hätten, sondern nur das Buch aufschlagen und diese Buchstaben kennenlernen würden, denken Sie, wie anders das wäre als jetzt, wo Sie lesen können, und nun den «Faust» in die Hand nehmen! Das ist doch etwas anderes. Aber kein Buch der Welt, das Sie lesen können, enthält etwas anderes als diese zweiundzwanzig Zeichen, und doch, was machen Sie mit diesen zweiundzwanzig Buchstaben, wenn Sie lesen können! Die ganze sinnliche Welt wird Ihnen aufgeschlossen dadurch, daß Sie durch die Art und Weise, wie Sie sie jonglieren, zusammenwürfeln, wie Sie diese zweiundzwanzig Buchstaben verwenden.

Aber die Logiker, die heute zehn Kategorien: Sein, Quantität, Qualität, Relation, Raum, Zeit, Lage, Haben, Tun, Leiden aufgenommen haben, die wissen nicht mehr, wozu diese Kategorien gehören, als einer, der nie lesen gelernt hat, sondern in allen Büchern der Welt nur immer
Tafel 9 a, b, c, d, e, f und so weiter sieht. Es ist ganz dasselbe. Denn diese zehn

Grundbegriffe, diese zehn logischen Begriffe des Aristoteles muß man so kennen, daß man sie in der verschiedensten Weise verwenden kann, so wie für die physische Welt die Buchstaben in der verschiedensten Weise zusammengesetzt werden. Dann liest man mit diesen zehn Begriffen in der geistigen Welt. Es sind Buchstaben!

Aber es ist allmählich so geworden in unserem Zeitalter, daß man nur noch die Begriffe kennt, was dasselbe ist, wie wenn man vom Alphabet eben nur die Aufeinanderfolge der Buchstaben kennen würde. Denken Sie, was Ihnen entgehen würde, wenn Sie nicht lesen könnten, sondern nur a, b, c, d sähen. Es entgeht den Menschen dementsprechend alles, was in der geistigen Welt ist, wenn sie nicht die nur modifizierten Begriffe des Aristoteles in der verschiedensten Weise verwenden können, um in der geistigen Welt lesen zu können.

In dieser Beziehung ist sogar den Philosophen seit langer Zeit etwas Urdrolliges passiert. Es gab in der Mitte des Mittelalters einen sehr gescheiten Mann, *Raimundus Lullus,* der noch etwas aus der Tradition gewußt hat von diesem Versetzen der logischen Kategorien, der logischen Grundbegriffe, und er hat das, was er gewußt hat, bekanntgegeben, aber nach der Sitte der damaligen Zeit im Bilde. Aber wenn er die Wirklichkeit ausgesprochen hätte, würde er gesagt haben: Meine Zeitgenossen sind alle Hohlköpfe, denn sie wissen nur a, b, c, d zu sagen, nicht zu lesen mit den Stammbegriffen, mit den Grundbegriffen. Man muß verstehen, mit dem Kopf diese Grundbegriffe so in Verbindung zu bringen, wie man sonst die Buchstaben in Verbindung bringt zu Worten und Sätzen. Dann kann man in der geistigen Welt lesen. – Aber das hat er nicht so direkt gesagt, das war die Sitte der damaligen Zeit nicht. Sondern er sagte: Man schreibe auf Zetteln die Grundbegriffe auf, und dann nehme man so eine Art Roulette, dann drehe man, dann werden diese Begriffe untereinandergewürfelt, und dann lese man. Dann kommt etwas dabei heraus.

Das war aber nur ein Vergleich, denn er hat eigentlich nicht eine tote Roulette gemeint, sondern den geistigen Kopf gemeint, der diese Begriffe durcheinanderwürfeln soll. Aber diejenigen, die davon gehört haben, die haben die Geschichte ernst genommen und lachen seit jener Zeit darüber. Sie finden, das ist etwas ungemein Kindisches gewesen von Raimundus Lullus. Kindisch ist es aber nur von seiten der neueren Philosophie aus, die nicht weiß, um was es sich dabei handelt.

Sie sehen, es ist tatsächlich fast alles verlorengegangen von dem, was in älterer Zeit der Menschheit von diesen Urlehrern überbracht worden ist, die heute von uns als die Mondenbewohner angesprochen werden müssen. Und es macht der Mensch eigentlich in einer besonderen Art die Bekanntschaft mit diesem andersartigen Wissen bei dieser rückläufigen Wanderung unmittelbar nach dem Tode. Da weiß er eigentlich auf eine solche Art, wie diese Urweisen gedacht und gewußt haben. Daher das Anschauliche, das so konkret Auftretende.

Aber eben in unserer Zeit werden die Sachen etwas verwickelt. Aus dem Grunde verwickelt, weil eine Art Nichtverstehen vorhanden ist zwischen den Menschen, die nun hier auf Erden – seit die Urweisheit verglommen ist – in ihren abstrakten Begriffen leben, und zwischen dem, was diese Urlehrer jetzt, nachdem sie mit dem Mondensein verbunden sind, als ihre Seelenverfassung haben.

Es ist schon dieses der Fall: wenn so ein moderner Naturgelehrter dieses Leben durchmacht, da spricht er eine andere Sprache als diese Urlehrer, die eigentlich, wie ich es weiter noch ausführlich schildern werde, mit der Bildung seines Karma sehr viel zu tun haben. Diese Urlehrer und die Menschen, die heute aus der modernen Zeitbildung, Zeitzivilisation heraus sterben, verstehen sich nicht recht.

Man kann über solche Dinge außerordentlich schwer Auffassungen bekommen, denn die Beobachtung dessen, was da vorgeht mit Menschen, ist ja nicht besonders leicht. Aber in charakteristischen Fällen kann man schon Anschauungen bekommen. Und so kann sich zum Beispiel eine Anschauung ergeben, meine lieben Freunde, wenn man zwei Menschen betrachtet, die, sagen wir, in der neueren Zeit gestorben sind und in dieser Weise die Rückwanderung gemacht haben nach dem Tode, die also in gewissem Sinne ganz drinnenstehen in der modernen Zeitbildung und doch wiederum in einem hohen Grade voneinander verschieden sind.

Sehen Sie, da kann man einen genialen, in seiner Art genialen, aber immerhin doch dutzendmäßigen modernen Naturgelehrten nehmen, wie etwa *Du Bois-Reymond* oder so jemanden, und kann diesen Rückgang betrachten. Man kann aber auch eine andere Persönlichkeit betrachten. Und eine sehr interessante Persönlichkeit für diesen Rückgang durch diese Seelenwelt ist diejenige Persönlichkeit, die mir einstmals vorgeschwebt hat beim Abfassen meiner Mysterien, als ich die Strader-Figur gebildet habe. Strader in den Mysterien ist ja das Abbild einer ganz konkreten Persönlichkeit, die tatsächlich in ihrer Jugend in das Mönchtum hineingegangen ist, aber aus dem Mönchtum wiederum sich herausentwickelt hat und dann in einer Art modernaufklärerischer Philosophie gewirkt hat, auch als Universitätsprofessor in dieser modern-aufklärerischen Philosophie gewirkt hat.

Nun, diese Persönlichkeit – sie hat eine Menge Schriften geschrieben – ist eigentlich in ihrer ganzen Begriffsentwickelung abstrakt, so von rechter Abstraktheit eines modernen Denkers, aber eindringlich, außerordentlich eindringlich, sehr herzhaft. Das ist ja eigentlich etwas Wohltätiges, wenn man beim modernen Denker auf etwas trifft, was herzhaft ist.

Natürlich, so herzhaft, wie zum Beispiel *Hegel* war, der mit ungeheurer Emotion, aber auch mit ungeheurer Anschaulichkeit das Allerabstrakteste hinstellte, so herzhaft ist der moderne Mensch ja nicht mehr; Hegel war ja eigentlich ein Mensch, der mit Begriffen Holz hacken konnte, der so fest die Begriffe hinstellen konnte, so konkret, daß er mit Begriffen Holz hacken konnte, aber in dieser Konkretheit natürlich kann das der moderne Mensch nicht mehr. Aber der, den ich meine, der hatte schon etwas Herzhaftes in der Handhabung der abstrakten Begriffe. Nun, mir war natürlich, weil, wie gesagt, mir dieses Leben vorschwebte, als ich die Strader-Figur gestaltete in meinen Mysterien, mir war ganz besonders interessant die Rückwärtswanderung des Lebens bei dieser Persönlichkeit. Da kam nun sehr in Betracht, daß diese Persönlichkeit alles, was sie dachte, doch mit einem gewissen theologisierenden Zug wiederum dachte, ganz abstrakt, wie ein moderner Naturforscher oder wenigstens Naturdenker von der einen Seite, daß aber mit einem etwas theologisierenden Zug wenigstens überall etwas durchleuchtet – es kommt das natürlich aus früheren Inkarnationen derselben Persönlichkeit – von dem Bewußtsein, daß man doch von einer realen geistigen Welt wenigstens sprechen kann.

So haben die Begriffe dieser Persönlichkeit in einem größeren Sinne eine Verwandtschaft mit dem, was die Seelenverfassung bei den Mondenwesen ist, als sie ein gewöhnlicher Dutzendgelehrter, wie zum Beispiel Du Bois-Reymond, hat. Und so kann man sehen, daß bei diesen Dutzendgelehrten ein Durchgehen durch diese Seelenwelt, durch diese Mondensphäre wirklich ein richtiges Nicht-Verstehen ist, wie wenn einer in einem fremden Lande lebt und niemals die Sprache dort lernt: die anderen verstehen ihn nicht, er versteht sie nicht. So ungefähr ist das für den Menschen, der ganz aus der modernen Zivilisation herauswächst, wenn er nun diese Rückwanderung durch das Leben antritt.

Aber für diese Persönlichkeit, ich möchte sagen für das «Urbild» meines Strader, ist das doch etwas anders gewesen. Und gerade an ihm konnte wahrgenommen werden bei der Rückwärtswanderung, wie die Wesen, die dem Monde angehören, ein außerordentliches – ich muß mich natürlich irdischer Ausdrücke bedienen, obwohl sie ungeheuer trivial sind im Verhältnis zu der Sache, die ich schildern muß –, wie diese Wesen ein gewisses Interesse entwickelten für die Art und Weise, wie er seine Gedanken, seine abstrakten Gedanken da hineinbrachte in diese Seelenwelt. Und er wiederum, er erlebte ein merkwürdiges, ein ganz merkwürdiges Aufwachen, ein Aufwachen, das sich so ansah, als ob er sich sagte: Ach, alles, was ich da bekämpft habe – und er hat viel bekämpft von dem, was traditionell war –, das ist gar nicht so, das ist ja eigentlich im Grunde genommen ganz anders. Das ist ja nur nach und nach so geworden, weil die alten guten Weisheiten zu abstrakten Worten geworden sind, und ich habe eigentlich vielfach gegen Windmühlen gekämpft. Jetzt sehe ich aber Realitäten.

Sehen Sie, da beginnt etwas, wo namentlich bei solch einer Persönlichkeit – und man kann im modernen Leben eine ganze Reihe solcher Persönlichkeiten zeichnen – diese Rückwärtswanderung, wo das Karma zunächst veranlagt wird, außerordentlich interessant wird für das Leben.

Eine noch auffälligere Persönlichkeit in dieser Beziehung ist der Philosoph, der «Die Phantasie als Grundprinzip des Weltprozesses» geschrieben hat, ich habe ihn auch öfter erwähnt, *Jakob Frohschammer*. Er hatte eigentlich noch sehr viel von innerer Durchtränktheit der abstrakten Begriffe in sich, war aber auch, ähnlich wie der, den ich jetzt beschrieben habe, eine Art abstrakter Denker. Aber er konnte selber die Abstraktheiten des Modernismus so wenig vertragen – ich meine jetzt nicht den Modernismus in katholischer Terminologie –, daß er eben gar nicht die Begriffe als weltgestaltende Mächte gelten lassen wollte, sondern die Phantasie. Er sah überall die Phantasie wirksam: die Pflanze wächst auf, die Tiere sind da durch die Phantasie und so weiter. In dieser Beziehung ist ja das Buch von Frohschammer außerordentlich interessant.

Es ist ganz wunderbar: eine solche Persönlichkeit, die noch sehr viel in sich hat von dem, was da war in der Zivilisationsentwickelung, bevor die ganze moderne philiströs-abstrakte Art zu denken eingetreten ist, wächst eben noch in innigerer Weise mit der Substanz der Mondenwesenheiten zusammen. Und solche Studien sind schon außerordentlich interessant, weil sich an sie anknüpft ein genauerer Einblick in die Entwickelungsgesetze des Karma. Und gerade wenn man mit einer gewissen Teilnahme einer solchen Persönlichkeit zugetan ist, wie es bei mir der Fall ist gegenüber dem Urbilde des Strader in den Mysterien, so ist es die Wärme, die Seelenwärme, in der man mit einer solchen Persönlichkeit verbunden ist, die es einem möglich macht, gerade diese so bedeutungsvolle Wanderung nach dem Tode mit durchzuerleben.

Da hat tatsächlich die Tatsache, daß die Eindrücke so starke sind auf den, der sie nach dem Tode durchmacht, noch eine Nachwirkung bei dem, der so etwas dann erkennend verfolgt. Und da ist schon etwas sehr Merkwürdiges. Gerade in einem solchen Verfolgen zeigt sich, wieviel eindrucksvoller diese Erlebnisse nach dem Tode sind als die irdischen Erlebnisse.

Ich frage mich zum Beispiel heute in allem Ernste: Wäre es möglich für mich, nachdem ich längere Zeit gerade diese Bildgestaltungen, die dieses Urbild des Strader nach dem Tode durchgemacht hat, mit angesehen habe, wenn ich etwa, so wie ich die vier Mysteriendramen gemacht habe, im weiteren Fortgang ein fünftes machen wollte, die Gestalt des Strader zu schildern, sie weiter darzustellen? Es wäre mir gar nicht möglich, denn in dem Augenblicke, wo ich die irdische Gestalt darstellen will, die viel weniger intensiv an Eindrücken ist, sind die Bilder da von den Eindrücken, die das betreffende Urbild nach dem Tode durchmacht. Die sind viel intensiver, die löschen dasjenige aus, was im irdischen Leben dasteht.

Und ich konnte das an mir durchaus beobachten. Während ich auch für die Lebensäußerungen der betreffenden Persönlichkeit – Sie können sich das ja denken, weil sie eben das Urbild meines Straders ist – ein außerordentliches Interesse hatte, während sie lebte – sie ist ja nun seither verstorben –, überwiegt jetzt das Interesse für die Eindrücke, die diese Persönlichkeit nach dem Tode hat, weit alles das, was ich über diese Persönlichkeit irgendwie im Leben ausfindig machen kann, oder schildern kann oder dergleichen.

Ja, ich muß sagen, wenn ich selber zurückdenke an meine Mysteriendramen: durch die lebendigen Eindrücke von diesem Urbilde meiner Strader-Gestalt in ihrem Leben nach dem Tode verlöscht sich mir – während bei den anderen Gestalten das fast gar nicht der Fall ist – dasjenige, was die Gestalt des Strader ist, am allermeisten. Da sehen Sie, wie sich für eine wirkliche, reale Beobachtung wirklich in Realität nebeneinanderstellt dasjenige, was auf Erden ist, und das, was außerhalb der Erde ist, und wie man an der Wirkung, die solche Dinge haben, schon beurteilen kann, daß dieses Leben nach dem Tode in der Rückwärtswanderung ein ungeheuer intensives ist: es löscht durchaus irdische Eindrücke aus.

Ja man kann über solche Dinge sogar noch mehr sagen. Es kann zum Beispiel folgendes der Fall sein – ich erzähle auch bei diesen Dingen nicht irgend etwas Konstruiertes, sondern durchaus Realitäten –: Man kennt sehr gut einen Menschen hier im Erdenleben, man erlebt dann das, was er bei der Rückwärtswanderung durchzumachen hat, wie alles eine andere Gestalt annimmt, weil die Bilder dieser Rückwärtswanderung so außerordentlich intensiv sind. Und man kann sogar sagen, daß, wenn man sich außerordentlich interessiert hat, wie das bei mir der Fall war bei einem Menschen, der vor einer Anzahl von Jahren gestorben ist, für sein Erdenleben, so nimmt die ganze Beziehung zu diesem Erdenleben eine andere Form an, wenn man nachher miterlebt, was die betreffende Persönlichkeit nach dem Tode in der Rückwärtswanderung durchmacht. Eine ganz andere Form nimmt das an! Und manches in den irdischen Beziehungen stellt sich dann erst in seiner vollen Wahrheit ein.

Das ist um so mehr der Fall, wenn die Beziehungen im Erdenleben nicht geistiger Natur sind. Wo sie geistiger Natur sind, wo sie vom Geistigen durchtränkt sind, ist ja eine Art kontinuierlicher Weiterentwickelung vorhanden. Wenn sie aber so sind, daß zum Beispiel, sagen wir, ohne eine Übereinstimmung in den Anschauungen eine menschliche Beziehung vorhanden ist, dann setzt sich sofort nach dem Tode unter Umständen diese menschliche Beziehung in etwas ganz anderes um, in eine ganz andere Art von Gefühlsleben und so weiter. Das wird durch diese Lebendigkeit der Bilder, die da auftreten, eigentlich hervorgerufen.

Ich schildere solche Dinge aus dem Grunde, damit ich in Ihnen, meine lieben Freunde, eine konkrete Vorstellung hervorrufe von der Art und Weise, wie andere Arten von Realitäten da sind als diejenigen, die auf der Erde vorhanden sind. Es gibt eben die verschiedensten Arten von Realitäten. Und daß überall in die Bilder, die der Mensch von sich aus machen kann, die Taten der Mondenwesen einfließen, diese Realität ist für die Betrachtung eigentlich wunderbarer als die spätere, wenn der Mensch durch die Geisteswelt durchgeht, wo er es in der Auswirkung seines irdischen Lebens mit den höheren Hierarchien zu tun hat, was man viel leichter begreift, weil das eine Art Fortsetzung ist. Aber diese radikale Umänderung des Menschen nach dem Tode dadurch, daß er mit Wesen in Beziehung tritt, die längst von der Erde weggegangen sind und auf dem Monde eine Art kosmischer Kolonie begründet haben, das ist etwas, was in einer außerordentlich starken Weise uns mit einer der irdischen Realität sehr naheliegenden – denn man macht es ja unmittelbar nach dem irdischen Leben durch – und doch wiederum von der irdischen grundverschiedenen Realität bekannt macht.

Wenn nun die Menschen gar zu stark an dem Irdischen hängen, dann kann es sogar sein, daß sie es schwer haben, in diese Region sich hineinzufinden, wo die Mondenwesen sind. Da tritt dann das Folgende ein, das ich etwa in der Art charakterisieren möchte: Denken

Sie sich, hier wäre die Erde (siehe Zeichnung, weiß), da der Mond (rot). Nun ist es ja so, daß die Mondenwirkungen, die eigentlich die reflektierten Sonnenwirkungen sind, gerade noch so weit in die Erde hineinwirken, dann hören sie auf zu wirken (gelb). Die Mondenwirkungen gehen nicht sehr weit in die Erde hinein, aber gerade noch so weit hinein, als die Pflanzenwurzeln in der Erde sich ausbreiten. Unter die Pflanzenwurzel-Schichte – und das ist ja eine sehr dünne Schichte – gehen die Mondenwirkungen eigentlich nicht hinunter.

Tafel 9

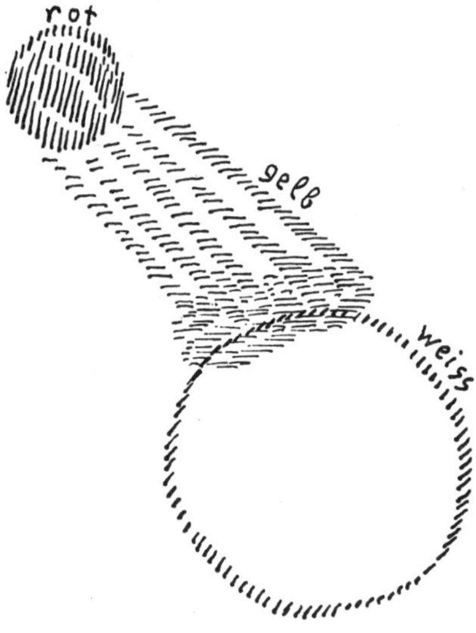

Und es ist eigentlich nur eine kleine Hülle hier oben, wo die Mondenwirkungen festgehalten werden. Sonnenwirkungen gehen ja tief in die Erde hinein. Von der Sonnenwärme während des Sommers erhält sich die Wärme noch; wenn Sie die Kartoffeln in Gruben legen, da haben Sie noch die Wirkung während des Winters. Von den Sonnenwirkungen geht viel hinein in die Erde, von den Mondenwirkungen nur so weit, als die Pflanzenwurzel geht – eine dünne Schichte.

Es kann aber geschehen, daß Menschenwesenheiten nach dem Tode, wenn sie in die Mondenregion hinein sollen, in die Seelenwelt, und doch nicht recht sich verstehen können mit den Mondenwesen, gebannt werden von dieser dünnen Schichte von Mondenwirkungen, die dann aus der Erde gewissermaßen heraufrauchen, und dann eigentlich da für ein wirkliches sinnlich-übersinnliches Wahrnehmen wie eine Art Gespenster, wie Nachwirkungen des Menschen herumwandeln.

Die Sagen und Dichtungen, die von solchen Dingen existieren, die beruhen ja durchaus auf Realitäten. Man muß nur, um solche Dinge beurteilen zu können, ganz frei von Aberglauben sein, überall kritisch vorgehen, überall nur diejenigen Dinge nehmen, die sich prüfen lassen.

Bei diesem Durchgang, der also ein Drittel des Erdenlebens dauert, bereitet sich zunächst das Karma vor. Denn die Mondenwesen nehmen ja teil an diesen negativen Bildern, die der Mensch von seinen Taten entwirft, auch von seinen Gedankentaten, und diese Mondenwesen haben ein gutes Gedächtnis, da sie ja alles das, was sie da erleben mit dem Menschen, in den Weltenäther eintragen.

Wir gehen nun durch das Leben zwischen dem Tode und einer neuen Geburt hindurch, kommen wieder zurück. Da finden wir, wenn wir zurückkommen in die Mondenregion, alles das verzeichnet. Wir nehmen es in unser Erdenleben herein, auf daß wir es dann mit dem Erdenwillen ausführen.

Das ist zunächst dasjenige, was ich als eine grundlegende Betrachtung heute, meine lieben Freunde, vor Sie hinstellen möchte.

Karmabildung
beim rückläufigen Durchleben des Erdenwandels
unmittelbar nach dem Tode

ZEHNTER VORTRAG

Dornach, 16. Mai 1924

Wir haben das letzte Mal besprochen, wie sich gewissermaßen der Keim bildet zum Karma in derjenigen Zeit, die unmittelbar auf den Durchgang des Menschen durch die Todespforte folgt. Und ich habe versucht darzustellen, wie mit einer großen Lebendigkeit, mit einer starken inneren Kraft gerade die Erlebnisse, die der Mensch in dieser Zeit, die etwa ein Drittel der Lebenszeit umfaßt, durchmacht, wie diese Erlebnisse mit einer ungeheuren Stärke auf ihn wirken, und wie sie auf den Betrachter wirken, der das Leben des Menschen in dieser Zeit verfolgt. Nun müssen wir ja ins Auge fassen, wie die irdische Welt, innerhalb welcher sich eigentlich die Erfüllung und die Bildung des Karma abspielt, auf den Menschen wirkt, und wie anders die außerirdische Welt wirkt.

Wenn wir sozusagen auf den Schauplatz unseres Karma hinblicken, der also die Erde ist, dann werden wir finden, daß das, was zur Erde gehört – alle die Wesen der verschiedenen Naturreiche –, einen realen Einfluß auf den Menschen hat, der da ist, der sich geltend macht im Leben des Menschen, und sich auch geltend macht dann, wenn der Mensch nicht seine Erkenntnis richtet auf das, was in seiner irdischen Umgebung ist. Der Mensch muß sich nähren, der Mensch muß wachsen; dazu muß er die Stoffe der Erde aufnehmen. Sie wirken durch ihre Qualitäten, sie wirken durch ihre inneren Kräfte auf ihn ein, und sie wirken ganz unabhängig von seiner Erkenntnis auf ihn ein. Und man kann sagen, wenn das auch etwas radikal gesprochen ist: Gleichgültig, wie sich der Mensch in seinem Seelenleben zu den verschiedenen Reichen, die im irdischen Dasein um ihn herum sind, verhält, er kommt in Beziehung, er kommt in ein Verhältnis zu diesen Tatsachen seiner physisch-irdischen Umgebung.

Man muß das ja auf den verschiedensten Gebieten des Lebens bemerken. Man muß zum Beispiel sagen: Wie wäre es, wenn wir in der Aufnahme der Quantität unserer Nahrungsmittel abhängig wären von dem, was wir von der Wirkung der menschlichen Nahrungsmittel auf den Organismus wissen? Wir können gar nicht warten damit, irgend etwas darüber zu erfahren, sondern uns treibt ein Verhältnis zu der irdischen Umwelt, das von unserem Wissen ganz unabhängig ist, auch in gewissem Sinne von unserem Seelenleben ganz unabhängig ist. Aber denken Sie nur einmal den vollen Gegensatz schon zu der Sternenwelt. Von einem Einflusse der Sternenwelt kann ja innerhalb derselben instinktiven Grundlage, innerhalb welcher von dem Einfluß der irdischen Reiche die Rede ist, nicht die Rede sein. Der Mensch kann die Sternenwelt bewundern. Er kann mancherlei Anregungen empfangen von der Sternenwelt. Aber denken Sie nur einmal, wie sehr er schon in bezug auf alles das, was die Sternenwelt betrifft, auf sein Seelenleben angewiesen ist, wie diese Sternenwelt auf sein Seelenleben wirken muß. Nehmen Sie das nächste Gestirn, das im Außerirdischen mit dem Menschen in einem Verhältnis steht, nehmen Sie den Mond. Sie wissen ja aus dem trivialen Leben, daß der Mond einen gewissen Einfluß auf das Phantasieleben der Menschen hat. Und selbst diejenigen, die alles übrige ableugnen wollen von dem Einflusse der Gestirne auf den Menschen, sie werden nicht ableugnen das, was ganz unbewußt – ich zitiere ein berühmtes romantisches Wort – aus der «mondbeglänzten Zaubernacht» auf die menschliche Phantasieregsamkeit als Wirkung ausgeübt wird.

Aber man kann sich nicht denken, daß selbst diese allernächste gröbste Wirkung, die auf den Menschen ausgeübt wird von seiten der Sternenwelt, mit Ausschluß des menschlichen Seelenlebens vor sich gehen, daß ein Verhältnis eintreten könnte, wie dasjenige des Menschen zu seiner irdischen Umgebung ist, wo es ja wirklich nicht stark davon abhängt, was der Mensch weiß von der Wirkung des Kohles auf seine verschiedenen Organe, ob er den Kohl bewundert oder nicht – er muß ihn eben essen. Und eigentlich kommt die ganze Erkenntnis hinzu als etwas, was ja gewiß das menschliche Seelenleben hinaushebt über das Naturleben; aber der Mensch lebt eben innerhalb der Natur sein eigenes Leben, und das geistige Leben kommt da bloß dazu. Hingegen mit Ausschluß des geistigen Lebens kann man sich nicht einmal einen Einfluß der Gestirnwelt auf den Menschen denken, geschweige denn derjenigen Welt, die hinter der Gestirnwelt steht als die Welt der Hierarchien, als die Welt der höheren geistigen Wesenheiten. Nun, sozusagen auf der untersten Stufenleiter der Hierarchien stehen diejenigen Wesenheiten, von denen ich Ihnen das letzte Mal gesagt habe, daß sie eigentlich die Erlebnisse des Menschen nach dem Tode, indem sie selbst darinnen leben, so intensiv, so kraftvoll gestalten, so stark machen. Würden nicht diese Mondenwesen, die einmal die großen Urlehrer der Menschheit auf Erden waren, sozusagen darinnenleben in dem, was der Mensch erfährt, nachdem er durch die Todespforte gegangen ist, so würden die Erlebnisse nach dem Tode traumhafte Erlebnisse sein. Sie sind aber nichts weniger als traumhaft. Es sind Erlebnisse, die stärker sind als die sogenannten normalen Erlebnisse des Erdenlebens. Es bereitet sich an diesen Erlebnissen das Karma vor, weil wir da intensiv in all den anderen leben, nicht in uns, und es ausgleichen müssen. Wir erleben die Dinge so, wie sie der andere erlebt, dem wir sie zugefügt haben, und wir erleben sie mit einer ungeheuren Stärke. Wir bereiten also während dieser Erlebnisse unser Karma vor. In der Zeit zwischen dem Tod und einer neuen Geburt findet dann der Übergang statt von dem Miterleben dieser Mondenwesenheiten zu dem, was nun Wesenheiten mit dem Menschen zusammen erleben, die nie auf der Erde gewesen sind. Die Mondenwesenheiten, von denen ich das letzte Mal gesprochen habe, sind ja innerhalb des Erdendaseins dagewesen. Das habe ich charakterisiert. Aber dann steigt der Mensch, in einer späteren Zeit zwischen dem Tode und neuer Geburt, zu Wesenheiten auf, die niemals auf Erden waren.

Da haben wir zunächst eine Gruppe von Wesenheiten innerhalb der höheren Hierarchien, denen wir den Namen Angeloi gegeben haben. Diese Wesenheiten sind ja sozusagen unsere Führer von einem Erdenleben zu dem anderen. Sie geleiten uns von dem einen Erdenleben zu dem anderen. Sie sind diejenigen Wesenheiten, denen wir nach oben hin am nächsten stehen, denen wir eigentlich immer auch im Erdenleben sehr nahestehen. Es ist ja so: Wenn wir über äußere Verhältnisse nachdenken, wenn wir also nachdenken über das, was wir gesehen, was wir gehört haben, was wir etwa aus der Natur oder aus der Geschichte aufgenommen haben, oder was uns eben andere Menschen gesagt haben, wenn wir über diese Dinge nachdenken, die von außen während des Erdenlebens an uns herankommen, wenn wir uns nur diesen von außen eingegebenen Gedanken hingeben, dann hat das Wesen aus der Hierarchie der Angeloi, zu dem wir gehören, nicht viel mit unseren Gedanken zu tun. Denn diese Wesenheiten aus der Hierarchie der Angeloi waren ja selber niemals Erdenbewohner wie die Menschen oder wie diese Urlehrer, die allerdings nur im Ätherleib vorhanden waren, aber immerhin Erdenbewohner waren. Solche Erdenbewohner sind ja nicht die Wesenheiten, die wir mit dem Namen Angeloi bezeichnen, so daß unser Verhältnis zu ihnen eben schon ein anderes ist als zu den Mondenwesen, von denen ich eben gesprochen habe.

Aber immerhin, indem wir nach dem Tode die Wege durchgehen, die in gewissem Sinne an den Planeten vorbeiführen, und wir in den Bereich der Mondenwesen kommen, sind wir zugleich innerhalb der Mondenregion in dem Bereich der Angeloi. So daß wir also tatsächlich in der Zeit schon, in der wir mit den zu Mondenbewohnern gewordenen Urlehrern der Menschheit zusammenleben, auch zusammenleben in einer bewußten Weise mit den Wesen, die wir als Angeloi bezeichnen. Dann schreiten wir weiter. Und indem wir weiterschreiten, kommen wir in den Bereich, der in aller Geisteswissenschaft, die es je gegeben hat, als der Bereich des Merkur bezeichnet wird. Da, in diesem Bereich, leben nicht mehr Wesen, die einmal auf Erden waren. Es leben nur Wesen da, die niemals auf Erden waren. Wir kommen dann, indem wir die Merkurregion betreten in der Zeit zwischen dem Tod und einer neuen Geburt, in den Bereich der Archangeloi herein, und, indem wir dann die Venusregion betreten, in den Bereich der Archai.

Indem wir so durch diese Bereiche der dritten Hierarchie durchgehen, nähern wir uns also dem, was eigentlich die geistige Wesenheit der Sonne ist. Und die geistige Wesenheit der Sonne bei diesem Durchgang durch das Leben zwischen dem Tod und einer neuen Geburt ist eigentlich im höchsten Sinne der Wohnplatz derjenigen Wesenheiten, die wir in der Wesensreihe der höheren Hierarchien als Exusiai, Dynamis und Kyriotetes bezeichnet haben. Also es ist die zweite Hierarchie, die eigentlich die Seele, der Geist des Sonnenlebens ist. In diesen Bereich treten wir ein. In diesem Bereich verbringen wir ja den größten Teil der Zeit zwischen dem Tod und einer neuen Geburt.

Nun, diese Wesenheiten, sie können eigentlich nur dann verstanden werden, wenn wir ins Auge fassen, wie sie ganz und gar ihr Dasein abseits von alldem haben, was uns Menschen zu Erdenmenschen macht, was uns Menschen einspannt in den Umkreis der Naturgesetze. Naturgesetze, wie wir sie auf der Erde anerkennen, gibt es ja nicht im Bereich des wirklichen Sonnenlebens. Im Bereich des wirklichen Sonnenwirkens sind geistige Gesetze, also auch Willensgesetze zum Beispiel, und Naturgesetze einerlei, durchaus einerlei. Da widersprechen nicht Naturgesetze irgendwie den geistigen Gesetzen, sondern da sind Naturgesetz und geistiges Gesetz eine völlige Einheit.

Und machen Sie sich nur, meine lieben Freunde, die Konsequenzen einer solchen Sache ganz klar. Wir leben hier im Erdenleben. Wir erleben im Erdenleben das eine und das andere. Wir erleben innerhalb des Erdenlebens, wie wir uns bemühen, das Gute zu vollbringen, wie wir uns bemühen vielleicht, nicht abzuirren von irgendeinem Pfade, den wir als den uns moralisch angemessenen betrachten. Wir vollbringen gewisse Taten aus solchen Intentionen heraus. Wir sehen jemanden anderen, bei dem wir nicht anders können, als ihm *nicht* solche Intentionen zuzuschreiben, sondern bei dem wir einfach genötigt sind, ihm böse Absichten zuzuschreiben. Wir warten ein paar Jahre, nachdem wir unsere guten Absichten, wie wir meinen, neben den bösen Absichten des anderen entwickelt haben. Wir sehen, daß wir mit unseren guten Absichten, wie wir sagen, nicht durchgedrungen sind, daß sie nicht nur keine Wirkung gehabt haben, sondern daß wir vielleicht in dasjenige, was wir irdisches Unglück nennen, hineingekommen sind, während der andere, von dem wir die Vorstellung haben, er habe gar nicht gute Absichten gehabt, neben uns in einem scheinbaren, zunächst äußeren Glücke lebt.

Das ist ja etwas, was so viele Menschen, die das irdische Leben allein betrachten, darauf führt, mit diesem irdischen Leben zu hadern, zu sagen, im irdischen Leben offenbare sich nicht eine Macht, die das Gute und das Böse in entsprechendem Sinne behandelt. Und niemand, der das Leben schließlich unbefangen beobachtet, wird dem, der so sagt, absolut unrecht geben können. Denn wer wollte denn, wenn er real im Leben steht, sagen, daß alles das, was den Menschen im Leben trifft, irgendwie zusammenhängend sei nach Verdienst oder Schuld mit dem, was aus seinen Absichten in diesem Erdenleben herausgeflossen ist? Wir haben dieses Erdenleben und können eigentlich nicht anders sagen, wenn wir den Verlauf dieses Erdenlebens betrachten, als daß wir unmöglich irgendeinen Ausgleich in diesem Erdenleben für das, was geistig-moralisch aus unserer Seele fließt, finden können. Warum nicht?

Ja, weil wir nicht in der Lage sind, unsere Intentionen, die innersten Kräfte, die unser moralisch-seelisches Leben beherrschen, von uns aus meinetwillen in ganz freiem Willen beherrschen, weil wir nicht imstande sind, diese in diejenige Wirklichkeit unmittelbar überzuführen, in der wir auf der Erde leben. Da draußen verfließen die Naturgesetze, da draußen verfließen jene Tatsachen, die unter dem Einflusse der verschiedenen Menschen vor sich gehen. Wir müssen ja doch uns klar sein, daß zunächst für das Erdenleben ein Abgrund ist, sagen wir

Tafel 10

von a zu b, zwischen dem, was in unserer Seele vorgeht als Willensimpulse, und demjenigen, was wir im äußeren Leben als unser Schicksal verwirklicht sehen.

Sie brauchen nur einmal sich zu fragen: Wieviel in diesem äußeren Leben, wieviel von dem, was Schicksal ist, was also bedeutsam ist für das Menschenleben, geht unmittelbar aus den Intentionen, die Sie in der Seele tragen, als Verwirklichung hervor? – Diese Welt, diese irdische, ist eben nicht diejenige, in der die Geistesgesetze, nach denen der Mensch sich beherrschen läßt oder selbst beherrscht, unmittelbar auch Naturgesetze sind; sie sind nicht Naturgesetze, sie verlaufen bloß im Inneren des Menschen. Und man kann, wenn man unbefangen auf die Welt hinschaut, nur so sagen: Wenn irgend jemand gute Absichten, die ich habe, umdeutet in schlechte, wenn er meine guten Absichten kennt und, weil vielleicht mein Schicksal in ein paar Jahren ein unglückliches ist trotz meiner guten Absichten, er sie so deutet, daß er sie schlecht nennt und sich nun etwa darauf beruft: Das ist nun eingetreten, ich habe ja schon dazumal gesagt, daß deine Absichten schlecht sind! – dann würde dies eine unmögliche Art zu denken darstellen. Von Seele zu Seele muß das Geistige wirken. Aber in der äußeren Erdenwelt wirkt eben schicksalsmäßig zunächst noch nicht das Geistige.

Und so müssen wir scharf diese Tatsache ins Auge fassen, daß ein Abgrund besteht für das irdische Leben zwischen dem Moralisch-Seelischen und dem Naturhaft-Physischen. Dieser Abgrund besteht, weil die Geistesgesetze mit den Naturgesetzen nicht zusammenkommen.

Wenn Menschen ganz absehen von derjenigen Welt, die sich nun an die irdische anschließt, von b bis c, von dem Tod bis zu einer neuen Geburt – indem sie diese Welt nicht ins Auge fassen, indem sie denken, wir könnten wegen der Erkenntnisgrenzen von dieser Welt nichts wissen –, was können solche Menschen nun sagen? Sie können sagen: Ja, die Naturgesetze und das, was der Mensch deshalb tut und erlebt, weil er in Naturgesetzen drinnensteht, das ist eine Wirklichkeit, das ist real, darüber kann sich unsere Erkenntnis, unser Wissen erstrecken; was aber mit den Intentionen geschieht, die als seelisch-geistige Erlebnisse in unserem Inneren sind, das kann man nicht wissen. – Wenn man nicht hinschaut auf das «b bis c», so kann man darüber nichts wissen. Man kann also nur daran *glauben,* daß diese Dinge, die da in unserer Seele leben, sich auch irgendwie verwirklichen. In demselben Maße, in dem seit den alten Zeiten der Menschheitsentwickelung das Wissen von b bis c zurückgegangen ist, verglommen ist, in demselben Maße trat diese Scheidung ein zwischen Wissen und Glauben.

Aber in demselben Maße, in dem man von Wissen und Glauben redet, kann man nicht mehr vom Karma sprechen. Denn Karma drückt eine Gesetzmäßigkeit aus, nicht etwas bloß Geglaubtes, ebenso wie irgendein Naturgeschehen eine Gesetzmäßigkeit ausdrückt.

Wenn wir aber nun, sagen wir von der allerersten Zeit ab, die ich Ihnen charakterisiert habe, auf unseren Durchgang durch das Leben zwischen dem Tod und einer neuen Geburt hinblicken, dann betreten wir damit in der Betrachtung eine Welt, in der nun die Wesen der zweiten Hierarchie, Exusiai, Dynamis, Kyriotetes leben, und statt des irdischen Daseins haben wir ein Sonnendasein (siehe Zeichnung Seite

188); denn auch wenn wir über die Sternenregion hinauskommen, die Sonne bleibt scheinend, nicht im physischen Sinne, aber sie bleibt scheinend, wenn wir da durchgehen durch die Zeit zwischen dem Tod und einer neuen Geburt. Während hier auf Erden die Sonne auf uns herunterscheint mit ihren physischen Wirkungen, scheint dann in dem Leben zwischen dem Tod und einer neuen Geburt die Sonne sozusagen hinauf zu uns, das heißt, es tragen uns die Wesen der Sonne, die Exusiai, Dynamis, Kyriotetes. Aber in der Welt, in der wir dann sind, haben die Naturgesetze, die im Erdenleben sind, gar keinen Sinn mehr, sondern da geschieht alles im Sinne von geistigen Gesetzen, im Sinne von Gesetzen, die durchaus geistig-seelisch sind. Dort braucht ja kein Gras zu wachsen, dort braucht auch keine Kuh Gras zu fressen, denn Kühe und Gräser gibt es dort nicht. Da ist alles geistig. Und innerhalb dieses Geistbereiches liegt die Möglichkeit, daß wir die Intentionen verwirklichen, die wir in der Seele haben und die sich hier im Erdenbereich nicht verwirklichen können, so wenig verwirklichen können, daß das Gute zum Unglück, das Böse im extremen Fall zum Glück sogar führen kann. Denn da alles das dort durchaus nach seinem inneren Wert und nach seinem inneren Wesen sich realisiert und auslebt, ist es nicht möglich, daß nicht jedes Gute die Wirkung hat nach dem Maß seiner Gutkraft und jedes Böse nach dem Maß seiner Bosheitkraft, und zwar auf eine ganz besondere Art, auf die besondere Art, sehen Sie, daß vom Sonnendasein – also von demjenigen Dasein, das eigentlich die zweite Hierarchie, die Exusiai, Dynamis, Kyriotetes in sich birgt – ausgeht eine, ich möchte sagen, durch und durch wohlgefällige Aufnahme alles dessen, was wir an guten Intentionen hier auf Erden in unserem Seelenleben haben.

Man könnte die Sache auch so ausdrücken, daß man sagt: Mit Wohlgefallen wird alles das in diesem Sonnendasein aufgenommen, was der Mensch mit der Nuance des Guten in seiner Seele erlebt, aber das Böse wird überhaupt zurückgewiesen. Es kann nicht hineingelangen in dieses Sonnendasein.

Ich habe in jenem Kurs, den ich noch im abgebrannten Goetheanum drüben halten durfte, dem sogenannten «Französischen Kurs», darauf hingewiesen, wie der Mensch sein schlimmes Karma zurücklassen muß, bevor er in einen gewissen Zeitpunkt zwischen dem Tod und einer neuen Geburt eintritt. Das Böse kann nicht hinein ins Sonnendasein. Es gibt ein gewisses Sprichwort, das sich ja allerdings im Bewußtsein der heutigen Menschen nur auf die physischen Sonnenwirkungen bezieht. Dieses Sprichwort besagt, die Sonne scheine über Gute und Böse in gleichem Sinne. Das tut sie schon; aber sie nimmt das Böse nicht auf. Wenn Sie geistig dasjenige sehen, was im Menschen gut ist in der Seele, so ist das hell wie das Sonnenlicht, aber hell auf geistige Weise. Wenn Sie aber sehen, was im Menschen böse ist, so ist das finster wie ein Ort, an den kein Sonnenlicht hinkommt. Und so muß alles Böse vom Menschen zurückgelassen werden, wenn er das Sonnendasein betritt. Er kann es nicht mitnehmen.

Denken Sie aber nur: Der Mensch in seinem irdischen Leben ist ja eine Einheit. Sein physisches und seelisch-geistiges Dasein sind miteinander verbunden, sind eine Einheit. In den Adern eines Menschen, der nur Böses im Schilde führt – wenn man das auch nicht mit groben Instrumenten nachweisen kann –, strömt das Blut nicht nur anders, sondern es ist sogar anders zusammengesetzt als bei einem Menschen, der Gutes in seiner Seele trägt!

Nun denken Sie sich, ein recht böser Mensch kommt an vor dem Sonnendasein in dem Leben zwischen dem Tod und einer neuen Geburt. Er muß alles zurücklassen, was böse ist. Ja, damit bleibt aber ein gutes Stück von ihm selbst zurück, denn das Böse ist eben mit ihm verbunden. Es ist eine Einheit mit ihm. Wenigstens insofern es eine Einheit ist, muß er von sich selber dasjenige zurücklassen, was eben in ihm als Böses lebte.

Nun also, wenn hier der Mensch an dieser Stelle von sich selbst, von seiner eigenen Wesenheit etwas zurücklassen muß, was ist denn die Folge davon? Daß er verkümmert, gewissermaßen als geistiger Krüppel in das Sonnendasein kommt. Und das Sonnendasein kann ja nur mit dem etwas anfangen, was der Mensch von sich in dieses Sonnendasein hereinbringt. Das andere muß er zurücklassen.

Nun wird das Sonnendasein diejenigen Wesenheiten in seine Nähe führen, die mit ihm zusammenarbeiten können, die mit ihm zusammenwirken zwischen Tod und neuer Geburt.

Aber nehmen Sie einen ganz extremen Fall, meine lieben Freunde, nehmen Sie den Fall, ein Mensch war so böse, so menschenunfreundlich, daß er allen Menschen Schlimmes in seinem Inneren gewünscht hat. Nehmen wir an, er war so böse, wie es diese Bosheit in Wirklichkeit gar nicht gibt, aber hypothetisch setzen wir voraus einen vollständigen Bösewicht. Was wird mit einem vollständigen Bösewicht, der sich ganz identifiziert hat mit dem Bösen, was wird mit dem sein, wenn er hier an diesen Punkt, sagen wir Alpha (siehe Zeichnung Seite 188), ankommt und zurücklassen muß von sich all das, was mit dem Bösen verbunden ist? Er wird sich selber zurücklassen müssen! Er wird also jene Zeit durchgemacht haben zwischen dem Tod und einer neuen Geburt, die ich Ihnen neulich beschrieben habe, er wird diese Welt im Bereiche der Mondenwesen durchgemacht haben, wird ja auch dasjenige Wesen aus der Hierarchie der Angeloi angetroffen haben, das besonders zu ihm gehört, auch andere Wesen aus der Hierarchie der Angeloi, die wiederum mit diesem im Zusammenhang stehen. Aber nun kommt er an das Ende dieser Welt. Er nähert sich durch Merkur und Venus der Sonne, aber er muß zurücklassen, bevor er in das eigentliche Sonnendasein eintritt, sich selber, weil er im ganzen ein Bösewicht war. Was folgt daraus? Er tritt das Sonnendasein gar nicht an. Er muß, wenn er nicht überhaupt verschwinden will aus der Welt, sofort sich anschikken, wiederum verkörpert zu werden, wiederum ein Erdenleben anzutreten. So daß Sie also bei einem ausgepichten Bösewicht finden würden: Er tritt sehr rasch nach seinem Tode wiederum ein neues Erdenleben an.

Nun, solche ausgepichte Bösewichte gibt es ja eigentlich nicht. Alle Menschen sind in einem gewissen Sinne wiederum ein bißchen gut. Daher kommen schon alle Menschen wenigstens eine gewisse Strecke weit in das Sonnendasein hinein. Aber je nachdem der Mensch sich selber verkümmert hat als geistig-seelisches Wesen, kommt er weit oder nicht weit in das Sonnendasein hinein, und je nachdem gewinnt er auch aus dem Sonnendasein die Kraft, sein folgendes Erdenleben zu zimmern, aufzurichten, denn das, was der Mensch in sich trägt, kann nur aus dem Sonnendasein heraus aufgerichtet werden.

Sie kennen aus dem zweiten Teile des «Faust» jene Szene, in der

Wagner in der Phiole den Homunkulus herstellt. Die Sache ist diese, daß Wagner, um wirklich etwas zu machen wie einen Homunkulus, die Kenntnis der Sonnenwesenheiten besitzen müßte. Nun, *Goethe* stellt ja nicht gerade den Wagner in seinem «Faust» so dar, als ob er die Kenntnis der Sonnenwesenheiten besäße, sonst wäre er nicht der «trockene Schleicher», nicht wahr, als den ihn Goethe darstellt. Wagner ist gewiß ein ganz gescheiter Mensch, aber die Kenntnis der Sonnenwesenheiten besitzt er nicht. Daher hilft ihm Mephistopheles, ein Geistwesen, das schon die Kenntnis der Sonnenwesenheiten besitzt; dadurch allein kommt etwas heraus. Das hat Goethe sehr gut empfunden, daß nur dadurch aus der Retorte etwas wie ein Homunkulus herauskommen kann, der dann auch irgend etwas entfalten kann.

Man muß sich durchaus klar sein: Das Menschliche kommt nicht aus dem Irdischen, sondern nur aus dem Sonnenhaften zustande. Und das Irdische im Menschen ist in dem Sinne, wie es in den «Leitsätzen» dargestellt ist, nur Bild. Der Mensch trägt in sich das Sonnenhafte. Das Irdische ist nur Bild beim Menschen.

Sie sehen also, wir werden gewissermaßen durch die Weltenordnung zwischen dem Tod und einer neuen Geburt den hohen Sonnenwesen übergeben. Und diese hohen Sonnenwesen behandeln mit uns zusammen dasjenige von uns, was wir überhaupt in das Sonnendasein hineinbringen können. Das andere bleibt zurück. Und so muß das, was da zurückbleibt, beim Rückgang des Menschen zum Erdenleben gewissermaßen wieder abgeholt werden.

Der Mensch geht hinaus ins Weltendasein – ich werde übermorgen beschreiben, wie das Weitere geschieht –, aber er kommt wieder zurück. Beim Rückgang kommt er wiederum durch die Mondenregion. Da findet er das, was er zurückgelassen hat an Bösem. Das muß er sich wieder eingliedern. Er gliedert es sich in der Form ein, wie er es durchgemacht hat, unmittelbar nachdem er durch die Todespforte geschritten ist. Er gliedert es sich so ein, daß es nun verwirklicht wird im irdischen Dasein.

Also bleiben wir bei dem etwas abstoßenden Beispiel, das ich neulich erwähnt habe: Habe ich einem eine Ohrfeige gegeben im Erdenleben, so spüre ich unmittelbar bei dem Rückwärtsgang nach dem

Durchgang durch die Todespforte, wie ihn, den anderen, das geschmerzt hat. Das erscheint mir, das finde ich auch wiederum, wenn ich zurückkehre, für das strebe ich nach Verwirklichung. Soll also dasjenige mich treffen, was von dem, das der andere erlebt hat, ausgeht, so habe ich das selber angestrebt beim Hingehen; die Tendenz dazu trage ich wiederum ins irdische Leben herein, wenn ich zurückkehre. Aber sehen wir von dem zunächst ab; von dieser Erfüllung des Karma werde ich übermorgen sprechen. Doch Sie sehen ja ein: Was ich da wieder finde, das entbehrt des Durchganges durch das Sonnenleben, das ist nicht durch das Sonnenleben durchgegangen. Ich habe ja nur das, was mit dem Guten verbunden war, durch das Sonnenleben durchgebracht.

Ich nehme jetzt, nachdem ich eigentlich einen verkümmerten Menschen innerhalb der Sonnenregion aufgebaut habe, das, was ich zurückgelassen habe, wieder in mich auf. Aber was ich jetzt aufnehme, das ist ja die Grundlage für meine irdisch-leibliche Organisation. Indem ich also nur einen Teil von mir, nämlich denjenigen Teil, der in die Sonnenregion eintreten konnte, in diese Sonnenregion gebracht habe, kann ich auch befruchtet durch die Sonnenregion, durchgeistigt von der Sonnenregion nur denjenigen Teil meines Menschen zurückbringen, den ich durch die Sonnenregion durchgeführt habe.

Dieser Teil des Menschen, das ist der erste Teil. Sondern wir diese zwei Teile:

Tafel 10
1. Ein Teil des Menschen erscheint auf der Erde, der durch die Sonnenregion durchgegangen ist.
2. Ein Teil des Menschen erscheint auf der Erde, der nicht durch die Sonnenregion durchgegangen ist.

Das, sehen Sie, bezieht sich auf das Leben des Menschen zwischen dem Tod und einer neuen Geburt und seine Nachwirkung für das Erdenleben. Aber die Sonne wirkt ja auch auf den Menschen, während er auf der Erde ist. Die Sonne wirkt durchaus auch auf den Menschen, während er auf der Erde ist. Und dasjenige Gebiet, vorzugsweise das Mondengebiet, wirkt ja auch auf den Menschen, insofern er auf der Erde ist. Wir haben eben immer zweierlei Wirkungen auf den Menschen: erstens die Wirkung des Sonnenlebens zwischen dem Tod und einer neuen Geburt, und zweitens die Wirkung des Sonnenlebens während des Erdenlebens des Menschen. Ebenso haben wir die Wirkung des Mondes, sagen wir, indem wir zusammenfassen Mond, Merkur und Venus, die Wirkung des Mondenlebens auf den Menschen zwischen dem Tod und einer neuen Geburt, und zweitens die Wirkung des Mondenlebens auf den Menschen, wenn der Mensch auf der Erde ist.

Während des Erdenlebens brauchen wir die Sonne, damit unser Kopfleben als Erdenmensch überhaupt möglich ist. Dasjenige, was die Sonne auf ihren Strahlen uns zuträgt, das ruft eigentlich aus unserem Organismus unser Kopfleben hervor. Es ist das derselbe Teil des Menschen, der durch das Sonnendasein bedingt wird. Es ist dies der Teil des Menschen, der den Wirkungen des Kopfes verdankt ist. Ich schreibe: des Kopfes (siehe Zusammenstellung Seite 186). Ich fasse eigentlich Tafel 10
alles, was Sinnesleben und Vorstellungsleben ist, unter dem Kopfleben zusammen.

Der andere Teil, derjenige, der im irdischen Leben abhängt von Monden-, Merkur- und Venusdasein, das ist derjenige Teil im Menschen, der nicht mit dem Kopfleben, sondern, im weitesten Sinne natürlich, mit dem Fortpflanzungsleben zusammenhängt.

Da haben Sie nun etwas Merkwürdiges. Sie haben das Sonnenleben wirksam auf den Menschen zwischen Tod und neuer Geburt, indem es ihn eigentlich zum Menschen macht, dasjenige an ihm ausarbeitet, was mit dem Guten zusammenhängt. Während des Erdenlebens aber vermag das nur auf alles das zu wirken, was mit dem Kopf zusammenhängt. Und im Grunde genommen hat es gar nicht viel zu tun mit dem Guten, dieses Kopfleben, denn man kann sein Kopfleben auch dazu verwenden, ein ausgepichter Schurke zu werden. Man kann sehr gescheit sein, um ein Bösewicht zu werden mit seiner Gescheitheit.

Alles, was innerhalb des Erdenlebens sich entwickelt im Fortgange, beruht auf dem Fortpflanzungsleben. Dieses Fortpflanzungsleben, das unter dem Einflusse des Mondes steht, das ist der Teil des Menschen, der zusammenhängt in dem Leben zwischen dem Tod und einer neuen Geburt mit dem Teil, der am Menschen gar nicht mitwirkt im durchlaufenen Weltengange.

Wenn Sie sich diesen Zusammenhang vor die Seele führen, dann werden Sie auch leicht verstehen können, wie nun das, was mit alldem zusammenhängt, im Menschen zum Vorscheine kommt, wenn der Mensch auf der Erde dasteht.

Da haben wir zuerst den Teil des Menschen, der auf der Erde erscheint und der durch die Sonnenregion durchgegangen ist. Der Kopf allein ist es, auf den die Sonnenregion im Erdenleben einen Einfluß hat, aber es bleibt im ganzen Menschen dasjenige zurück, was mit dieser Sonnenregion zusammenhängt, und das bleibt zurück als seine Gesundheitsanlagen (siehe Zusammenstellung). Daher hängen diese Gesundheitsanlagen auch mit dem Kopfleben zusammen. Der Kopf wird nur krank, wenn das Verdauungsleben oder das rhythmische Leben die Krankheit in ihn hinaufschiebt.

Dagegen hängt alles dasjenige, was den Teil ausmacht, der nicht durch das Sonnenleben durchgeht, mit des Menschen Krankheitsanlagen zusammen. Tafel 11

Und so sehen Sie, daß das Kranksein gewoben wird unterhalb der Sonnenregion, und daß das Kranksein zusammenhängt unterhalb der Sonnenregion mit dem, was das Böse darstellt in seinen Wirkungen, sobald der Mensch in das Leben zwischen dem Tod und einer neuen Geburt eintritt. Und die Sonnenregion selber hängt mit den Gesundungsanlagen zusammen. Und nur dann, wenn aus der Mondenregion in die Sonnenregion des Menschen Wirkungen eindringen, kann dasjenige, was auf Erden mit der Sonnenregion zusammenhängt, die Kopforganisation, irgendwelche Krankheitszustände erleben. Sie sehen, wie wir diese großen, karmischen Zusammenhänge nur durchschauen können, wenn wir den Menschen wirklich verfolgen in die Region, wo Geistesgesetze Naturgesetze sind, und Naturgesetze Geistesgesetze.

Tafeln 10 + 11

1. Ein Teil des Menschen erscheint auf der Erde, der durch die Sonnenregion durchgegangen ist	Es ist der Teil des Menschen, der den Wirkungen des Kopfes verdankt ist	Gesundheitsanlagen
2. Ein Teil des Menschen erscheint auf der Erde, der nicht durch die Sonnenregion durchgegangen ist	Es ist der Teil des Menschen, der mit dem Fortpflanzungsleben zusammenhängt	Krankheitsanlagen

Gestatten Sie mir, daß ich mich, ich möchte sagen, alltäglich ausdrücke in einer Region, die gar nicht alltäglich ist, aber daß ich so spreche, wie man im Leben spricht. Es ist gar nicht unnatürlich für denjenigen, der in der geistigen Welt drinnensteht. Wenn man hier mit Menschen spricht, sehen Sie, dann erkennt man aus der Art, wie sie sprechen, daß sie innerhalb der Natur drinnenstehen. Ihre Sprache verrät das. Kommt man in die Region, die ich Ihnen namentlich im letzten Vortrage genau beschrieben habe, die da folgt auf den Durchgang des Menschen durch die Todespforte, und spricht man mit den Wesen, die einstmals Urlehrer der Menschen waren, spricht man dann mit den Wesen aus der Hierarchie der Angeloi, dann gibt es etwas Fremdes in diesem Sprechen, denn da wird von diesen – wie soll ich sagen – Leuten also, da wird von diesen Leuten nur so geredet wie von Naturgesetzen, die aber in magischer Wirkung stehen, die zugleich vom Geiste beherrscht werden. Magie verstehen diese Wesen. Aber Naturgesetze, die kennen sie nur so, daß sie wissen: die Menschen haben Naturgesetze auf der Erde; sie selber gehen diese Naturgesetze nichts an.

Aber es erscheint das, was da vor sich geht, doch noch in Bildern, die ähnlich den Vorgängen der Erde sind. Daher schauen die geistigen Wirkungen noch wie Naturwirkungen auf der Erde aus, sind sogar stärker, wie ich beschrieben habe.

Wenn man aber aus dieser Region hinauskommt und hineinkommt in die Sonnenregion, da hört man überhaupt nichts mehr von Naturgesetzen der Erde. Da ist alles in der Sprache dieser Wesenheiten nur so, daß man von geistigen Wirkungen, von geistiger Ursache hört. Da gibt es nichts von Naturgesetzen.

Sehen Sie, meine lieben Freunde, so etwas muß man schon auch einmal sagen. Denn wenn hier auf der Erde immerfort von der Allgültigkeit der Naturgesetze oder gar in alberner Weise von der Ewigkeit der Naturgesetze gesprochen wird, so möchte man immer erwidern: Ja, es gibt aber Bezirke in der Welt, die Bezirke, durch die der Mensch zwischen dem Tod und einer neuen Geburt hindurchgeht, wo man über die Naturgesetze überhaupt mit Lachen hinweggeht, weil sie für dort keine Bedeutung haben, weil sie da sozusagen höchstens als Nachrichten von der Erde existieren, nicht als etwas, innerhalb dessen man lebt. Und wenn dann der Mensch durchgeht durch diese Region zwischen dem Tod und einer neuen Geburt und lang genug in einer Welt gelebt hat, wo es keine Naturgesetze gibt, sondern wo es bloß Geistesgesetze gibt, dann gewöhnt er sich eigentlich zunächst ab, von den Naturgesetzen als etwas Ernsthaftem zu denken. Das tut man auch nicht zwischen dem Tod und einer neuen Geburt. Da lebt man eben in einer Region, wo sich das Geistige, das man intendiert hat, verwirklichen kann, wo es einer Verwirklichung entgegengeht.

Tafel 10

Aber, sehen Sie, gäbe es nur das, gäbe es nur diese zweite Hierarchie in der Sonnenregion, und erlebten wir in dieser Sonnenregion die Art von Verwirklichung, die wir dort erleben können, so kämen wir, nachdem wir dieses Leben durchschritten haben, wiederum da an vor dem Erdenleben (c), und wenn wir nun in das Erdenleben eintreten wollten, so stünden wir erst da, mit unserem Karma beladen. Wir wüßten, wir können überhaupt nur weiterkommen, wenn wir das jetzt auch ins Physische überführen können, was geistig ganz verwirklicht ist. Denn geistig ist unser Karma verwirklicht, wenn wir da heruntergehen. In dem Momente, wo wir da ankommen beim Erdendasein, da müssen die geistigen Gesetze und geistigen Aspekte wiederum zurückgewandelt werden ins Physische. Hier ist die Region, wo Seraphim, Cherubim und Throne das Geistige zurückverwandeln ins Physische.

So daß im nächsten Erdenleben dasjenige, was geistig sich realisiert hat, sich auch physisch im Karma realisiert. Das ist der Fortgang im Karma.

ELFTER VORTRAG

Dornach, 18. Mai 1924

Wenn man das Wesen des Karma verstehen will, handelt es sich vor allen Dingen darum, auf alles das hinblicken zu können, was an der menschlichen Entwickelung aus dem Weltenall heraus beteiligt ist.

Um nun hinblicken zu können auf die an der Menschenentwickelung beteiligten Wesenheiten aus dem geistigen Weltenall, wollen wir doch einmal, um das Verständnis zu stützen, auf den Zusammenhang des Menschen mit den Erdenwesen vorausgehend ein wenig hinschauen.

Wir sehen den Menschen auf der Erde umgeben von den Wesenheiten des mineralischen, des pflanzlichen, des tierischen Reiches, und wir wissen ja, daß wir den Menschen so zu betrachten haben, daß eigentlich alle drei Naturreiche in ihm leben und in ihm eine höhere Form annehmen. Der Mensch ist gewissermaßen durch seinen physischen Organismus mit dem Mineralreiche verwandt. Nur verarbeitet er dasjenige, was sonst im mineralischen Reiche ist, in einer höheren Weise. Er ist durch seinen Ätherleib mit dem Pflanzenreiche verwandt. Wiederum verarbeitet er in einer höheren Weise dasjenige, was sonst im Pflanzenreiche ist, in sich. Und ebenso ist es bei der Verwandtschaft, die der Mensch durch seinen astralischen Leib mit den Wesenheiten des Tierreiches hat. Wir können also sagen: Betrachten wir den Raum um den Menschen herum, dann finden wir, daß der Mensch das mineralische, das pflanzliche und das tierische Reich in sich trägt.

Ebenso wie der Mensch diese äußeren Naturreiche des Raumes in sich trägt, trägt er in sich – nur eben der Zeit nach, nicht dem Raume nach – die Reiche der höheren Hierarchien. Und man kann das ganze Werk des Karma am Menschen nur verstehen, wenn man ins Auge faßt, wie die verschiedenen Reiche der Hierarchien an der Menschenwesenheit im Verlaufe des Erdenlebens wirken.

Wenn wir in Betracht ziehen, wie das mineralische Reich am Menschen wirkt, so treten uns ja die Vorgänge entgegen, innerhalb welcher der Mensch seine Nahrungsmittel aufnimmt. Denn alles, was er aus den höheren Reichen gegenüber dem Mineralreich aufnimmt, mineralisiert er ja zunächst. Wenn wir auf das Pflanzenreich hinblicken, so sehen wir, wie der Mensch die Vital-, die Lebenskräfte in sich hat. Wiederum, wenn wir auf das tierische Reich hinblicken, so sehen wir, wie der Mensch von seinem astralischen Leibe aus das bloße Leben in eine höhere Sphäre heraufhebt, in das Reich der Empfindungen. Kurz, wir können die Reihe der Naturwirkungen in den drei Reichen ebenso verfolgen wie die Reihe der Wirkungen im menschlichen Organismus.

Ebenso aber können wir verfolgen, was mit dem Menschen geschieht in seelisch-geistiger Beziehung aus den höheren Hierarchien heraus. Des Menschen eigenes Mineralisches, des Menschen eigenes Pflanzliches, des Menschen eigenes Tierisches verstehen wir aus der Wirksamkeit der drei Naturreiche im Raume. Ebenso müssen wir dasjenige, was im Menschen waltet – zunächst fassen wir dasjenige ins Auge, was im Menschen als Schicksal waltet –, aus dem Hineinwirken eben der Reiche der Hierarchien verstehen. Da müssen wir aber nun nicht das, was gleichzeitig im Menschen ist, betrachten – physischer Leib, Ätherleib, Astralleib sind ja gleichzeitig im Menschen –, da müssen wir, für die Reiche der Hierarchien, dasjenige betrachten, was im irdischen Leben nacheinander im Menschen ist, und müssen es so betrachten, wie gegenüber einer geistigen Betrachtung eben das Nacheinander aufgefaßt werden kann.

Nun, wir haben ja, ich möchte sagen, durch unsere sämtlichen anthroposophischen Betrachtungen hindurch immer die Gliederung des Menschen nach seinem Lebenslauf betrachtet: von der Geburt bis etwa um das 7. Jahr herum zum Zahnwechsel, vom Zahnwechsel bis zu der Geschlechtsreife, von der Geschlechtsreife bis zum 21. Jahre, wo die Differenzierungen nicht mehr so sichtbar sind, dann vom 21. Jahre bis zum 28. Jahre, vom 28. bis zum 35. Jahre, vom 35. bis zum 42. Jahre,
Tafel 12 vom 42. bis 49. Jahre, vom 49. bis 56. Jahre und so weiter (siehe Zeichnung Seite 193). Über das, was über das 56. Jahr hinausliegt, werde ich dann das nächste Mal noch zu sprechen haben; ich werde jetzt einmal den menschlichen Lebenslauf bis zum 56. Jahre zu betrachten haben.

Da haben wir deutlich eine Gliederung von drei Lebensabschnitten bis zum 21. Lebensjahre, und zweitens drei Lebensabschnitte, und dann das, was sich weiter daran schließt. Ich will die letzten Lebensabschnitte noch so bezeichnen (siehe Zeichnung Seite 193). Tafel 12

Der Mensch sagt zu sich «Ich». Aber dieses Ich steht ja in einer Summe von Wirkungen drinnen. Nach außen betrachtet sind es die Wirkungen des Mineralischen, des Pflanzlichen, des Tierischen, nach innen, nach dem Geistig-Seelischen betrachtet, die Wirkungen der dritten Hierarchie: der Angeloi, Archangeloi, Archai, die Wirkungen der zweiten Hierarchie: Exusiai, Dynamis, Kyriotetes, die Wirkungen der ersten Hierarchie: Seraphim, Cherubim, Throne.

Doch nicht in gleicher Weise wirken diese Wesenheiten in seinen Lebenslauf hinein. Wir können ja schon sagen: Auch die Außenseite des Menschen ist in einer gewissen Weise von verschiedener Wirkung durchsetzt gemäß dem Lebenslaufe. Wenn wir zum Beispiel das Kind betrachten ganz im Anfange seines Erdenlebens, da müssen wir sagen: Dasjenige, was wir sonst im Tierreiche finden, das ist da besonders ausgeprägt: ein wachsendes, sprossendes, aufbauendes Leben.

Wenn wir den letzten Abschnitt des Lebens betrachten, wo es schon ins Greisenhafte hineingeht, dann haben wir in dem Sklerotisieren, in dem Brüchigwerden des Organismus ein Mineralisierendes, ein viel stärker Mineralisierendes, weil intimer mineralisierend, als das bei den Tieren vorhanden ist, mit Ausnahme der höheren Tiere, bei denen das auf Bedingungen beruht, die hier nicht weiter zu besprechen sind, sondern bei einer anderen Gelegenheit besprochen werden können. Während beim Tiere eigentlich sofort das Aufhören der Vitalkräfte beginnt, wenn der Aufbau nicht mehr da ist, trägt ja der Mensch gerade wichtige Teile, wichtige Zeiten seiner Entwickelung in die Abbauperiode hinein, die eigentlich schon in den Dreißigerjahren beginnt. Und es wäre vieles in der Menschheitsentwickelung nicht da, wenn die Menschen sich ebenso wie die Tiere entwickeln würden: daß sie eigentlich nichts in die Greisenhaftigkeit hineintragen. Die Tiere tragen nichts hinein in die Greisenhaftigkeit. Die Menschen aber können in die Greisenhaftigkeit viel hineintragen, und wichtige Errungenschaften der menschlichen Kulturentwickelung sind eben doch dem zu verdanken, was von den Menschen in die Greisenhaftigkeit, in das Abbauleben hineingetragen werden kann.

Da ist also das Mineralisierende. So daß wir sagen können: Nach außen hin ist schon, deutlich bemerkbar, im Beginne des Erdenlebens das Tierische vorherrschend, am Ende des Erdenlebens das Mineralische und zwischendurch das Pflanzliche.

Nun aber, viel deutlicher, viel dezidierter tritt dieser Unterschied auf beim Hereinwirken der höheren Hierarchien auf den Menschen. Da kann man sagen, daß das erste Kindesalter ganz besonders starke Hereinwirkungen hat auf das seelisch-geistige Leben von der Seite der
Tafel 12 dritten Hierarchie, der Angeloi, Archangeloi, Archai. Diese Wirkung der dritten Hierarchie (siehe Zeichnung), die umfaßt eigentlich die drei ersten Lebensabschnitte.

In den drei ersten Lebensabschnitten haben wir das Hereinwirken von Angeloi, Archangeloi und Archai. Da wirkt beim Kinde und beim jungen Menschen in alledem, was vom Seelisch-Geistigen aus aufbauend wirkt auf seinen Organismus – und das ist ja sehr vieles, das ist ja fast alles –, dasjenige, was an Kräften hereinwirken kann aus der Welt der dritten Hierarchie, der Angeloi, Archangeloi, Archai.

Mit dem 14. Lebensjahre beginnt die zweite Hierarchie zu wirken: Exusiai, Dynamis, Kyriotetes. So daß ich also hier (siehe Zeichnung) wiederum durch drei Abschnitte hindurch, also zwischen dem 14. und 35. Jahre, zu verzeichnen habe: Exusiai, Dynamis, Kyriotetes. Sie sehen, meine lieben Freunde, in dem Zeitabschnitt vom 14. bis zum 21. Jahre wirken zugleich ausschlaggebend auf den Menschen die dritte und die zweite Hierarchie zusammen. Erst mit dem 21. Jahre tritt dasjenige ein, was alleinige Wirkung der zweiten Hierarchie ist.

Da, mit der Geschlechtsreife, greift in den Menschen etwas von Weltenprozessen, von kosmischen Prozessen ein, die bis zu diesem Lebensalter der Geschlechtsreife nicht in dem Menschen sind.

Und Sie brauchen ja nur zu überlegen, daß, indem er fortpflanzungsfähig wird, der Mensch fähig wird, diejenigen Kräfte aus dem Weltenall aufzunehmen, die bei der Neubildung, bei der physischen Neubildung des Menschen eben mitwirken. Diese Kräfte aus dem Kosmos entbehrte der Mensch bis zur Geschlechtsreife. Es tritt also da in seinem physischen Organismus jene Veränderung ein, die sozusagen gewaltigere Kräfte in den physischen Organismus hineinsendet, als sie vorher drinnen waren. Das Kind hat diese gewaltigeren, stärkeren Kräfte noch nicht. Es hat noch die schwächeren Kräfte, die nur auf die Seele zunächst wirken im Erdenleben, nicht auf den Körper.

Tafel 12

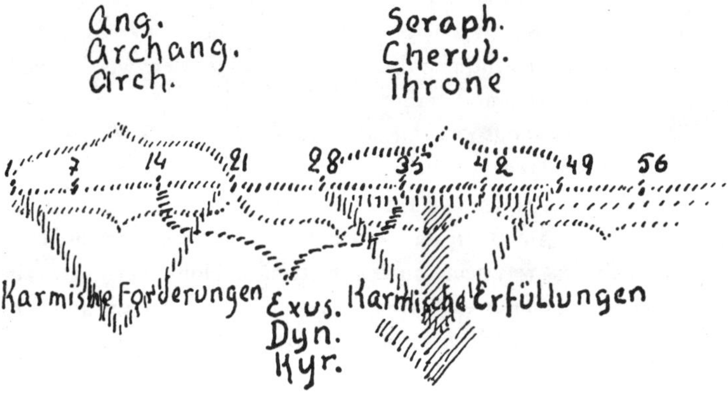

Nun aber beginnt mit dem 35. Jahre eine Zeit für den Menschen, in der er im Grunde genommen innerlich seelisch schwächer wird, als er früher war, gegenüber, man möchte sagen, dem Ansturm der Abbaukräfte seines Organismus. Vor diesem 35. Jahre unterstützt uns als Mensch ja der Organismus ganz wesentlich. Er hat die Tendenz, aufbauend zu sein. Und diese Tendenz, aufbauend zu sein, dauert eigentlich noch bis in die Dreißigerjahre herein. Dann aber beginnt eine sehr starke, überwiegende Abbautendenz. Gegen diese überwiegende Abbautendenz können selbst diejenigen Kräfte nicht aufkommen, die aus dem Wesen der zweiten Hierarchie kommen. Da muß unsere Seele weiterhin aus dem Kosmos heraus so unterstützt werden, daß wir nicht mit 35 Jahren schon sterben im normalen Leben. Denn wenn nur bis zum 21. Jahre die Wesen der dritten Hierarchie, vom 14. bis 35. Jahre die Wesen der zweiten Hierarchie wirken würden, dann würden wir eigentlich zum Sterben reif sein in der Mitte unseres wirklichen Erdenlebens, wenn nicht, ich möchte sagen, aus Trägheit der physische Körper noch hielte. Das ist deshalb nicht der Fall, weil nun in der Tat, und zwar nicht erst vom 35. Jahre ab, sondern schon vom 28. Jahre ab, wiederum durch drei Epochen, bis zum 49. Lebensjahre, die Wesenheiten der ersten Hierarchie, Seraphim, Cherubim, Throne, auf den Menschen einwirken.

Wiederum haben Sie einen Zeitraum zwischen dem 28. und 35. Lebensjahre, wo nun die zweite und die erste Hierarchie zusammenwirken. So daß die eigentliche alleinige Wirksamkeit der zweiten Hierarchie vom 21. bis zum 28. Jahre vorhanden ist.

Wie gesagt, das, was nun darauf folgt, werde ich das nächste Mal betrachten. Sie können ja allerdings fragen: Wenn nun jemand über 49 Jahre alt ist, ist er denn da von allen Hierarchien verlassen? – Aber wie gesagt, was da eintritt, das wollen wir schon noch betrachten. Es wird deshalb das, was heute zu sagen ist, nicht bloß anwendbar sein für diejenigen, die unter 49 Jahren sind, sondern auch für die anderen. Zunächst aber haben wir es tatsächlich so mit dem menschlichen Lebenslaufe zu halten, daß in dieser Weise die Hierarchien ihre besondere Kraft und ihre besondere Stärke in seinen Lebenslauf hereinverpflanzen.

Natürlich müssen Sie, wenn so etwas betrachtet wird, nicht denken, die Dinge dürfen nun bloß schematisch betrachtet werden. Das darf nirgends geschehen, wo man in das Gebiet eines nur einigermaßen höheren Lebens kommt.

Ich mußte ja immer seit einer Reihe von Jahren schon von der Dreigliederung des menschlichen Wesens in Nerven-Sinnesmenschen, in rhythmischen Menschen, in Stoffwechsel-Gliedmaßenmenschen reden. Daraus hat ein Professor – was machen Professoren nicht alles! – gemacht, ich hätte den Menschen dreigegliedert in Kopf-, in Brust- und Bauchsystem, weil er die Sache schematisch nebeneinandergestellt hat. Nun, ich habe immer betont: das Nerven-Sinnessystem ist zwar hauptsächlich im Kopfe konzentriert, aber es durchzieht wiederum den ganzen Menschen. Ebenso ist es mit dem rhythmischen System. Die Dinge sind nicht räumlich nebeneinanderzustellen. Und so auch müssen Sie hier diese Aufeinanderfolge betrachten: Hauptsächlich ist die Wirkung von Angeloi, Archangeloi, Archai auf die drei ersten Lebensepochen beschränkt, aber sie sind wiederum im ganzen Lebenslauf enthalten, so wie das Nerven-Sinnessystem hauptsächlich im Kopfe enthalten ist, aber im ganzen Menschenorganismus wiederum vorkommt. Wir fühlen ja auch mit der großen Zehe, da ist auch Nerven-Sinnesleben drinnen. Trotzdem besteht diese Dreigliederung zu Recht. Und es besteht auch jene Dreigliederung zu Recht, von der ich Ihnen heute spreche.

Nun aber können Sie, wenn Sie die Gliederung des menschlichen Lebenslaufes in dieser Art ansehen, sich sagen: Das menschliche Ich ist nach der geistigen Seite hin ebenso eingespannt in eine Summe von Wirkungen, die aus dem geistigen Reiche herunterkommen, wie es nach unten, nach der physischen Seite hin, eingespannt ist in die Reihe der Wirkungen, die von Tieren, Pflanzen, Mineralien herkommen. Wir sind wirklich als Menschen so, daß wir mit unserem Ich drinnenstehen in dem, was vom Kosmos heraus in einer komplizierten Weise an uns geschieht. Und in dieser Wirkungsweise, die da geistig vom Kosmos heraus aus den Hierarchien auf den Menschen sich erstreckt, in dieser liegt die Gestaltung des Karma während des physischen Erdenlebens.

Eigentlich bringen uns ja Angeloi, Archangeloi, Archai herein aus der geistigen Welt in die physische Welt, und sie begleiten uns hauptsächlich durch die drei ersten Lebensepochen. Dasjenige, worauf sie am stärksten wirken, das ist wiederum unser Nerven-Sinnessystem. Und an alledem, was in einer so komplizierten, wunderbaren Weise sich bis zum 21. Lebensjahre hin an Ausgestaltung unseres Sinnes- und Verstandeslebens, unseres Kopflebens einstellt, an alledem sind die Wesenheiten der Angeloi, Archangeloi, Archai beteiligt.

Unendlich viel geschieht da sozusagen hinter den Kulissen des gewöhnlichen Bewußtseins. Und eben an dem, was hinter diesen Kulissen des gewöhnlichen Bewußtseins geschieht, sind diese Wesenheiten beteiligt.

Und wiederum, ins rhythmische System herein greifen, von der Geschlechtsreife, ungefähr vom 14. Lebensjahre an, diejenigen Mächte ein, welche stärkere Kräfte haben als Angeloi, Archangeloi, Archai. Die Wesenheiten der dritten Hierarchie, Angeloi, Archangeloi, Archai, die sind eigentlich darauf angewiesen, unser Seelisches zu ergreifen. Wir bringen uns für die drei ersten Lebensepochen aus dem vorirdischen Dasein so starke Kräfte mit, die nachwirken, daß da die Seele auf den

Leib intensiv wirken kann. Da bedarf es nur der schwächeren Kräfte der dritten Hierarchie, um dem Menschen zu Hilfe zu kommen.

Aber sehen Sie, diejenigen Kräfte, welche Angeloi, Archangeloi, Archai brauchen, um in der richtigen Weise unser Menschenleben zu lenken und zu leiten bis zum 21. Jahre hin, diese Kräfte strömen diesen Wesenheiten zu aus dem, was geistig ausstrahlt von Saturn, Jupiter,

Tafel 13

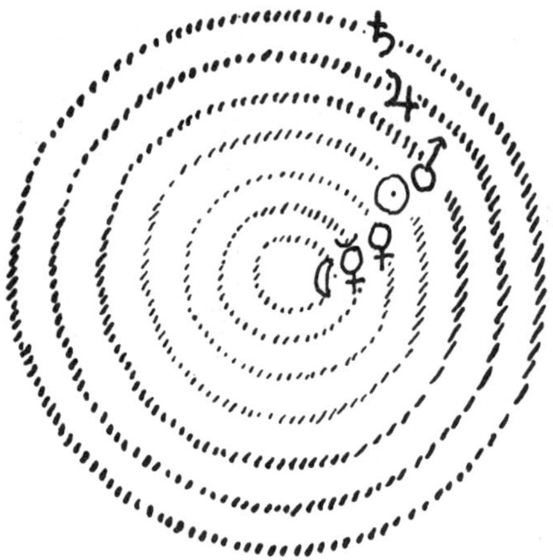

Mars (siehe Zeichnung). Es ist schon so, daß die Weltenkörper nicht nur diejenigen Wirkungen ausstrahlen, von denen die physische Wissenschaft spricht. Diese physische Wissenschaft ist ja mit Bezug auf die Schilderung des Weltwesens eigentlich recht einfältig. Von Saturn, Jupiter und Mars strahlen Kräfte aus, für die eigentlich das stärkste Verständnis Angeloi, Archangeloi, Archai haben. Und wenn der Mensch nun durch das Leben zwischen dem Tod und einer neuen Geburt durchgeht – wir haben es ja beschrieben –, da kommt er zuerst in die Mondregion zu denjenigen Wesen, die einmal auf der Erde waren, die scharfe Beurteiler dessen sind, was er an Gutem und Bösem mitbringt. Da muß er zunächst zurücklassen, was mit ihm an Bösem vereinigt ist. Er kann es nicht in die Sonnenregion tragen.

Er geht dann durch die Sonnenregion hindurch und weiter hinaus in das Weltenall. Es wirken dann die Kräfte von Mars, Jupiter und Saturn auf ihn. Dann geht er durch das ganze Leben zwischen dem Tod und einer neuen Geburt durch, kommt wieder zurück, und erst wenn er wiederum ganz in die Mondenregion hereinkommt, dann treten ihm Angeloi, Archangeloi, Archai entgegen und sagen ihm gewissermaßen: uns hat Saturn, Jupiter, Mars gesagt, daß du nach gewissen Richtungen hin verkümmert bist –, so wie das in dem letzten Vortrage hier beschrieben worden ist. Ich sagte, das Böse muß zurückgelassen werden, aber damit läßt der Mensch ja etwas von sich selbst zurück. Er kommt als ein verkümmerter Mensch in die Sonnenregion und auch in die äußere Region hinauf. Da schauen ihn an Saturn, Jupiter und Mars.

Oh, meine lieben Freunde, dieses Leben zwischen dem Tode und einer neuen Geburt ist recht kompliziert! Wir treten das Leben an zwischen dem Tode und einer neuen Geburt, indem wir durch die Todespforte geschritten sind. Dasjenige spielt sich ab, was ich in bezug auf die Mondenregion beschrieben habe. Der Mensch muß all das zurücklassen, was an ihm, an seinem Wesen sich mit dem Bösen identifiziert hat. Das ist so, wie wenn der physische Leib Glieder zurücklassen müßte. Der Mensch kommt sozusagen verstümmelt um das, was er zurücklassen mußte, weil es sich mit dem Bösen identifiziert hat, in der Sonnenregion und in den übrigen Weiten des Weltenalls an. Und wenn dann der Mensch durch die Sonnenregion hindurch in das Gebiet von Mars, Jupiter und Saturn tritt, dann fühlt er: die schauen ihn an mit dem durchdringenden Blicke ihres Gerechtigkeitswebens, ihres Weltgerechtigkeitswebens, schauen sie ihn an, wieviel er von seinem Menschen da hinauftragen darf. Da schauen sie ihn an. Da spürt ein jeder von uns, wieviel sich mit ihm von dem Guten vereinigt hat, was er da hinauftragen darf und was ihm fehlt, was er zurückgelassen hat, zurücklassen mußte, wie sehr er sich identifizierte mit dem Bösen. Das fehlt ihm. Und an der Art und Weise, wie er von den Wesen von Mars, Saturn und Jupiter angeschaut wird, spürt er, ein wie mangelhafter Mensch er ist.

Und dann, wenn er wieder zurückkehrt, haben mittlerweile Saturn, Jupiter und Mars dasjenige, was sie an dem Menschen, der unvollkommen an ihnen vorbeigegangen ist, erlebt, erschaut haben, kosmisch mitgeteilt der dritten Hierarchie – Angeloi, Archangeloi, Archai. Das verweben jetzt diese Wesen mit dem Menschen, so daß er eingeschrieben in sich enthält, was er zu tun hat, was er auszugleichen hat.

Und man möchte sagen: In diesen ersten drei Lebensepochen, wo Angeloi, Archangeloi, Archai besonders auf den Menschen wirken, da werden die karmischen Forderungen in das menschliche Nerven-Sinnessystem, in das menschliche Kopfsystem eingeschrieben.

Wenn wir durch unser 21. Lebensjahr geschritten sind – wie es sich bei Menschen, die früher sterben, verhält, will ich auch noch in den späteren Vorträgen auseinandersetzen –, dann hat sich in uns all das eingeprägt, was die karmischen Forderungen für das Leben sind. Man kann es dem Einundzwanzigjährigen, wenn man in ihm lesen kann, ansehen, was in ihn eingeschrieben ist an karmischen Forderungen. Da, in dieser Zeit also, da prägen sich in dem Menschen die karmischen Tafel 12 Forderungen aus (siehe Zeichnung Seite 193). Die tragen wir hauptsächlich in den okkulten, in den verborgenen Untergründen unseres Nerven-Sinnessystems, in dem, was geistig-seelisch unserem Nerven-Sinnessystem zugrunde liegt.

Dagegen wenn wir mehr gegen den weiteren Verlauf des Lebens hinblicken, wenn wir den Menschen anschauen von seinem 28. bis zu seinem 49. Lebensjahre, dann haben wir es weniger mit einem Einprägen von karmischen Forderungen zu tun, sondern mehr mit dem, was nun die Erfüllung des Karma ist, das Abladen des Karma. Namentlich in dieser Lebensperiode tritt dasjenige auf, was karmische Erfüllung ist, was wir abzuladen haben um dessentwillen, das sich eingeprägt hat in den ersten drei Lebensepochen.

So daß ich hierher (siehe Zeichnung Seite 193) schreiben kann: Vom 28. Jahre bis zum 49. Jahre «Karmische Erfüllungen». Dazwischen liegen die Jahre vom 21. bis zum 28., wo sich beides die Waage hält – karmische Forderungen und karmische Erfüllungen.

Nun liegt aber etwas Eigentümliches vor, das insbesondere in unserem Zeitalter notwendig ist zu beachten. In der gegenwärtigen Entwickelungsepoche der Menschheit sind sehr viele Menschen vorhanden, die ihre letzte maßgebende Inkarnation – nicht als ob darauf keine mehr gefolgt wäre, aber die war dann weniger maßgebend – durchgemacht haben so in den ersten Jahrhunderten nach der Begründung des Christentums bis zum 8., 9. Jahrhundert hin. Wenn wir bei den weitaus meisten Menschen, die in der Gegenwart leben und Anteil an der Kultur haben, Umschau halten, dann finden wir, daß die Mehrzahl dieser Menschen ihre maßgebende Inkarnation in den ersten sieben bis acht Jahrhunderten seit der Begründung des Christentums hatten.

Das war aber die Zeit, die in folgender Weise eigentümlich auf die Menschen wirkte – das geht einem heute auf, wenn man karmisch gewisse Menschen betrachtet. Immer wieder habe ich es mir zur Aufgabe gemacht, gerade auch nach diesem Gesichtspunkte viele Menschen karmisch zu betrachten, Menschen, die eine gewisse Bildung erreicht haben, die heute Zeitbildung ist, Kopfbildung hauptsächlich ist, Menschen, die eigentlich verhältnismäßig viel gelernt haben.

Sie brauchen ja nur zu beachten, wie groß das Heer derjenigen Menschen heute ist, die Gymnasiallehrer, Beamte und so weiter geworden sind. Die haben verhältnismäßig viel gelernt, das Gymnasium oder die Realschule, sogar die Universität besucht – wirklich, ich meine das nicht ironisch, aber wohl im Zusammenhang mit alldem, was ich über solche Begriffe schon gesagt habe –, sie sind eigentlich ungeheuer gescheit geworden.

Nach dieser Richtung hin gibt es heute wirklich außerordentlich viel gescheite Leute. Denken Sie nur, daß ja die meisten Menschen heute so gescheit sind, daß man ihnen kaum etwas sagen kann; sie wissen ja schon alles. Jeder hat einen Standpunkt. Jeder urteilt über das, was ihm gesagt wird.

So ist es nur in unserer Zeit, so war es durchaus nicht in früheren Zeitepochen. Da waren einzelne Leute, die haben etwas gewußt; die anderen haben hingehorcht auf diejenigen, die etwas gewußt haben. Da war es gar nicht üblich, daß so viele Menschen gescheit waren wie heute. Nicht wahr, man wird schon in sehr früher Jugend heute gescheit; denken Sie nur, wie viele Menschen unter ihrem 21. Lebensjahre heute schon, ich will gar nicht sagen, Gedichte machen, das haben sie immer getan, sondern sogar Feuilletons schreiben, ja sogar Kritiken schreiben.

Also die Ausbildung der Intellektualität, die ist heute eine außerordentlich starke. Aber sie ist heute bei den meisten Menschen im wesentlichen beeinflußt von denjenigen Inkarnationen, die in den ersten sieben bis acht Jahrhunderten seit der Begründung des Christentums stattgefunden haben. Da wurde immer geringer und geringer das Gefühl in der menschlichen Seele für das, was aus vorirdischem Leben in das irdische hereinkommt. Die Menschen fingen an, sich eigentlich immer mehr und mehr nur für das zu interessieren, was auf den Tod folgt, und interessierten sich immer weniger und weniger für das, was dem Erdenleben vorausgegangen war. Ich habe das oftmals dadurch ausgedrückt, daß ich sagte: Wir haben ja für die Ewigkeit keine durchgreifende Bezeichnung, sondern nur für die halbe Ewigkeit, die eigentlich anfängt und niemals aufhört. Da, für diesen Teil der Ewigkeit (siehe Zeichnung, Pfeil) des Menschen haben wir das Wort Unsterblichkeit; aber wir haben nicht für die andere Hälfte der Ewigkeit, die niemals angefangen hat, ein Wort Ungeborenheit, wie es ältere Sprachen hatten. Das haben wir nicht. Aber die ganze Ewigkeit umfaßt eben Unsterblichkeit *und* Ungeborenheit.

Tafel 13

Wir sind ebenso als Wesen, bei denen die Geburt nur eine Umwandlung bedeutet, in die Welt hereingekommen, wie wir herauskommen aus der Erdenwelt dadurch, daß wir den Tod durchmachen, der nicht ein Ende, sondern nur eine Umwandlung bedeutet.

So können wir sagen: Dieses starke Bewußtsein, das bis in die ersten christlichen Jahrhunderte herein wirksam war in den Menschen: Ich bin aus Geistigem heruntergestiegen zum physischen Dasein –, das wurde immer geringer, und immer mehr beschränkte man sich darauf: Ich bin nun einmal da; was vorhergegangen ist, interessiert mich nicht, das ist mir ja sicher. Was vorangegangen ist, das interessiert mich nicht; mich interessiert, was auf den Tod folgt. – Dieses Bewußtsein kam immer mehr und mehr auf. Und diese Entwickelung, die vollzog sich in den ersten christlichen Jahrhunderten. Da wurde sozusagen in diejenigen Menschen, die da ihre maßgebende Inkarnation durchmachten, dieses gedämpfte Gefühl für das vorirdische Leben hineingedrängt. Und die Gescheitheit nimmt daher die Richtung nach dem bloß Irdischen an. Sie ist eine große, diese Gescheitheit, sie nimmt aber die Richtung nach dem bloß Irdischen an. Ungeheuer Frappierendes, ungeheuer Bedeutsames tritt einem, wenn man karmische Betrachtungen anstellt, auf diesem Gebiete entgegen.

Ich will zwei Fälle herausgreifen: einen Menschen, der Geschichtslehrer war in einer höheren Schule, ein sehr gescheiter Mensch, der eigentlich als Geschichtslehrer schon einen Eindruck durch sein Wesen zunächst machen konnte. Wenn ich sein Leben ins Auge fasse bis zu dem Zeitpunkt, wo die karmischen Forderungen durch diese neutrale Zone hier hindurch (siehe Zeichnung Seite 193), also bis zum Anfange Tafel 12
der Dreißigerjahre wirkten, da konnte man sagen: seine Gescheitheit kam heraus. Er war einer von den vielen gescheiten Menschen, sogar hervorragend gescheiten Menschen der Gegenwart. Aber in dem Augenblicke, wo er hier in diese Region hier kam, da half ihm die Gescheitheit nichts mehr, da wurde es mit den moralischen Impulsen bedenklich. Da blieb es bei der bloßen Intellektualität, die dann untergraben wurde. Als die Kräfte in Betracht kamen, die nun nicht an das Nerven-Sinnessystem, sondern gegen das Ende des Lebens an das Stoffwechsel-Gliedmaßensystem gebunden sind, da unterdrückte die niedere Natur des Stoffwechsel-Gliedmaßensystems dasjenige, was im Nerven-Sinnessystem vorher ganz schön herausgekommen ist.

Die betreffende Persönlichkeit, die eigentlich intellektuell ihr Leben gut begonnen hatte, endete im Grunde genommen in moralischer Verkommenheit, mit einem moralischen Débacle. Das ist ein Beispiel.

Ein anderes Beispiel: Eine Persönlichkeit, die eigentlich noch gescheiter war als die erste, die ich jetzt eben beschrieben habe, die sogar als ganz hervorragend intelligent galt, die aber eben etwas nur Intelligentes hatte, aus ungeheuer kurzsichtigen Augen heraus eine große Intelligenz entwickelte.

Diese Persönlichkeit wiederum, sie entwickelte, wenn man so bis gegen das 30. Jahr sie betrachtete, durch ihre Intelligenz einen starken Einfluß auf ihre Mitmenschen. Als sie über das 30. Jahr oder gar über das 35. Jahr hinaus war, als dann nicht mehr so stark wirkte das Nerven-Sinnessystem, sondern als das Stoffwechsel-Gliedmaßensystem wirkte gegen das Ende des Lebens zu, da wurde diese Persönlichkeit, die vorher als etwas recht Kluges galt, vor allen Dingen trivial, banal und ging dann auf in einem banalen, parteimäßigen Leben. Ich habe den Lebenslauf dieser Persönlichkeit verfolgt. Ich muß sagen, es war mir etwas ganz Merkwürdiges, da ich diese Persönlichkeit gekannt habe in ihren jüngeren Jahren, daß diese Persönlichkeit von mir später wiederum gefunden wurde unter Leuten, die in ganz trivialem Parteileben aufgingen. Der Weg von den karmischen Forderungen in die karmischen Erfüllungen hinein hat sich so erwiesen, daß die intelligenten Kräfte bei den Menschen der Gegenwart, die durch ein voriges Erdenleben in den ersten christlichen Jahrhunderten bis zum 8., 9. Jahrhundert herauf zubereitet worden sind, nicht tragfähig genug waren, um in der Zeit, wo nun die Seele schwächer wird, wo der Körper den größeren Widerstand bietet, hinaufzureichen in die erste Hierarchie.

Und da stellte sich mir dieses dar: Jene zahlreichen Menschen in der Gegenwart, die so gescheit sind, die vor allen Dingen durch die Schulbildung so gescheit gemacht werden können, die entwickeln in dieser ersten Lebensepoche die Möglichkeit, mit ihren Gescheitheitskräften bis in die dritte Hierarchie, Angeloi, Archangeloi, Archai hinaufzureichen. Das erlangen sie. Da sind sie vielversprechende Persönlichkeiten.

Indem sie in die zweite Hierarchie eintreten, sind sie mehr dieser Hierarchie hingegeben. Die kommt ja zu den Menschen herunter; fortpflanzungsfähig werden fast alle. Diese kosmische Hierarchie kommt herunter. Da ist sozusagen kein rechter Abgrund zwischen den Menschen und der höheren Hierarchie.

Kommt es aber mit dem 28. Jahre dahin, daß der Mensch nun zu der höheren Hierarchie, zu der ersten Hierarchie Beziehung finden muß, da muß es durch seinen ganzen Menschen bis ins Stoffwechsel-Gliedmaßensystem hinein geschehen. Da braucht er stärkere innere

Haltekräfte im Geistigen. Da reicht eben dasjenige nicht aus, was aus früheren Erdenleben aus jenem Zeitalter im Menschen keimend gemacht worden ist, wo nicht mehr gedacht worden ist an das vorirdische Leben.

Man möchte, wenn man gerade auf die karmische Entwickelung hinweisen will, sagen: Stark muß die Mahnung an den wirklichen Erzieher der Menschheit, an den wahren Pädagogen sein, der Intellektualität so viel von geistig Kraftvollem einzuflößen, daß, wenn der Mensch dann seine spätere Lebenszeit durchmacht, das, was in seinem Intellekt durchmoralisiert ist, denjenigen Kräften die Waagschale halten kann, Tafel 12
die hinunterziehen (siehe Zeichnung Seite 193, Pfeil nach unten), hinweg von der ersten Hierarchie.

Es ist ja wirklich nicht von geringem Interesse, gerade in unserem Zeitalter den zweiten Teil des menschlichen Lebens mit dem ersten zu vergleichen. Nach dieser Richtung müßten eigentlich Menschen, die Sinn für Lebensbeobachtung haben, rechte Lebensbeobachtung anstellen. Denn das tritt hervor, meine lieben Freunde, im gewöhnlichen Leben. Was ich jetzt als Beispiele angeführt habe, das sind Beispiele aus dem gewöhnlichen Leben, Beispiele, die verhundert-, vertausendfacht werden können, die überall sich finden. Aber auch etwas anderes könnte man finden, wo sich dasselbe zeigt, nur, ich möchte sagen, in einem höheren Gebiete des Lebens. Wenn ich, der ich mich immer interessiert habe für die geistigen Entwickelungsgänge der Menschen, auf eine Anzahl von solchen Menschen blicke, die produktiv ins Leben hereingetreten sind, die sogar großen Eindruck auf ihre Mitmenschen, sagen wir, als jugendliche Dichter oder sonst als jugendliche Künstler gemacht haben, und dann hinschaue auf dieselben, von denen man noch gesagt hat, als sie 24, 25, 26, 27 Jahre alt gewesen sind: ein großartiges, gewaltiges Talent! – sie wurden älter, alles versiegte, es blieb beim jugendlichen Dichten, beim jugendlichen Künstlertum. Später versiegte alles. Sie waren nichts mehr auf dem Gebiete, auf dem sie einmal bedeutend waren.

Gerade wenn Sie die Namen derjenigen durchgehen, die nur als jugendliche Dichter oder Künstler bekanntgeworden sind, dann sich selber ausgestrichen haben aus der lebendigen Literaturgeschichte oder

Kunstgeschichte, dann werden Sie das bewahrheitet finden, was ich sage. Aber Sie werden durch das, was ich so sage, zugleich darauf hingewiesen, wie die verschiedenen Lebensepochen beim Menschen in der verschiedensten Weise zeigen, wie das Karma, wie die karmischen Impulse in das Menschenleben eingreifen.

Alles das, was nur intellektualistisch und materialistisch ist, kann eigentlich nur in der Jugend den Menschen innerlich erfassen. Nur das, was dem Intellektualistischen als Spirituelles beigemischt ist, kann durch das ganze Menschenleben hindurch halten, ich meine karmisch durch die Erdenleben hindurch.

Wenn wir also sehen, daß solche Schicksale, wie die beschriebenen, auftreten, dann müssen wir auf frühere Erdenleben zurückblicken, wo dem Menschen der Hinblick auf das eigentlich Spirituelle, den man ja nur in rechter Weise haben kann, wenn man auf das vorgeburtliche, nicht nur auf das nachtodliche Leben sieht, nicht gegeben worden ist.

Es ist in unserem Zeitalter eigentlich diese Lebenstragik vielfach vorhanden, und wir haben so vieles, was nicht vorhält für das ganze Menschenleben. Wir haben in unserem Zeitalter viel von jugendlichen Idealen, aber wenig von alten Idealen. Die Alten verlassen sich viel mehr auf den Staat und auf die Pension als auf das lebendige Leben, weil sie die Stütze von außen brauchen, weil sie das nicht finden können, was sie zu der ersten Hierarchie in Beziehung bringt.

Und so kommt es, daß, wenn wir richtig karmisch betrachten wollen, wir diese verschiedenen Glieder des Menschen, die aber ineinandergreifen, beachten müssen. Ich will jetzt nicht sagen, daß über das 49. Jahr hinaus das Leben geschenkt ist; wie gesagt, das werden wir noch betrachten. Aber wenn der Mensch die Lebensepochen (siehe Zeichnung Seite 193), diese ersten drei, diese zweiten drei und dann diese durchgemacht hat, dann lebt er zuerst so, daß er Beziehungen hat zur dritten Hierarchie. Er knüpft dann Beziehungen an, innerlich, unbewußt, zur zweiten Hierarchie, dann zur ersten Hierarchie. Darnach kann man erst beurteilen, inwiefern der Mensch den karmischen Impulsen in sich die Möglichkeit gibt, sich auszugestalten. Denn das erst, dieses Wissen von den Beziehungen zu den höheren Hierarchien, gibt das konkrete Menschenleben.

Angeloi, Archangelo, Archai sagen uns in unserem Unterbewußten gewissermaßen in den ersten drei Lebensepochen: Das alles hast du herübergetragen aus früheren Epochen, aus früherem Erdendasein, das mußt du auf dich nehmen. – In dem unbewußten Teil unseres Schicksalerlebens wird uns das gesagt. Und es tönt eigentlich immer in diesen drei Lebensepochen in uns schicksalsmäßig herein, namentlich von der Hierarchie der Angeloi: Saturn, Jupiter, Mars haben dies oder jenes über dich verhängt. Wir haben es aus ihren Kräften gelesen.

Dann folgt alles das, was von der zweiten Hierarchie kommt, aus dem Bereich der Sonne. Und endlich folgt dasjenige, was von der ersten Hierarchie in dieser Weise kommt aus dem Bereiche von Venus, Merkur, Mond. Und so wie uns namentlich die Angeloi im Unterbewußten in den ersten drei Epochen unseres Lebens zurufen: Das haben uns Saturn, Jupiter, Mars gesagt, daß dir im Leben das auszutragen vorgesetzt ist –, so finden sich dann von dem 28. Lebensjahr an in unserem Unbewußten die Seraphim, die ja eben auch im Unbewußten sprechen: Und das alles bleibt dir, weil du es nicht erfüllen kannst, weil du zu uns nicht heraufreichst, das bleibt dir, und du mußt es ins nächste Erdenleben hineintragen; du kannst es nicht ausgleichen, du hast die Stärke nicht dazu.

Unter dem Bewußtsein des Menschen sprechen die karmischen Mächte, die schicksalbildenden Mächte. Sie sprechen aus allen drei höheren Hierarchien. Und wenn wir Empfindung haben für das, was schicksalsmäßig in unser Leben eingreift, dann können wir auch hinter diesem Hinblicken auf unser Schicksal in heiliger Scheu ahnen, wie im Verlaufe unseres Lebens weben an diesem unserem Schicksale die Wesenheiten aller drei Hierarchien. Dann eigentlich betrachten wir unser Leben erst richtig.

Denn sehen Sie, wer wäre denn zufrieden, wenn er uns nach einem Menschen frägt, über den er etwas in bezug auf sein Erdenleben wissen will, weil er voraussetzt, daß wir etwas von ihm wissen – und wir sagen ihm: Der heißt Josef Müller. – Wir wissen ihm nichts zu sagen als den Namen. Er hat darauf gewartet, daß er über diesen Menschen etwas erfährt, was wahrhaftig mehr ist als der Name: Ereignisse aus seinem irdischen Leben, Aufschluß über Kräfte, Impulse, die aus dem irdischen Leben auf ihn gewirkt haben. Man kann sich nicht, wenn man von einem Menschen in bezug auf sein irdisches Leben etwas wissen will, mit dem bloßen Namen begnügen. Aber in unserem heutigen materialistischen Zeitalter begnügen sich leider die Menschen mit Bezug auf das, was hinter dem gewöhnlichen Bewußtsein steht und worin wirken Angeloi, Archangeloi, Archai, Exusiai, Dynamis, Kyriotetes, Cherubim, Seraphim und Throne – mit dem Namen «Mensch», noch dazu mit einem allgemeinen Namen «Mensch». Sie schauen nicht hin auf das Konkrete. Das aber muß eintreten, daß die Menschen lernen, auf das Konkrete wiederum hinzuschauen.

ZWÖLFTER VORTRAG

Dornach, 29. Mai 1924

Ich habe ja das letzte Mal Ihnen angeführt, wie der Mensch im Verlaufe seines Lebens zu den verschiedenen Hierarchien der höheren Welt steht, und ich möchte bemerken, daß alles, was da vorgebracht wird, doch zuletzt darauf führen wird, die Wirkung des Karma im menschlichen Leben und in der menschlichen Entwickelung immer besser und besser zu begreifen. Es sind also alles Vorbereitungen eigentlich zum Begreifen des Karma.

Ich habe angeführt, wie von der Geburt des Menschen bis ungefähr zum einundzwanzigsten Jahre die dritte Hierarchie ein besonderes Verhältnis zum Menschen hat, wie dann bei der Geschlechtsreife die zweite Hierarchie eintritt, Exusiai, Dynamis, Kyriotetes, wie diese hierarchischen Ordnungen dann weiterwirken von der Geschlechtsreife an bis zunächst zum einundzwanzigsten Lebensjahre im ersten Abschnitt, im zweiten Abschnitt bis zum achtundzwanzigsten Jahre, im dritten Abschnitt bis zum fünfunddreißigsten Jahre; wie aber schon im achtundzwanzigsten Jahre dann eine innere Beziehung zu der ersten Hierarchie der Seraphim, Cherubim und Throne eintritt, die dann fortwirken in ihrer ersten Phase bis zum fünfunddreißigsten Jahre, wo sie zusammenwirken mit der zweiten Hierarchie, dann in der zweiten Phase bis zum zweiundvierzigsten Jahre, und in der dritten Phase bis zum neunundvierzigsten Lebensjahre.

Nun kreuzt sich, möchte ich sagen, das, was so in den menschlichen Lebenslauf unmittelbar von der Hierarchienordnung eingreift, mit demjenigen, was im menschlichen Lebenslauf als Spiegelungen der geistigen Wesen des Planetensystems auftritt.

Wir wissen ja, daß jeder der Planeten, wenn wir auf sein äußeres physisches Scheinen hinschauen, eigentlich nur das Zeichen dafür ist, daß in der Richtung, aus der uns der Planet, der Stern überhaupt erscheint, eine Kolonie von geistigen Wesen vorhanden ist. Wir schauen zu einem Stern; aber dies, was wir im Stern glänzen, leuchten sehen, ist das äußere Zeichen, daß in dieser Richtung unser Seelenblick auf eine kosmische Kolonie geistiger Wesenheiten aufstößt. Wir stehen nun ja zu unserem Leben so, daß wir in unserem physischen Leib einen ätherischen Leib tragen. In dem Augenblicke, wo der Mensch zur imaginativen, übersinnlichen Erkenntnis aufsteigt, nimmt er ja alles das wahr, was er durch seinen Ätherleib wahrnehmen kann. Und ich habe Ihnen des öfteren angedeutet, wie dann der Mensch zurückschaut auf das Tableau seines Erdenlebens seit seiner Geburt, und wie gleichzeitig alle die Ereignisse und Kräfte, die er erlebt hat und die eingegriffen haben in sein Wachstum, in seine ganze physische, seelische und geistige Organisation, in einem mächtigen Panorama, in einem mächtigen Tableau, als wenn die Zeit zum Raume geworden wäre, vor der Menschenseele stehen. So das Leben zu überblicken lernt man, wenn man eben zur imaginativen Erkenntnis hinauf initiiert wird.

Nun aber, wenn die inspirierte Erkenntnis eintritt, dann kann man hinschauen auf diese reale Erinnerung an das Erdenleben, die ein Erinnerungstableau ist, und man erblickt dann, weil man ja in der inspirierten Erkenntnis das Imaginative unterdrückt hat, weil sozusagen die Ereignisse des Erdenlebens, auch insofern sie durch den Ätherleib wahrnehmbar sind, nicht mehr da sind, man überblickt dann ein Scheinen eines Höheren.

Also wenn ich schematisch dieses Zurückschauen des Menschen – statt des Seelenblickes zeichne ich den physischen Blick – bis zur Geburt hin in dieser Strömung andeute, so löscht sich diese Strömung in der inspirierten Erkenntnis aus, und es treten dann allerlei andere Gebilde auf.

Zunächst tritt auf etwas wie eine Offenbarung innerhalb dieser
Tafel 14 Strömung (siehe Zeichnung Seite 210, violett), und man merkt, wenn man sich orientieren lernt in der Inspiration, was da eigentlich erscheint.

Also verstehen Sie mich recht: Man blickt hin auf ein Tableau, das den menschlichen Erdenlauf enthält. In diesem Tableau ist gewissermaßen ein Teil; wenn man auf den hinblickt, so zeigt er sich nach der inspirierten Initiation so, daß das Erinnerungstableau zwischen der Geburt, also zwischen dem Nulljahre und dem siebenten Jahre, ausgelöscht ist, und an der Stelle, wo das Erinnerungstableau ausgelöscht ist, erscheinen dann alle die Taten, die dadurch entstehen, daß die Mondenwesen, von welchen ich Ihnen gesprochen habe, mit dem Menschen nach seinem Tode zu tun haben.

Was ich Ihnen zum Beispiel erzählt habe vom Erleben des Lebens nach dem Tode bei jener Persönlichkeit, die das Modell für den Strader in meinen Mysteriendramen ist, so wird das dadurch erlebt, daß man zuerst auf das Erinnerungstableau hinschaut, dann in der inspirierten Erkenntnis das Erinnerungstableau auslöscht. Wenn der Teil ausgelöscht wird, welcher der Zeit von der Geburt bis zum siebenten Jahre entspricht, dann treten diese Wirkungen auf, von denen ich Ihnen erzählt habe und die da darstellen das Zusammenwirken der Mondenwesenheiten (violett) mit der menschlichen Wesenheit nach dem Tode.

Diese Erfahrungen, die man machen kann dadurch, daß durchsichtig wird der Lebenslauf des Menschen von der Geburt bis zum siebenten Jahre und dadurch die Mondenwesenheiten, die Taten der Mondenwesenheiten durchscheinend werden, das, was da anschaulich wird, was da erfahren werden kann, das kann von jedem Initiierten am leichtesten geschaut werden.

Denn man kann ja, wie Ihnen begreiflich sein wird, in jedem Menschenalter die Initiation erfahren, nur nicht gerade wenn man ein ganz kleines Kind ist; Kinder bis zum siebenten Jahre werden ja gewöhnlich nicht initiiert. Und man muß, wenn man das, was ich jetzt beschreibe, durchschauen will, im Erdenleben über dieses Lebensalter hinausgewachsen sein. Nun ist jeder, der initiiert wird, natürlich über das siebente Lebensjahr hinausgewachsen. Daher ist dasjenige, was geschaut werden kann durch den Lebenslauf bis zum siebenten Jahre hindurch – also das, was der Mensch bei der Rückwärtswanderung, die der Zeit nach ein Drittel der Lebensdauer ausmacht, in dem Leben zwischen dem Tod und einer neuen Geburt durchmachen kann –, verhältnismäßig leicht zu erfassen.

Ein zweites zeigt sich, wenn wir dann denjenigen Teil der Rückschau sichtbar machen in der inspirierten Initiation, der den Lebensjahren von sieben bis vierzehn entspricht, dem Zeitalter der Geschlechtsreife. Da wird sichtbar alles das, was der Mensch nach dem

Tode dadurch durchlebt, daß er aus der Mondenregion aufsteigt in die Merkurregion (weiß).

Der Mensch steigt in die Merkurregion auf, nachdem er die Mondenregion durchgemacht hat. Aber will man eine Beziehung erkennen, herstellen zu Menschen, die in dieser Merkurregion sich befinden, dann muß man in dem Erinnerungstableau zum Auslöschen bringen den Zeitraum zwischen dem siebenten Lebensjahre, dem Zahnwechsel, und der Geschlechtsreife.

Wenn man dann den nächsten menschlichen Zeitraum zum Auslöschen bringt durch die inspirierte Erkenntnis und scheinen läßt dasjenige, was dann beim Auslöschen dieses Teiles scheinen kann, dann sind es die Erlebnisse und Tatsachen, die der Mensch durchmacht in der Region des Venusdaseins nach dem Tode (orange).

Tafel 14

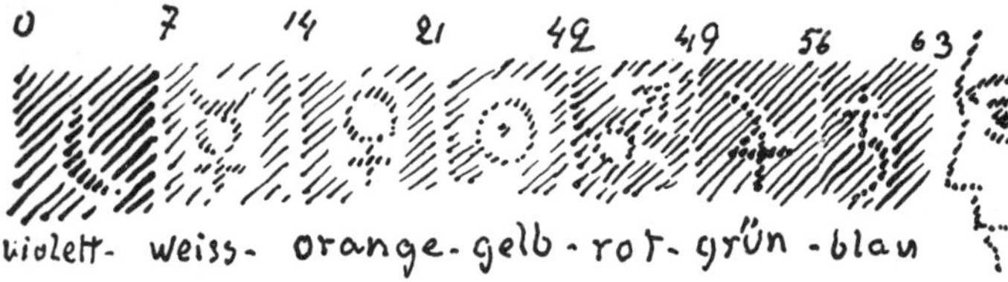

Und so schaut man gewissermaßen, wenn man zurückblickt auf diese erste menschliche Lebensepoche mit inspirierter Initiation, dasjenige, was im Makrokosmos, und dazu noch im geistigen Makrokosmos mit den Toten, mit den sogenannten Toten vorgeht.

Sie sehen zugleich aus dem, was ich hier sage, wie unendlich tief eine alte Wissenschaft in ihren Benennungen ist. Denn bei der Venus empfindet man gewöhnlich das Liebeselement schon in der Namengebung. Aber das Hinschauen auf die Venus entspricht dem Zeitalter des menschlichen Lebens, in dem die Geschlechtsreife eingetreten ist.

Dann ist ein Zeitraum, der dauert vom einundzwanzigsten Jahre bis zum zweiundvierzigsten Lebensjahre (gelb). Wenn man mit inspirierter Initiation in diesen Zeitraum hineinschaut, dann erlebt man dasjenige – man kann es wenigstens erleben –, was ein Toter in der weitaus größten Zeit seines Lebens zwischen dem Tod und einer neuen Geburt durchmacht, was er durchmacht dadurch, daß er mit den Sonnenwesen in einem Verhältnisse ist. Das Sonnendasein zwischen Tod und neuer Geburt wird anschaulich durch diese Zeit.

Die Sonne ist ein so mächtiger Himmelskörper, enthält so viele geistige Kräfte und geistige Wesenhaftigkeiten, daß, um den Menschen alles überblicken zu lassen, was von der Sonnenwesenheit, von der geistigen Sonnenwesenheit ausgehend auf ihn Einfluß hat zwischen dem Tod und einer neuen Geburt, dieses die Auslöschung eines dreimal so großen Zeitraumes wie die anderen sind, umfassen muß: also des Zeitraumes vom einundzwanzigsten bis zum zweiundvierzigsten Lebensjahre. Sie werden aber zugleich einsehen, daß Initiierte erst dann, wenn sie über das zweiundvierzigste Lebensjahr hinausgekommen sind, auf den ganzen Zusammenhang des Menschen mit den Sonnenwesen zwischen dem Tod und einer neuen Geburt zurückblicken können. Dieser Zusammenhang ist früher eigentlich nicht durchschaubar. Und es bedeutet schon auch für die geistige Anschauung viel, älter zu werden. Gewisse Dinge sind eben erst nicht nur bei einer gewissen Initiation, sondern einfach bei einer gewissen Lebensreife schaubar.

So ist wiederum ein Zeitraum im menschlichen Leben der vom zweiundvierzigsten bis zum neunundvierzigsten Lebensjahre (rot). Wir nähern uns durch die Sache selbst, meine lieben Freunde, dem, worauf ich im letzten Vortrage hier zielte, denn mit dem neunundvierzigsten Jahre hört ja die Möglichkeit auf, in direkten Beziehungen zu den Hierarchien zu stehen. Das haben Sie aus meinen Ausführungen entnommen.

Wir werden nun in der nächsten Zeit hinschauen auf das, was diejenigen machen, die über neunundvierzig Jahre sind. Wenn wir noch das, was sich mit der Gliederung von dazumal kreuzt, heute auf unsere Seelen wirken lassen – da muß man natürlich schon fünfzig oder mehr Jahre alt geworden sein –, wenn wir also zurückblicken auf den Lebenszeitraum vom zweiundvierzigsten bis neunundvierzigsten Lebensjahre, dann erblicken wir alles das, was durchgemacht werden kann vom Menschen nach dem Tode, von den Wesenheiten her, die den Mars bewohnen.

Da aber beginnt schon diejenige Region, wo gesorgt wird von der geistigen Welt aus für eine bedeutsame Individualisierung des Menschenwesens auf Erden im Karma. Sie haben ja gesehen, wie in jenem Leben, welches der Mensch nach dem Tode unmittelbar anschließend an das Erdenleben in einem Drittel der Zeit zwischen dem Tode und einer neuen Geburt durchmacht, sich das Karma vorbereitet. Aber das Karma wird nach und nach ausgearbeitet. Und auch darüber habe ich schon Andeutungen gemacht, wie das Karma ausgearbeitet wird: es wird ausgearbeitet im Verein mit höheren Wesenheiten.

Nun gibt es Menschen, die ihr Karma besonders ausarbeiten in der Merkurregion, in der Venusregion, in der Sonnenregion, aber auch solche Wesenheiten, die es in der Marsregion ausarbeiten.

Solche Wesenheiten, solche Menschen, die sich durch ihre früheren Erdenleben etwas in die geistige Welt bringen, was besonders in der Marsregion ausgearbeitet werden muß, solche Menschen zeigen dann die Ergebnisse dessen, was in der Marsregion ausgearbeitet wird, in ihrem nächsten Erdenwandel. Und dafür lassen Sie mich ein Beispiel anführen, meine lieben Freunde.

Sehen Sie, da war eine Persönlichkeit, in der Zeit allerdings, in der schon der Mohammedanismus gewirkt hatte, wo der Mohammedanismus schon seine Zivilisationsausstrahlungen über Asien, Nordafrika bis nach Spanien herein gesandt hatte, eine Persönlichkeit, welche dazumal ihre geistige Entwickelung zunächst an einer ähnlichen Schule Nordafrikas durchmachte – die aber schon in der Dekadenz war –, wie diejenige war, die einmal viel früher der heilige Augustinus durchgemacht hat, eine Persönlichkeit, die ganz in jenem Sinne und Stile in Nordafrika studierte.

Nun muß man sich vorstellen, daß das Studieren in jener Zeit doch etwas anderes war, als es heute ist. Heute würde man von dem, was so viele Jahrhunderte zurückliegt wie das Studium des heiligen Augustinus hinter dem Studium jener Persönlichkeit in Nordafrika, von der ich hier spreche, nicht mehr viel hören. Aber dazumal waren ja eigentlich noch, namentlich in Nordafrika, Mysterienstudien möglich, wenn auch von schon verfallenden Mysterien. Und die Persönlichkeit, die ich meine, hat solche Mysterienstudien durchgemacht, durchgemacht also all das, was man erfahren konnte durch ein solches Studium über die Selbständigkeit der Menschenseele, über die Regionen, welche die Menschenseele erlebt, wenn sie wahrnimmt frei vom Leibe und so weiter. Aber diese Persönlichkeit zog dann mit den mohammedanischen Zügen nach Spanien herüber, nahm da viel auf von der damals schon in Spanien transformierten mohammedanisch-asiatischen Gelehrsamkeit, nahm namentlich auch viel auf von dem, was durch die Juden überallhin verbreitet wurde, nahm auf nicht jene Kabbalistik, welche dann später im Mittelalter so viel gepflegt worden ist, aber eine ältere Form der Kabbalistik. Und so wurde sie in der ersten Zeit nach den mohammedanischen Zügen eine Persönlichkeit, die stark im Geistesleben dieser mohammedanischen Richtung drinnen war, aber auf eine besondere Art: rechnend, berechnend, auf kabbalistische Art.

Dann wurde dasselbe durchlebt in einer späteren, weiblichen Inkarnation, wo es innerlich vertieft wurde, wo es weniger durch den Kopf als in das Herz aufgenommen wurde.

Dann aber ging dieselbe Individualität im 18. Jahrhundert über in diejenige Persönlichkeit, die nun weltberühmt geworden ist für das Franzosentum, in *Voltaire*. Wir sehen also diese Individualität in Voltaire wieder erscheinen.

Wenn man nun hinblickt auf das, was Voltaire, bevor er Voltaire geworden war, auf der Grundlage seiner früheren Inkarnationen auf der Erde durchgemacht hat in dem Leben zwischen dem Tod und einer neuen Geburt, dann findet man, daß diese Individualität ganz besonders alles das, was sie da erobert hatte durch die nordafrikanischen Studien, durch die kabbalistische Durchtränkung dieser Studien, weiter ausgebildet hat in der Marsregion in der zweiten Hälfte des Lebens zwischen dem Tod und einer neuen Geburt. Und mit der Umarbeitung, mit der Metamorphose, die aus der Marsregion kommen kann, kam dann Voltaire eben als Voltaire in das 18. Jahrhundert herein.

Und so konnte ich Ihnen als ein Beispiel für eine karmische Entwickelung, die zwischen dem Tode und einer neuen Geburt insbesondere in der Marsregion ausgearbeitet wird, ihn anführen.

Mars macht alles das, was er ausbildet, sei es auf dem Gebiete der physischen, der seelischen oder geistigen Tugenden, Mars macht alles aggressiv. Aber nicht nur aggressiv, sondern auch kriegerisch. Das Kriegerische besteht ja, sonst könnten Kriege nicht geführt werden, nicht nur darinnen, daß man vorgeht, sondern auch darinnen, daß man zurückweicht. Ich glaube, das ist ja anschaulich genug geworden während des Weltkrieges.

Schauen Sie sich das ganze Leben des Voltaire an: es ist ein Leben, das seelische Tüchtigkeiten ausbildete, aber auf Schritt und Tritt ein Leben des Vorstoßes, der Aggressivität, und ein Leben des Zurückweichens. Manchmal fast waghalsig vorstoßend, manchmal bis zur Feigheit im Zurückweichen gehend.

Es ist viel besser, an Beispielen, die man dann an der Lebensprägung studieren kann, solche Dinge zu studieren als in der Theorie, deshalb führe ich solche Beispiele an.

Wenn der Mensch dann – man muß dafür schon ein gut Stück älter geworden sein als für das Vorhergehende – sein Leben durch seinen Lebensabschnitt vom neunundvierzigsten bis zum sechsundfünfzigsten Lebensjahre mit inspirierter Initiation durchschaut, so gelangt er zur Erkenntnis alles dessen, was von den Wesen der Jupiterregion (grün) in Menschen bewirkt werden kann, die das Leben durchmachen zwischen dem Tod und einer neuen Geburt.

Wenn man mit diesen Wesenheiten der Jupiterregion bekannt wird, so bekommt man eigentlich einen merkwürdigen Eindruck. Zunächst ist man als Mensch – man muß natürlich älter geworden sein als sechsundfünfzig Jahre, wenn man diesen Eindruck haben will – frappiert darüber, daß es solche Wesenheiten gibt wie diejenigen, die mit der Jupiterregion zusammenhängen – ich meine als Mensch auf der Erde, nicht als Mensch zwischen Tod und neuer Geburt, denn da hat man es ja mit diesen Wesenheiten zu tun. Es sind Wesenheiten, die nichts zu lernen brauchen, weil in dem Augenblicke, wo sie sich bilden – ich kann nicht sagen «geboren» werden, Sie werden gleich sehen, warum –, sie schon als höchst weise Wesen gebildet werden. Sie sind nie dumm, sie sind nie unweise, sie werden so gebildet, wie die Menschen auf Erden oftmals auch gebildet sein möchten: wenn sie die Wohltat des Unterrichtes nicht zu schätzen wissen, möchten sie vielleicht auch gleich weise geboren sein. Aber diese Wesenheiten auf dem Jupiter werden überhaupt nicht geboren, sondern sie entstehen aus dem ganzen Jupiterorganismus heraus. Etwa so, wie bei uns die Wolken sich bilden aus der Atmosphäre, so entstehen diese Wesenheiten aus dem Ganzen des Jupiter heraus und entstehen so, daß man sie eigentlich als die verkörperte Weisheit ansehen kann, wenn sie einmal entstanden sind. In der Jupiterregion selbst sterben sie auch nicht, sondern sie verwandeln sich. Der Jupiter ist nämlich eigentlich webende Weisheit. Stellen Sie sich meinetwillen vor, daß sie vom Rigi herunterschauen und da die webenden Wolken sehen, und denken Sie sich, Sie hätten den Eindruck, daß das nicht webende, wässerige Wolken sind, sondern webende Weisheit selber, webende Gedankenbilder, die aber Wesenheiten sind, dann haben Sie den Eindruck vom Jupiter.

Nun möchte ich Ihnen wiederum an einem Beispiel zeigen, wie das Karma besonders ausgebildet werden kann in dieser Region des Jupiter.

Da war eine wißbegierige Persönlichkeit, die in den letzten Zeiten der mexikanischen Kultur in dem ganz dekadent gewordenen, zauberisch-abergläubisch gewordenen mexikanischen Mysterienkulte gelebt hat, eine wißbegierige Persönlichkeit, die alles, alles genau studierte.

Ich bin dadurch darauf gekommen, daß ich vor einer Reihe von Jahren einen merkwürdigen Menschen kennenlernte, der jetzt noch so ist, daß er in primitiver Weise das, was in abergläubischen, in dekadenten Vorstellungen der mexikanischen Mysterien vorhanden ist, studiert. Das hat keine Bedeutung, denn wer das in der Gegenwart studiert, studiert eben einfach abergläubisches Zeug: das ist ja alles dekadent heute. Aber jene frühere Persönlichkeit, die ich meine, hat schon vor der Entdeckung, der sogenannten Entdeckung Amerikas, als die mexikanische Zivilisation noch blühte, aber doch schon als Mysterienzivilisation im Ableben begriffen war, dort alles mit rasendem Eifer kennengelernt. Heute weiß man ja nicht viel mehr als die Namen und ein paar Bilder, wenn von Taotl, Quetsalkoatl, Tetzkatlipoka, also von diesen Wesenheiten der mexikanischen Mysterien gesprochen wird. Aber diese Persönlichkeit, die durchaus noch wußte, wie Toatl eine Wesenheit ist, die als eine Art kosmischer Allgeist in allen Wolken webt, in allen Wassern brandet, im Regenbogen scheint, im Blitz und Donner lebt, die aber auch unter gewissen Voraussetzungen durch

Kulthandlungen in geweihtes Wasser hereingebracht werden kann, diese Persönlichkeit wußte auch, wie Quetsalkoatl eine Art Gottheit war, die den Menschen lebendig erfassen konnte in seiner Blutzirkulation und in seinem Atemwirken. Also dieses Lebendige der mexikanischen Zivilisation nahm diese Persönlichkeit auf.

Nun wurde sie später wiedergeboren ohne weibliche Zwischenstufe. Sie war Mann in Mexiko, war Mann dann wiederum, als sie geboren wurde, ohne weibliche Zwischenstufe. Aber in dem Leben zwischen dem Tod und einer neuen Geburt ging sie so durch die übersinnliche Region, daß sie in ihrer karmischen Entwickelung – was wiederum durch frühere Erdenleben, wo diese Persönlichkeit woanders war als in Mexiko, bedingt war – namentlich dasjenige, was sie in Mexiko erlebt hatte an Abergläubischem, aber doch noch vollsaftig aus früheren Zivilisationen Erfülltem, durch die Jupiterregion trug. Das, was sie da erlebt hat, das ging durch die Jupiterregion, nahm Weisheitsgestalt an, aber eine Weisheitsgestalt, die eigentlich automatisch ist im Verhältnisse zu dem, was der Mensch an Weisheit durch seine eigene Individualität erwerben soll. Weisheit, wenn sie sich so, wie sie auf dem Jupiter lebt und webt, im karmischen Ausarbeiten zwischen dem Tod und einer neuen Geburt über irgend etwas ergießt, das der Mensch früher im Erdenleben durchgemacht hat, läßt aus alledem eben auch auf der Erde noch Weisheit erglänzen. Aber diese Weisheit hängt dann von dem ab, was man im Erdenleben durchgemacht hat.

Und die Individualität, die ich meine, sie ist dieselbe, die dann später als *Eliphas Lévi* in der neueren Zivilisaton geboren wurde. Eliphas Lévi hat also sein früheres Erdenleben durchgemacht innerhalb der mexikanischen Kultur, ist durch die Weisheitsregion des Jupiter hinübergegangen. Da wurde gewissermaßen noch einmal durchgearbeitet diese mexikanische dekadente Kultur, und wenn Sie heute die Bücher von Eliphas Lévi lesen, so werden Sie über etwas außerordentlich Primitives etwas stark Weises ausgegossen finden. Derjenige, der in solche Dinge eindringen kann, sagt dann: Ganz Jupiter, aber minderwertiger Jupiter.

Und wenn man nun – ich darf ja von diesen Dingen auch reden – den Lebenslauf überblicken kann vom sechsundfünfzigsten bis dreiundsechzigsten Lebensjahre, Sie sehen, da reicht man schon mit der Nasenspitze an die Sache heran (blau), dann schaut man in diejenigen Wirkungen hinein, welche ausgehen auf den Menschen zwischen dem Tod und einer neuen Geburt vom Saturn, von den Saturnwesenheiten. Das ist ein noch überraschenderer Anblick, ein bestürzender Anblick, und eigentlich schon ein Anblick, der Schmerz macht.

Diejenigen Wesenheiten, die mit dem Saturn in Beziehung stehen, das sind solche, welche sich durch ihre eigene Natur nicht um das kümmern, was sie gegenwärtig tun; das tun sie gewissermaßen ganz unbewußt, unter der Gewalt viel höherer Götterwesen, in deren Schoß sie sich in ihrem reifen Alter begeben haben. Aber sobald sie etwas getan haben, dann steht es mit einer furchtbar stark wirkenden Erinnerung da.

Versetzen Sie sich nur einmal in die Lage: Was Sie auch immer tun, ich will nicht die einzelnen Berufe aufzählen, aber stellen Sie sich vor: Was Sie auch immer tun, Sie merken es gar nicht, solange Sie es tun, aber sobald sie es getan haben, steht es da vor Ihrer ganz lebendigen Erinnerung wie ein ungemein lebendiges Bild. Also denken Sie sich meinetwillen einen Sänger: Er singt, aber er weiß nichts davon, er wird nur von den Göttern so verwendet, daß er singt. Denken Sie sich ein großes Auditorium, das hört zu: Er merkt gar nichts davon, solange er singt; die wissen alle gar nichts, weder von sich, noch von dem, was sie erleben. In dem Augenblick, wo das Konzert aus ist, da steht das Ganze da und geht auch nicht mehr weg, bleibt, bildet den Inhalt des Lebens. Das ist man dann. Man ist überhaupt nur Vergangenheit auf dem Saturn.

Es ist schon so, wie wenn Sie als Mensch auf der Erde gehen würden – denken Sie sich, Sie gehen, Sie merken nichts von sich, wenn Sie sich anschauen, aber wenn Sie weitergegangen sind einen Schritt, so steht ein Schneemännchen da von dem, was Sie da waren. Jetzt merken Sie wieder nichts, gehen weiter: dahinter steht wieder ein Schneemännchen. Das geht immer weiter, Ihnen nach, und dazu sagen Sie Ich, zu all diesen Schneemännchen. Wenn Sie das ins Geistige nun umgesetzt denken, so haben Sie das Wesen der Saturnmenschen. Und mit diesen Wesenheiten, die also ganz in der Vergangenheit mit ihrem Sein leben, mit denen hat es der Mensch auch zwischen seinem Tode und einer neuen Geburt zu tun. Und es kann Menschen geben, die es insbesondere in der Ausarbeitung ihres Karma mit diesen Saturnwesen zu tun haben.

Das Schicksal solcher Wesenheiten kann man nur auseinandersetzen, wenn man eben auf den Zeitraum in seinem Sein zurückblickt, der zwischen dem sechsundfünfzigsten und dreiundsechzigsten Lebensjahre liegt. Ich möchte Ihnen auch da ein Beispiel geben, damit Sie sehen, wie die Dinge, die karmisch in einem Menschenleben auftreten, zurückweisen auf das, was im Übersinnlichen zwischen dem Tod und einer neuen Geburt auftritt.

Ich habe Sie einmal vor nicht allzulanger Zeit auf dasjenige verwiesen, was in den bewundernswerten, aber auch schwer zugänglichen – weil sie einen zurückstoßen, wie ich dazumal gesagt habe – hybernischen Mysterien vorgegangen ist, wie großartig das war, was die hybernischen Mysterien Irlands geboten haben. Ich setzte da auseinander, wie der Mensch hingeführt wurde, nachdem er alle Zweifel und Unsicherheit im Leben kennengelernt hatte, vor zwei Statuen. Die eine Statue bestand aus einem Stoff, der ganz elastisch war, und man mußte diese Statue immerfort betupfen und berühren. Das machte einen ungeheuer schauderhaften, schaudererregenden Eindruck, wenn man so Löcher hineingebohrt hatte in die Statue: es war so, wie wenn man immerfort – was ja auch etwas Furchtbares ist für einen zarten Menschen – in Lebendes, ich kann nicht sagen in einen Leichnam, aber in lebendes Fleisch hineinschneiden müßte. Das war das eine.

Das andere war die Statue, die alles behielt, was man in sie eindrückte, und die erst dann in der Zwischenzeit zwischen zwei Vorführungen des zu Initiierenden wiederum ergänzt, ausgebessert wurde.

Nun schildere ich Ihnen all das Großartige, was die Menschen, die initiiert wurden in Hybernias Mysterien, erlebten in bezug auf den Mikrokosmos, den Menschen selber, sowie in bezug auf die große Welt, den Makrokosmos. Das waren große, gewaltige Eindrücke, Eindrücke von unbeschreiblicher Größe.

Einer derjenigen, die mit einem besonderen inneren Eifer daran teilgenommen haben und der es bis zu einem hohen Grade der Initiation in diesen hybernischen Mysterien gebracht hat, hatte dann – nach seinen früheren Erdenleben, die wiederum die Bedingungen dazu abgegeben haben, daß dieses Erdenleben, das er in den hybernischen Mysterien durchmachte, eben so verlief –, der hatte insbesondere durch die Saturnregion durchzugehen. Es waren ja Empfindungen von unbeschreiblicher Größe, ich habe Ihnen damals, als ich Ihnen diese Dinge schilderte, gezeigt, wie die hybernischen Mysterien einen Anteil hatten an dem geistigen Erschauen des Mysteriums von Golgatha, ohne daß sie irgendwie in einer physisch-räumlichen Beziehung zu diesem Mysterium von Golgatha standen. Einer derjenigen, die alles das ganz besonders stark empfindungsgemäß durchgemacht haben, wurde dann wiedergeboren in unsere Zivilisation herein.

Nun denken Sie sich, was dieser Mensch da gemacht hat, indem sein letztes Karma verarbeitet wurde in der Saturnregion. Alles hat sich ihm in das Licht der Vergangenheit gestellt. Er erblickte dasjenige, was er in den hybernischen Mysterien durchgemacht hatte, in dem Lichte, das ihm aufglänzen konnte, indem die Saturnwesen ein Licht über all das warfen, was weit zurückgeht, was grandiose Bilder der vorirdischen Zeiten, schon der Monden-, der Sonnenregionen in ihm erweckte.

Als er dann wiedergeboren wurde, verwandelte sich für ihn das, was so die Nuance, das Kolorit des Vergangenen vor der Erdeninkarnation hatte, in mächtige, in die Zukunft hineinleuchtende, idealistische, aber visionär-idealistische Bilder, die dann in höchster Romantik zum Vorschein kamen.

Kurz, diese in die hybernischen Mysterien einmal eingeweihte Individualität ist als *Victor Hugo* in unsere Zeit – das heißt im weiteren Sinne in unsere Zeit – wieder hereingeboren worden. Das Victor Hugo-Leben zeigt in seiner Romantik, in der ganzen Art und Weise, wie es konfiguriert ist, die Ausarbeitung des Karma in der Saturnregion.

Das sind kleine Beiträge zu der Entstehungsweise, zu der Bildungsweise des Karma. Wie gesagt, man lernt sie am besten kennen, wenn man sie eben an Beispielen kennenlernt. Denn wie solches Karma wie das von Voltaire, Eliphas Lévi, Victor Hugo ausgearbeitet wurde, das ist schon etwas, was am interessantesten und intensivsten hineinführt in die Erkenntnis des Zusammenhanges der eigenen Wesenheit des Menschen und der makrokosmischen geistigen Wesenheit bei der Ausarbeitung des Karma zwischen dem Tod und einer neuen Geburt.

DREIZEHNTER VORTRAG

Dornach, 30. Mai 1924

Die Betrachtung der karmischen Zusammenhänge im Menschenleben erfordert in der Tat das völlige Verständnis von gesetzmäßigen Verhältnissen in der Welt, die der heutige Mensch mehr oder weniger ungewohnt ist. Denn es handelt sich ja darum, daß in die karmischen Zusammenhänge, die von einem Erdenleben in das andere hinübergreifen, Gesetzmäßigkeiten hineinwirken, die geistiger Art sind, geistiger Art so, daß man sie schon verkennt, wenn man nur im geringsten Grade daran denkt, daß es sich um eine Verursachung handelt, die in irgendeiner Beziehung ähnlich sei derjenigen, die wir sonst in der Welt finden, wenn wir von Ursache und Wirkung sprechen.

Man muß eigentlich zunächst ganz genau einsehen, was im Inneren des Menschen vor sich geht hinter dem gewöhnlichen Bewußtsein, wenn man ein Verständnis für dasjenige gewinnen will, was karmische Zusammenhänge sind. Und ein Verständnis für das, was hinter dem gewöhnlichen Bewußtsein liegt, kann eigentlich nur die Betrachtung des menschlichen Wesens geben, wie es sich der übersinnlichen Erkenntnis, der Initiationserkenntnis darbietet.

Gehen wir deshalb, namentlich um gewisse Dinge weiterzuführen, die in den letzten Vorträgen hier angedeutet worden sind und die dann in ihrer weiteren Ausführung zum vollständigen Verständnis des Karma führen werden, heute einmal darauf ein, wie der Mensch, wenn er aufsteigt zur imaginativen, zur inspirierten, zur intuitiven Erkenntnis, immer mehr und mehr die Möglichkeit gewinnt, einzusehen, wie er selbst als Mensch eigentlich im gesamten Kosmos drinnensteht.

Es ist ja öfter, sogar in öffentlichen Vorträgen, hervorgehoben worden, daß durch diese imaginative Erkenntnis ein Lebenstableau für das gegenwärtige Erdenleben sich vor dem Menschen ausbreitet, daß der Mensch sein Leben in gewaltigen Bildern überschaut, daß er dabei gerade dasjenige überschaut, was die gewöhnliche Erinnerung nicht geben kann.

Man kann sagen: Bei dieser Überschau, die ja aus dem Streben nach imaginativer Erkenntnis hervorgeht, ist der Mensch zunächst ganz in seinem physischen und ätherischen Leibe drinnen. Er macht sich durch die entsprechenden Übungen nur ganz unabhängig von alldem, was aus dem physischen Leibe heraus Eindrücke vermittelt. Der Mensch wird also durch die imaginative Erkenntnis unabhängig von seinen Sinneseindrücken, unabhängig von seiner Verstandeserkenntnis. Er lebt im Erkennen nur im ätherischen Leibe. Dadurch hat er dieses Erinnerungstableau.

Also wir können sagen: Der Mensch lebt im Übersinnlichen, aber er lebt im Übersinnlichen so, daß er sich innerlich losgetrennt hat von seinem physischen Leibe. Sehen Sie, diese imaginative Erkenntnis wäre eigentlich gar nicht so schwierig zu erringen, wie es bei den meisten Menschen tatsächlich der Fall ist, wenn mehr Neigung dazu vorhanden wäre, den innerlichen Zusammenhalt des ganzen seelischen Lebens mit dem physischen Leibe zu durchbrechen.

Natürlich, man kann verhältnismäßig leicht dasjenige durchbrechen, was an die unmittelbare sinnliche Auffassung geknüpft ist. Aber denken Sie sich nur, daß der Mensch ja mit seinem physischen Leibe auch durch die Seelenverfassung zusammenhängt, die er sich im Erdenleben aneignet. Wir sind ja, wenn wir in Lebensstimmungen sind für den physischen Plan, abhängig auch von dem physischen Leibe. Lebensstimmungen sind durchaus auch durch den physischen Leib bedingt. Wenn der Mensch dies oder jenes seinem Können, seinen Talenten, seiner sonstigen inneren Seelenverfassung zuschreibt, so hängt das alles mit seinem Erleben im physischen Leibe zusammen. Von alldem muß man, will man wirkliche imaginative Erkenntnis erlangen, frei werden. Wenn man nur eine Minute lang wirklich frei wird, so weiß man schon, was imaginative Erkenntnis ist, und dann eröffnet sich schon allmählich das Lebenstableau.

Nun müssen Sie diesen Unterschied ins Auge fassen zwischen «mit dem physischen Leibe verbunden sein und dadurch drinnen sein im physischen Leibe», und «nicht mit dem physischen Leibe verbunden sein und doch drinnenstecken im physischen Leibe.» Das ist ein Unterschied, und das macht gerade die imaginative Erkenntnis aus: drinnen steckenbleiben im physischen Leibe, gar nicht herausgehen, aber dennoch unabhängig werden von ihm.

Wenn Sie selber mit Ihrem seelisch-geistigen Leben im physischen Leibe bleiben, dann ist das so, daß Sie ihn ausfüllen, auch wenn Sie nicht mit ihm verbunden sind. Sie füllen ihn aus. Ich möchte schematisch dieses so zeichnen.

Nehmen wir die gewöhnliche tägliche Lebensverfassung des Men-
Tafel 15 schen an. Nehmen wir an, das sei der physische Leib (Zeichnung a, außen, hell), das sei der ätherische Leib (lila) und das sei das Geistig-Seelische (gelb). Nun ist das in der folgenden Weise: Der Mensch hängt überall mit Muskeln, Knochen, Nerven von seinem ätherischen Leibe aus mit dem physischen Leibe zusammen. Diese Zusammenhänge sind überall da von dem ätherischen Leibe zu dem physischen Leibe. Denken Sie sich also, damit wir einen Vergleich haben: Sie haben ein poröses Tongefäß und schütten eine Flüssigkeit hinein, die Flüssigkeit füllt die Poren dieses porösen Tongefäßes aus. Es ist also die Flüssigkeit ausgelaufen in das poröse Tongefäß.

Nun kann es aber auch so sein, daß Sie nicht ein poröses Tongefäß haben, sondern ein solches, welches gar nichts von der Flüssigkeit in sich aufnimmt; dann wird die Flüssigkeit nur eben darinnen sein in dem Tongefäß, gar keine Verbindung mit dem Inneren der Wände des Tongefäßes selber haben. So ist der Mensch in der imaginativen Erkenntnis in seinem Leibe drinnen, aber der Ätherleib geht nicht in die Muskeln, in die Knochen und so weiter hinein. So daß ich das dann so zeichnen kann: Physischer Leib (siehe Zeichnung b); der Ätherleib bleibt aber jetzt für sich, und da drinnen ist das Geistig-Seelische des Menschen. Es ist nur im Inneren des Menschen der Ätherleib herausgehoben. Die Folge dieses Heraushebens muß natürlich zur Wahrnehmung gelangen, wenn man wiederum in den alten Zustand zurückkommt. Daher ist es nur natürlich, daß der Mensch, wenn er wirklich sich bemüht herauszukommen aus seinem physischen Leibe und dennoch drinnenbleibt, wie es bei der imaginativen Erkenntnis der Fall ist, daß er sich nicht nur ermüdet, sondern schwer fühlt, daß er seinen physischen Leib dann stark fühlt, weil er ja wiederum hineinkriechen muß.

Das ist so für das imaginative Erkennen, nicht aber für das inspirierte Erkennen. Das inspirierte Erkennen, das bei leerem Bewußtsein, wie ich Ihnen auseinandergesetzt habe, eintritt, dieses inspirierte Erkennen bewirkt, daß der Mensch mit seinem Geistig-Seelischen außerhalb seines physischen Leibes ist. Das ist also (Zeichnung c) das Geistig-Seelische außerhalb des physischen und des Ätherleibes.

Tafel 15

Die äußere Konfiguration muß also sein wie im Schlaf. Der Mensch muß mit seinem Ich und mit seinem astralischen Leib ganz außerhalb des Ätherleibes sein können. Dann erst tritt die inspirierte Erkenntnis ein.

Wenn aber jetzt der Mensch wiederum zurückkehrt in seinen physischen und Ätherleib, dann merkt er, daß in diesem physischen und Ätherleib etwas darinnen ist, daß dieser physische und Ätherleib gar nicht so sind, wie man sie sonst erfaßt, sondern daß da etwas darinnen ist. Das ist sehr wichtig. Und es ist deshalb sehr wichtig, weil eigentlich dadurch, daß man das weiß, der ganze Vorgang der Initiation bezeichnet wird.

Man gelangt ja zunächst dazu, eine gewisse Schwierigkeit zu haben, nach der Inspiration wiederum in den physischen Leib zurückzukommen, weil man eigentlich das Gefühl hat, man taucht in etwas ganz anderes unter als das, in dem man gewöhnlich als in seinem physischen und in seinem Ätherleib drinnensteckt.

Nun erinnern Sie sich, daß ich Ihnen gestern gesagt habe: Wenn man zurückblickt und das Erinnerungstableau hat, und dieses Erinnerungstableau dann durch die inspirierte Erkenntnis auslöscht, wenn man also in der inspirierten Erkenntnis ist, dann nimmt man eben in der inspirierten Erkenntnis wahr, was da drinnen ist im physischen Leibe. Man nimmt nämlich wahr, wenn man auslöscht das Erinnerungstableau für die Zeit von der Geburt bis zum siebenten Jahre, bis zum Zahnwechsel: In diesem physischen Leibe war eine Engelwesenheit drinnen. Man nimmt eine dritte Hierarchie in einem Wesen wirklich wahr. So daß der Tatbestand dieser ist: Man gelangt aus seinem physischen Leib heraus, kommt wiederum in diesen physischen Leib als in sein menschliches Haus zurück, und siehe da, man trifft seinen Engel drinnen, wenn man auf die Zeit von der Geburt bis zum siebenten Lebensjahre zurückblickt.

Sehen Sie, solche Tatsachen wurden schon einmal in der Menschheitsentwickelung gewußt, und zwar zu verschiedenen Zeiten in verschiedener Weise gewußt im alten instinktiven Hellsehen, und mit solchen Tatsachen rechnete man bei gewissen Veranstaltungen des menschlichen Lebens.

Man hatte ja in alten Zeiten durchaus das Bewußtsein, daß man die Namengebung einrichtet nach geistigen Tatsachen. Heute ist es den Leuten in der Regel gleichgültig, was ihre Kinder für Namen bekommen. Für manchen ist ja nur ein Gesichtspunkt der, daß die Sache schön klingt und dergleichen. Manchmal ist sogar eine gewisse Koketterie bei der Namengebung da. Es gefällt den Leuten der Name. Es gab alte Zeiten, in denen die Namengebung zusammenhing mit einer Beziehung, die man sich dachte, mit einer Beziehung des Kindes zur geistigen Welt. Nehmen Sie zum Beispiel ein Zeitalter an, in dem man eine prophetische Wesenheit mit Namen Elisa verehrt hat: da hat man gewisse weibliche Kinder genannt Elisabeth, das heißt das Haus des Elisa. Und so ist ausgedrückt gewesen, daß man dieses Kind in die Welt hereingesetzt hat unter der Voraussetzung, daß man sich dadurch die Gnade des betreffenden Propheten sichern wollte. Und so sind die Namen gegeben worden in dieser Absicht.

Warum? Weil man gewußt hat, daß der Mensch, wenn er außer seinem Leibe ist und wieder in seinen Leib zurückkehrt, daß er dann eigentlich wird zum Träger, daß er sich sieht als den Träger geistiger

Wesenheiten. Und der ganzen Vorstellung, daß insbesondere Kinder von ihrem Engel geschützt werden, der liegt zugrunde, daß man bei der Initiation, wenn man auf diese Zeit von der Geburt bis zum siebenten Jahre zurückblickt, das erlebt, was ich gestern dadurch charakterisiert habe, daß ich sagte: Wenn man im Erinnerungstableau diese Zeit auslöscht, so scheint die Hierarchie der Angeloi durch, beziehungsweise die Mondenverrichtungen. – Ich sagte gestern schon: Das ist etwas verschoben, aber auf das alles werden wir zu sprechen kommen. – Also man sieht das zugleich dann als etwas, das im Menschen drinnensteckt.

Und wiederum, wenn man zum Beispiel auf dasjenige zurückblickt, was vom siebenten bis vierzehnten Jahre liegt, und dann zurückkehrt in seinen Leib, so findet man eine Erzengelwesenheit. Diese Erzengelwesenheit ist natürlich auch von der Geburt bis zum siebenten Jahre darinnen. Man findet sie nur nicht, wenn man nur auf diesen Zeitraum zurückblickt von der Geburt bis zum siebenten Lebensjahre. Und so ist es, daß man bei dieser Rückkehr von außerhalb des Leibes in den Leib hinein gewahr wird: Da drinnen sind ja alle Wesenheiten der höheren Hierarchien. Nur kann man zu dieser Art von Selbsterkenntnis, daß der Leib der Träger der Wesenheiten der höheren Hierarchien ist, gar nicht anders kommen als dadurch, daß man erst draußen ist und wiederum in den Leib zurückkehrt.

Das kann aber wieder nur im Zusammenhange mit einer anderen Tatsache verstanden werden. Sehen Sie, in der Welt sind viele Sterne, und ich habe Ihnen gesagt, diese Sterne sind nur die äußeren Zeichen für Götterkolonien. Kolonien geistiger Wesenheiten sind in Wirklichkeit da, wo das äußere Zeichen des Sternes funkelt. Aber Sie dürfen sich nicht vorstellen, daß diese Götter mit ihrem Bewußtsein nur, sagen wir zum Beispiel, in der Venus oder in der Sonne oder im Merkur oder im Sirius und so weiter sind, sondern hauptsächlich sind sie dort. Dort sozusagen haben sie den Schwerpunkt ihres Wesens. Aber alle geistigen Wesenheiten des Kosmos, die irgend etwas zu tun haben mit der Erde, die können gar nicht so im Weltenall existieren, daß man sagen kann, sie bewohnen nur Mars oder Venus. So paradox es Ihnen klingen wird, muß ich doch sagen: Die Götterwesenheiten, die zur Erde gehören, und die Mars-, Venus-, Jupiter- und so weiter -bewohner sind, auch die Sonnenbewohner, wären blind, wenn Sie nur die Sonne oder den Mars oder den Jupiter bewohnen würden. Sie wären so blind, wie wir blind sind, wenn wir kein Auge haben. Sie wären da, würden wirken, wie wir gehen können und greifen können, wenn wir kein Auge haben, aber sie würden nicht sehen – natürlich auf Götterart ist das gemeint –, sie würden nicht wahrnehmen durch ein gewisses Wahrnehmungsvermögen, was im Kosmos vorgeht. Daraus aber müssen Sie sich die Frage aufwerfen, meine lieben Freunde: Wo ist das Auge, das Wahrnehmungsvermögen der Götter? Wo ist das? – Und sehen Sie, dieses Wahrnehmungsvermögen der Götter ist neben dem, was er noch sonst ist, der Mond, der unser Nachbar im Kosmos ist. Alle göttlichen Wesenheiten von Sonne, Merkur, Mars, Jupiter, Saturn haben im Monde ihr Auge. Sie sind zugleich im Monde.

Und nun bedenken Sie, was alles mit den Dingen, die hier zum Beispiel betrachtet worden sind, eigentlich gesagt ist. Nehmen Sie nur die eine Tatsache. Vom Monde wurde gesagt, daß er einmal ein Teil der Erde war und erst im Verlaufe der Zeit aus der Erde herausgegangen ist. Damals also war das Auge der Götter mit der Erde verbunden, die Götter beschauten von der Erde aus das Weltenall. Daher konnten damals auch die großen Urlehrer die Weisheit, die sie der Menschheit gebracht haben, dieser Menschheit geben. Denn indem sie auf der Erde lebten, schauten sie mit dem Auge der Götter in den Kosmos hinaus, weil der Mond in der Erde war. Und als der Mond wegging, konnten sie eine Zeitlang noch die Erinnerung haben, konnten aus der Erinnerung heraus sehen, was mit dem Auge der Menschheit angeschaut da war, konnten die Götter belehren, mußten aber dann ihren Weg zum Monde machen und selber eine Kolonie begründen, wo jetzt eben die Urlehrer sind, damit sie mit dem Auge der Götter schauen können.

Bedenken Sie ein anderes: Jahve regierte das jüdische Herz, die jüdische Seele vom Monde aus, und diejenigen der großen Urlehrer der Menschheit, die noch teilnahmen an dem Jahve-Kultus und der Jahve-Lehre, die hatten sich verbunden gerade mit Jahve im Monde, um mit seinem Auge in den Kosmos hinauszuschauen. Der Mond wird sich wieder einmal vereinigen mit der Erde. Dann wird der Mensch wiederum auf der Erde die Möglichkeit haben, mit dem Auge der Götter in den Kosmos hinauszuschauen. Dann wird er ein naturgemäßes Hinausschauen in den Kosmos haben. Das alles, sehen Sie, sind Tatsachen, welche den Menschen erst die wahre Natur des Weltenalls lehren können. Denn erst wenn man die Welt so anschaut, schaut man zum Monde in der richtigen Weise hin.

Und jetzt bekommen wir auch den Grund, warum auf Erden gerade die Freiheit sich entwickeln kann. Solange der Mond mit der Erde verbunden war, und solange die alten Urlehrer aus ihrer Erinnerung heraus die Menschen lehrten, und solange man dann in den Mysterien noch das von den alten Urlehrern Gelehrte aufbewahrte, was ja bis ins 14. nachchristliche Jahrhundert hinein dauerte, so lange war alle Weisheit das mit den Augen der Götter Geschaute. Erst seit dem Zeitenraum, den ich Ihnen angegeben habe, 1413, ist die Erde ganz in die Unmöglichkeit versetzt, mit den Augen der Götter zu schauen. Da beginnt also mit der Entwickelung der Bewußtseinsseele die Möglichkeit, die Freiheit für die Menschen zu entwickeln.

Aber eigentlich ist der Mensch ja auf der Erde nur in bezug auf seine sinnliche Wahrnehmung und in bezug auf alles das, was Verstandeserkenntnis ist, denn das hängt mit dem sinnlich-physischen Leib zusammen. – In Wahrheit ist die Sache so: Wenn wir uns den Menschen vorstellen (Zeichnung Seite 228), so ist er nur in bezug auf seine Tafel 16
Sinne und auf seine Verstandeserkenntnis herausragend über die Hierarchien, die über ihm wohnen – ich müßte also das Rote über den Wärmesinn und alles führen (rot) –, während er mit Bezug auf alles, was hinter seinem Verstande liegt, ausgefüllt ist mit der dritten Hierarchie (hellgrün). Mit Bezug auf alles, was hinter seinem Fühlen liegt, ist er ausgefüllt mit der zweiten Hierarchie (Brust, orange), für alles das, was hinter seinem Wollen ist, mit der ersten Hierarchie (Rumpf, gelb).

Wir sind also eigentlich in den Hierarchien drinnen und ragen nur mit unseren Sinnesorganen und mit unserem Verstande aus der Welt der Hierarchien heraus. Wir sind wirklich so als Menschen, wie wenn wir schwimmen würden und nur ein wenig oben mit dem Kopf herausragen würden. So ragen wir mit unseren Sinnen und mit unserem Verstande aus dem Meere der Hierarchienwirkungen heraus.

Tafel 16

Das findet man alles, wenn man wieder aus dem außerleiblichen Wahrnehmungszustand in den Leib zurückkehrt. Da findet man, wie der Mensch das Haus der Götter ist.

Daraus geht Ihnen aber ein weiteres hervor, meine lieben Freunde: Wenn die Götter kosmisch schauen wollen, dann schauen sie durch den Mond. Wenn die Götter heute noch von der Erde aus, was einen ganz anderen Aspekt gibt, den Kosmos betrachten wollen, dann müssen sie aus dem Menschen heraus schauen. Und das Menschengeschlecht ist das andere Auge der Götter.

Auf naturgemäße Weise konnte der Mensch in uralten Zeiten mit dem Auge der Götter schauen, weil der Mond mit der Erde vereinigt war. Er wird es wieder können, wenn der Mond sich wieder mit der Erde vereinigen wird. Durch die Initiation, dadurch, daß der Mensch gewahr wird beim Zurückgehen in den Leib, daß das ja Götter sind, und er diese Bekanntschaft mit den Göttern macht, lernt er durch des Menschen Auge die Welt betrachten. So daß die Initiation dasselbe gibt, was eben früher die Benützung des Mondenauges den Göttern gegeben hat.

Alles das, was wir nun mit dem gewöhnlichen Bewußtsein tun, die Absichten, die wir mit dem gewöhnlichen Bewußtsein realisieren, sind von uns abhängig; aber unser Karma wird von den Hierarchien, die in uns sind, geformt und gebildet. Da haben Sie also die eigentlichen Gestalter einer ganz anderen Weltenordnung, einer Weltenordnung, die vom Moralisch-Seelischen ausgeht. Das ist die andere Seite des Menschen, die Hierarchienseite.

Solange man bei der imaginativen Erkenntnis bleibt und zurückschaut auf das eigene Erdenleben, so lange ist man völlig überzeugt davon, daß man als Mensch eine Einheit ist; man ist auch völlig überzeugt davon, daß gewisse Handlungen im Leben frei sind, weil man sie aus der Einheit der Menschennatur heraus vollbringt. Man merkt auch noch nicht viel von seinem Karma bei der bloßen imaginativen Erkenntnis. Tritt die inspirierte Erkenntnis ein und kehrt man wiederum zurück in den Leib, dann fühlt man sich aufgeteilt in eine Welt von unzähligen Hierarchien. Man gelangt in seinen Leib zurück und weiß zunächst nicht, wer man ist. Ist man der Engel, ist man dieses Wesen aus der Hierarchie der Dynamis, Exusiai und so weiter? Man ist aufgeteilt in eine Welt von Wesenheiten. Man ist betäubt von der Vielheit seines Wesens, denn man ist mit diesen Wesen allen eins.

Da muß dann durch die entsprechenden Übungen der Mensch so stark werden, daß er demgegenüber seine Einheit geltend machen kann. Aber dann sieht man auch – es ist dieses ja die Nachwirkung des Lebens zwischen dem Tod und einer neuen Geburt –, wie das Karma geformt wird durch das Zusammenwirken so vieler Wesenheiten, die in einem drinnen sind. Da wirken ja unzählige Wesen mit bei dem, was das

Karma formt; unzählige Götterwesen wirken da mit. So daß man wirklich sagen kann: Die Menschenwesenheit bringt nur in bezug auf die Verstandestätigkeit und die Sinnentätigkeit ein Erdenleben zu. In bezug auf die Gefühls- und Willenstätigkeit lebt ja der Mensch das Götterleben mit. Ja sogar in bezug auf eine weiter zurückliegende verborgene Gedankentätigkeit lebt der Mensch das Götterleben mit: In bezug auf eine verborgene Gedankentätigkeit das Leben der Angeloi, Archangeloi, Archai; in bezug auf das Verborgene im Gefühlsleben das Leben der Exusiai, Dynamis, Kyriotetes; in bezug auf den Willen lebt der Mensch mit das Leben der Cherubim, Seraphim, Throne. Dieses, was man menschliches Schicksal nennt, ist daher eine Götterangelegenheit und muß als Götterangelegenheit auch behandelt werden.

Was heißt denn aber das für das Erdenleben? Der Mensch ist eigentlich, wenn er sich nicht dazu bequemt, eine gewisse Gelassenheit zu entwickeln gerade in bezug auf sein Schicksal, wenn er mit seinem Schicksal grollt, wenn er, von sich aus natürlich, mit seinem Schicksal unzufrieden ist, wenn er in das Schicksal durch subjektive Entschlüsse hineinpfuscht, da ist der Mensch eigentlich so, wie wenn er fortwährend die Götter stören würde bei der Bildung seines Schicksals. Man kann eigentlich nur in seinem Schicksal leben, wenn man mit Gelassenheit das Leben hinnehmen kann. Und empfinden, wie das Schicksal wirkt, das gehört eben zu den Dingen, die mit starken Prüfungen der Menschennatur verknüpft sind. Und kann der Mensch wirklich dazu gelangen, es mit seinem Schicksal ernst zu nehmen, dann wird er gerade aus dem Erleben seines Schicksals die größten Antriebe erfahren können, die stärksten Impulse aufnehmen können, um mit der geistigen Welt zu leben. Und dann wird der Mensch zunächst eine Empfindung bekommen, aus dem Leben heraus eine Empfindung bekommen, wie Schicksalszusammenhänge sind.

Den neuzeitlichen, modernen Menschen ist ja diese Feinheit, Zartheit der Empfindung vielfach verlorengegangen. Sie empfinden grob. Aber nehmen Sie einmal an, der Mensch läßt sich in einer zarteren Empfindung darauf ein, innerlich sein Verhältnis zu überschauen, das er zu einem Menschen gehabt hat, der in der Jugend ihm Vorbild, Lehrer oder irgend etwas war. Es ist ja nicht ausschließlich so, daß die Menschen auf solche, die ihre Lehrer waren, nur so zurückblicken müssen, daß sie sie eigentlich verachten, sondern es gibt ja auch durchaus die Möglichkeit und die Fälle, wo die Menschen mit einer gewissen inneren Befriedigung zurückblicken auf solche, die ihre Erzieher, ihre Vorbilder waren. Da kann sich dann dieses Zurückblicken im intimen inneren Erleben in einer gewissen Weise vertiefen. Man kann finden, wie man zum Beispiel zwischen dem siebenten und vierzehnten Jahre empfand: Das, was diese verehrte Lehrerautorität machte, das müsse man auch machen, man könne gar nicht anders, als das auch machen. Oder man fühlt, wenn diese verehrte Lehrerindividualität etwas lehrt, etwas sagt, als ob man das schon gehört hätte, als ob das nur Wiederholung wäre. Das gehört sogar zu den schönsten Errungenschaften des Lebens, wenn man auf so etwas hinsehen kann wie auf eine Wiederholung. Und dann kommt man darauf: Da muß ja etwas zugrunde liegen. Und da kann man schon mit dem gesunden Menschenverstand sagen: In diesem Leben kann natürlich da nichts zugrunde liegen. Da wird man durch den gesunden Menschenverstand auf frühere Erdenleben verwiesen. So werden auch viele Menschen durch ihren gesunden Menschenverstand auf frühere Erdenleben verwiesen.

Nun, was liegt vor, wenn man in dieser Weise auf einen Lehrer oder auf einen Erzieher zurückblicken kann? Da liegt das vor, meine lieben Freunde: Der Mensch hat in diesem Leben diesen Erzieher durch das Schicksal erhalten. Es ist ja nun einmal ein Karma, einen Lehrer durch ein Schicksal zu erhalten. Das weist zurück auf früheres Erdenleben.

In der Regel – das zeigt nun die okkulte Beobachtung – ist es nicht so, daß in diesem früheren Erdenleben der Lehrer bereits Lehrer war des Betreffenden, sondern er stand zu ihm in einem ganz anderen Verhältnisse. Man nimmt die Gedanken auf, wenn man einem Lehrer oder einem Erzieher gegenübersteht – wenn auch im Bilde –, man nimmt in der richtigen Pädagogik gerade die Gedanken, die Vorstellungen auf. Wenn das der Fall ist, so führt das in der Regel zurück auf ein früheres Erdenverhältnis, wo man nicht Gedanken, sondern Gefühle aufgenommen hat von der betreffenden Persönlichkeit, wo man weniger Gelegenheit hatte, Gedanken aufzunehmen, als vielmehr Gefühle aufzunehmen von der betreffenden Persönlichkeit, die in der mannigfaltigsten Weise durch das Leben vermittelt sein können. Wir können dasselbe auch für das jetzige und ein folgendes Erdenleben charakterisieren.

Nehmen wir einmal an, jemand hat in diesem Erdenleben Gelegenheit, viel innere herzliche Sympathie zu haben für diesen oder jenen Menschen, mit dem er heute nicht sonderlich in ein Lebensverhältnis kommt, dem er nur begegnet, aber der ihm ungeheuer sympathisch ist. Es kann dann so sein, daß diese Sympathien, die da entwickelt werden in dem jetzigen Erdenleben, dazu führen, daß der Betreffende, der diese Sympathien entwickelt, in einem folgenden Erdenleben den, für den er die Sympathien entwickelt, zum Lehrer hat, zum Erzieher hat.

Und was ist da objektiv dann geschehen? Wenn man zu jemandem Gefühlssympathien entwickelt, dann hängt das ab von dem, was die Wesenheiten der zweiten Hierarchie, die Wesenheiten der Exusiai, Dynamis, Kyriotetes im Menschen und um den Menschen herum für ihn entfalten.

Wenn dann im nächsten Leben der Einfluß nicht auf dem Umweg der Gefühle, sondern auf dem Umweg der Gedanken und Vorstellungen geschieht, dann haben die Wesenheiten der zweiten Hierarchie dasjenige, was sie in einem vorhergehenden Leben getan haben, an die Wesenheiten der dritten Hierarchie, an Angeloi, Archangeloi, Archai abgegeben, und die wirken jetzt im Menschen darinnen.

So daß, denken Sie, das folgende vorliegt: Wenn unser Karma von einem Erdenleben zum anderen sich entwickelt, dann bedeutet das, daß Taten, wirkliche Taten übergehen von einer Hierarchie auf die andere, daß im Kosmos, im geistigen Kosmos etwas ungeheuer Bedeutungsvolles geschieht.

Wir blicken also gewissermaßen, wenn wir auf das Schicksal des Menschen sehen, wie durch einen Schleier in ein weitausgebreitetes Weltgeschehen. Das kann schon, wenn wir uns das so recht zum Bewußtsein bringen, im allerhöchsten Grade einen sehr starken Eindruck auf den Menschen machen. Sie brauchen sich das wirklich nur recht gemütsmäßig vorzustellen.

Stellen Sie sich vor, Sie überschauen das schicksalsmäßige Leben eines Menschen. Man sollte das schicksalsmäßige Leben eines Menschen wahrhaftig nicht gleichgültig überschauen, denn indem man auf das Schicksal eines Menschen hinschaut, überschaut man eigentlich etwas, was an Taten sich von der obersten Hierarchie in die unterste, von der untersten wiederum zurück in die oberste ergießt. Auf ein Weben und Arbeiten und Leben in der Reihenfolge der Hierarchien schaut man, wenn man auf das Schicksal eines Menschen hinschaut. Man sollte im Grunde genommen das Schicksal eines Menschen mit einer ungeheuren inneren Pietät, mit tiefer innerer Ehrfurcht betrachten, weil man, indem man das Schicksal eines Menschen betrachtet, vor der ganzen Welt der Götter steht.

Das habe ich eigentlich etwas zur Empfindung bringen wollen, als ich meine Mysterien verfaßte, wo Sie immer finden Bilder, die im Erdenleben vor sich gehen, und Bilder, die drüben in den geistigen Welten vor sich gehen. Und ich habe in meinen Mysterien auch anschaulich gemacht, wie nicht nur schließlich die oberen Hierarchien, sondern auch die Elementarwesen, und wie das Ahrimanische und Luziferische in das Leben und Weben der Taten, die von oben nach unten, von unten nach oben erfließen, sich hineinmischen, wenn das Schicksal des Menschen sich erfüllt.

Denken Sie an die Szenen, die sich abspielen für Strader und Capesius im Übersinnlichen, wo sie als ganz andere Wesensformen auftreten, aber dieselben sind. Das ist ja nur die andere Seite, die wirklich im Menschen ist, dasjenige, was in der Welt der Götter, und nicht in der Welt der Erdenreiche, der Mineralien, der Tiere, der Pflanzen, der Berge, der Wolken und Bäume und so weiter ist. Wie mit heiliger Scheu hinzuschauen auf die Schicksale der Menschen, das ist auch etwas, was wir uns aneignen müssen, was die Zeit sich aneignen muß. Wenn man Biographien liest, die unsere heutigen materialistisch gesinnten Menschen schreiben, so ist es eigentlich furchtbar, denn die werden ohne heilige Scheu vor dem Schicksal desjenigen geschrieben, für den man diese Biographie schreibt. Eigentlich sollten Biographen wissen, daß, indem sie in ein Menschenleben auch nur schildernd hineingreifen, sie in einer unsichtbaren Weise in alle Hierarchien hineingreifen.

Durch solche Erwägungen kommt man zu der Gefühlsseite der Anthroposophie, wird gewahr, wie alles, was als Anthroposophisches an uns herankommt, auch unser Gefühl berühren muß, wie wir nicht nur etwas lernen, sondern wie wir auch angeregt werden, über die Welt Gefühle zu entwickeln, Gefühle, die uns eigentlich erst richtig in das Menschenleben hereinstellen. Und ohne daß wir auf solche Gefühle geführt werden, können wir eigentlich jene Gesetzmäßigkeit nicht durchschauen, die das Karma des Menschen durchzieht.

Die kosmische Form des Karma und die individuelle Betrachtung karmischer Zusammenhänge

VIERZEHNTER VORTRAG

Dornach, 4. Juni 1924

Wenn wir die Wirkungsweise des Karma betrachten, so müssen wir ins Auge fassen, wie das menschliche Ich, das ja die eigentliche Wesenheit, die innerste Wesenheit des Menschen darstellt, gewissermaßen drei Werkzeuge hat, durch die es sich darlebt in der Welt: den physischen Leib, den ätherischen Leib und den astralischen Leib. Der Mensch trägt eigentlich den physischen Leib, den ätherischen Leib und den astralischen Leib an sich. Er ist keiner dieser Leiber, denn er ist im eigentlichen Sinne das Ich. Und das Ich ist es auch, welches Karma erleidet und Karma bildet.

Nun handelt es sich aber darum, daß man das Verhältnis des Menschen als des Ich-Wesens zu diesen drei, ich möchte sagen, werkzeuglichen Gestaltungen, zu dem physischen, dem ätherischen und dem Astralleib, in Betracht ziehen kann, um gerade daraus Grundlagen für das Wesen des Karma zu erlangen. Und man wird mit Bezug auf das Karma einen Gesichtspunkt für die Betrachtung des Physischen, des Ätherischen, des Astralischen im Menschen gewinnen, wenn man folgendes berücksichtigt.

Physisches, wie wir es sehen im mineralischen Reiche, Ätherisches, wie wir es wirksam finden im pflanzlichen Reiche, Astralisches, wie wir es auch wirksam finden im tierischen Reiche, wir finden das alles im Umkreise des Menschen auf der Erde. Wir haben im Kosmos rings um die Erde, ich möchte sagen, jenes Weltenall, nach dem sich die Erde nach allen Seiten fortsetzt. Wir spüren schon eine gewisse Verwandtschaft dessen, was auf der Erde vorgeht, mit dem, was in dem Umkreise des Kosmos vorgeht. Aber die Frage entsteht doch für die Geisteswissenschaft: Ist diese Verwandtschaft, ich möchte sagen, so trivial, wie sie die heutige naturwissenschaftliche Weltanschauung vorstellt?

Die heutige naturwissenschaftliche Weltanschauung untersucht, was auf der Erde lebt und auch nicht lebt, nach den physischen Eigenschaften. Sie untersucht dann die Sterne, die Sonne, Mond und so weiter, und sie findet ja – und ist besonders stolz darauf, das gefunden zu haben –, daß eigentlich diese Weltenkörper im Grunde genommen dasselbe seien wie die Erde.

Zu dieser Anschauung kommt man aber nur durch eine Erkenntnis, die nirgends den Menschen selber erfaßt, die eigentlich nur das Außermenschliche erfaßt. In dem Augenblicke, wo man den Menschen als drinnenstehend im Weltenall wirklich erfaßt, in dem Augenblicke kann man ja die Beziehungen finden zwischen den einzelnen menschlichen werkzeuglichen Gliedern, dem physischen Leib, dem ätherischen Leib, dem Astralleib, und den entsprechenden Entitäten, dem entsprechenden Wesenhaften im Kosmos.

Nun finden wir für den ätherischen Leib des Menschen draußen im Kosmos überall den Weltenäther. Gewiß, der ätherische Leib des Menschen hat eine bestimmte menschliche Gestaltung, er hat in sich gewisse Bewegungsformen und so weiter, die anders sind als beim Weltenäther. Aber immerhin ist es durchaus so, daß der Weltenäther gleichartig mit dem ist, was im menschlichen ätherischen Leib sich findet. Ebenso können wir von einer Ähnlichkeit desjenigen sprechen, was im menschlichen astralischen Leibe sich findet, und einem gewissen Astralischen, das draußen im Kosmos durch alle Dinge und alle Wesen hindurch wirkt. Dabei kommen wir nun auf etwas außerordentlich Wichtiges, auf etwas, was in seiner Wesenheit dem heutigen Menschen eigentlich ganz fremd ist.

Gehen wir von einer schematischen Vorstellung aus: Wir denken uns auf der Erde den Menschen mit seinem ätherischen Leibe (siehe Tafel 17 Zeichnung, Mitte), dann im Umkreise der Erde den Weltenäther (gelb), der von einerlei Art ist mit dem menschlichen Äther. Nun haben wir auch im Menschen den astralischen Leib (dunkle Schraffierung innerhalb des Gelben). Im kosmischen Umkreis ist auch Astralität, aber wo soll man sie finden? Wo ist sie? Sie ist schon zu finden, nur muß man darauf kommen, was im Kosmos die Astralität verrät, was sie offenbart: Irgendwo, muß man sagen, ist die Astralität. Aber ist die Astralität im Kosmos ganz unsichtbar, ganz unwahrnehmbar, oder ist sie doch irgendwie wahrnehmbar? Natürlich, an sich ist auch der Äther für physische Sinne zunächst unwahrnehmbar. Wenn Sie, wenn ich

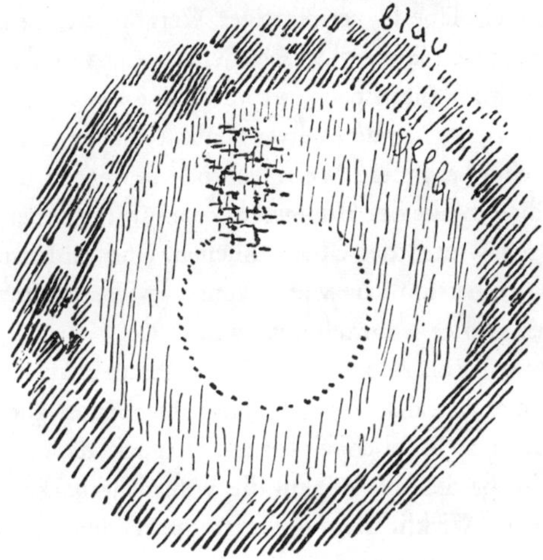

mich so ausdrücken darf, ein kleines Stück Äther anschauen, so sehen Sie mit den physischen Sinnen nichts, Sie sehen einfach durch; es ist der Äther wie nichts. Wenn Sie aber den gesamten Umkreis des Äthers ins Auge fassen, so ist der Grund, warum Sie den blauen Himmel sehen, der eigentlich ja auch nicht da ist, der, daß Sie da das Ende des Äthers wahrnehmen. Sie nehmen also den Äther wahr als Blau des Himmels. Die Wahrnehmung der Bläue des Himmels ist richtig die Wahrnehmung des Äthers. So daß wir schon sagen können: Indem wir die Bläue des Himmels wahrnehmen (siehe Zeichnung, blau), nehmen wir den Äther um uns herum wahr.

Wir sehen zunächst durch den Äther durch. Das läßt er sich gefallen zunächst, aber er macht sich doch selber wahrnehmbar in der Bläue des Himmels. Das Dasein der Bläue des Himmels wird daher für die Wahrnehmung des Menschen in der richtigen Weise ausgedrückt, wenn man sagt: Der Äther ist zwar nicht wahrnehmbar, aber er erhebt sich zur Wahrnehmbarkeit wegen der großen Majestät, mit der er sich im Weltenall hinstellt, indem er sich kundgibt, offenbart in der Himmelsbläue.

In der physischen Wissenschaft denkt man materialistisch über die Himmelsbläue nach. Nun ist es für die physische Wissenschaft schwer, über die Himmelsbläue in vernünftiger Weise nachzudenken, einfach aus dem Grunde, weil ja die physische Wissenschaft sich klar sein muß: Dort ist nichts vom Physischen, wo die Bläue des Himmels ist. Aber immerhin, man renkt sich den Verstand aus, um zu erklären, wie Lichtstrahlen auf eine besondere Weise gebrochen werden und reflektiert werden, um diese Bläue des Himmels hervorzurufen. Aber hier beginnt eben bereits das Walten des Übersinnlichen. Und im Kosmos ist es so, daß schon das Übersinnliche wahrnehmbar wird, nur muß man ausfindig machen, wo es wahrnehmbar wird.

Der Äther wird also durch die Himmelsbläue wahrnehmbar. Nun ist irgendwo das Astralische des Kosmos. Der Äther guckt durch die Himmelsbläue in die Sinnlichkeit herein. Wo guckt denn das Astralische des Kosmos in die Sichtbarkeit, in die Wahrnehmbarkeit herein?

Sehen Sie, in Wirklichkeit ist jeder Stern, den wir am Himmel glänzen sehen, ein Einlaßtor für das Astralische, so daß überall, wo Sterne hereinglänzen, das Astralische hereinglänzt. Sehen Sie also den gestirnten Himmel in seiner Mannigfaltigkeit – da die Sterne in Gruppen gehäuft, dort mehr zerstreut, voneinandergestellt –, dann müssen Sie sich sagen: In dieser wunderbaren Leuchtekonfiguration macht sich der unsichtbare, der übersinnliche Astralleib des Kosmos sichtbar. Daher darf man auch nicht die Sternenwelt ungeistig ansehen. Hinaufschauen in die Sternenwelt und von brennenden Gaswelten zu reden, das ist geradeso – verzeihen Sie den paradoxen Vergleich, aber er ist absolut bis aufs i-Tüpfelchen stimmend –, wie wenn Sie aus Liebe jemand streichelt und die Finger etwas auseinanderhält beim Streicheln, und Sie sagen: Das, was Sie da spüren im Streicheln, das sind kleine Bänder, die Ihnen über die Backe gelegt werden. Ebensowenig wie Ihnen kleine Bänder über die Backe gelegt werden beim Streicheln, ebensowenig sind da oben diejenigen Wesenhaftigkeiten, von denen die Physik spricht; sondern der Astralleib des Weltenalls, der übt fortwährend seine Einflüsse, so wie das Streicheln auf Ihrer Backe, auf die Ätherorganisation aus.

Nur ist er auf sehr starke Dauer organisiert. Daher dauert das Halten eines Sternes, was immer ein Beeinflussen des Weltenäthers von seiten der astralischen Welt ist, länger als das Streicheln. Das Streicheln würde der Mensch nicht so lange aushalten, aber es ist eben so, daß das im Weltenall länger dauert, weil im Weltenall gleich Riesenmaße auftreten. So daß also in dem Sternenhimmel eine Seelenäußerung des Weltenastralischen zu sehen ist.

Es ist damit zu gleicher Zeit ungeheures, und zwar sogar seelisches Leben, wirklich seelisches Leben, in den Kosmos hineingebracht. Denken Sie doch nur einmal, wie tot der Kosmos ist, wenn man da hinausschaut und nur brennende Gaskörper sieht, die leuchten! Denken Sie sich, wie lebendig das alles wird, wenn man weiß: Diese Sterne sind der Ausdruck der Liebe, mit der der astralische Kosmos auf den ätherischen Kosmos wirkt! Das ist ein ganz richtiger Ausdruck.

Aber nun denken Sie an die rätselhaften, nur durch physische Dinge, bei denen man ja eigentlich doch nichts begreift, erklärten Vorgänge des Aufleuchtens gewisser Sterne zu bestimmten Zeiten. Sterne, die noch nicht da waren, sie leuchten auf, sie verschwinden wiederum. Also auch kurzes Streicheln ist im Weltenall vorhanden. In Epochen, in denen, ich möchte sagen, die Götter hereinwirken wollen aus der astralischen Welt in die ätherische Welt, da sieht man solche aufleuchtenden und gleich wiederum sich abdämpfenden Sterne.

So haben wir in uns durch unseren astralischen Leib Wohlbefinden in der mannigfaltigsten Art; so haben wir im Kosmos durch den astralischen Leib die Konfiguration des Sternenhimmels. Kein Wunder daher, daß eine alte instinktiv hellsehende Wissenschaft dieses dritte menschliche Glied den astralischen Leib genannt hat, denn es ist von gleicher Art mit dem, was sich in den Sternen offenbart. Nur das Ich finden wir in diesem Umkreis nicht sich offenbarend. Warum? Nun, warum das so ist, das finden wir gerade heraus, wenn wir darauf hinsehen, daß dieses Ich des Menschen, so wie es sich auf der Erde – also in dem Kosmos, der eigentlich eine dreigliedrige Welt ist, eine physische, eine ätherische, eine astralische –, so wie es sich da äußert, ja immer die Wiederholung früherer Erdenleben ist. Und es ist immer wieder im Leben zwischen dem Tode und einer neuen Geburt drinnen.

Da aber, wenn man es beobachtet, hat für dieses Ich die ätherische Welt, die wir im Umkreise der irdischen haben, keine Bedeutung; der ätherische Leib wird ja bald nach dem Tode abgelegt. Nur die astralische Welt, die durch die Sterne hereinschaut, die hat für das Ich in dem Leben zwischen Tod und neuer Geburt eine Bedeutung. Und in dieser Welt, die da hereinscheint durch die Sterne, in dieser Welt leben dann die Wesen der höheren Hierarchien, mit denen der Mensch zwischen dem Tod und einer neuen Geburt sein Karma formt.

Aber wenn wir dieses Ich betrachten in seinem aufeinanderfolgenden Sich-Entwickeln durch Leben zwischen Geburt und Tod und zwischen Tod und neuer Geburt, so können wir ja gar nicht im Raume bleiben. Zwei Erdenleben, die aufeinanderfolgen, können ja nicht in demselben Raume sein, also auch nicht in dem Weltenall, das auf Gleichzeitigkeit, auf Räumlichkeit angewiesen ist. Da kommen wir aus dem Raume heraus, kommen in die Zeit hinein. Und in der Tat, man kommt aus dem Raume heraus, man kommt in den reinen Zeitenfluß, wenn man das Ich in den aufeinanderfolgenden Erdenleben betrachtet.

Nun denken Sie aber: Im Raume ist ja natürlich auch die Zeit vorhanden; aber man hat gar keine Mittel, um innerhalb des Raumes die Zeit als solche zu erleben. Man hat keine Mittel. Man muß die Zeit immer durch den Raum und seine Vorgänge erleben. Sie schauen, wenn Sie die Zeit erleben wollen, zum Beispiel die Uhr an, oder schauen meinetwillen auch den Sonnengang an, die Uhr ist ja nur ein irdisches Abbild des Sonnenganges. Aber was sehen Sie denn da? Sie sehen Zeigerstellungen oder Sonnenorte: Räumliches. Dadurch, daß sich die Orte der Zeiger oder der Sonne ändern, also dadurch, daß Räumliches in Veränderung vor Ihnen steht, haben Sie eine Ahnung von der Zeit. Aber da im Raum ist ja eigentlich nichts von der Zeit. Da sind nur verschiedene räumliche Anordnungen, verschiedene Zeigerstellungen, verschiedene Sonnenorte. Die Zeit erleben Sie erst im seelischen Erleben. Da aber erleben Sie die Zeit wirklich, und da kommen Sie auch aus dem Raum heraus. Da ist die Zeit eine Realität. Die Zeit ist innerhalb der Erde gar keine Realität.

Was muß man denn daher erleben, wenn man aus dem Raum, in dem man zwischen Geburt und Tod lebt, eintreten will in die Raumlosigkeit, in der man zwischen dem Tod und einer neuen Geburt lebt, was muß man erleben? Ja, meine lieben Freunde, man muß sterben!

Und nehmen Sie nur in aller Schärfe, nehmen Sie in aller Tiefe dieses, daß man auf der Erde die Zeit nur durch den Raum erlebt, durch Raumorte, durch Stellungen von räumlichen Dingen, daß man die Zeit auf der Erde gar nicht in ihrer Wirklichkeit erlebt, dann werden Sie ja im Grunde ein anderes Wort finden für etwas, was da ist, wenn Sie sagen: Um in die Zeit als Wirklichkeit hineinzukommen, muß man aus dem Raume heraus, alles Räumliche wegschaffen – und das heißt: sterben!

Nun haben wir den Blick hinzuwenden auf diese kosmische Welt, die uns im Umkreis des Irdischen umgibt, mit der wir ähnlich sind durch unseren Ätherleib, mit der wir ähnlich sind durch unseren astralischen Leib, und wir schauen auf das Geistige dieser kosmischen Welt. Es hat Völker gegeben, Menschengruppen gegeben, die haben nur auf das Geistige dieser räumlich-kosmischen Welt hingeschaut. Da verging ihnen die Möglichkeit, Gedanken zu haben über die wiederholten Erdenleben. Denn Gedanken über die wiederholten Erdenleben hatten nur diejenigen Menschen und Menschengruppen, welche die Zeit in ihrer Reinheit, in ihrer Raumlosigkeit vorstellen konnten. Und wenn wir dasjenige aussondern, was wir als irdische Welt und ihre Umgebung, kurz, als unseren Kosmos, als unser Universum haben, und das Geistige davon erblicken, so haben wir ungefähr dasjenige, von dem wir sagen können: Es muß da sein, damit wir als irdische Menschen in unser Dasein hereintreten können. Es muß da sein.

Ja, in dieser Vorstellung: All das, was ich jetzt charakterisiert habe, muß da sein, damit wir als Erdenmenschen in das irdische Dasein hereintreten können –, liegt ungeheuer viel. Es liegt namentlich dann ungeheuer viel darinnen, wenn wir das Geistige von alldem, was so charakterisiert ist, vorstellen. Und wenn wir dieses Geistige in dieser, ich möchte sagen, Abgeschlossenheit in sich, in dieser Reinheit in sich vorstellen, dann haben wir ungefähr das, was diejenigen Völker, die sich auf die Anschauung des Raumes beschränkt haben, Gott genannt haben.

Diese Völker haben wenigstens in ihren Weisheitslehren empfunden, daß der Kosmos durchwallt und durchwebt ist von einem Göttlichen, und daß von diesem Göttlichen dasjenige unterschieden werden kann, was auf der Erde selber in unserer Umgebung in der physischen Welt ist. Dann kann das, was sich als das Ätherische offenbart in diesem Kosmischen, Göttlichen, Geistigen, das uns in der Bläue des Himmels anblickt, unterschieden werden; es kann weiterhin das Astralische in diesem Göttlichen, das uns durch die Konfiguration des Sternenhimmels anblickt, unterschieden werden.

Versetzen wir uns so recht in die Situation, daß wir auf der Erde stehend als Menschen im Weltenall, uns sagen: Wir Menschen haben den physischen Leib – wo ist das Physische im Weltenall? Da komme ich zurück auf das, was ich schon angedeutet habe. Die physische Wissenschaft möchte im Weltenall alles dasjenige suchen, was auch auf Erden ist. Aber die eigentliche physische Organisation ist nicht im Weltenall. Der Mensch fängt an mit der physischen Organisation, hat dann die ätherische, dann die astralische; das Weltenall fängt gleich mit der ätherischen Organisation an. Da draußen ist nirgends das Physische. Das Physische ist nur auf der Erde, und es ist einfach Phantastik, vom Physischen im Weltenall zu sprechen. Im Weltenall ist das Ätherische, und dann das Astralische. Was es als drittes noch hat, wird noch heute vor unsere Seelen hintreten. Aber die Dreigliederung des außerirdischen Kosmos ist anders als die Dreigliederung des Kosmos, zu dem wir die Erde dazurechnen.

Wenn wir uns aber mit einer solchen Empfindung hinstellen auf die Erde, wenn wir empfinden das Physische unseres unmittelbaren Erdenwohnortes, empfinden das Ätherische, das auf der Erde ist und im Weltenall, und von der Erde und aus dem Weltenall zusammenwirkt als Ätherisches, wenn wir schauen auf das Astralische, welches durch die Sterne auf die Erde herunterglänzt, am intensivsten aus dem Sonnenstern herunterglänzt, wenn wir auf all das hinschauen und uns die Majestät dieses Weltengedankens vor die Seele stellen, dann finden wir es wohl berechtigt, daß in jenen Zeiten, in denen aus einem mehr instinktiven Hellsehen heraus nicht nur Abstraktionen gedacht worden sind, sondern die Majestät von Vorstellungen empfunden werden konnte, den Menschen begreiflich gemacht worden ist: Solch einen majestätischen Gedanken in seiner Fülle, man kann ihn nicht immerfort denken; man muß ihn einmal ins Auge fassen, in seiner ganzen ungeheuren Glorie auf die Seele einwirken lassen und dann ihn im Inneren des Menschen – ohne durch das Bewußtsein ihn zu verderben, zu korrumpieren – wirken lassen. Und wenn wir nachdenken, durch was das alte instinktive Hellsehen eine solche Gesinnung wahrgemacht hat, so bleibt uns in der gegenwärtigen Zeit von alldem, was da zusammengeflossen ist, um diesen Gedanken wahrzumachen innerhalb der Menschheit, die Einsetzung des Weihnachtsfestes.

Wenn der Mensch in der Weihnachtsnacht sich vorstellt, wie er auf Erden steht mit seinem physischen, mit seinem ätherischen, mit seinem astralischen Leib, verwandt ist mit dem dreigliedrigen Kosmos, der ihm in seinem Ätherischen in der Bläue des Himmels so majestätisch, aber auch so zauberisch-magisch in der Nacht erscheint, wie er gegenübersteht dem Astralischen des Weltenalls in den hereinglänzenden Sternen: dann empfindet er in dieser Heiligkeit des Umkreises im Zusammenhange mit dem, was im Irdischen ist, wie er in die Räumlichkeit hereinversetzt ist mit seinem eigentlichen Ich-Wesen. Und dann darf er anschauen das Weihnachtsmysterium, das geborene Kind, den Menschheitsrepräsentanten auf der Erde, der, insofern er seine Kindheit antritt, in diese Räumlichkeit hereingeboren wird. Und er sagt, wenn er den Weihnachtsgedanken in seiner Fülle und in dieser seiner Majestät im Anblicke des zu Weihnachten geborenen Kindes erblickt: Ex deo nascimur. – Aus dem Göttlichen bin ich geboren, dem Göttlichen, das den Raum durchwellt und durchwebt.

Aber dann, wenn der Mensch dieses empfunden hat, sich innerlich durchdrungen hat damit, dann kann er sich erinnern an dasjenige, was ihm als Wahrheit über den Sinn der Erde durch Anthroposophie aufgegangen ist. Dieses Kind, zu dem wir hinblicken, ist ja die äußere Umhüllung desjenigen, was eben hineingeboren wird in den Raum. Und woraus wird es geboren, um hineingeboren zu werden in den Raum? Das kann nach unseren heutigen Ausführungen nur die Zeit sein. Aus der Zeit heraus wird es geboren.

Und wenn wir dann das Leben dieses Kindes verfolgen, seine Durchgeistigung mit der Christus-Wesenheit, dann kommen wir darauf: von der Sonne kommt dieses Wesen, dieses Christus-Wesen. Und wir blikken jetzt zur Sonne hinauf und sagen uns: Indem wir zur Sonne hinaufblicken, müssen wir an dem Sonnenschein die für das Räumliche verborgene Zeit erblicken. Im Inneren der Sonne ist die Zeit. Und aus dieser im Inneren der Sonne webenden Zeit heraus ist der Christus in den Raum hineingekommen auf die Erde. Und was haben wir nun in dem Christus auf der Erde? Wir haben in dem Christus auf der Erde dasjenige, was sich von außerhalb des Raumes mit der Erde verbindet, was von außerhalb kommt.

Nun denken Sie einmal, wie sich uns die Vorstellung des Weltenalls gegenüber der gewöhnlichen Vorstellung verwandelt, wenn wir all das wirklich nehmen, was wir jetzt vor unsere Seele haben hintreten lassen! Da haben wir im Weltenall die Sonne mit alldem, was uns zunächst im Verein mit der Sonne im Universum, im Kosmos erscheint, dasjenige, was eingeschlossen ist innerhalb der Bläue des Himmels, die Sternenwelt. Da haben wir auch irgendwo die Erde mit der Menschheit. Aber indem wir von der Erde zur Sonne hinaufschauen, blicken wir zugleich in den Fluß der Zeit hinein.

Daraus folgt jetzt etwas sehr Bedeutsames. Es folgt das, daß der Mensch zur Sonne nur dann richtig blickt, wenn er, indem er auch meinetwillen nur im Geistigen zur Sonne aufblickt, den Raum vergißt und nur auf die Zeit Rücksicht nimmt. Die Sonne strahlt damit nicht nur das Licht aus, sondern den Raum selber. Und wenn wir in die Sonne schauen, schauen wir aus dem Raume heraus. Deshalb ist die Sonne dieser ausgezeichnete Stern, weil man durch sie aus dem Raum herausschaut. Aber aus diesem Außerhalb-des-Raumes ist der Christus zu den Menschen gekommen. Der Mensch war, als das Christentum auf Erden durch den Christus begründet wurde, allzulange schon in dem bloßen Ex deo nascimur. Er war ihm verwandt geworden. Er hatte die Zeit völlig verloren. Er war zu einem völligen Raumwesen geworden.

Wir verstehen so schwer mit dem heutigen zivilisatorischen Bewußtsein die alten Überlieferungen, weil diese eigentlich überall mit dem Raum rechnen und nicht mit dem Zeitlichen, mit dem Zeitlichen nur wie mit einem Anhängsel des Räumlichen.

Da kam der Christus und brachte den Menschen wiederum das Zeitliche. Und indem sich das Menschenherz, die Menschenseele, der Menschengeist mit dem Christus verbinden, gewinnen sie wiederum den Strom der Zeit von Ewigkeit zu Ewigkeit. Was können wir Menschen anderes tun als, wenn wir sterben, also aus der Raumeswelt hinausgehen, uns anklammern an dasjenige, was uns dann wieder die Zeit gibt, da die Menschheit zur Zeit des Mysteriums von Golgatha so stark Raumeswesen geworden ist, daß ihr die Zeit abhanden gekommen war! Der Christus hat den Menschen wiederum die Zeit gebracht.

Und wollen die Menschen beim Hinausgehen aus dem Raum nicht auch mit ihrer Seele ersterben, dann müssen sie in dem Christus sterben. Wir können immerhin Raumesmenschen sein, dann können wir sagen: Ex deo nascimur. – Dann können wir zu dem Kinde hinblicken, das aus der Zeit heraus in den Raum dringt, um mit den Menschen den Christus zu vereinigen.

Aber wir können nicht an die Grenze des irdischen Lebens, an das Sterben denken seit dem Mysterium von Golgatha, wenn wir nicht den Verlust der Zeit mit dem Verlust des Christus büßen wollen, wenn wir nicht hereingebannt werden wollen in den Raum und als Gespenst im Raume bleiben wollen. Da müssen wir in dem Christus sterben. Da müssen wir uns durchdringen mit dem Mysterium von Golgatha. Da müssen wir zu dem Ex deo nascimur das In Christo morimur dazufinden. Da müssen wir zu dem Weihnachtsgedanken den Ostergedanken hinzubringen.

Und so läßt das Ex deo nascimur den Weihnachtsgedanken vor unsere Seele treten, so läßt das In Christo morimur den Ostergedanken vor unsere Seele treten.

Wir können sagen: Auf der Erde hat der Mensch sein Physisches, sein Ätherisches, sein Astralisches. Das Ätherische ist auch draußen im Kosmos; das Astralische ist auch draußen in dem Kosmos (siehe Zeichnung Seite 248, rot); das Physische ist allein auf der Erde, es gibt drau- Tafel 18
ßen im Kosmos kein Physisches. So müssen wir sagen: Erde: Physisches, Ätherisches, Astralisches; Kosmos: das Physische ist nicht da, aber das Ätherische und das Astralische.

Dreigegliedert ist aber auch der Kosmos. Was er unten nicht hat, das setzt er oben an. Bei ihm ist das Ätherische das Unterste; auf der Erde ist das Physische das Unterste. Auf der Erde ist das Astralische

Tafel 18

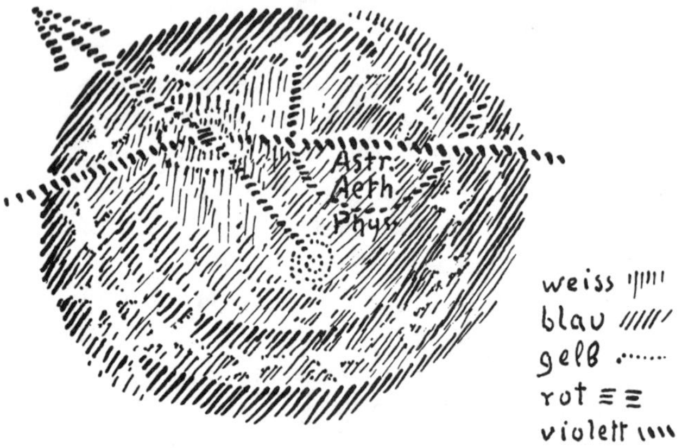

das Höchste; im Kosmos ist das Höchste dasjenige, was ja der Mensch heute nur in Rudimenten in sich hat, dasjenige, woraus einmal gewoben sein wird sein Geistselbst. Wir können sagen: Im Kosmos ist die Geistselbstigkeit als drittes.

Und jetzt erscheinen uns die Sterne als die Äußerungen von irgend etwas. Ich vergleiche sie mit dem Streicheln; die Geistselbstigkeit, die dahinter ist, ist das streichelnde Wesen. Nur daß da das streichelnde Wesen nicht eine Einheit ist, sondern die ganze Welt der Hierarchien. Schaue ich einen Menschen an seiner Gestalt nach, schaue ich seine Augen, die mir entgegenleuchten, höre ich seine Stimme, so ist das die Äußerung des Menschen. Schaue ich in die Weltenweiten hinauf, schaue ich auf die Sterne, so sind es die Äußerungen der Hierarchien, die Empfindung erregenden Lebensäußerungen der Hierarchien. Schaue ich in die Unendlichkeit des blauen Weltenfirmaments hinein, so sehe ich nach außen sich offenbaren deren ätherischen Leib, der aber das Unterste ist für diese ganze hierarchische Welt.

Dann aber ahnen wir, wenn wir in den Kosmos und seine Weiten hinausschauen, etwas, was nun über das Irdische hinausgeht, so wie die Erde mit ihren physischen Substanzen und Kräften unter das Kosmische hinuntergeht. Und die Erde hat ein Unterkosmisches im Physischen, der Kosmos hat ein Überirdisches in der Geistselbstigkeit.

Erde	Kosmos
Physisches-Unterkosmisches	
Ätherisches	Ätherisches
Astralisches	Astralisches
	Überirdisches-Geistselbstigkeit

Tafel 18

Die physische Wissenschaft spricht von einer Bewegung der Sonne. Sie kann das. Denn man kann ja innerhalb des Raumesbildes, das uns als Kosmos umgibt, an gewissen Erscheinungen sehen, daß die Sonne in Bewegung ist. Aber es ist eben nur das in den Raum hereinragende Abbild der Sonnenbewegung. Und wenn man von der wirklichen Sonne spricht, so ist es einfach ein Unsinn, zu sagen, die Sonne bewegt sich im Raume. Weil der Raum von der Sonne ausgestrahlt wird! Die Sonne strahlt nicht nur das Licht aus, die Sonne macht auch den Raum. Und die Bewegung der Sonne selber ist nur innerhalb des Raumes eine räumliche; außerhalb des Raumes ist sie eine zeitliche. Das, was da von der Sonne erscheint, daß sie dem Sternbilde des Herkules zueilt, das ist nur ein Abbild einer zeitlichen Entwickelung des Sonnenwesens.

Ja, seinen intimen Jüngern hat der Christus gesagt: Sehet hin auf das Leben der Erde. Es ist verwandt mit dem Leben des Kosmos. Insofern ihr schaut auf die Erde und den umliegenden Kosmos, ist es der Vater, der dieses Weltenall durchlebt. Der Vatergott ist der Gott des Raumes. Ich aber habe euch zu künden, daß ich von der Sonne gekommen bin, von der Zeit, von der Zeit, die den Menschen nur aufnimmt, wenn er stirbt. Ich habe euch mich selbst gebracht aus der Zeit heraus. Nehmet ihr mich auf, sagte der Christus, so nehmet ihr die Zeit auf und verfallt nicht dem Raume. Aber da müßt ihr auch den Übergang finden von der einen Dreiheit – dem Physischen, Ätherischen, Astralischen – zu der anderen Dreiheit: dem Ätherischen, Astralischen bis zu der Geistselbstigkeit. Die Geistselbstigkeit ist ebensowenig im Irdischen zu finden, wie das Physisch-Irdische im Kosmos zu finden ist. Aber ich bringe euch von ihm die Botschaft, denn ich bin aus der Sonne.

Ja, die Sonne hat einen dreifachen Aspekt. Lebt man innerhalb der Sonne und sieht von der Sonne auf die Erde (siehe Zeichnung, rot), so hat man Physisches, Ätherisches, Astralisches zu sehen. Oder man schaut auf dasjenige, was in der Sonne selber ist, dann hat man fortwährend zu sehen Geistselbstigkeit. Man sieht Physisches, wenn man sich an die Erde erinnert oder hinschaut auf sie. Schaut man weg, so blickt man nach der anderen Seite auf die Geistselbstigkeit. Man pendelt hin und her zwischen dem Physischen und der Geistselbstigkeit. Stabil bleibt dazwischen nur das Ätherische und das Astralische. Sieht man aber hinaus in das Weltenall, dann verschwindet das Irdische vollständig. Ätherisches, Astralisches und Geistselbstigkeit ist da. Das wird Euer Anblick sein, wenn Ihr in die Sonnenzeit kommt zwischen dem Tod und einer neuen Geburt.

Man stelle sich also vor, der Mensch kapsele sich ganz ein mit seiner Seelenverfassung in dem Erdenwesen: er kann das Göttliche empfinden, denn aus dem Göttlichen heraus ist er geboren. Ex deo nascimur.

Stellen wir uns vor, er kapsele sich nicht bloß innerhalb der Raumeswelt ein, sondern er nehme an den Christus, der aus der Zeitenwelt in die Raumeswelt hereingekommen ist und die Zeit selber in den Raum der Erde gebracht hat. Damit überwindet er im Tode den Tod. Ex deo nascimur. In Christo morimur.

Aber der Christus bringt die Botschaft: Dann, wenn der Raum überwunden ist und man die Sonne als den Schöpfer des Raumes kennenlernt, in der Sonne sich fühlt durch den Christus, in die lebendige Sonne sich hineinversetzt fühlt, dann verschwindet das Physisch-Irdische; das Ätherische, das Astralische ist da. Das Ätherische lebt auf, jetzt nicht als Himmelsbläue, sondern als hellrötliche Erglänzung des Kosmos. Und aus diesem Hellrötlichen glänzen nicht die Sterne herunter, sondern die Sterne berühren uns mit ihren Liebewirkungen. Und der Mensch kann sich fühlen – wenn er sich in all das wirklich hineinversetzt – stehend auf der Erde, das Physische abgestreift, das Ätherische da, ihn durchstrahlend und ausstrahlend als das Lilarötliche; die Sterne nicht glänzende Punkte, sondern Liebesstrahlungen wie das menschliche Liebestreicheln.

Aber indem man dieses empfindet, das Göttliche in sich, das göttliche Weltenfeuer als das Wesen des Menschen aus ihm herausflammend, sich fühlend im ätherischen Weltenall, erlebend die Geistesäußerungen im astralischen Welten-Erstrahlen: dann bringt das hervor in dem Menschen das innere Erleben des Geist-Erstrahlenden, zu dem der Mensch berufen ist im Weltenall.

Als diejenigen, denen Christus das verkündet hatte, genügend lange sich durchdrungen hatten von diesem Gedanken, da empfanden sie die Wirkung dieses Gedankens in den feurigen Zungen des Pfingstfestes. Da empfanden sie das Sterben durch das Abfallen und Abtropfen des Physischen der Erde. Da empfanden sie aber: das ist nicht der Tod, sondern für das Physische der Erde geht die Geistselbstigkeit des Universums auf: Per spiritum sanctum reviviscimus.

So kann man hinblicken auf diese Dreigliederung der einen Jahreshälfte: Weihnachtsgedanke – Ex deo nascimur; Ostergedanke – In Christo morimur; Pfingstgedanke – Per spiritum sanctum reviviscimus.

Und es bleibt die andere Hälfte des Jahres. Versteht man sie ebenso, so geht für den Menschen auch wiederum die andere Seite seines Lebens auf. Versteht man jene Beziehung des Physischen zum Seelischen des Menschen und zum Überphysischen, welche die Freiheit in sich schließt, deren der Erdenmensch teilhaftig wird auf der Erde, dann versteht man in den Zusammenhängen zwischen Weihnachts-, Oster- und Pfingstfest den freien Menschen auf der Erde. Und versteht man ihn aus diesen drei Gedanken, dem Weihnachtsgedanken, dem Ostergedanken und dem Pfingstgedanken heraus, und läßt sich dadurch auffordern, das übrige Jahr zu verstehen, so tritt die andere Hälfte des menschlichen Lebens auf, die ich Ihnen andeutete dadurch, daß ich sagte: Blickt man hin auf das menschliche Schicksal – die Hierarchien erscheinen dahinter, die Arbeit, das Weben der Hierarchien. Deshalb ist es so groß, wirklich in ein menschliches Schicksal hineinzublicken, weil man sieht, wie die ganzen Hierarchien dahinterstehen.

Aber es ist ja im Grunde genommen die Sprache der Sterne, die uns aus dem Weihnachts-, Oster- und Pfingstgedanken entgegentönt: aus dem Weihnachtsgedanken, insofern die Erde ein Stern im Weltenall ist, aus dem Ostergedanken, insofern uns der glänzendste Stern, die Sonne, seine Gnadengaben gibt, aus dem Pfingstgedanken, indem uns dasjenige, was jenseits der Sterne verborgen ist, in die Seele hereinleuchtet und in den feurigen Zungen wiederum herausleuchtet aus der Seele.

Wenn Sie das, was in dieser Art nun von dem Vater, dem Träger des Weihnachtsgedankens, der aber den Sohn schickt, damit der Ostergedanke voll werde, und dann von diesem Sohne, der wiederum die Kunde von dem Geist bringt, damit im Pfingstgedanken das menschliche Leben auf Erden sich in Dreiheit vollende, wenn Sie dieses ausmeditieren, wenn Sie darüber recht nachdenken, dann bekommen Sie zu all den geschilderten Grundlagen, die ich Ihnen zum Begreifen des Karma gegeben habe, eine Empfindungsgrundlage.

Versuchen Sie es einmal, den Weihnachts-, Oster- und Pfingstgedanken, so gewendet, wie wir ihn heute gewendet haben, so recht auf menschliches Gefühl, auf menschliche Empfindung wirken zu lassen. Versuchen Sie das, vertiefen Sie diese Ihre Empfindung. Und wenn wir nach meiner Reise, die ich nun genötigt bin, gerade zu Pfingsten wegen des Landwirtschaftlichen Kursus zu unternehmen, wiederum zusammenkommen, dann bringen Sie diese Empfindung, die fortleben soll als der warme, der feurige Pfingstgedanke, mit, und dann werden wir über das Karma weitersprechen können.

So aber wird Ihr Verständnis recht befruchtet sein durch das, was der Pfingstgedanke ist. Wie einstmals von der Einsetzung des Pfingstfestes bei der ersten Feier des Pfingstfestes aus jedem der Jünger etwas geleuchtet hat, so sollte eigentlich der Pfingstgedanke wieder lebendig werden auch für anthroposophisches Verständnis.

Es sollte etwas leuchtend werden aus Ihren Seelen heraus. Deshalb gab ich Ihnen als Pfingstempfindung mit für die weitere Fortsetzung der Karmagedanken, die für die andere Hälfte des Jahres sind, dasjenige, was ich heute über den Zusammenhang von Weihnachts-, Oster- und Pfingstgedanken zu sagen habe.

FÜNFZEHNTER VORTRAG

Dornach, 22. Juni 1924

Betrachtungen karmischer Fragen sind ja nicht ohne weiteres so leicht anzustellen, und in der Besprechung desjenigen, was zum menschlichen Karma gehört, ist im Grunde genommen immer ein starkes Verantwortlichkeitsgefühl tätig, muß wenigstens tätig sein. Es handelt sich ja dabei tatsächlich um ein Hineinschauen in die tiefsten Zusammenhänge des Daseins in der Welt. Denn innerhalb des Karma, innerhalb des Karmaverlaufes spielen sich diejenigen Dinge und Vorgänge ab, welche die anderen Erscheinungen der Welt, selbst die Naturerscheinungen eigentlich tragen. So daß man ohne das Verständnis des Karmaverlaufes in der Welt und in der Menschheitsentwickelung im Grunde unmöglich verstehen kann, warum die äußere Natur eben in der Gestalt vor uns sich ausbreitet, wie das der Fall ist. Wir haben Beispiele hingestellt von einem gewissen Karmaverlauf. Diese Beispiele wurden von mir sorgfältig ausgewählt, um dazustehen so, daß wir nunmehr, wenn wir jetzt den Übergang suchen zu der Betrachtung des individuellen Karma, anknüpfen können an dasjenige, was mit diesen Beispielen hingestellt worden ist.

Nun möchte ich eine einleitende allgemeine Bemerkung hier machen, schon aus dem Grunde, weil ja heute und wohl auch in den nächsten Vorträgen Freunde anwesend sein werden, die im Verlaufe der Betrachtungen, der Vorträge, die in den letzten Wochen und Monaten gerade in Beziehung auf das Karma stattgefunden haben, nicht da waren. Es handelt sich ja immer darum, daß eingesehen werde, wie schwerwiegend eigentlich alles das genommen werden muß, was mit unserer Weihnachtstagung zusammenhängt. Es sollte das Bewußtsein wirklich ein durchgreifendes sein, daß mit dieser Weihnachtstagung im Grunde eine völlige Neugründung der Anthroposophischen Gesellschaft stattgefunden hat. Und es sollte durchaus so sein, daß nicht in die alten Gewohnheiten, auch nicht in die alten Denkgewohnheiten zurückgefallen werde gegenüber den starken Veränderungen, die in der neuerlichen Handhabung des anthroposophischen Weisheitsgutes eingetreten sind. Wir müssen uns nämlich darüber auch klar sein, daß dasjenige, was gerade in den Betrachtungen, die seit der Weihnachtstagung hier gepflogen werden, gesagt worden ist, nicht anders von jemand anderem gegenüber dieser oder jener Zuhörerschaft vorgebracht werden kann, nicht in einer anderen Weise, als höchstens, wenn dazu Vorlagen vorhanden sind, durch Vorlesen des genauen Wortlautes, der hier gesprochen wird.

In einer freien Weise kann das nicht wiedergegeben werden zunächst. Würde es wiedergegeben, so müßte ich mich dagegen wenden. Denn es handelt sich wirklich darum, daß bei diesen schwierigen und schwerwiegenden Dingen jedes Wort und jeder Satz, die hier gesprochen werden, genau abgewogen werden müssen, damit die Art und Weise klar werde, wie die Dinge begrenzt werden müssen. Wenn also irgend jemand vorhat, in einer anderen Form die Dinge, die hier besprochen werden, an irgendeine Zuhörerschaft weiterzugeben, so müßte er erst sich mit mir in Verbindung setzen und anfragen, ob das möglich ist. Es muß in der Zukunft ein einheitlicher Geist, ein realer einheitlicher Geist in die ganze anthroposophische Bewegung hineinkommen. Sonst verfallen wir durchaus in diejenigen Fehler, in die namentlich eine Anzahl unserer Mitglieder verfallen ist, die da glaubten, das anthroposophische Weisheitsgut wissenschaftlich bearbeiten zu müssen, und wir haben ja wirklich erfahren können, wieviel Abträgliches, wieviel der anthroposophischen Bewegung Abträgliches da eigentlich – ich sage es unter Anführungszeichen – «geleistet» worden ist.

Natürlich sind in die Bedingungen, von denen ich hier rede, ganz vertrauliche Mitteilungen ja nicht einbegriffen; aber auch bei denen sollte sich der Betreffende, der sie macht, seiner Verantwortung voll bewußt sein. Denn es beginnt einmal in dem Augenblicke, wo so gesprochen wird, wie jetzt von dieser Stelle aus gesprochen wird, es beginnt da eben einmal im eminentesten Sinne dasjenige, was ich als Verantwortlichkeitsgefühl gegenüber den Mitteilungen aus der geistigen Welt bezeichnen muß. Es ist ja auch sonst schwierig, überhaupt hier über diese Dinge zu sprechen. Aber eben die Begrenztheit unserer Einrichtungen läßt etwas anderes nicht zu, als eben getan wird. Es ist schwierig, über diese Dinge zu sprechen, denn eigentlich sollten diese Vorträge nur vor solchen Zuhörern gehalten werden, die vom Anfange bis zum Ende einer Vortragsreihe dabei sind. Jeder, der später kommt, hat ja selbstverständlich Schwierigkeiten des Verständnisses.

Nun kann man dem ja dadurch entgegenkommen, daß vollbewußt ist in den Seelen der Freunde, daß solche Schwierigkeiten bestehen. Dann ist ja alles gut, wenn ein volles Bewußtsein da ist. Aber das ist eben nicht immer der Fall. Und es kann auch nicht über diese Dinge, die die zartesten sind innerhalb unserer anthroposophischen Bewegung, die richtige Denkweise Platz greifen, wenn doch auf der anderen Seite, wie es auch seit der Weihnachtstagung ist, immer wiederum die Usancen fortdauern, die eben früher da waren: Eifersüchteleien, gegenseitige Rankünen und so weiter. Für die anthroposophische Entwickelung ist eben durchaus eine gewisse Gesinnung, ein gewisser Ernst absolut notwendig.

Solche Dinge habe ich ja früher, als ich noch nicht das Vorstandsamt innehatte, als Lehrender vorgebracht. Aber ich muß sie jetzt so vorbringen, daß sie tatsächlich dasjenige darstellen, was von dem Vorstande am Goetheanum ausgehend in der Anthroposophischen Gesellschaft leben muß.

Nun, ich denke, daß die Worte, die ich gesprochen habe, verstanden werden können. Sie sind ja gesprochen, um eben gegenüber einer solchen Vortragsreihe, wie diejenige ist, der wir hier gegenüberstehen, den nötigen Ernst vor die Seele der Freunde hinzustellen.

Das Karma ist ja etwas, was in allem Erleben der Menschen unmittelbar wirksam ist, was sich aber verbirgt hinter den äußeren Erlebnissen in alldem, was zum Unbewußten und Unterbewußten der menschlichen Seele gerechnet werden muß. Wenn man eine Biographie liest, so müßte das eigentlich, falls das Lesen mit wirklichem innerem Anteil an demjenigen geschieht, was erzählt wird, es müßte das Lesen einer Biographie ganz besonders geartete Empfindungen beim Leser hervorrufen. Wenn ich beschreiben soll, wozu man beim Lesen einer Biographie kommen kann, so ist es dieses: Wer eine Biographie mit wirklicher Aufmerksamkeit verfolgt, der wird sich sagen müssen: Immer wieder und wieder kommen in einer Biographie Ansätze vor zum Darstellen von Lebensereignissen, die nicht eigentlich in einer fortdauernden Erzählungsentwickelung begründet sind. Man hat, wenn man eine Biographie vor sich hat, eigentlich das Leben eines Menschen Tafel 19 nur in einer gewissen Weise vor sich. Ins Leben eines Menschen spielen nicht nur diejenigen Tatsachen hinein, die er im Wachzustande erlebt, also: erster Tag – jetzt kommt die Nacht; zweiter Tag – jetzt kommt die Nacht; dritter Tag – jetzt kommt die Nacht und so fort, sondern es ist so, daß wir ja nur äußerlich erfühlen können, was an den Tagen geschehen ist, falls wir nicht eine geisteswissenschaftliche Biographie schreiben, was ja unter Umständen gegenüber der heutigen Zivilisation eigentlich eine völlige Unmöglichkeit ist. Wir schreiben also in die Biographie das hinein, was an den Tagen während des Wachzustandes des Menschen geschehen ist, über den wir die Biographie schreiben.

Was aber das Leben eigentlich formt, was dem Leben Gestalt gibt, was dem Leben die schicksalsmäßigen Impulse einpflanzt, das ist ja nicht sichtbar in den Tagesereignissen, das spielt als Impulse zwischen Tafel 19 rot den Tagesereignissen in der geistigen Welt, wenn der Mensch selber in dieser geistigen Welt vom Einschlafen bis zum Aufwachen drinnen ist. Im wirklichen Leben sind diese Schlafesimpulse durchaus darinnen; wenn wir die Biographien erzählen, sind sie nicht darinnen. Was bedeutet denn das Erzählen einer Biographie?

Nichts Geringeres eigentlich bedeutet es gegenüber dem Leben des Menschen, als wenn wir zum Beispiel die Raffaelsche Sixtinische Madonna nehmen, sie an die Wand hängen, gewisse Flächen mit weißem Papier verkleben, so daß man sie nicht sieht und nur gewisse Flächen übrigbleiben. Derjenige, der das anschaut, muß doch das Gefühl bekommen: Da muß ich noch etwas anderes sehen, wenn das ein Ganzes sein soll.

Dieses Gefühl müßte eigentlich jeder haben, der unbefangen eine Biographie liest. Es kann ja der heutigen Zivilisation gegenüber nur im Stile angedeutet werden, aber das sollte auch geschehen. Es sollte im Stile angedeutet werden. Es sollte angedeutet werden, daß immerzu in das Leben des Menschen Impulse hineinspielen, die gewissermaßen aus dem Unpersönlichsten des seelisch-geistigen Erlebens heraufkommen. Dann, wenn wenigstens das geschieht, meine lieben Freunde, dann wird man schon sich zu dem Gefühl hinaufschulen, daß aus einer Biographie Karma sprechen muß. Es wäre ja natürlich abstrakt, wenn man so sprechen wollte, daß man in einer Biographie irgendeine Szene aus dem Leben eines Menschen erzählte und dann sagte: Nun ja, das kommt aus einem vorigen Erdenleben, da war es so, und das gestaltet sich jetzt so herein. – Das wäre ja natürlich abstrakt. Das würden die meisten Menschen wahrscheinlich sehr sensationell finden, aber damit würde in Wahrheit keine höhere Geistigkeit erreicht werden, als sie erreicht wird durch unsere Philisterbiographien, wie sie im heutigen Zeitalter geschrieben werden; denn alles, was im heutigen Zeitalter auf diesem Gebiete geleistet wird, ist Philisterwerk.

Nun kann man dasjenige, was da in der Seele eintreten soll, dadurch in sich besonders heranerziehen, daß man, ich möchte sagen, eine gewisse Liebe gewinnt für tagebuchartige Aufzeichnungen der Menschen. Tagebuchartige Aufzeichnungen können zwar sehr philiströs geschrieben sein, aber wenn sie nicht gedankenlos geschrieben oder gelesen werden, wird derjenige, der nicht selbst ein Philister ist, in der tagebuchartigen Aufzeichnung selbst eines Philisters beim Übergang von einem Tag zu dem anderen Empfindungen haben, die schon heranreichen zu dem Erfühlen des Karma, der schicksalsmäßigen Zusammenhänge.

Ich habe manche Menschen kennengelernt – ihre Zahl ist gar nicht so gering –, die hielten sich für fähig, eine Goethe-Biographie zu schreiben. Man könnte sagen, ahnungslos fühlen sich diese Leute fähig, eine Goethe-Biographie zu schreiben. Denn die Schwierigkeit wächst in dem Grade, in dem man hineinsieht in die Zusammenhänge des Daseins, und insbesondere hineinsieht in die karmischen Zusammenhänge des Daseins.

Nehmen Sie in der Empfindung nur alles das zusammen, was ich hier vorgebracht habe. Nehmen Sie das, was ich hier vorgebracht habe in derjenigen Stunde, wo ich Sie ausdrücklich aufgefordert habe, mich nicht verstandesgemäß zu verstehen, sondern die Dinge in Ihr Herz aufzunehmen, und wenn ich wieder reden werde, aus dem Herzen den folgenden Vortrag entgegenzunehmen. Erinnern Sie sich, daß ich das gesagt habe, weil man Karma nicht wirklich erfühlen kann, wenn man sich ihm bloß auf verstandesmäßigem Wege nähern will. Wer nicht erschüttert werden kann von mancherlei karmischen Zusammenhängen, die hier vorgebracht werden, der kann überhaupt Karma nicht betrachten, der kann aber auch nicht vorrücken zu einer individuellen Betrachtung der karmischen Zusammenhänge.

Und so wollen wir den Übergang finden von den bisherigen Betrachtungen zu dem, was uns nun dazu bringen kann, gegenüber einem Ereignisse im Leben eines Menschen zu sagen: Darinnen spricht sich Karma in einer gewissen Weise aus.

Wenn ich bedenke, was ich in den sieben weimarischen Jahren, in denen ich im Goethe- und Schiller-Archiv gearbeitet habe, was ich da im Verhältnis zu Goethe alles durchgemacht habe – und bei der Schilderung meines Lebensabrisses kommt ja gerade jetzt dieses als Aufgabe, es zu überdenken –, dann sage ich mir mit Bezug auf die Karmafrage: Eine der schwierigsten Fragen in irgendwelchen Darstellungen ist, zu schildern, was Goethe in seiner Seele durchgemacht hat zwischen dem Jahre 1792 und 1800. Dieses Kapitel in einer Goethe-Biographie zu schreiben, auch nur durchzudenken, es so zu sehen, daß man darinnen Karma wirksam findet, gehört wirklich zu dem Allerschwierigsten.

Nun muß man einmal zunächst auf das hinschauen, worin sich Karma im Leben eines Menschen für die Anschauung, wenn auch für die okkulte, für die höhere Anschauung, auslebt. Der Mensch lebt ja zwischen dem Einschlafen und Aufwachen außerhalb seines physischen und Ätherleibes in seinem Ich und in seinem astralischen Leibe. Er lebt mit dem Ich und mit dem astralischen Leibe in der geistigen Welt. Einfach diese Tatsachen, die sich da im Einschlafen und Aufwachen abspielen, ganz sachgemäß zu überschauen, gehört wiederum zu dem Schwersten geisteswissenschaftlicher Untersuchungen. Denn sehen Sie, was da geschieht, das stellt sich in folgender Weise dar. Ich werde es heute skizzenhaft darstellen.

Sie werden fühlen, wenn Sie all das zusammennehmen, was in der Anthroposophie bisher vor Ihre Seele getreten ist, daß die Dinge den Eindruck des Begreiflichen machen. Aber um sie zu finden, dazu gehören außerordentlich schwierige geisteswissenschaftliche Untersuchungen.

Wenn ich eine Art Schema des Menschen hinzeichne, so haben wir zunächst in dieser Grenzangabe, die ich hingezeichnet habe, dasjenige, was des Menschen physischer Leib ist. In diesem physischen Leib lebt der Ätherleib (siehe Zeichnung, lila) und der astralische Leib (gelb). Und es lebt darinnen das Ich.

Betrachten wir einmal jetzt den einschlafenden Menschen. Das, was ich hier aufgezeichnet habe, bleibt im Bette liegen. Was geschieht mit dem astralischen Leib und mit dem Ich? Der astralische Leib und das Ich, die ich wiederum skizzenhaft andeuten will, sie gehen durch das Haupt des Menschen und eigentlich durch alles das, was Sinnessystem des Menschen ist, also in gewissem Sinne schon aus dem ganzen Körper, aber hauptsächlich aus dem Haupte heraus, und sind dann,

schematisch gezeichnet, außerhalb des Menschen. So daß wir sagen können, wenn wir von dem Ich zunächst absehen: Der astralische Leib verläßt beim Einschlafen den Menschen durch das Haupt. Eigentlich verläßt er ihn durch alles, was Sinnesorgan ist. Da die Sinnesorgane hauptsächlich im Haupte konzentriert sind, so geht eben die Hauptmasse des astralischen Leibes durch das Haupt heraus. Aber es gehen in gewissem Sinne – weil ja der Wärmesinn zum Beispiel überall verteilt ist, der Drucksinn auch –, es gehen nach überall Strahlungen, die schwach nachfolgen; aber das Ganze ruft doch den Eindruck hervor, daß durch das Haupt des Menschen hindurch beim Einschlafen der
Tafel 20 blau astralische Leib herausgeht. Ebenso das Ich, das – wenn ich mich jetzt räumlich ausdrücke –, etwas größer als der astralische Leib und nicht ganz im Inneren geschlossen, aus dem Menschen herausgeht. Das ist der einschlafende Mensch.

Betrachten wir aber jetzt den aufwachenden Menschen. Wenn wir den aufwachenden Menschen betrachten, so finden wir, daß der astralische Leib zunächst durch die Gliedmaßen, und zwar zuerst durch die Fingerspitzen und Zehenspitzen an den Menschen herankommt, und in dieser Weise durch die Gliedmaßen nach und nach sich im Menschen ausbreitet. Also gerade von der anderen Seite kommt er her. Auch das Ich kommt von der anderen Seite, nur daß das Ich jetzt nicht so (blau) den astralischen Leib umschließt, sondern indem es zurückkommt, mehr eingeschlossen ist von dem astralischen Leib.

Wir wachen auf, und indem wir aufwachen, strömen der astralische Leib und das Ich durch die Fingerspitzen, durch die Zehenspitzen in uns ein. Sie brauchen, um den Menschen ganz wiederum bis zum Haupte zu erfüllen, eigentlich den ganzen Tag; und wenn sie beim Haupte angelangt sind, dann ist eigentlich auch schon wiederum der Moment vorhanden, wo sie den Menschen verlassen. Daraus ersehen Sie, daß Ich und astralischer Leib eigentlich immer strömend sind.

Nun können Sie eine Frage aufwerfen: Ja, dann aber haben wir, wenn wir gerade eine halbe Stunde nach dem Aufwachen sind, unseren astralischen Leib, und ich meine jetzt immer auch das Ich mit, doch nur das Stückchen bis hierher (zu den Handgelenken) – wir sind noch nicht weiter damit gekommen – und unten bis zu den Knöcheln des Fußes.

Das ist auch so. Wenn jemand – ich will annehmen, daß er ein solch anständiger Mensch ist – mindestens um sieben Uhr aufwacht und wach bleibt, dann wird er um halb acht Uhr seinen astralischen Leib erst bei seinen Fußknöcheln und vielleicht hier bei den Handgelenken haben. Und so geht es langsam bis abends.

Sie können sagen: Ja, aber wie kommt es denn dann, daß wir als ganzer Mensch aufwachen? Wir haben doch das Gefühl, wir sind sogleich als ganzer Mensch aufgewacht – und eigentlich sind um ein Viertel nach sieben Uhr erst unsere Finger und unsere Zehen aufgewacht und so weiter, und um zwölf Uhr ist es bei den meisten Menschen – eben bei den anständigen Menschen – noch gar nicht weiter, als daß sie in ihrem astralischen Leib erst drinnen sind wie in einem Sitzbade. – Es ist so.

Und die Frage, die da aufgeworfen werden kann, sie muß damit beantwortet werden, daß man darauf aufmerksam macht, daß im Geistigen eben andere Gesetze herrschen als in der physischen Welt. In der physischen Welt ist ein Körper nur da, wo er eben ist. Das ist in der geistigen Welt nicht der Fall. In der geistigen Welt ist es so, daß, wenn unser Astralleib auch erst die Zehenspitzen und die Fingerspitzen eingenommen hat, er doch schon in dem Raum des ganzen Körpers wirkt. Das ist das Merkwürdige. Spüren kann man ihn schon; wenn er überhaupt nur ankommt, kann man ihn schon im ganzen Körper spüren. Aber seine Realität, seine eigentliche Substanz breitet sich erst langsam aus. Mit dieser Erscheinung und ihrem Verständnis hängt außerordentlich viel zusammen. Es hängt vor allen Dingen viel zusammen mit Bezug auf die Beurteilung der menschlichen Organisation in ihrem gesunden und kranken Zustande. Sie müssen bedenken: Die ganze Zeit des Schlafens ist in dem, was da im Bette liegt und was doch nicht der Mensch ist, sondern nur der physische und der Ätherleib, eine Art pflanzlich-mineralischer Tätigkeit, wenn auch in menschlicher Organisation. Die kann normal oder unnormal sein, gesund oder krankhaft.

Wenn der Astralleib beginnt, von den Gliedmaßen herein aufzutauchen, so werden gerade in den Morgenstunden hingestrahlt die ungesunden Erscheinungen zu einer ganz besonderen Art von Wahrnehmung. Daher ist es schon bei der Beurteilung von Krankheiten ungeheuer wichtig, die Gefühle des Patienten beim Aufwachen zu erfahren, wenn sein astralischer Leib dasjenige, was ungesund ist in ihm, heraufstößt.

Nun aber weiter. Wenn wir einschlafen, dann gehen wir mit unserem Ich und mit unserem astralischen Leib aus unserem physischen und Ätherleib heraus in die geistige Welt hinein. Da bleibt noch die Nachwirkung dessen, was wir bei Tag durchgemacht haben. Aber es bleiben nicht die Gedanken in der Form, wie wir sie denken, auch nicht in der Form von Worten. Alles das bleibt nicht. Ich möchte sagen, es hängt nur wie Reste noch daran an diesem astralischen Leib, wenn er da hinausgeht.

Und sogleich beginnt, wenn dieser astralische Leib aus dem Menschen herausgeht, sogleich beginnt das Karma sich zu bilden, wenn auch zunächst eben bildhaft. Das Karma beginnt sich zu bilden. Dasjenige, was wir bei Tage vollbracht haben an Gutem und Bösem, was wir zunächst in den uns gewohnten Vorstellungen überschauen, es fängt sogleich an, wenn wir einschlafen, sich in die karmische Entwickelungsströmung umzusetzen. Und das dauert eine Weile nach dem Einschlafen. Da übertönt dieses Umsetzen in das Karma alles übrige, was an Tatsachen während des Schlafens mit uns geschieht.

Dann aber beginnt, wenn man weiter den Schlaf führt (siehe Zeichnung Seite 259, Pfeile), das Untertauchen des Menschen zunächst in diejenigen Erlebnisse, die einem vorigen Erdenleben angehören, dann weiter, die einem zweitletzten Erdenleben angehören, dann weiter einem drittletzten und so weiter. Und wenn der Mensch am Aufwachen ist, dann ist er auch vorbeigegangen an seinem ersten individuellen Erdenleben. Da kommt er noch in dasjenige Erleben, wo er noch nicht abgeschieden ist vom allgemeinen Weltenall, wo er das noch mitmacht, wo noch von individuellem Erdenleben nicht gesprochen werden kann. Und erst wenn er so weit ist, kann er wiederum zurückgehen in seine physische Organisation, in seine Ätherorganisation.

Nun entsteht wieder eine Frage, eine recht bedeutungsvolle Frage: Wenn wir aber nur ein kurzes Schläfchen machen, ein Nachmittagsschläfchen zum Beispiel, wie ist es dann? Oder gar, wenn wir zum

Beispiel während eines Vortrages kurz einnicken, aber wirklich schlafen, und diese ganze Sache nur zwei, drei Minuten, vielleicht nur eine Minute oder eine halbe Minute dauert? Da waren wir eine halbe Minute, wenn es ein wirklicher Schlaf ist, zwischen dem Einschlafen und Aufwachen in der geistigen Welt.

Sehen Sie, meine lieben Freunde, für dieses ganz kurze Schläfchen – auch während eines Vortrages – gilt ganz genau dasselbe wie für den Nachtschlaf meinetwillen eines Siebenschläfers – eines menschlichen Siebenschläfers meine ich.

Es ist nämlich so, daß in dem Momente, wo der Mensch eingeschlafen ist, auch nur für den kürzesten Schlaf, der ganze Schlaf eine Einheit ist, und der astralische Leib ist ein unbewußter Prophet, überschaut den ganzen Schlaf bis zum Aufwachen hin, natürlich perspektivisch. Es können eben die weiteren Dinge undeutlich sein, wie wenn einer kurzsichtig ist und in eine Allee hineinschaut, da sieht er die letzten Bäume nicht. So kann auch der astralische Leib im Unbewußten – bildlich gesprochen – kurzsichtig sein. Er sieht nicht bis dahin, wo die ersten individuellen Erdenleben auftreten. Das sind spezielle Dinge. Aber im ganzen und großen ist die Sache so, daß wir beim kürzesten Schläfchen mit ungeheurer, rasender Schnelligkeit alle unsere Erdenleben durchlaufen. Das ist etwas außerordentlich Bedeutsames. Natürlich wird die Sache sehr, sehr undeutlich; aber wenn jemand während eines Vortrages einschläft, hat ja der Vortragende – oder diejenigen, die es mit anschauen – die Sache vor sich. Bedenken Sie, die ganze Erdenentwickelung mit alldem, was in dem vorangegangenen Leben der Betreffende durchgemacht hat, das hat er vor sich. Nur weil es dann mit rasender Schnelligkeit geht, wenn während eines Vortrages eingenickt wird, ist es undeutlich, spielt eben rasch eins in das andere hinein, aber es ist dennoch so, daß es da ist. Daraus ersehen Sie aber, daß Karma eigentlich fortwährend dasteht. Es ist da. Es ist gewissermaßen in der Weltenchronik niedergeschrieben. Und der Mensch hat bei jedem Schlaf Gelegenheit, an dieses Karma heranzutreten. Das ist eines der großen Geheimnisse des Daseins.

Sehen Sie, derjenige, der diese Dinge vom Standpunkte der Initiationswissenschaft aus unbefangen überschauen kann, der sieht auf der einen Seite mit einer ungeheuren Andacht, ich möchte sagen, Erkenntnisandacht auf dasjenige hin, was in einer menschlichen Erinnerung leben kann, was da unten in der Seele an Erinnerungsgedanken auftauchen kann. Es spricht diese Erinnerung nur vom eben erlebten Erdendasein, aber dennoch, in diesen Erinnerungen lebt eben ein menschliches Ich. Und wären diese Erinnerungen nicht da – ich habe das angedeutet in früheren Vorträgen –, wäre eigentlich das menschliche Ich nicht voll da. Da unten, da ist irgend etwas, was in uns immer wieder und wieder diese Erinnerungen hervorrufen kann.

Aber indem wir mit der Außenwelt durch unsere Sinne und durch unseren Verstand verkehren, bilden wir uns Ideen, Vorstellungen der Außenwelt, Vorstellungen, die uns Bilder geben sollen von demjenigen, was da draußen ist.

Wieder können wir schematisch das so zeichnen, daß wir sagen: Da schaut der Mensch in die Welt hinaus (siehe Zeichnung). Es ent-

Tafel 20

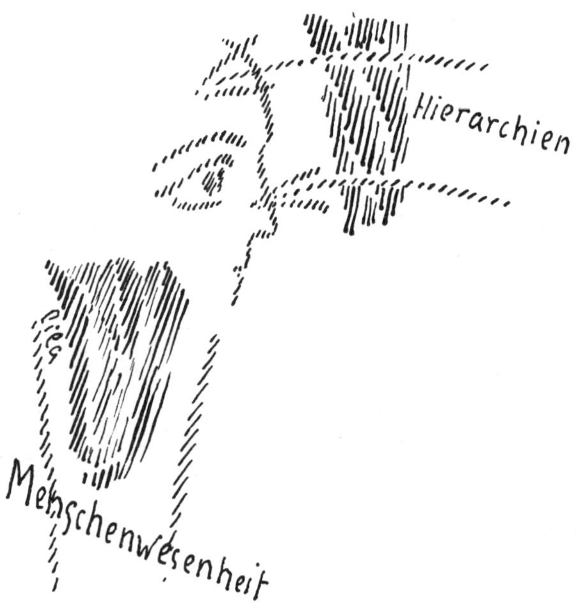

stehen ihm Bilder in seinen Gedanken (lila), in denen sich ihm dasjenige darstellt, was er in der Außenwelt sieht. Da lebt der Mensch in seinem Körper. Es steigen ihm aus dem Körper Gedanken auf, die seinen eigenen Erinnerungsschatz enthalten. Wenn wir auf unseren Erinnerungsschatz hinschauen, dann sagen wir uns: Er stellt dasjenige dar, so gut er es kann nach unserer geistig-seelisch-leiblichen Organisation, was wir durchlebt haben in diesem Erdendasein.

Aber schauen wir jetzt an, was da auf der anderen Seite steht. Wir bedenken gewöhnlich nicht, daß wir in dem, was da auf der anderen Seite steht, ja nur einen gewissen Ausschnitt aus dem Erdendasein, zunächst aus der Erdenumgebung und Himmelsumgebung haben. Wenn jemand in Danzig geboren ist, so fallen seine Augen und seine übrigen Sinne auf andere Vorgänge und andere Dinge, als wenn er in Hamburg oder in Konstantinopel geboren ist. Das aber geht durch das ganze Leben hindurch. Wir können sagen, die Welt bietet uns die verschiedensten Ausschnitte, und nicht von zwei Menschen sind diese Ausschnitte einander gleich, selbst wenn sie in einem Dorfe geboren werden und in einem Dorfe sterben, wenn sie also einander nahe sind. Es ist der Ausschnitt, den sie vom Leben haben, bei dem einen und bei dem anderen durchaus verschieden.

Und machen wir uns nur einmal klar, was das eigentlich bedeutet. Die Welt bietet uns einen bestimmten Teil ihrer selbst dar, den wir sehen. Anderes sehen wir niemals, nehmen es niemals wahr. Es ist ungeheuer bedeutungsvoll, den Gedanken in diese Richtung zu lenken, wie einem Menschen die Welt eine Summe von Eindrücken darbietet, auf die er in den Erfahrungen seines Lebens angewiesen ist. Derjenige, der nicht tief denkt, wird mit einer solchen Sache bald fertig. Wer tief denkt, wird nicht bald fertig. Der sagt sich nämlich, indem er dies überdenkt, etwas ganz Besonderes. Er sagt sich: Das verwirrt mich so, daß ich zunächst nicht einmal einen Ausdruck dafür finden kann. Ich kann das gar nicht aussprechen zunächst, was da vorliegt. Denn wie soll ich dafür einen richtigen Ausdruck finden, daß der Kosmos, die Welt, jedem Menschen nur ein Stück darbietet, das mehr oder weniger zusammenhängt, also die Menschen so spezifiziert? Wie soll ich das ausdrücken?

Natürlich, wenn ich so abstrakt beschreibe, wie ich es jetzt tue, gebe ich den nächsten Tatbestand. Aber damit habe ich ja noch eigentlich gar nichts gesagt. Es ist damit noch gar nichts Besonderes ausgesprochen. Ich muß den Tatbestand erst wirklich aussprechen, erst formulieren. Wie muß ich denn das sagen, was da vorliegt?

Sehen Sie, wir werden zu einer Formulierung, zu einer Art, dies zu sagen, kommen, wenn wir wiederum auf die Erinnerung sehen. Was kommt denn da, wenn wir uns an etwas erinnern, gedächtnisgemäß aus den Tiefen unserer Organisation herauf? Was kommt da herauf? Dasjenige, was unsere menschliche Wesenheit erlebt hat. Da unten ist unsere menschliche Wesenheit; irgendwo, wo wir sie nicht ergreifen können, da ist unsere menschliche Wesenheit. Die strahlt herauf in den Erinnerungsgedanken. Das strahlt aus unserem Inneren herauf in unser Bewußtsein. Was strahlt denn da herein? Der Mensch ist ja zunächst so klein, wenn das alles heraufstrahlt, und alles, was außer dem Menschen im Kosmos ist, so groß, so riesengroß! Aber da kommen immer diese Ausschnitte herein. Und der Tatbestand ist gar kein anderer als: da tauchen Gedanken auf.

Wir wissen nur, weil wir die entsprechenden Dinge erlebt haben, daß sie von unseren Erlebnissen stammen. Da herein kommen auch Gedanken, ganz auf dieselbe Weise wie unsere Erinnerungen, kommen aber von außen herein. Wie kommen sie herein? Da unten ist der Mensch – hier ist die ganze Welt der Hierarchien (siehe Zeichnung
Tafel 20 Seite 264). Sehen Sie, meine lieben Freunde, das ist ein Eindruck von Größe, der uns da kommt, wenn wir mit der Initiationswissenschaft beginnen uns zu sagen: Um uns herum sind diese Teile der Welterkenntnis ausgebreitet, und hinter alldem, was da von außen einen Eindruck macht, leben die Hierarchien so wahr, wie hinter dem, was als Erinnerungen auftaucht, der einzelne Mensch lebt.

Und so wie es davon abhängt, wie lebhaft die Sache erfahren worden ist, ob wir etwas aus der Erinnerung heraufholen, ob jetzt eine Veranlassung dazu da ist, daß gerade der eine Gedanke aus der Erinnerung auftaucht, der andere nicht, oder alle anderen nicht und so weiter, so ist es auch hier. Derjenige, der diesen Tatbestand erkennen lernt, der weiß: Wenn *das* auftaucht, ist es ein Wesen aus der Hierarchie der

Angeloi; wenn ein anderes auftaucht, ist es ein Wesen aus der Hierarchie der Exusiai und so weiter.

So kommen wir zu der Formulierung: Tafel 20

Dasjenige schauen wir im Erdendasein, was /
den Geistwesen / gefällt, uns / zu zeigen.

Indem ein gewisses Stück der Welt während unseres Erdendaseins sich uns offenbart, lernen wir darinnen erkennen, daß gerade dieses Stück aus der unendlichen Reihe der Möglichkeiten, die der Kosmos enthält, ausgewählt worden ist von irgendwelchen Mitgliedern der Hierarchien, um uns dieses von unserer Geburt bis zum Tode hin zu zeigen. Der eine bekommt dies, der andere jenes gezeigt. Daß er das eine oder das andere gezeigt bekommt, das steht im Bereiche der Überlegung der Hierarchien.

Die Hierarchien erinnern sich, geradeso wie unser Mensch sich erinnert. Was bildet die Grundlage für die Erinnerung der Hierarchien? Die Grundlage für die Erinnerung der Hierarchien bildet das Zurückblicken auf unsere vorigen Erdenleben. Die schauen zurück. Je nachdem sie dies oder jenes erschauen aus unserem vorigen Erdenleben, bringen sie uns das entsprechende Stück des Kosmos vor die Seele hin. Schon in dem, was wir von der Welt sehen, liegt Karma, uns zuerteilt durch die Welt der Hierarchien.

Erinnerung da drinnen an unser kurzes jetziges Erdenleben in unserem menschlichen Gedächtnisse, Erinnerung der Hierarchien da draußen an dasjenige, was Menschen jemals getan haben, Auftauchen der Erinnerungsgedanken, Einprägen der Erinnerungsgedanken in der Form dessen, was der Mensch zunächst vom Kosmos überschaut, Gestaltung des menschlichen Karma – ein Gedanke von erschütternder Klarheit; denn er lehrt uns, daß der ganze Kosmos im Dienste des Wirkens der Hierarchien steht im Verhältnisse zum Menschen.

Wozu ist von diesem Gesichtspunkte aus der Kosmos da? Damit die Götter in dem Kosmos ein Mittel haben, um die erste Form des Karma an den Menschen heranzubringen. Warum sind Sterne, warum sind Wolken? Warum ist Sonne und Mond? Warum sind Tiere der Erde? Warum sind Pflanzen der Erde? Warum sind Steine der Erde? Warum sind Flüsse und Bäche und Ströme? Warum ist Fels und Berg? Warum ist alles das, was im Kosmos um uns herum ist? Das alles ist Vorrat für die Götter, um uns die erste Form unseres Karma, je nachdem wir unsere Taten verrichtet haben, vor Augen zu führen. Welt ist die Vorratskammer für die Demonstrationen im Karma von seiten der Götter.

So sind wir in die Welt hineingestellt, und so können wir eine Beziehung zu den eigentlichen Geheimnissen unseres Daseins im Verhältnisse zur Welt gewinnen. Und so werden wir finden, wie wir durch die verschiedenen Formen des Karma werden hindurchgehen können.

Ich möchte sagen: Zuerst tritt an uns das kosmische Karma heran. Es wird immer individueller und individueller werden. Wir werden das Karma in seinem innersten Wesen wirksam finden.

In diese Geheimnisse des Daseins hineinzuleuchten, lag schon in den Absichten der Weihnachtstagung und ist wohl damals schon in der ganzen Haltung der Weihnachtstagung vor die Seelen der damals versammelten Freunde getreten. Die ganze Gestaltung der Anthroposophischen Gesellschaft, meine lieben Freunde, war dazumal ein Wagnis. Denn durch diesen Saal, in dem diese Weihnachtstagung war und begründen sollte die Neugestaltung der Anthroposophischen Gesellschaft, durch diesen Saal ging das reale, bedeutsame Dilemma: Wird es möglich sein, dasjenige, was nunmehr, wenn die Weihnachtstagung wahr sein soll in ihrem Fortwirken, wirklich herauszuholen aus den geistigen Welten und es zur Mitteilung zu bringen? Oder aber werden versiegen die Quellen, die der Erforschung der geistigen Welt zugrunde liegen müssen? Aber es mußte diese innere Krisis in der anthroposophischen Bewegung da sein, mit vollem Bewußtsein aufgefaßt werden. Es mußte diesen beiden Möglichkeiten entgegengeschaut werden.

Heute darf gesagt werden: In der geistigen Welt ist die Entscheidung dahin getroffen worden, daß gerade seit jener Weihnachtstagung die Quellen der geistigen Welt mehr eröffnet sind als vorher, daß also die Grundlagen da sind, wenn sie verstanden werden von der Gesellschaft, um im wesentlichen die anthroposophische Bewegung zu vertiefen.

Und es kann ja wirklich gesehen werden – ich habe das schon letzten Freitag erwähnt –, wo jetzt auftritt an den verschiedenen Orten der mehr esoterische Ton, der durch all unser anthroposophisches Wirken seit Weihnachten herrscht, es kann überall gesehen werden, daß die Herzen diesem mehr esoterischen Tone entgegenkommen.

Aber man möchte auch, daß alles dasjenige, was ich auch mit den letzten Worten angedeutet habe, entsprechend verstanden werde. Es mußte eben einmal gesagt werden und ist ja von mir auch schon an verschiedenen Orten gesagt worden.

SECHZEHNTER VORTRAG

Dornach, 27. Juni 1924

Die Auseinandersetzungen über das Karma können nur langsam und allmählich in das Verständnis dieser weltgrundlegenden und komplizierten Gesetzmäßigkeit hineinführen. Ich möchte heute zunächst darauf verweisen, wie wir betonen mußten, daß mitarbeiten an der Gestaltung des Karma des Menschen in dem Leben zwischen dem Tode und einer neuen Geburt zunächst die Menschen selber, die Menschen, die in diesem Leben zwischen dem Tod und einer neuen Geburt sind, in demjenigen Zustande, den ich da geschildert habe. Zusammen arbeiten da die Menschen mit anderen Menschen, mit denjenigen Menschen, mit denen sie vorzugsweise karmisch verbunden sind. So daß wir in der Gestaltung des Karma in dem Leben zwischen dem Tod und einer neuen Geburt sehen Menschengruppen, karmisch verbundene Menschengruppen, und wir können schon sagen: Deutlich voneinander gliedern sich ab in diesem rein geistigen Leben die Menschengruppen, die miteinander etwas zu tun haben. Das schließt ja nicht aus, daß wir auch in dem Leben zwischen dem Tod und einer neuen Geburt, und insbesondere in diesem Leben teilhaben an der ganzen Menschheit, daß wir, weil wir innerhalb einer Menschengruppe stehen, oder sagen wir einer Seelengruppe, dadurch nicht ausgeschlossen sind von dem Anteilnehmen an der Gesamtmenschheit.

Aber in alle diese Gruppen, bis herein in das individuelle Schicksal des einzelnen Menschen, arbeiten die Wesenheiten der höheren Hierarchien. Und diese Wesenheiten der höheren Hierarchien, die also mit dem Menschen zusammen karmagestaltend sind zwischen dem Tode und einer neuen Geburt, die wirken nun auch herein in dasjenige Leben, das wir zwischen der Geburt und dem Tode verbringen, indem sich ja das Karma auf moralische Art auslebt, im Schicksal der Menschen auslebt. Und wir müssen heute einmal die Frage beantworten: Wie spielt die Arbeit, das Wirken der Hierarchien eigentlich herein in das Leben der Menschen?

Da muß man schon sagen, wenn man heute mit Initiationswissenschaft redet, daß diese Frage eigentlich eine herzeinschneidende ist; denn Sie können ja schon ahnen, meine lieben Freunde, aus dem, was ich im Laufe der letzten Vorträge gesagt habe, daß das äußere naturhafte Geschehen im Zusammenhange steht mit dem Karmageschehen der Menschheit.

Derjenige, der seinen Blick eben nicht bloß auf das naturhafte Geschehen hinwendet, sondern der seinen Blick auf das gesamte kosmisch-menschliche Geschehen hinwendet, der sieht den Zusammenhang zwischen dem, was namentlich innerhalb von Menschengruppen und Menschenmassen auf Erden vorgeht in irgendeinem Zeitalter, und was sich in einem anderen Zeitalter als Naturvorgänge abspielt. Wir können ja manchmal hinschauen auf Naturereignisse, die hereinspielen in das Erdenleben. Wir schauen hin auf die verheerenden Vulkanausbrüche, wir schauen hin auf dasjenige, was durch die natürlichen Elementarereignisse bewirkt wird in Überschwemmungen, in ähnlichen Erscheinungen.

Wir stehen zunächst, wenn wir diese Ereignisse bloß naturhaft auffassen, doch vor etwas, was unbegreiflich ist gegenüber dem Gesamteindrucke, den wir von der Welt erhalten. Denn wir blicken da auf Ereignisse, die eben hereinbrechen in die Weltenordnung, und denen gegenüber der Mensch eigentlich gewöhnlich so steht, daß er das Begreifen aufgibt, daß er nur das Unglück, die Schicksalsereignisse einfach hinnimmt. Die geisteswissenschaftliche Untersuchung führt aber da schon rein durch sich ein Stückchen weiter. Denn sie liefert uns merkwürdige Anschauungen gerade mit Bezug auf solche elementarischen Naturereignisse.

Wir lassen den Blick hinschweifen über die Erdoberfläche. Wir finden gewisse Gegenden der Erdoberfläche geradezu mit Vulkanen besät. Wir finden an anderen Stellen der Erdoberfläche die Möglichkeit erdbebenartiger Katastrophen oder anderer Katastrophen. Und wenn wir dann gerade mit Bezug auf solche Dinge die karmischen Zusammenhänge verfolgen, wie wir sie in historischer Beziehung für manche historischen Persönlichkeiten in den verflossenen Vorträgen verfolgt haben, dann stellt sich uns etwas sehr Eigentümliches heraus. Dann finden wir die merkwürdige Tatsache: Da oben in der geistigen Welt zwischen dem Tode und einer neuen Geburt leben Menschenseelen in Gruppen zusammenhängend nach ihrem Karma, ausarbeitend nach ihren vergangenen karmischen Zusammenhängen ihre zukünftigen karmischen Zusammenhänge. Und wir sehen solche Menschengruppen, Gruppen von Menschenseelen bei ihrem Heruntersteigen aus dem vorirdischen Dasein in das irdische Dasein geradezu hinwandern an die Orte, die in der Nähe von Vulkanen liegen, oder da liegen, wo erdbebenartige Katastrophen eintreten können, um dasjenige Schicksal zu empfangen aus den elementarischen Naturereignissen heraus, das durch solche Wohnplätze kommen kann. Ja wir finden sogar, daß in diesem Leben zwischen dem Tode und einer neuen Geburt, wo der Mensch ja ganz andere Anschauungen und Empfindungen hat, von den Seelen, die zusammengehören, zuweilen solche Orte aufgesucht werden, um das Schicksal, das man auf diese Weise erleben kann, eben zu erleben. Denn dasjenige, was hier auf Erden wenig Anklang findet in unseren Seelen, etwa der Satz: Ich wähle mir ein großes Unglück, um vollkommener zu werden, weil ich sonst unvollkommen bliebe gegenüber dem, was in meinem vergangenen Karma liegt –, dieses Urteil, das, wie gesagt, wenig Anklang findet innerhalb des Erdenlebens, es ist da, es ist als ein vollgültiges Urteil da, wenn wir in dem Leben zwischen dem Tod und einer neuen Geburt stehen. Da suchen wir auch einen Vulkanausbruch, da suchen wir auch ein Erdbeben, um auf dem Wege des Unglückes den Weg zur Vollkommenheit zu finden.

Wir müssen uns eben durchaus diese zwei verschiedenen Beurteilungsarten des Lebens, diejenige von der geistigen Welt aus und diejenige von der physischen Welt aus, zu eigen machen.

Aber weiter müssen wir uns in diesem Zusammenhange etwa so fragen: Da draußen fließen die Naturerscheinungen ab, die alltäglichen, die den verhältnismäßig regelmäßigen Gang gehen, insofern die Sternenwelt daran beteiligt ist; denn diese Sternenwelt verfließt mit einer gewissen Regelmäßigkeit, namentlich was Sonne und Mond anbetrifft, was die übrigen Sterne betrifft, mit Ausnahme der fragwürdigen Meteoren- und Kometenwelt, die schon in einer merkwürdigen Weise hereinplatzt in das regelmäßige rhythmische Geschehen des Kosmos.

Aber nur eigentlich dasjenige, was wir Wind und Wetter nennen, dasjenige, was in Gewitter und Hagelschlägen, überhaupt in dem Klimatologischen und Meteorologischen sich hereinmischt in unser natürliches Dasein, das durchbricht diesen regelmäßigen rhythmischen Gang alltäglich. Wir sehen das. Wir sind zunächst diesem äußeren Gang der Naturereignisse hingegeben. Dann wohl, wenn wir den Drang haben nach dem Geistigen, dann hören wir wohl auch zu, wenn aus der Initiation heraus die Mitteilung gemacht wird: Es gibt nicht nur diese äußerlich sichtbare Welt, es gibt eine Welt des Übersinnlichen. In dieser Welt des Übersinnlichen leben die Wesen der höheren Hierarchien. Und wir kommen in den Bereich dieser höheren Hierarchien in dem Leben zwischen dem Tod und einer neuen Geburt ebenso, wie wir in den Bereich der drei Naturreiche, des mineralischen, des pflanzlichen, des tierischen, in dem Leben zwischen der Geburt und dem Tode kommen.

Wir hören uns das an. Wir versuchen uns die Vorstellung zu bilden, daß es sozusagen diese zweite Welt gibt, bleiben dann aber oftmals dabei, die zwei Welten eben einfach nebeneinanderzustellen, sie nicht in unseren Vorstellungen miteinander zu verbinden.

Aber erst dann bekommen wir eine reale Anschauung über diese beiden Welten, wenn wir sie zusammenschauen können, wenn wir ihr Zusammenwirken ins Seelenauge fassen können. Denn dieses Wirken müssen wir ja durchschauen, wenn wir die Gestaltung des Karma verstehen wollen. In dem Leben zwischen dem Tod und einer neuen Geburt wird dieses Karma bereitet. Aber durch die Wirksamkeit der höheren Hierarchien auch in dem Leben zwischen Geburt und Tod wird das Karma hier auf Erden ausgebildet.

Wir müssen uns also fragen: Wie wirken in das Erdenleben herein diese höheren Hierarchien?

Nun, sehen Sie, diese höheren Hierarchien wirken in das Erdenleben so herein, daß sie die Vorgänge des Irdischen benützen, um in diesen Vorgängen des Irdischen zu wirken.

Wir werden, was da vorliegt, am leichtesten verstehen, wenn wir zunächst unseren Blick auf dasjenige hinwenden, was sich eben in der Sternenwelt und in der irdischen Welt vor unseren Sinnen ausbreitet.

Wir schauen während des täglichen wachenden Lebens die Sonne über uns. Wir nehmen wahr in nächtlichen Stunden das Scheinen des Mondes, das Scheinen der Sterne. Vergegenwärtigen wir uns einmal, meine lieben Freunde, wie wir da hinausschauen in die Welt, wie wir auf unsere Sinne wirken lassen dasjenige, was über uns ist, dasjenige, was auf der Erde um uns ist in den Naturreichen. Und vergegenwärtigen wir uns, daß diese Sinneswelt ja für sich ebensowenig einen Sinn hat wie die Form eines menschlichen Leichnams. Wenn wir im ganzen Umkreis auf dasjenige sehen, was es auf der Erde an Kräften außer dem Menschen gibt, so finden wir zwar alle die Kräfte, die in einem Leichnam sind, aber wir finden nicht die Kräfte des lebendigen Menschen. Der Leichnam, der vor uns liegt, ist ein Unsinn; er hat nur einen Sinn als ein Überbleibsel vom lebendigen Menschen. Und niemand kann als vernünftig angesehen werden, der da glaubt, der Leichnam könnte für sich bestehen als irgendein Zusammenhang von Tatsachen, der in sich begründet ist. Er kann eben nur als Überbleibsel da sein, er kann eben nur eine Form zeigen, die von etwas ist, das nicht mehr in ihm sichtbar ist. Ebenso wie man auf vernünftige Weise vom Leichnam auf den lebendigen Menschen geführt werden muß, ebenso muß man von alledem, was man im Umkreise des physisch-sinnlichen Daseins sieht, zur geistigen Welt geführt werden. Denn dieses physisch-sinnliche Dasein hat eben an sich ebensowenig einen Sinn wie der Leichnam.

Wie wir vom Leichnam zum lebendigen Menschen hingelenkt werden in unseren Vorstellungen, wie wir sagen: Das ist der Leichnam eines Menschen –, so sagen wir gegenüber der Natur: Das ist die Offenbarung göttlich-geistiger Mächte. – Kein anderes kann vernünftig sein, ja es ist nicht einmal gesund, anders zu denken. Es bezeugt ein krankhaftes Denken, wenn man anders denkt.

Aber was für eine geistige Welt haben wir zu vermuten hinter dieser physisch-sinnlichen Welt? Diejenige geistige Welt, sehen Sie, die wir hinter dieser physisch-sinnlichen Welt zu vermuten haben, ist die, welche wir als die zweite Hierarchie kennengelernt haben: Exusiai, Dynamis, Kyriotetes.

Die zweite Hierarchie, sie steht hinter alledem, was sonnenbeschienen ist. Und was ist denn nicht sonnenbeschienen und sonnenerhalten im Umkreise desjenigen, was wir durch unsere Sinne darleben? Alles ist sonnenbeschienen und sonnenerhalten.

Diese Wesenheiten der zweiten Hierarchie haben vorzugsweise in der Sonne ihren Wohnsitz. Von der Sonne aus beherrschen sie die sichtbare Welt, die ihre Offenbarung ist. So daß wir sagen können: Haben wir hier die Erde, haben wir auf die Erde herabschauend irgendwo die Sonne, so haben wir hinter dem Sonnenwirken, in dem Sonnenwirken, durch das Sonnenwirken das Wirken der zweiten Hierarchie, der Exusiai, Kyriotetes, Dynamis. Tafel 21

Tafel 21

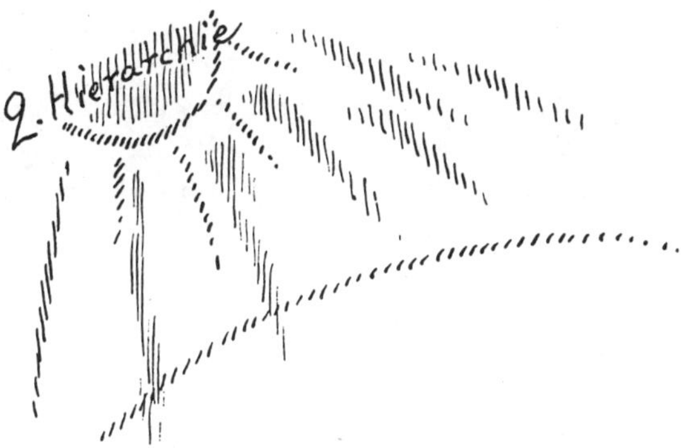

Auf den Strahlungen, die die Taten der zweiten Hierarchie sind, werden alle sinnlichen Eindrücke getragen, die auf den Menschen ausgeübt werden können, alle die Eindrücke, die während des Tages im Wachen an unsere Sinne herankommen. So daß wir in einem gewissen Sinne richtig sprechen, wenn wir sagen: In und durch und hinter dem Wirken des Sonnenhaften im Umkreise unseres physisch-sinnlichen Daseins steht die übersinnliche Welt der zweiten Hierarchie.

Nun haben wir einen anderen Zustand unseres irdischen Daseins. Wir haben das letzte Mal von einem gewissen Gesichtspunkte aus schon über diesen anderen Zustand gesprochen. Wir haben den Zustand, wo wir schlafen. Dieser Zustand, wo wir schlafen, wie stellt er sich kosmisch, wie stellt er sich im kosmischen Gegenbilde dar? Fassen wir das einmal ins Auge.

Tafel 22 Da haben wir – wenn wir dies das Erdoberflächenstück nennen (siehe Zeichnung Seite 278, kreisförmige Linie), auf dem wir leben so, daß wir unseren physischen Leib und unseren Ätherleib im Bette liegen (rot), unseren astralischen Leib und unser Ich draußen haben (lila, dunkelrot) –, da haben wir es im Kosmos damit zu tun, daß die Sonne hinter dem Irdischen steht, daß die Erde erst die Sonnenstrahlen durch sich durchgehen lassen muß, bis sie zu uns kommen. Da ist alles Sonnenhafte erdbedeckt.

Sehen Sie, in allen alten Mysterien galt eine bestimmte Lehre, die, wenn man sie in ihrem Inhalte gewahr wird, eigentlich einen tief erschütternden Eindruck macht. Derjenige, der in ein altes Mysterium eingeführt worden ist, Schüler geworden ist, nach und nach in die Initiationswissenschaft hineingekommen ist, der kam auf einer gewissen Stufe seiner inneren Entwickelung dazu, daß er die Eindrücke, die er empfing, so charakterisierte – nun, meine lieben Freunde, geben Sie acht darauf, wie ich etwa den Monolog eines solchen alten Initiierten, den er nach dem Erreichen einer gewissen Initiationsstufe hätte sprechen können, jetzt vor Ihnen spreche –, solch ein Initiierter würde also etwa so gesagt haben: Wenn ich während des Tages auf freiem Felde stehe, den ahnenden Blick nach aufwärts richte, mich den Eindrücken der Sinne hingebe, so sehe ich die Sonne. Ich nehme sie wahr in ihrer blendenden Stärke am Mittag, und ich ahne und schaue hinter der blendenden Stärke der Sonne am Mittag das Wirken von geistigen Wesenheiten der zweiten Hierarchie im Sonnenhaften. Vor meiner Initiation schwand hinunter das Sonnenhafte mit dem abendlichen Untergange der Sonne. In dem Erscheinen der Abendröte verschwand das Scheinen der Sonne. Und ich machte vor meiner Initiation den Nachtweg durch, indem Finsternis um mich ward, und am Morgen erinnerte ich mich an diese Finsternis, wenn die Morgendämmerung kam und aus der Morgendämmerung heraus wiederum die Sonne erschien, um ihren Weg zu machen zur blendenden Helle des Mittags. Jetzt aber, nachdem ich die Initiation erlangt habe, ist es so: Wenn ich die Morgenröte erlebe, und die Sonne aus der Morgenröte wiederum zu ihrem Tagesgange sich anschickt, wird in mir die Erinnerung an das nächtliche Leben wach. Ich weiß, was ich während des nächtlichen Lebens erlebt habe. Ich erinnere mich ganz genau, daß ich geschaut habe, wie nach und nach ein bläulich glimmerndes Licht von der Abenddämmerung aus weiterhin ging von Westen nach dem Osten, und wie ich schaute, woran ich mich jetzt genau erinnere, um die Mitternachtsstunde die Sonne am entgegengesetzten Himmelspunkte, gegenüber dem Punkte, wo sie in ihrer glänzenden Mittagsstärke war, in ihrem Glimmen, das so moralisch eindrucksvoll ist, hinter der Erde. Ich habe gesehen die Sonne um Mitternacht.

Solch einen Monolog, der vollen Wahrheit entsprechend, haben solche Initiierten durchaus in ihrer Meditation ausgesprochen. Denn dieses Sprechen eines solchen Monologes war ja nichts anderes als das Sich-zum-Bewußtsein-Bringen desjenigen, was da war. Und wenn wir noch bei *Jakob Böhme* in einem Buch lesen, das er geschrieben hat: «Die Morgenröte im Aufgang», dann können wir daraus den erschütternden Eindruck gewinnen, daß diese Worte, die in dem Buche «Die Morgenröte im Aufgang» stehen, die Überbleibsel einer wunderbaren alten Lehre sind.

Was ist die «Morgenröte im Aufgang» für Initiierte? Die «Morgenröte im Aufgang» ist die Veranlassung zu kosmischer Erinnerung an das Schauen der Sonne um Mitternacht hinter der Erde, bedeckt von der Erde, durchglimmend durch die Erde. Wenn wir die gelbweiße Sonnenscheibe hellglänzend am Mittag erblicken im gewöhnlichen Anschauen, im initiierten Anschauen erblicken wir die bläulich-violette Sonne an der entgegengesetzten Stelle des Himmels, indem uns die Erde erscheint wie ein durchsichtiger Körper, durch den hindurch eben die weißlich-gelbe Sonnenscheibe des Mittags, auf der anderen Seite bläulich-rötlich gefärbt, glimmend erscheint. Aber dieses bläulich-rötlich glimmende Erscheinen – ich muß das paradoxe Wort aussprechen –, das ist ja nicht so, wie es ist. Es ist ja wirklich so, wie wenn wir zunächst, indem wir diese Sonne um Mitternacht schauen, schauen würden etwas, was in der Ferne undeutlich ist. Und wenn man sich mit der Initiation gewöhnt, dasjenige, was zunächst wie in der Ferne undeutlich erscheint, genauer und immer genauer anzuschauen mit dem initiierten Blicke, dann wird dasjenige, was da ein bläulich-rötlicher Schein ist, immer mehr und mehr Gestalt und Form annehmen, sich über den ganzen

Tafel 22

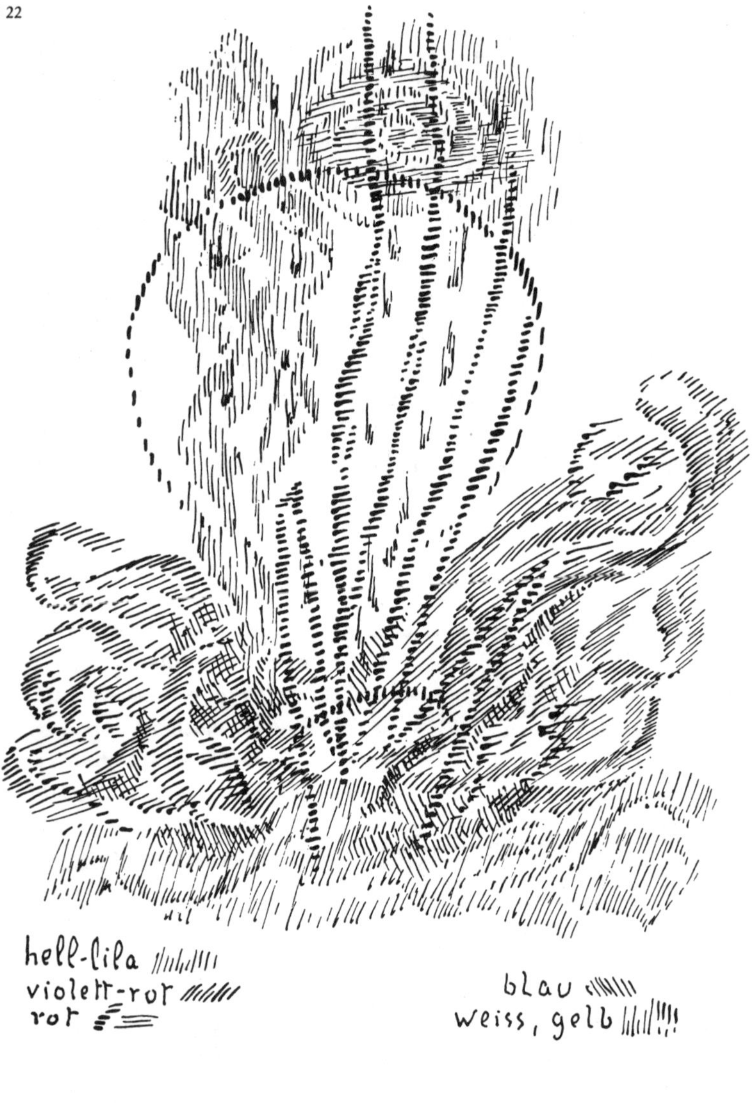

abgewendeten Himmel ausbreiten, der von der Erde bedeckt ist, der wird bevölkert. Und so wie, wenn wir in einer sternenhellen Nacht aus unserem Haus hinaustreten, uns der majestätische Anblick des Sternenhimmels gewährt wird mit den einzelnen funkelnden, leuchtenden Punkten, und der Mond vielleicht in der Mitte erscheint, so wird dem initiierten Blicke auf der abgewendeten Seite durch die durchsichtig gewordene Erde hindurch erscheinend eine ganze Welt, die sich herauserhebt wie aus Wolken, die sich zu lebensgeformten Gestalten bilden: Alles dasjenige, was in der zweiten Hierarchie, in der Welt der Exusiai, Kyriotetes, Dynamis lebt – da erscheinen sie, diese Wesenheiten!

Und wenn wir immer genauer und genauer zusehen, wenn wir die Seelenruhe gewinnen können, da zuzusehen – und das ganze spielt sich ja ab nach Vorbereitungen, nach Meditationsvorbereitungen, denn bewußt wird es eigentlich in der Morgendämmerung, in der Nacherinnerung, aber da hat man es vor sich, so daß man weiß, man hat es geschaut während der Nacht –, so spielt sich da noch ein anderes ab. Es ist, als ob aus dem, was da erscheint auf der abgewendeten Seite der Erde, was ich hier andeute in einer solchen wolkenartigen Zeichnung (hell-lila, rot und blau), – das ist durchaus alles webende, wesende Welt der Wesenheiten der zweiten Hierarchie, als ob aus dieser webenden, wesenden Welt der zweiten Hierarchie gewissermaßen herausstrahlt eine Welt anderer Wesenheiten. Ich will schematisch das, was da herausstrahlt, durch die Erde zunächst durchstrahlt, so andeuten (gelb). Oh, das ist wirklich eine Welt von Wesenheiten, die in dieser Konstellation, in dieser nächtlichen Konstellation durch die Erde so durchwirkt, daß sie gewissermaßen in ihrem Dasein heranschwebt an den Menschen, wegschwebt – wieder zurück! Wir sehen die gewissermaßen in dieser Linie webend-wesenden Wesen der zweiten Hierarchie entlassen, fortwährend entlassen eine andere Hierarchie, auf und ab schwebend, heran zum Menschen, wiederum zurück. Und wir lernen nach und nach dasjenige kennen, was da eigentlich ist.

Wir haben den ganzen Tag bewußt gelebt, liegen jetzt im Schlafe. Das heißt, unser physischer und unser Ätherleib liegen auf sich angewiesen, wie eine mineralische und pflanzliche Welt wirksam, im Schlafe. Aber wir haben den ganzen Tag gedacht, Vorstellungen sind den ganzen Tag durch unsere Menschenwesenheit gegangen, sie haben ihre Spuren zurückgelassen im physischen und Ätherleib. Wir würden uns des Morgens nicht erinnern an dasjenige, was die Erlebnisse unseres Erdendaseins waren, wenn nicht zurückblieben die Spuren der Eindrücke, die wir dann heraufholen in den Erinnerungen. Da sind sie, diese Spuren, in dem, was vom Menschen in nächtlichen Stunden im Bette liegenbleibt, von dem er weg ist. Da spielt sich namentlich im ätherischen Leibe ein merkwürdiges Geschehen ab: Das Nachklingen, Nachwehen, Nachvibrieren, Nachwellen desjenigen, was der Mensch wachend vom Morgen bis zum Abend gedacht hat.

Und wenn Sie dasjenige nehmen, was über eine Erdenfläche hin schläft auf der Erde, was da alles in diesen – nehmen wir jetzt nur zunächst die Ätherleiber –, was in diesen Ätherleibern webt und west als Nachklänge desjenigen, was all diese schlafenden Menschen, die über eine Erdfläche hin schlafend sind, gedacht haben: so sind das Bilder desjenigen, was in den Tagesstunden auf Erden vor sich gegangen ist.

Und diejenigen Wesenheiten, die da auf und ab schweben, die beschäftigen sich während unserer Schlafstunden mit demjenigen, was da als Spuren in unserem Ätherleib zurückgeblieben ist. Das wird ihre Welt. Das wird ihre Welt, die ihre Erfahrung jetzt ist, die sie beschäftigt. Und uns geht die Tatsache auf, vor der wir mit scheuer Ehrfurcht stehen: Du hast deinen Leib im Bette zurückgelassen – da ist er. Er trägt in sich die Spuren des Tageslebens. Er ist der Acker deiner Vorstellungsfrüchte vom Tage. Diesen Acker betreten die Wesenheiten der dritten Hierarchie, Angeloi, Archangeloi, Archai. Da drinnen erleben sie, während du außerhalb deines physischen und Ätherleibes bist, dasjenige, was durch Menschen während der wachenden Tagesstunden in Vorstellungen erlebt worden ist.

Und wir schauen eben in scheuer Ehrfurcht hin auf eine solche Erdenfläche, in der Menschenleiber zurückgelassen sind im Schlafe, und hinwandelnd nach demjenigen, was sich da als Nachklänge des Tageslebens abspielt: Angeloi, Archangeloi, Archai. Und ein wunderbares Leben sehen wir sich vor uns entwickeln, das sich abspielt zwischen den Wesenheiten der dritten Hierarchie und unseren hinterlassenen Gedankenspuren.

Wir schauen hin auf dieses Feld und vernehmen, wie wir als Menschen in den geistigen Kosmos hineingestellt sind: daß wir den Engeln Arbeit schaffen für unsere Schlafstunden, während wir wachen. Ja, wir schaffen den Engeln Arbeit für die Schlafstunden, während wir wachen.

Und jetzt geht uns etwas auf über unsere Gedankenwelt. Jetzt geht uns das über unsere Gedankenwelt auf: Ja, diese Gedanken, die dir durch den Kopf gehen, die enthalten ja die Früchte, die du in deinen eigenen Ätherleib und physischen Leib hineinsenkst, welche Engel während der nächtlichen Zeit pflücken, um sie hinauszutragen in den Kosmos und dort den Weltenwirkungen einzuverleiben.

Noch ein anderes sehen wir. Während wir sehen, daß diese Wesenheiten der dritten Hierarchie, Angeloi, Archangeloi, Archai, so herausschweben aus den Wesenheiten der zweiten Hierarchie und ihrem Tun, schauen wir, wie hinter dem Weben (siehe Zeichnung Seite 278, hell- Tafel 22
lila, unten) Wesenheiten von besonderer Majestät und Größe sich hinzugesellen zu dem Wirken der zweiten Hierarchie. Wir schauen hin auf das bläulich-rötliche Sich-Formen der Wesenheiten der zweiten Hierarchie, aber wir sehen hineinspielen wie von hinten her in dieses Weben und Leben der zweiten Hierarchie ein anderes, und werden bald gewahr, daß das zum Teil wie blitzartig hineinschlägt (rot) in das Weben und Wesen der zweiten Hierarchie, aber durchschlägt bis nun auch in den abgewendeten Teil der Erde hinein und zu tun hat jetzt nicht mit dem, was im Bette liegengeblieben ist, sondern mit demjenigen, was herausgetreten ist mit unserer Ich-Organisation und unserem astralischen Leibe.

Und wie man hinschauen kann auf dasjenige, was im Bette liegengeblieben ist, wie auf ein Feld, wo die Gedankenfrüchte des menschlichen Tageswirkens von den Engeln, Erzengeln und Urkräften gepflückt werden für das kosmische Weltenwirken, so können wir schauen, wie sich zu tun machen, gemeinsam ihr Wirken miteinander verbindend, die Wesen der zweiten Hierarchie, Exusiai, Dynamis, Kyriotetes, und der ersten Hierarchie, Seraphim, Cherubim, Throne, mit unserem Astralleibe und mit unserem Ich.

Da sagt sich der Initiierte in der Morgenerinnerung: Da habe ich gelebt vom Einschlafen bis zum Aufwachen mit meinem Ich und mit meinem astralischen Leibe. Da fühlte ich mich wie eingewoben, wie einverleibt in dasjenige, was Seraphim, Cherubim und Throne zusammen mit Kyriotetes, Dynamis, Exusiai wirken. Da drinnen bin ich, und da schaue ich hinüber auf meinen physischen Leib und Ätherleib: da sehe ich darüber weben das gelblich-weißliche Wirken der meine Gedankenfrüchte pflegenden Wesenheiten der dritten Hierarchie, Angeloi, Archangeloi, Archai. Verbunden weiß ich mich mit den Wesenheiten der ersten und zweiten Hierarchie. Schauend in mächtigen Geistwolken über meinem Leibe, den ich verlassen habe, erblicke ich das Weben und Wesen der dritten Hierarchie.

Und so, meine lieben Freunde, können Sie eine konkrete Vorstellung bekommen, wie in der Initiationsanschauung imaginativ-bildlich die Wesenheiten der drei Hierarchien innerhalb des Bildes der physischen Welt, nur eben, wenn diese physische Welt in Nacht gehüllt ist, auf der abgewandten Seite der Erde, erscheinen. Und wir können uns vorstellen, daß das Wissen, die Anschauung von diesen erhabenen Tatsachen immer mehr und mehr sich einlebte in die Herzen und in die Seelen derjenigen, die einmal der alten Initiationswissenschaft teilhaftig waren.

Es kann sich wiederum einleben in die Herzen und Seelen derjenigen, die eingeführt werden in die moderne Initiationswissenschaft.

Aber stellen wir uns vor, daß diese mächtige Imagination vor des Menschen Seele hintritt, so vor des Menschen Seele hintritt, daß man jetzt ihr Dasein in der folgenden Weise aussprechen muß. Da stelle man sich die menschliche Seele vor, leibfrei, befreit vom physischen und Ätherleib, webend in den Ausstrahlungen der Seraphim, Cherubim und Throne, Kyriotetes, Dynamis, Exusiai. Denken wir uns, in
Tafel 21 einem plastischen Gebilde, mit Farben begabt (siehe Zeichnung), würde
rot + gelb dieses in einem alten Mysterium dargestellt sein für die Menge, die nicht eingeweiht war; man hätte versucht, dasjenige, was in solcher majestätischer Größe der Eingeweihte sah von der abgewendeten Seite der Erde, plastisch darzustellen. Und um zu zeigen, daß das zugleich diejenige Welt ist, in der das Karma mit den Wesenheiten der beiden höchsten Hierarchien ausgearbeitet wird, hat man an diese Plastik die

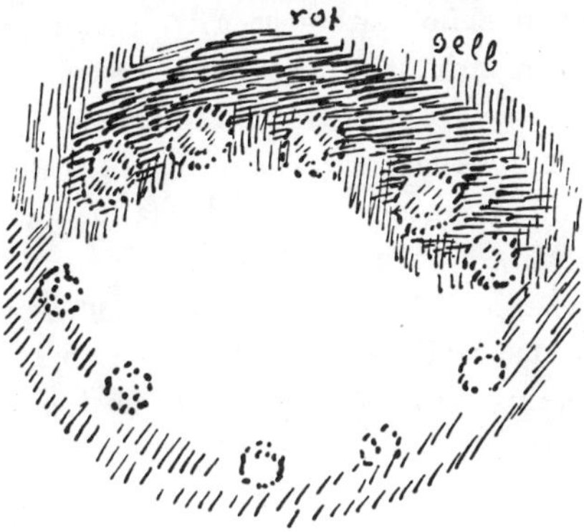

höchsten Initiierten hingestellt, diejenigen, die während ihres Erdendaseins schon teilhaftig waren derjenigen Anschauung, in die sonst der Mensch eintritt zwischen dem Tod und einer neuen Geburt. Und es stehen also dann die höchsten Initiierten davor (obere Kreise).

Dann errichtete man eine andere Plastik mit Menschenbildern herum. Da stellte man hin die etwas niedrigeren Initiierten (untere Kreise), diejenigen, die es noch zu tun hatten mit dem menschlichen physischen und ätherischen Leibe.

Und man hatte, indem man die Menschen hineinfügte in diese Darstellung, damit ein Abbild desjenigen, was in den Mysterien von den Initiierten geschaut wurde. Das war der Anfang des Altars, der umrahmt ist nach vorne und an dem die Kultushandlung verrichtet wird von der hohen und niedrigen Priesterschaft, als Abbild desjenigen, was geschaut werden kann von der Initiationswissenschaft. Und heute noch, wenn Sie in katholische Kirchen hineingehen, so haben Sie, wenn Sie aus dem Schiff der Kirche hinausblicken nach dem Altar, ein schwaches Abbild desjenigen, was da einmal inauguriert wurde durch die Initiationswissenschaft, und Sie bekommen einen Eindruck von der Entstehung eines Kultus. Ein Kultus entsteht nicht dadurch, daß man ihn ausdenkt, denn dann ist er kein Kultus. Ein Kultus entsteht dadurch, daß er das Abbild ist von demjenigen, was in der geistigen Welt vorgeht.

Wenn ich nur ein Beispiel gebrauchen darf, ich möchte sagen, wenn ich neben diesem Kultus, der ja das Umfassendste einer Weihehandlung darstellt, die ich jetzt nicht erörtern will, wenn ich nur einen kleinen Kultusausschnitt nehme, der schon eingezogen ist in die Gemeinschaft für christliche Erneuerung und den ja die meisten von Ihnen wohl kennen: wenn ich vor Sie hinstelle die Erinnerung an dasjenige, was Sie als Totenkultus gesehen haben – als Kultus bei einer Kremation, wo die meisten von Ihnen da waren, oder bei einer Begräbnisfeier –, dieser Kultus, ausgebildet im Sinne unserer Christengemeinschaft, was ist das?

Sie sehen ihn verlaufen, den Kultus. Sie sehen da vorne den Sarg stehen, in dem die irdischen Überreste des Toten sind. Sie sehen davor einen gewissen Kultus sich abspielen. Sie hören gebetartige Formeln durch den Priester gesprochen. Es könnte auch noch komplizierter sein, aber in seiner Einfachheit, so wie es jetzt ist, kann ja schon dasjenige, was dadurch erobert werden soll, für die Menschheit erobert werden. Was ist das?

Meine lieben Freunde, wenn hier ein Spiegel ist, hier irgendein Gegenstand oder ein Wesen, so sehen Sie hier das Spiegelbild darin. Sie haben zwei, das Wesenhafte und das Spiegelbild. So haben Sie zwei, wenn ein Totenkult sich abspielt. Dasjenige, was der Kult ist, der vor dem Sarge durch den Priester gehalten wird, das ist nur eine Spiegelbild. Das ist ein wirkliches Spiegelbild und wäre nicht eine Realität, wenn es nicht ein Spiegelbild wäre. Was spiegelt es? Dasjenige, was der Priester hier tut, indem er vor der Leiche steht, seinen Kultus verrichtet, das hat sein Ursprungsbild in der anstoßenden übersinnlichen Welt, wo, während wir hier vor dem physischen Leibe und dem eigentlich noch immer anwesenden Ätherleibe den irdischen Kultus verrichten, der himmlische Kultus verrichtet wird von der anderen Seite, von den Wesenheiten der anderen Seite des Daseins, wo das Seelisch-Geistige empfangen wird mit dem Empfangskultus, wie wir hier mit dem Abschiedskultus vor der Leiche stehen. Nur dann ist ein Kultus eine Wahrheit, wenn er diesen realen Ursprung hat.

Tafel 22 rechts

Und so sehen Sie, wie in das irdische Leben das überirdische Leben hereinspielt, das überirdische Leben überall da ist. Verrichten wir einen wahren Totenkult, so korrespondiert diesem Totenkult die übersinnliche Handlungsweise. Das wirkt zusammen. Und ist Andacht, Wahrheit, Würdigkeit in dem Totengebet, so klingen in dem Totengebet die Gebete der Wesenheiten der höheren Hierarchien in der übersinnlichen Welt mit. Sie vibrieren mit. Da spielt geistige Welt und physische Welt zusammen.

Es spielt überall geistige Welt und physische Welt zusammen. So spielt sie zusammen in realster Weise, wenn im Irdischen das Abbild desjenigen erscheint, was im Überirdischen zwischen Tod und neuer Geburt gewoben wird mit den Wesenheiten der höheren Hierarchien: das Karma.

SIEBZEHNTER VORTRAG

Dornach, 29. Juni 1924

Nachdem ich vorgestern versucht habe, gewissermaßen das kosmisch-kultische Bild vor Ihre Seele hinzustellen, das uns darstellt den Menschen in Verbindung mit den Wesenheiten der geistigen Welt, so daß aus dieser Verbindung nicht nur die Ausarbeitung des Karma stammt, sondern auch das Einleben des Karma während des physischen Erdendaseins, möchte ich heute einen Gedanken aufnehmen, der schon angeklungen hat eben in dem vorgestrigen Vortrage. Ich sagte, daß gerade der gegenwärtige Zeitpunkt der Menschheitsentwickelung im tiefsten Sinne des Wortes dem Kenner der Initiationswissenschaft weltgeschichtlich-karmische Fragen auf die Seele legt. Und ehe wir zu den Betrachtungen der Karmaerkenntnis kommen, wollen wir auch noch von diesem eigentlich die ganze zivilisierte Menschheit der Gegenwart angehenden weltgeschichtlichen Standpunkte das Karma betrachten.

Es ist ja wirklich so, daß heute Dinge in der Welt vor sich gehen, die schon das gewöhnliche Bewußtsein, ich möchte sagen das Herz, das mit dem gewöhnlichen Bewußtsein verbunden ist, nahe berühren. Über der Zivilisation Europas schwebt eine schwere Wolke, und in gewissem Sinne ist es eigentlich sogar staunenswert, wie wenig die Menschheit im allgemeinen sich darauf einlassen will, diese schwere Wolke, die über der Zivilisation Europas schwebt, zu fühlen, zu empfinden.

Wir brauchen zunächst nur an alles das zu denken, was heute aus einer gewissen Lebensanschauungsart großer Teile der Menschheit hervorgeht. Sehen wir nur hin nach dem, was im Osten Europas aus dem Christentum gemacht worden ist, sehen wir hin, wie ja in nicht ganz unglaubhafter Weise zu uns nun die Kunde dringt, daß von dem gegenwärtigen Regime Sowjetrußlands *Tolstois* Schriften eingestampft werden sollen, unsichtbar gemacht werden sollen für alle Zukunft. Wenn auch natürlich solche Dinge nicht gleich in der Art zutage treten, wie es angekündigt wird, so dürfen wir uns doch nicht dem Ernste des Augenblicks verschließen, des weltgeschichtlichen Augenblicks, in dem wir leben, und wir sollten die Mahnung der Initiationswissenschaft hören, die sie eigentlich täglich geben möchte: daß heute schon die Zeit wäre, wo die mannigfaltigsten kleinen Angelegenheiten, die die Menschen beschäftigen, ein wenig schweigen sollten und möglichst viele Seelen sich den großen Angelegenheiten zuwenden sollten. Das Interesse für die großen Angelegenheiten ist aber eher im Schwinden als im Zunehmen begriffen.

Und so sehen wir, wie heute Weltanschauungen, die schaffend auftreten – wenn das auch Schaffen im Vernichten ist –, rein herausgeboren sind aus einem leidenschaftlichen, emotionellen Menschheitselemente, aus einem Menschheitselemente, das durchaus auf luziferischen Bahnen wandelt. Und wir haben bei einem großen Teile der Menschheit heute zu verzeichnen, daß abgewiesen wird alles, was Realität ist: denn es ist ja nicht wahr, daß von den materialistischen Weltgestalten die Materie anerkannt wird. Die Materie erkennt man ja nur dann an, wenn man den schaffenden Geist innerhalb der Materie gewahr wird. Wer also den schaffenden Geist in der Materie ableugnet, erkennt ja auch die Materie nicht an, sondern ein Götzenbild von der Materie.

Der Götzendienst, der auf diese Weise entsteht, ist ein viel greulicherer als der Götzendienst einer primitiven Menschheit, von dem als einem Kindheitsstadium der Zivilisation so oft gesprochen wird. Phantastische Vorstellungen von einem Nichtwirklichen beherrschen ja auf der einen Seite die Menschheit.

Gewiß, solche Dinge waren mannigfaltig da in der weltgeschichtlichen Entwickelung der Menschheit. Aber gerade die geisteswissenschaftliche Betrachtung, wie solche Dinge mit dem Ganzen der Weltordnung zusammenhängen, macht darauf aufmerksam, wie ernst eine Betrachtung über diese Dinge eigentlich sein müßte.

Und so müssen wir schon einmal den Blick auf dasjenige hinwenden, was dadurch entsteht, daß gewissermaßen soziale Weltenordnungen unter dem Einfluß materialistisch-phantastischer Vorstellungen geschaffen werden, die ganz und gar aus der verirrten Menschennatur herausgeboren sind, die nichts mit irgendeiner Realität zu tun haben, die nirgends urständen als im Menschen selber.

Nachdem wir in dieser Weise ein Historisches, das aber ein Gegenwärtiges ist, hingestellt haben, stellen wir ein Natürlich-Elementarisches hin, auf das wir auch schon das letzte Mal hingewiesen haben, ein Natürlich-Elementarisches, wie es dann zutage tritt, wenn Menschengruppen durch elementarische Naturereignisse, Erdbeben, Vulkanausbrüche oder ähnliches, plötzlich aus dem irdischen Dasein herausgerissen werden.

Da erfahren wir, eine solche elementarische Katastrophe habe in der Welt stattgefunden. Eine große Anzahl von Menschen habe dabei den Tod gefunden oder sei in dem Leben sonst beeinträchtigt worden.

Dann sehen wir von solchen elementarischen Naturereignissen auf dasjenige hin, was mehr zusammenhängt mit unserer ganzen Kultur. Wir sehen zum Beispiel, wie durch dieses oder jenes Eisenbahnunglück sich karmische Wirkungen ausgestalten, wo wiederum, jetzt durch Kultureinrichtungen, gewissermaßen jäh abgeschnitten wird der Lebensfaden in der karmischen Auswirkung. Und nehmen wir die Betrachtung des Karma ernst, so müssen wir auf der einen Seite fragen: Wie stellt sich das Karma dann, wenn rein Emotionelles, Phantastisches, das nur im Inneren des Menschen Dasein hat, nicht äußerlich lebt, wenn sich bei den Teilnehmern an einer solchen sozialen Erdenordnung Karma da nun auslebt? Und wie gestaltet sich das Karma, wenn der Lebensfaden jäh durch natürliche oder zivilisatorische Elementarereignisse abgeschnitten wird?

Hier liegt einer der Punkte, meine lieben Freunde, an dem in der Tat die Initiationswissenschaft tief einschlägt in das menschliche Gefühls- und Gemütsleben. Für das gewöhnliche Bewußtsein entstehen ja die Fragen nicht: Wie lebt sich so etwas in den aufeinanderfolgenden Erdenleben der Menschen aus? – Und für das gewöhnliche Bewußtsein entsteht nicht, namentlich nicht bei elementaren Zivilisationskatastrophen, die Frage nach dem menschlichen Schicksal im weiteren Sinne. Denn man hält ja im gewöhnlichen Bewußtsein sozusagen das Schicksal bei einem Menschen für abgeschlossen, den eine solche Katastrophe befallen hat.

Initiationswissenschaft hat ja auf der einen Seite das, was sich gewissermaßen im Vordergrunde des Lebens auf der Erde bei den Menschen abspielt, und sie hat im Hintergrunde schaubar dasjenige, was sich als die Taten der Götter mit den Menschenseelen abspielt. Und gerade aus dem, was sich im Hintergrunde abspielt, erhält Initiationswissenschaft ihre Vorbedingungen für ihre Schätzung des Erdenlebens. Denn wir werden in der weiteren Karmabetrachtung sehen, wie gerade im Erdenleben sich manches in der einen und der anderen Weise gestalten muß, damit die Dinge, die hinter den Erdenleben göttlich sind, menschlich gestaltet werden können, allerdings auch nach dem Willen der Götter.

Denn sieht man nach dem Hintergrunde, so sieht man allerdings alles das, was Menschenseele mit Menschenseele karmisch gestaltet zwischen dem Tode und einer neuen Geburt. Man sieht auch das zusammenfassende Wirken der Menschenseelen mit den Wesenheiten der höheren Hierarchien, wie wir das angeführt haben; aber man sieht auf der anderen Seite überall das Hineinspielen luziferischer und ahrimanischer Mächte. Man sieht innerhalb jenes Götterorganismus, der hinter dem Erdenorganismus steht, die Berechtigung des Hineinspielens luziferischer und ahrimanischer Wesenheiten. Man weiß, für die tiefere Geistordnung der Welt müssen Luzifer und Ahriman da sein. Und trotzdem man dieser Notwendigkeit gegenübersteht, sieht man manchmal mit tiefster Bestürzung das Luziferische und Ahrimanische hereinragen in die irdische Welt. Daß mancherlei zusammengeschaut werden muß, wenn man den Blick ausdehnt über die irdische Welt hinein ins Geistige, was für das gewöhnliche Bewußtsein nicht zusammengeschaut zu werden braucht, das ist dasjenige, auf das man aufmerksam sein soll.

Und daher war es auch, daß, wenn in alten Zeiten, wo die Initiationswissenschaft schon so heilig war in ihrer Art, wie sie es wiederum werden soll, daß in jenen alten Zeiten, wenn irgendwo die Frage entstanden ist, ob einer ein Initiierter ist, die Menschen wußten, wie sie sich einer solchen Sache entsprechend zu verhalten hatten. Und wenn auf dem Lebenswege ein Mensch, der das Leben ernst nahm, einen anderen traf, der das Leben auch ernst nahm, sie aber verschiedener Meinung waren über einen Initiierten, dann konnte man in jenen alten Zeiten oftmals – wenn Unwissenheit herrschte bei dem einen, ob irgendeine dritte Persönlichkeit ein Initiierter ist – das Wort hören: Hast du ihm denn auch in die Augen geschaut? – Denn an dem, was durch die

Vertiefung des Lebensernstes der Blick erhält, an dem wurden in alten Zeiten, in denen hellseherische Zivilisationen über die Erde hin waren, die Initiierten erkannt. Und etwas Ähnliches wird schon wieder werden. Man wird wiederum, ohne daß deshalb der Humor des Lebens verlorenzugehen braucht, zu dem Ernste des Lebens zurückkehren müssen.

Es kann ja aber wirklich mancherlei von dem heraufgeholt werden, was jetzt geschieht, in Verbindung mit dem, was allerdings zu allen Zeiten geschehen ist, was aber jetzt wie ein großes Rätsel vor die Menschheit hintreten muß. Denn sehen wir uns einmal den Tatbestand an. Malen wir uns irgendeinen Tatbestand hin.

Wir haben irgendeine Gegend von einem mächtigen Erdbeben betroffen. Zahlreiche Menschen gehen gemeinsam zugrunde. Wenn man die Sache vom Standpunkte der Geisteswissenschaft betrachtet, so kann man nicht etwa immer sagen, bei diesen Menschen sei der karmische Faden für dieses Erdenleben völlig abgelaufen. Schauen wir hin nach dem karmischen Faden dessen, was da zugrunde geht. Für alte Leute, die allerdings ihr irdisches Karma für dieses Leben bald ausgelebt haben würden, wird der Lebensfaden vielleicht nur um Monate oder um wenige Jahre gekürzt. Jüngere Leute, in der Vollkraft des irdischen Lebens, die viel daran gedacht haben, was sie in den nächsten Jahren vollbringen wollten für sich, ihre Familie, für eine weitere Menschheit, werden verkürzt in ihrem Lebensfaden um viele Jahre. Kinder, die eben in der Erziehung begriffen sind, für die man an der Seele tun will, was sie eben in das Menschenleben einführen soll, sie werden neben alten Leuten weggerissen vom irdischen Dasein. Säuglinge, die kaum der Mutterbrust entwachsen sind, und solche, die es noch nicht sind, werden mit alten und jungen Leuten hinweggerissen. Da entsteht das große Rätsel: Wie wirkt da Karma in einem solchen Ereignisse?

Und schauen wir auf den Unterschied hin, der da besteht zwischen einem solchen elementarischen Ereignisse und einem durch die Zivilisation hervorgerufenen Elementarereignisse, etwa einer großen Eisenbahnkatastrophe: es ist schon ein Unterschied, ein Unterschied, der gerade dann wichtig und wesentlich wird, wenn man die Betrachtung auf den Boden des Karma bringt.

In der Regel wird es so sein, daß, wenn durch irgendein Erdbeben Menschen gemeinschaftlich zugrunde gehen in der Art, wie ich es eben geschildert habe, sie in irgendeiner Weise karmisch verknüpft sind – so wie eben die Menschen, die gemeinsam eine Gegend bewohnen, mehr oder weniger doch in der Regel karmisch verknüpft sind, jedenfalls etwas miteinander zu tun haben –, so daß sie in einem gewissen gemeinsamen Lebensschicksale, in das sie hineingetragen worden sind dadurch, daß sie alle herabgestiegen sind an einem gewissen Erdenort von dem vorirdischen Dasein zum irdischen Dasein, in diesem gemeinsamen Lebensschicksale der Zerreißung ihres Lebensfadens entgegengehen.

Sehen wir dagegen eine Eisenbahnkatastrophe, so werden wir in der Regel finden, daß nur wenige von den Menschen, die diese Eisenbahnkatastrophe trifft, eigentlich zusammengehören. Wer findet sich denn in einem Eisenbahnzuge zusammen? In der Regel nicht Menschen, die irgend etwas miteinander zu tun haben, sondern die nur zusammengetragen, zusammengeführt werden, ohne gerade irgendwie auch nur ein solches Band zu haben, das ganz gewiß immer da ist, wenn eine Erdbebenkatastrophe irgendeine Gegend trifft. Man möchte sagen, von dem Schicksal werden an einen Fleck zusammengetragen diejenigen, die gemeinschaftlich bei einer Eisenbahnkatastrophe zugrunde gehen. Sehen wir da nicht ein ganz verschiedenes Walten des Karma in dem einen und in dem anderen Falle?

Und blicken wir hin mit dem Auge der Initiationswissenschaft auf eine solche verheerende Erdbebenkatastrophe. Wir erblicken durchaus da nicht Menschen, welche bei ihrer Geburt ihr Karma so zugeschnitten hatten, daß der irdische Lebensfaden in derjenigen Zeit ablaufen mußte, wo die gemeinsame Katastrophe eintrat. Die Menschen wurden gewissermaßen durch ein solches Ereignis aus ihrem Karma herausgerissen.

Wie konnten sie herausgerissen werden? Nach der Götter Ratschluß ist das Ausleben des Karma dasjenige, worauf es ankommt. Sehen Sie, alles, was in solchen Naturereignissen wie Erdbeben, Vulkanausbrüchen, Überschwemmungen und dergleichen, eintritt, das liegt nicht im fortdauernden Gang der naturgesetzlichen Erdenentwickelung, sondern da greift, allerdings nach Naturgesetzen, in die Erdenentwickelung etwas ein.

Dasjenige, was da eingreift in die Erdenentwickelung, das war einmal der Entwickelung günstig, notwendig, förderlich in der Zeit, als die Menschheit nicht in der heutigen Form der Geburt und dem Tode unterlag. Und wollen wir uns etwas Bestimmtes unter dem eben Gesagten vorstellen, dann blicken wir in die alte Mondenzeit zurück. In der alten Mondenzeit, die der Erdenzeit vorangegangen ist, unterlag der Mensch nicht so der Geburt und dem Tode, daß er wie durch einen jähen Übergang durch eine Geburt respektive durch eine Empfängnis hereingeführt wurde ins physische Dasein und durch den Tod hinausgeführt wurde aus dem physischen Dasein. Der Übergang war ein viel sanfterer. Es war mehr eine Transformation, eine Metamorphose, als ein Sprung. Der irdische Mensch, eigentlich der mondliche Mensch, war nicht so materiell wie der heutige. Der Mensch in der geistigen Welt war nicht so vergeistigt wie der heutige.

Das, was so als Menschheit auf dem Monde lebte, das brauchte auch ganz andere Naturgesetze – Naturgesetze, welche das Mondenleben in einer unabänderlichen Bewegung zeigten, innerlich bewegt und sprudelnd, wellend, wogend. Was dazumal innerlich sprudelnd, wellend, wogend war, es ist heute zum Teil, aber auch nur zum Teil in dem Mond, der unser Begleiter im Weltenall ist, Erstarrtes. Aber das Erstarrte des Mondes, das eigentlich eine Verhornung ist, weist zurück auf alte innerliche Beweglichkeit des Mondes. Die macht sich im irdischen Wirken geltend, wenn solche Elementarereignisse auftreten, wie ich sie angeführt habe. Da sind nicht die gewöhnlichen Erdennaturgesetze tätig, da beginnt der alte Mond, der allerdings in der für ihn heute berechtigten Gestalt draußen im Weltenall kreist, der aber Kräfte zurückgelassen hat in der Erde, nachdem er von ihr ausgetreten ist, zu rumoren.

Und nun erinnern Sie sich, wie ich auseinandergesetzt habe, daß mit dem Karma des Menschen diejenigen Wesenheiten zusammenhängen, die einstmals die großen Urlehrer der Menschheit waren, die der Menschheit die ursprüngliche große Weisheit gebracht haben, die nicht in einem physischen Körper auf Erden lebten, sondern in einem ätherischen, und die in einem bestimmten Zeitpunkte von der Erde ausgezogen sind und heute den Mond bewohnen, so daß wir sie in derjenigen Zeit treffen, in der Anfangszeit, die wir durchmachen zwischen dem Tode und einer neuen Geburt. Das sind die Wesenheiten, die mit einer richtigen inneren seelisch-geistigen Schrift tief in den Weltenäther einschreiben, was Menschenkarma ist.

Aber es gibt, ich möchte sagen, eine Verschwörung im Weltenall, die darinnen gipfelt, daß nicht nur das benützt wird, was mit dem heute berechtigten Monde unsere Erde begleitet, sondern auch dasjenige, was als Mondenhaftes rumorend in der Erde zurückbleiben kann, zurückgeblieben ist. Das aber wird von den ahrimanischen Mächten benützt. Und da können ahrimanische Mächte in den Lebensfaden der Menschheit eingreifen. Und so kann man auch sehen, wie ahrimanische Mächte es sind, die ihr in einem solchen Falle wollüstig befriedigtes Antlitz hervorstrecken aus den Tiefen der Erde, wenn solche Naturkatastrophen eintreten.

Daher sieht man mit Hilfe der Initiationswissenschaft in einem solchen Falle, wie der Mensch, der dabei zugrunde geht, einen Teil seines Karma abgewickelt hat, bis zu dem Momente, wo der Lebensfaden jäh abgeschnitten wird. Dann wäre noch vorhanden ein Stück des Lebens, ein größeres oder geringeres Stück, je nachdem Greise, Erwachsene oder Säuglinge hinweggerissen werden aus dem Leben; dann wäre die Möglichkeit vorhanden, daß der Lebensfaden, das ganze Leben in seinen Ereignissen weiter fortginge – und jäh greift ein, gerade in die physische Organisation des Menschen, wie in einen Augenblick zusammengedrängt dasjenige, was hätte geschehen sollen diese ganze Zeit hindurch.

Denken Sie einmal, meine lieben Freunde, was da eigentlich vorliegt. Nehmen wir an, ein Mensch mit dreißig Jahren wird von einer solchen Tafel 23
Katastrophe erfaßt. Er hätte, wenn er von der Katastrophe nicht erfaßt worden wäre, nach seinem Karma meinetwillen das fünfundsechzigste Jahr erreicht. Es liegt eine Fülle von Ereignissen, die er durchgemacht hätte im Leben, vor. Die sind alle nur der Möglichkeit nach da. Aber in seinem Karma, in der Konstitution seines ätherischen, seines astralischen Leibes, in der Konstitution seiner Ich-Organisation liegt das alles darinnen. Und was wäre gewesen bis zum fünfundsechzigsten

Jahre? Neben dem Aufbauen wäre fortwährend der Organismus abgebaut worden; ein langsamer Abbau hätte stattgefunden, bis der Abbau vollendet gewesen wäre im fünfundsechzigsten Lebensjahre, ein Abbau, subtil und langsam.

Dieser langsame Abbau, der noch fünfunddreißig Jahre umfaßt hätte, der in dem langsamen Tempo vor sich gegangen wäre, das einem solch längeren Verlaufe entspricht, wird gewissermaßen in einem Augenblicke vollzogen, zusammengedrängt in einen Augenblick. Das kann man dem physischen Leibe beifügen. Das kann man nicht dem ätherischen, nicht dem astralischen Leib, nicht der Ich-Organisation beifügen.

Und anders als mit ausgelebtem Karma betritt ein Mensch, wenn das vorliegt, was hier geschildert worden ist, die geistige Welt. Es wird dadurch etwas hineingetragen in die geistige Welt, was sonst nicht darinnen wäre: ein ätherischer Leib, der noch auf Erden hätte sein können, ein Astralleib, eine Ich-Organisation, die noch auf Erden hätten sein können. Statt daß sie auf Erden verbleiben, werden sie in die geistige Welt hineingetragen. Für Irdisches Bestimmtes wird in die geistige Welt hineingetragen. Und so sehen wir von jeder solchen elementarischen Katastrophe in die geistige Welt irdisches Element einfließen. Menschen, die in dieser Weise in ihrem Karma durch die ahrimanischen Mächte abgebogen worden sind, sie kommen also in diesem Zustande in der geistigen Welt an.

Nun müssen wir uns eine Frage vorlegen, die aus dem hervorgeht, meine lieben Freunde, daß wir ja lernen müssen, wenn wir Geisteswissenschaft ernsthaftig nehmen, vom Gesichtspunkte der geistigen Welt und der geistigen Wesenheiten in der geistigen Welt gerade so zu fragen, wie man mit dem gewöhnlichen Bewußtsein frägt für die physisch-irdische Welt und die Wesenheiten der physisch-irdischen Welt. Daher darf die Frage aufgeworfen werden: Wie nehmen es die Wesenheiten der drei Hierarchien auf, daß zu ihnen Menschen hinaufkommen, die in dieser Weise Irdisches in die geistige Welt hinauftragen?

Und es entsteht für diese Wesenheiten die Aufgabe, dasjenige, was da scheinbar zum Üblen gewendet ist, was scheinbar gegen die Weltenordnung gewendet ist, wiederum in die Weltenordnung hineinzubringen. Zu rechnen haben die Götter nun mit dem, was da vorliegt, um das Ahrimanisch-Böse in ein höheres Gutes zu verwandeln. Wir kommen dann zu der Vorstellung, in welcher Art für die Weltenordnung in bezug auf irgendeine Sache diejenigen Menschen besonders ausersehen sind, die in einer solchen Art in der geistigen Welt ankommen, wenn sie durch die Pforte des Todes gegangen sind. Da liegt für die geistigen Wesenheiten der höheren Hierarchien das Folgende vor.

Da haben sich solche Wesenheiten zu sagen: Da war ein Mensch in seiner vorigen Inkarnation. Durch diese vorige Inkarnation und das, was ihr vorangegangen ist im Gesamtleben des Menschen, hat sich eine gewisse Tatsachenwelt vorbereitet, eine Welt von Erlebnissen in der gegenwärtigen Inkarnation. Von dem, was sich da vorbereitet hat, ist aber nur der erste Teil zum Ausdruck gekommen, der zweite Teil kommt nicht zum Ausdruck. Daher haben wir hier einen Teil eines menschlichen Lebenslaufes, der eigentlich karmisch entsprechen sollte diesem Lebenslauf hier (es wird gezeichnet), der ihm aber nicht entspricht, sondern wir haben nur ein Stück hier. Das eine Stück hier entspricht also irgendwie dem früheren Erdenleben, aber nicht dem vollen früheren Erdenleben.

Tafel 23
blau
rot
rechts
grün

Da haben denn die Götter hinzuschauen auf dieses frühere Erdenleben und zu sagen: Da ist etwas, was nicht Wirkungen erfahren hat, die es erfahren sollte. Da sind unverbrauchte Ursachen. Und dasjenige, was da als unverbrauchte Ursachen vorhanden ist, das können jetzt die Götter nehmen, herantragen an den Menschen und ihn damit gerade in bezug auf seine Innerlichkeit für das nächste Erdenleben verstärken. So daß gewissermaßen die Gewalt dessen, was da als Ursache gewaltet hat in einer früheren Inkarnation, jetzt um so wuchtiger in ihm hervorbricht in der nächsten Inkarnation. Da tritt dann der Mensch, während er sonst, wenn ihn nicht eine solche Katastrophe befallen hätte, vielleicht mit geringwertigen Fähigkeiten hätte in der Welt auftreten können, oder auch wohl mit Fähigkeiten, die auf einem ganz anderen Gebiete gelegen wären, als sie dann liegen, wenn er eben in der nächsten Inkarnation auftritt, da tritt der Mensch als ein anderer auf zum Ausgleiche des Karma. Aber er tritt auch auf mit besonderen Eigentümlichkeiten. Denn gewissermaßen ist sein astralischer

Leib verdichtet, weil unverbrauchte Ursachen in ihn eingegliedert sind.

Können Sie sich da verwundern, meine lieben Freunde, daß die Legende existiert von einem Philosophen, der sich selber in den Krater eines Vulkans gestürzt hat? Was kann die Ursache sein für einen solchen Entschluß bei jemandem, der in die Geheimnisse der Welt eingeweiht ist? Da kann nur die Ursache vorliegen, daß da durch menschlichen Willen selber etwas herbeigeführt wird, was sonst nur herbeigeführt werden kann durch elementare Naturereignisse: das plötzliche Hinweggerafftwerden dessen, was langsam noch erst hinweggerafft werden sollte. Und so kann wohl dasjenige, was von einem solchen Philosophen erzählt wird, der Absicht entspringen, mit besonderen Fähigkeiten in einer nächsten Inkarnation in der Welt zu erscheinen. Die Welt bekommt eben eine andere Gestalt, wenn wir in solcher Weise auf die tiefen Fragen des Karma eingehen.

So sehen wir zunächst, ich möchte sagen, prinzipiell, wie es sich mit solchen elementarischen Katastrophen verhält. Aber sehen wir nach einem anderen hin. Sehen wir darauf hin, wie in einer Zivilisationskatastrophe durch das ahrimanische Wesen Menschen, die nicht sehr stark karmisch verbunden sind, gewissermaßen auf einen Haufen zusammengetrieben werden, um einen gemeinschaftlichen Untergang zu finden.

Der Fall liegt dann ganz anders. Auch da haben wir die ahrimanischen Mächte im Spiele, aber mit Menschen, die zunächst mit den karmischen Fäden nicht als Gruppen zusammenhängen, die aber allerdings gerade dadurch wieder zusammengeführt werden. Und jetzt tritt etwas ein, was sich von dem anderen bei Naturkatastrophen wesentlich unterscheidet.

Eine Naturkatastrophe ruft in dem Menschen, der von ihr befallen wird, eine verschärfte Erinnerung an alles dasjenige hervor, was in seinem Karma als Ursache enthalten ist. Denn wenn der Mensch durch die Pforte des Todes tritt, wird er eben erinnert an alles, was in seinem Karma enthalten ist. Eine Verstärkung davon, eine deutliche Erinnerung tritt in der Menschenseele durch eine Naturkatastrophe ein, bei der der Mensch zugrunde geht.

Eine Eisenbahnkatastrophe, überhaupt eine zivilisatorische Katastrophe ruft im Gegenteil Vergessen des Karma hervor. Dadurch aber, daß Vergessen des Karma auftritt, tritt eine starke Empfänglichkeit auf für die Eindrücke, die der Mensch nach dem Tode neu hat aus der geistigen Welt. Und die Folge davon ist, daß ein solcher Mensch jetzt sich selber fragen muß: Wie steht es mit dem, was unverbrauchtes Karma in mir ist?

Und während insbesondere die intellektuellen Eigenschaften eines Menschen bei einer Naturkatastrophe in seinem Astralleibe verdichtet werden, werden die Willenseigenschaften des Menschen bei Zivilisationskatastrophen verdichtet und verstärkt. So wirkt das Karma.

Nun aber schauen wir hinweg von diesen Katastrophen. Schauen wir auf das hin, was durch eine Gruppe von Menschen in fanatischer Weise an Emotionellem entwickelt wird, wie ich es charakterisiert habe, wo nur dasjenige sich auswirkt, was aus dem Menschen kommt, wo der Mensch ganz im Irrealen lebt und noch dazu zerstörend wirkt. Sehen wir uns solch ein phantastisch verzerrtes Zivilisationsgebilde an, als das der heutige europäische Osten nach dem Westen hinblickt, und sehen wir darauf hin, was da geschieht, wenn Menschen, die solchen Zusammenhängen angehören, durch die Pforte des Todes ziehen.

Da wird auch in die geistige Welt, geradeso wie bei den anderen Katastrophen, etwas hineingetragen. Aber Luziferisches wird hineingetragen. Dasjenige wird hineingetragen, was in der geistigen Welt verfinsternd und verheerend wirkt. Denn bei Naturkatastrophen und Zivilisationskatastrophen ist es immerhin Helligkeit, die von der irdischen Welt in die geistige hineingetragen wird. Aus Zivilisationsverirrungen wird Finsternis in die geistige Welt hineingetragen. Die Menschen treten ein durch die Pforte des Todes in die geistige Welt wie in einer schweren, finsteren Wolke, in der sie ihren Weg durchzumachen haben. Denn das Licht, das Luzifer in den Emotionen der Menschen auf Erden anstiftete, das wirkt als die dichteste Finsternis in der geistigen Welt, wenn der Mensch durch die Pforte des Todes in diese geistige Welt eingetreten ist. Und hinein kommen in die geistige Welt diejenigen Kräfte, die aus dem Inneren des Menschen gewissermaßen in diese geistige Welt hineinkommen; Leidenschaften, die nur im Menschen selber wirken sollten, werden hineingetragen in die geistige Welt, strahlen in der geistigen Welt.

Das wiederum sind solche Kräfte, die sich durch Ahrimans Macht in der geistigen Welt umgestalten lassen dazu, eben die Mondenentwickelung, die in der Erde noch vorhanden ist, zu benützen. Hier reicht wirklich Luzifer dem Ahriman die Hand.

Was durch bloße emotionelle Kulturimpulse hinaufgetragen wird in die geistige Welt, aber eigentlich nur aus dem verirrten irdischen Bewußtsein entsteht, das ist dasjenige, was umgestaltet in Vulkanausbrüchen, in Erdbeben aus dem Inneren der Erde nach oben lodert. Und wir lernen aus solchen Voraussetzungen heraus die Frage stellen nach dem Erdenkarma, nach dem Völkerkarma, und damit auch nach dem individuellen Menschenkarma, insofern dieses individuelle Menschenkarma verknüpft ist mit Völkerkarma, mit Erdenkarma. Wir lernen die Frage so stellen, daß wir Saaten suchen in luziferischen Auswirkungen in irgendeinem Erdengebiete, wo alte Kultur zerstört wird aus Menschenemotionen heraus, wo wilde Instinkte phantastisch Neues schaffen wollen, aber nur zerstörend wirken können. Und wir müssen uns fragen: Wo auf der Erde wird einstmals feuerlodernd oder bodenwellend dasjenige hervorbrechen, was jetzt in den wilden Leidenschaften der Menschen lodert?

Initiationswissenschaft darf und muß, wenn sie auf manches Elementarereignis hinschaut, ihre Frage stellen: Wann ist dieses Elementarereignis vorbereitet worden? In Kriegsschauern und Kriegsgreueln, in anderen Greueln, welche innerhalb der zivilisatorischen Entwickelung der Menschen aufgetreten sind! Denn so hängen die Dinge zusammen. Das sind die Dinge, die sich im Hintergrunde des Daseins vollziehen. Vor einer solchen Betrachtung bleiben nicht vereinzelt die Ereignisse stehen, die da hervortreten. Sie erscheinen im großen Weltenzusammenhange. Aber wie stellen sie sich in die einzelnen Menschenschicksale hinein? Nun, meine lieben Freunde, die Götter sind ja da, die mit der Menschheitsentwickelung in Verbindung sind. Ihre Aufgabe ist es, wie ich schon erwähnt habe, immerdar dasjenige, was auf diese Weise geschieht, wiederum ins Günstige, ins Menschenschicksal-Fördernde umzuwandeln.

So etwas geschieht unaufhörlich im Zusammenhange der irdisch-geistigen Welt, daß Menschenschicksale entrissen werden den Luziferschwingen und den Ahrimankrallen, denn die Götter sind gut. Und was durch Ahriman oder Luzifer an Ungerechtigkeit in der Welt hinter den Kulissen des Daseins begründet wird, das, meine lieben Freunde, wird durch die guten Götter wiederum in die Bahn der Gerechtigkeit geleitet, und zuletzt ist der karmische Zusammenhang ein guter und ein gerechter.

Und abgelenkt wird unser Blick, der ja allerdings verständnisvoll beim Menschenkarma sein muß, voll Verständnis sein muß, aber abgelenkt wird unser Blick vom Menschenschicksal nach dem Götterschicksal. Denn indem wir Kriegsgreuel, Kriegsschuld, Kriegsunholde im Zusammenhang mit natürlichen und elementarischen menschenmordenden Katastrophen verfolgen, sehen wir sich ausleben den Kampf der guten Götter mit den nach zwei Seiten hin bösen Göttern. Wir sehen hinaus über das Menschenleben in das Götterleben hinein, und sehen das Götterleben auf dem Hintergrunde des Menschenlebens. Und wir sehen es vor allen Dingen nicht mit den ausgedörrten theoretischen Anschauungen, sondern wir sehen es mit Herz und Anteil, wir sehen es so, dieses Götterleben, daß wir es im Zusammenhang betrachten können wiederum mit dem, was im individuellen Karma der Menschen auf Erden vor sich geht, weil wir menschliches Schicksal mit Götterschicksal verflochten schauen.

Dann aber, wenn wir auf solches hinschauen, dann wird uns die Welt, die hinter dem Menschen liegt, erst ganz nahegerückt. Denn dann zeigt sich uns ja etwas, was man nur mit dem allerallertiefsten Anteil betrachten kann. Dann zeigt sich, wie das Menschenschicksal eingebettet liegt in dem Götterschicksal, wie in gewissem Sinne Götter lechzen nach dem, was sie mit den Menschen vorzunehmen haben aus dem Verlaufe ihres eigenen Kampfes heraus. Und indem wir uns solchen Vorstellungen nahen, kommen wir mit ihnen wiederum zurück zu dem, was nun auch in den alten Hellseherzeiten durch die Mysterien in die Welt getreten ist.

Derjenige, der in die alten Mysterien eingeweiht wurde, er ist zunächst eingeführt worden in die Welt der Elemente; da hat er gesehen, wie allmählich sein Inneres, aber in seiner moralischen Qualität, nach außen rückt. Dann aber lernte er, und das war ein gewichtiges, ein gewaltiges Wort, das der Schüler der alten Mysterien gesprochen hat, die «unteren und die oberen Götter», die ahrimanischen und die luziferischen Götter kennen. In der Gleichgewichtslage gehen die guten Götter. Und indem der alte Mysterienschüler kennenlernte, was der neue wiederum kennenlernen muß, wurde eben ein Mensch nach und nach in die Tiefen des Daseins eingeweiht. Denn dann, wenn man diesen Zusammenhang durchschaut, dann kommt man zu der merkwürdigen, die Welt aber belebend aufklärenden Anschauung: Wozu ist die Summe des Unglücks in der Welt? Damit die Götter Glück daraus machen können! Denn bloßes Glück führte nicht hinein in das Weltendasein. Glück, das aus Unglück sprießt beim Durchgange der Menschen durch die Sinnenwelt, führt erst hinein in die Tiefen der Welt.

Überall müssen wir, wo es sich um die Betrachtung des Karma handelt, nicht bloß an theoretische Begriffe appellieren, überall müssen wir, wo es sich um Karma handelt, an den ganzen Menschen appellieren. Denn Karma kann man nicht erkennen lernen, ohne daß bei der Erkenntnis das Herz, das ganze Gemüt, der Wille des Menschen beteiligt ist. Lernt man aber auf diese Weise Karma kennen, wie es richtig ist, dann vertieft sich auch dieses Menschenleben. Und dann erst werden gewichtig genug die Verhältnisse des Lebens genommen, die die Menschen karmisch zusammenführen.

Dann allerdings gibt es Augenblicke, die bei dem nicht oberflächlichen Menschen auch da sein müssen, in denen das Karma einen schwer drücken kann. Aber alle diese Augenblicke werden wieder ausgeglichen durch diejenigen, in denen das Karma ihm Flügel gibt, so daß er sich mit seiner Seele aus dem irdischen Reiche in das göttliche Reich erhebt. Und wir müssen die Verbindung der Götterwelt mit der Menschenwelt tief im Inneren fühlen, wenn wir vom Karma in wahrem Sinne des Wortes reden wollen.

Denn dasjenige, was hier auf Erden an uns, um uns ist in einem Erdenleben, das ist zunächst das, was da zugrunde geht auf dem Wege zwischen Tod und neuer Geburt. Das aber, was bleibt, das ist dasjenige, bei dem uns die Götter, das heißt die Wesen der höheren Hierarchien, an der Hand haben. Und niemand wird gegenüber der Erkenntnis des Karma die rechte Seelenstimmung entwickeln, der nicht Karmaerkenntnis als eine Handreichung von seiten der Götter ansieht.

Versuchen Sie es daher, meine lieben Freunde, Karmaerkenntnis so aufzufassen, daß diese Karmaerkenntnis bei Ihnen das Gefühl hervorruft: Indem ich mich dabei heiligem Geistesboden nähere, auf dem mir über das Karma etwas klarwerden kann, muß ich die Hand der Götter ergreifen.

So real müssen die Empfindungen werden, wenn wir an wirkliche Erkenntnisse der geistigen Welt – und solche sind die Karmaerkenntnisse – herandringen wollen.

HINWEISE

(Angaben zu bestimmten Auflagen beziehen sich auf Bände der Rudolf Steiner Gesamtausgabe)

Zu dieser Ausgabe

Esoterische Betrachtungen karmischer Zusammenhänge Band I–VI: Um den Zusammenhang der Dornacher Karmavorträge nicht zu unterbrechen, wurde von dem in der Gesamtausgabe sonst befolgten Grundsatz eine Ausnahme gemacht. Der Vortrag Bern 25. Januar 1924 (früher in Band I, Ausgaben 1958 und 1964) und die Vorträge Bern 16. April, Stuttgart 9. April und 1. Juni 1924 sind nunmehr in Band VI eingeteilt.

Textunterlagen: Die Vorträge wurden von der Berufsstenographin Helene Finckh (1883–1960), die seit 1916 als offizielle Stenographin die meisten Vorträge Rudolf Steiners mitschrieb, stenographisch aufgenommen und in Klartext übertragen. Dieser Übertragung liegt der gedruckte Text zugrunde. 1973 wurden zum ersten Mal seit der ersten Drucklegung im Jahre 1934 auch die Original-Stenogramme, die erhalten sind, für die Neuauflage herangezogen. Dabei stellte sich heraus, daß bei der Übertragung in Maschinenschrift, die nach Aussage der Stenographin in Zeitnot und Nachtarbeit erfolgen mußte, einige Fehler entstanden waren, die korrigiert werden konnten. Die Textveränderungen gegenüber früheren Auflagen sind auf diese Tatsache zurückzuführen. Erheblichere Veränderungen werden in den Hinweisen angeführt, ebenso Stellen, wo das Stenogramm mehrdeutig ist. Die 6. Auflage von 1988 ist ein auf Druckfehler durchgesehener und bei den Hinweisen leicht ergänzter Nachdruck der 5. Auflage.

Die Titel der Abteilungen wurden von Marie Steiner für die 1. Auflage (1934) geschaffen.

Zu den Tafelzeichnungen: Die Original-Wandtafelzeichnungen und -anschriften Rudolf Steiners bei diesen Vorträgen sind erhalten geblieben, da die Tafeln damals mit schwarzem Papier bespannt waren. Sie sind als Ergänzung zu den Vorträgen im Band XVI der Reihe «Rudolf Steiner, Wandtafelzeichnungen zum Vortragswerk» verkleinert wiedergegeben. Die in früheren Auflagen in den Text eingefügten zeichnerischen Übertragungen sind auch für diese Auflage beibehalten worden. Auf die entsprechenden Originaltafeln wird jeweils an den betreffenden Textstellen durch Randvermerke aufmerksam gemacht

Zum Thema «Wiederverkörperung und Karma» sei noch auf folgende Bände der Rudolf Steiner Gesamtausgabe hingewiesen:

Reinkarnation und Karma, vom Standpunkte der modernen Naturwissenschaft notwendige Vorstellengen – Wie Karma wirkt, 1903, im Band «Lucifer – Gnosis», GA 34, und als Einzelausgabe

Das Prinzip der spirituellen Ökonomie im Zusammenhang mit wiederverkörperungsfragen – Ein Aspekt der geistigen Führung der Menschheit, 1909, GA 109

Die Offenbarungen des Karma, 1910, GA 120 (TB 620)

Okkulte Geschichte. Esoterische Betrachtungen karmischer Zusammenhänge von Persönlichkeiten und Ereignissen der Weltgeschichte, 1911, GA 126 (TB 707)

Wiederverkörperung und Karma und ihre Bedeutung für die Kultur der Gegenwart, 1912, GA 135 (TB 647)

Hinweise zum Text

Werke Rudolf Steiners innerhalb der Gesamtausgabe (GA) werden in den Hinweisen mit der Bibliographie-Nummer angegeben. Siehe auch die Übersicht am Schluß des Bandes.

zu Seite

15 Ein vor Beginn des eigentlichen Vortrags gegebener Bericht über eine Reise nach Prag ist abgedruckt in GA 260a «Die Konstitution der Allgemeinen Anthroposophischen Gesellschaft ...», S. 192.

Ich habe ... hingewiesen auf Harun al Raschid: Siehe den Vortrag Dornach 16. März 1924, in «Esoterische Betrachtungen karmischer Zusammenhänge» Bd. I, S. 170ff., GA 235.

16 *So haben wir ja bei Garibaldi kennengelernt:* Siehe den Vortrag Dornach 22. März 1924, in Band I., S. 184ff.

17 *Francis Baco von Verulam,* 1561–1616, englischer Staatsmann und Philosoph.

19 *Johann Amos Comenius,* 1592–1670. «Pansophiae prodromus», Oxford 1639.

19 *Bund der «Mährischen Brüder»:* Aus der hussitischen Bewegung hervorgegangene Gemeinde, die sich 1467 von der katholischen Kirche völlig lossagte. Comenius war der letzte Bischof der älteren Brüdergemeinde, die sich noch zu seinen Lebzeiten auflöste. Neu begründet wurde sie im 18. Jahrhundert durch Graf Zinzendorf in Herrnhut.

Johann Valentin Andreae, 1586–1654. Die «Chymische Hochzeit Christiani Rosenkreuz», erschien in Straßburg 1616, und «Allgemeine und Generalreformation der ganzen weiten Welt» (Übersetzung einer Schrift des Italieners Boccalini) in Kassel 1614.

20 *verfolgen Sie nur die Briefe:* Welche Briefe gemeint sind, konnte nicht festgestellt werden.

22 *Karl Marx,* 1818–1883, Begründer des wissenschaftlichen Sozialismus.

Friedrich Engels, 1820–1895, Sozialist.

23 *und man bewahrt sich am besten ...:* «Vor Irrtümern», wurde vom Herausgeber eingefügt.

23f. *daß ich des öfteren von Otto Hausner ... gesprochen habe:* Otto Hausner, 1827–1890. Erwähnt im Vortrag Dornach 9. Nov. 1918, in «Entwicklungsgeschichtliche Unterlagen zur Bildung eines sozialen Urteils», GA 185a, S. 18, und «Mein Lebensgang», GA 28, IV. Kap., S. 88.

24 *Bau der Arlbergbahn:* Alpenbahn zwischen Innsbruck und Bludenz, Bauzeit 1880–84.

25 *Rede, ... die auch als Broschüre erschienen ist:* Otto Hausner, «Deutschtum und Deutsches Reich», Wien 1880.

26 *Gallus,* der Heilige, aus Irland (Hibernien). Gründer des Klosters St. Gallen. Gestorben ca. 627.

Columban: Columbanus, um 550–615. Irischer Mönch, der mit zwölf Schülern, darunter Gallus, seit 595 missionierend durch Franken, Burgund, Alemannien und die Lombardei zog.

29 *seit der Dornacher Weihnachtstagung:* Siehe dazu «Die Weihnachtstagung zur Begründung der Allgemeinen Anthroposophischen Gesellschaft», Grundsteinlegung, Vorträge und Ansprachen, Statutenberatung, 24. Dezember 1923 bis 1. Januar 1924, GA 260.

29f. *es gab nach dem Jahre 1918 allerlei Bestrebungen:* Vgl. dazu die Reihe im Rahmen der Rudolf Steiner Gesamtausgabe «Das lebendige Wesen der Anthroposophie und seine Pflege», insbesondere «Anthroposophische Gemeinschaftsbildung», GA 257.

32 *daß die Seele des Muawija in der Seele des Woodrow Wilson wiedererschienen ist:* Vgl. dazu den Vortrag Dornach 16. März 1924, in «Esoterische Betrachtungen karmischer Zusammenhänge» Bd. I, S. 168ff., GA 235.

35 *Jakob Böhme,* 1575–1624.

Jakob Balde, 1604–1668. Deutscher und neulateinischer Dichter, lehrte und predigte in Innsbruck, Ingolstadt, München, Neustadt/Donau.

36 *einen bekannten Arzt:* Es war dies der Homöopath *Emil Schlegel,* 1852–1935, Arzt in Tübingen. – Dr. Steiner hatte ihn im November 1905 von Stuttgart aus besucht. Auf die Zusendung der Schrift von Jakob Lorber «Eine Geister-Szenerie. Gewaltsamer Hintritt des Robert Blum. Seine Erfahrungen und Führungen im Jenseits», 2 Bde., Bietigheim/Württ. 1898, antwortete Rudolf Steiner am 14. Dezember 1905 u. a. «Die Schrift über Blum werde ich gewiß lesen; ich hoffe, daß es schon in den Weihnachtstagen wird geschehen können.» Der Brief an Emil Schlegel ist veröffentlicht in «Briefe» Band II, GA 39, Brief Nr. 610.

Robert Blum, 1807–1848. Abgeordneter für Leipzig in der Frankfurter Nationalversammlung. Er wurde am 9. November 1848 in Wien standrechtlich zum Tode verurteilt und erschossen.

37 *Leopold von Ranke,* 1795–1886. «Die römischen Päpste, ihre Kirche und ihr Staat im 16. und 17. Jahrhundert», 3 Bde., Berlin 1834–36.

38 *Friedrich Christoph Schlosser,* 1776–1861, Professor der Geschichte in Heidelberg.

39ff. *Conrad Ferdinand Meyer,* 1825–1898. «Der Heilige», Novelle, Leipzig 1880; «Jürg Jenatsch», eine Bündnergeschichte, Leipzig 1876.

42 *die Individualität ... lebte dazumal ... in einem gewissen Verhältnisse zu einem Papste:* Gregor I., Papst von 590–604.

ein Genosse ... begründete das Bistum Canterbury: Der Mönch Augustin, der 596 zusammen mit einigen Benediktinern vom Papst Gregor I. nach England geschickt worden war.

43 *Thomas Becket,* 1118–1170, Erzbischof. Er wurde am Altar der Kathedrale von Canterbury am 29. Dezember 1170 erschlagen.

47 *Osterkurs* für Ärzte und Medizinstudenten vom 21. – 25. April 1924. Veröffentlicht in «Meditative Betrachtungen und Anleitungen zur Vertiefung der Heilkunst», GA 316.

51 *Johann Heinrich Pestalozzi,* 1746–1827.

52ff. *C. F. Meyer:* Siehe den Hinweis zu S. 39.

59 *Publius Cornelius Tacitus,* um 55–120. «Germania» («De origine, situ, moribus ac populis Germanorum»), aus dem Lateinischen übersetzt von Dr. Max Oberbreyer, Univ. Bibl. Leipzig o. J.

daß er ... Christus überhaupt nur ganz vorübergehend erwähnt: In den «Annalen» des Tacitus findet sich im 15. Buch, Nr. 44, lediglich die Bemerkung: «Der, von welchem dieser Name ausgegangen, Christus, war unter der Regierung des Tiberius vom Prokurator Pontius Pilatus hingerichtet worden.»

der jüngere Plinius: Cajus Cäcilius Secundus, 62 n. Chr. bis um 114.

60 *Beatrix von Tuscien,* um 1015–1075, Tochter des Herzogs Friedrich von Oberlothringen und Cousine Kaiser Heinrichs III. In erster Ehe vermählt mit Bonifatius III. von Tuscien, in zweiter Ehe mit ihrem Vetter Gottfried dem Bärtigen von Lothringen. Von Heinrich III. (1017–1056) gefangengesetzt, wurde sie jedoch nach dessen Tode von seiner Gattin Agnes, der Regentinmutter Heinrichs IV., wieder befreit und ihr Gemahl erhielt das ihm entrissene Lothringen zurück.

Mathilde, Markgräfin von Tuscien, 1046–1115. Sie entstammte der ersten Ehe der Beatrix. 1069 vermählte sie sich mit ihrem Stiefbruder, dem Herzog Gottfried dem Buckligen von Lothringen, trennte sich aber bereits 1071 wieder von ihm. Als treue Anhängerin des Papsttums unterhielt sie freundschaftliche Beziehungen zu Papst Gregor VII. Dieser weilte auf ihrem Schloß Canossa, als Heinrich IV. (1050–1106) dort anlangte und bei strenger Kälte vom 25. – 27. Januar 1077 barfuß im Hofe des Schlosses seinen Bußgang tat, um die Loslösung vom päpstlichen Bann zu erlangen. – Als Mathilde beim zweiten Zuge Heinrichs nach Italien dem Papst 1081 auf ihrem Schloß Zuflucht gewährte, wurde sie vom Kaiser geächtet und ihr Land verwüstet. – Auch nach dem Tode Gregors VII. (1085) hielt sie zum Papsttum, vermachte alle ihre Güter noch zu Lebzeiten der römischen Kirche und ging sogar im Interesse der Kirche 1089 eine Scheinehe mit dem jungen Herzog von Welf ein, um dem Kaiser bei seinem dritten Zuge nach Italien Widerstand leisten zu können.

62 *Ralph Waldo Emerson,* 1803–1882. «Representative Men», 1850; deutsche Übersetzung von K. Federn, Halle 1897.

Herman Grimm, 1828–1901. Er übersetzte aus Emersons «Representative Men» die Abschnitte über Goethe und Shakespeare und nahm sie in seine «Fünfzehn Essays. Dritte Folge» auf.

64 *Leitsätze:* «Anthroposophische Leitsätze», GA 26.

66 Abschiedsworte nach dem Vortrag in «Die Konstitution...» GA 260a, S. 217.

71 *Julian Apostata,* 332–363, römischer Kaiser von 361–363.

daß ich in Stuttgart einmal vorgetragen habe ... auch bei der Weihnachtstagung: Siehe die Vorträge vom 30. Dezember 1910 in «Okkulte Geschichte. Esoterische Betrachtungen karmischer Zusammenhänge von Persönlichkeiten und Ereignissen der Weltgeschichte», GA 126, und vom 29. Dezember 1923 in «Die Weltgeschichte in anthroposophischer Beleuchtung und als Grundlage der Erkenntnis des Menschengeistes», GA 233, S. 98ff.

72 *die «Chymische Hochzeit Christiani Rosenkreuz»:* Siehe den Hinweis zu S. 19.

73 *Henrik Ibsen,* 1828–1906, norwegischer Dramatiker.

74 *Basilius Valentinus,* lebte seit 1413 im Peterskloster zu Erfurt. Die wichtigsten seiner Schriften sind u. a. «Der Triumphwagen des Antimons», «Vom großen Stein der alten Weisen», «Offenbarung der verborgenen Handgriffe». Gesammelt erschienen seine Schriften am vollständigsten von Peträus in Hamburg 1717 und 1740 in 3 Bänden.

75f. *Frank Wedekind,* 1864–1918, Dichter und Schauspieler. «Hidalla», Schauspiel, München 1904.

80 *Friedrich Hölderlin,* 1770–1843

Robert Hamerling, 1830–1189, österreichischer Dichter.

83 *Lucius Domitius Nero,* 37–68, römischer Kaiser von 54–68.

84 *«Welch ein Künstler ...»:* Vgl. die «Annalen» des Tacitus; Supplemente der vom 16. Buch verlorenen Teile (66–68 n. Chr.) Nr. 12.

85 *Karl Julius Schröer,* 1825–1900, Professor für Literatur an der Technischen Hochschule in Wien. Lehrer und Freund Rudolf Steiners. Siehe «Mein Lebensgang», GA 28.

Kronprinz Rudolf von Österreich, 1858–1889.

96 *dieses Goetheanum:* Das erste Goetheanum, ein in Holz künstlerisch gestalteter Bau, der unter der Leitung von Rudolf Steiner in den Jahren 1913–1922 erbaut worden war. Der im Innern noch nicht ganz fertiggestellte, aber seit 1920 in Betrieb genommene Bau wurde in der Silvesternacht 1922/23 durch Brand vernichtet.

109 *Böcklins «Toteninsel»:* Es gibt fünf Fassungen von diesem Bild. Die erste wurde 1886 vom Museum Leipzig erworben, die Basler Fassung

kam erst 1920 nach Basel. Es ist anzunehmen, daß Rudolf Steiner die Toteninsel erstmals in Leipzig gesehen hat, wohin er schon in den 90er Jahren von Weimar aus des öfteren kam.

110 *Epimetheus:* Bruder des Prometheus in Goethes «Pandora, ein Festspiel».

113 *von praktischen Karmaübungen:* Bei Begründung der damaligen Deutschen Sektion der Theosophischen Gesellschaft hatte Dr. Steiner für seinen Vortrag am 20. Oktober 1902 den Titel gewählt «Praktische Karma-Übungen». Vgl. dazu auch die Karmavorträge vom 31. März 1924 in Prag, enthalten in GA 239 und vom 16. April 1924 in Bern, in GA 240.

118 *werde auch das noch in meinem «Lebensgang» zu erzählen haben:* Siehe «Mein Lebensgang», Kapitel XII, GA 28.

meine erste Mysteriendichtung «Die Pforte der Einweihung»: Erstaufführung dieses Dramas in München 1910. – Siehe «Vier Mysteriendramen», (1910–13), GA 14.

138 *Aristoteles in seiner «Physiognomik»:* Vgl. dazu die Ausführungen Rudolf Steiners im Vortrag vom 15. Januar 1918 in «Wesen und Bedeutung der illustrativen Kunst», Dornach 1940.

154 *So erzählt zum Beispiel noch Rousseau:* Bezieht sich auf eine Stelle in Blavatskys «Isis entschleiert»: «Jaques Pelissier ... sagt, daß Menschen durch festes Anblicken von Tieren oculis intentis nach einer Viertelstunde deren Tod verursachen können. Rousseau bestätigt dies aus seiner eigenen Erfahrung in Egypten und dem Osten, indem er mehrere Kröten auf diese Weise tötete. Aber, als er es zuletzt in Lyon versuchte, drehte sich die Kröte, da sie fand, daß sie seinem Blick nicht entgehen könnte, um, blies sich auf und starrte ihn mit so feurigem Blicke ohne Bewegung ihrer Augen an, daß eine Schwäche über ihn kam, die sogar bis zur Ohnmacht führte, so daß man ihn einige Zeitlang für tot glaubte.» H. P. Blavatsky, «Isis entschleiert», Leipzig o. J., S. 399. (Bei dem erwähnten Rousseau handelt es sich nicht etwa um Jean-Jacques Rousseau. D.H.)

156 *Ich habe es in früheren Zeiten ja auch hier beschrieben:* Siehe die Vorträge vom 25. August 1918 in «Die Wissenschaft vom Werden des Menschen», GA 183; vom 8. Juli 1921 in «Menschenwerden, Weltenseele und Weltengeist» I. Teil, GA 205 und vom 25. November 1923 in «Mysteriengestaltungen», GA 232.

161 *Raimundus Lullus,* Ramon Lull, 1234–1315. «Ars magna Lulli – Die große Kunst.» – Vgl. dazu die ausführliche Darstellung Rudolf Steiners im Vortrag vom 5. Januar 1924 in «Mysterienstätten des Mittelalters. Rosenkreuzertum und modernes Einweihungsprinzip», GA 233a.

163 *Vorbild des Strader:* Es handelt sich um den Professor der Philosophie in Münster *Gideon Spicker,* 1840–1912, Verfasser des von Rudolf Steiner verschiedentlich erwähnten Werkes «Vom Kloster ins akademische Lehramt», Stuttgart 1908.

164 *Jakob Frohschammer,* 1821–1893. Das genannte Werk ist in München 1877 erschienen.

174 *ich zitiere ein berühmtes romantisches Wort:* Prolog und Schluß des Lustspiels «Kaiser Octavianus» von Ludwig Tieck.

Mondbeglänzte Zaubernacht,
die den Sinn gefangenhält,
wundervolle Märchenwelt,
steig' auf in der alten Pracht.

180 *ich habe in jenem Kurs, ... dem sogenannten «Französischen Kurs», darauf hingewiesen:* Siehe den Vortrag vom 15. September 1922 in «Philosophie, Kosmologie und Religion», GA 215.

181 *die Sonne scheine über Gute und Böse:* Siehe die Ode «Das Göttliche» von Goethe:

Es leuchtet die Sonne
über Bös' und Gute
und dem Verbrecher
glänzen, wie dem Besten
der Mond und die Sterne.

182/183 *jene Szene, in der Wagner in der Phiole den Homunkulus herstellt:* «Faust» II. Teil, 2. Akt: Laboratorium.

194 *Daraus hat ein Professor ... gemacht:* Gemeint ist der Professor für Anatomie in Göttingen, Dr. Hugo Fuchs, der sich zum heftigen Gegner der Anthroposophie entwickelte.

204 *über das 49. Jahr hinaus das Leben geschenkt:* In früheren Auflagen stand «beschränkt». Im Stenogramm stehen beide Worte nebeneinander.

210 *Zeichnung:* Die Farbangaben dienen der Kennzeichnung, und stehen in keinem Zusammenhang mit anderweitigen Angaben Rudolf Steiners für die Farben der Planeten.

213 *François Marie Arouet de Voltaire,* 1694–1778.

216f. *Eliphas Lévi,* 1810–1875. Pseudonym für den Abbé Alphonse Louis Constant; Verfasser von «Dogme et Rituel de la Haute Magie», 1854–56, «La clef des Grands Mystères», 1861.

218 *Ich habe Sie ... auf dasjenige verwiesen, was in den ... hybernischen Mysterien vorgegangen ist:* Siehe die Vorträge vom 7., 8. und 9. Dezember 1923 in «Mysteriengestaltungen», GA 232 und die Vorträge vom 27., 28. und 29. Dezember 1923 in «Die Weltgeschichte in anthroposophischer Beleuchtung und als Grundlage der Erkenntnis des Menschengeistes», GA 233.

219 *Victor Hugo,* 1802–1885.

233 *Denken Sie an die Szenen:* Siehe das vierte Bild des ersten Mysteriendramas «Die Pforte der Einweihung» in «Vier Mysteriendramen», (1910-13), GA 14.

246 *... weil diese eigentlich überall mit dem Raum rechnen und nicht mit dem Zeitlichen:* Siehe hierzu den Aufsatz «Rudolf Steiners Lebenswerk in seiner Wirklichkeit ist sein Lebensgang» von Hella Wiesberger, in «Beiträge zur Rudolf Steiner Gesamtausgabe» Nr. 49/50, Seite 12ff.

256 *aus dem Unpersönlichsten:* In den früheren Auflagen hieß es «aus den Untiefen». Das Stenogramm ist undeutlich.

277 *Jakob Böhme,* 1575–1624. «Aurora oder die Morgenröte im Aufgang», geschrieben 1612, erster Druck 1656.

279 18.–21. Zeile von oben: Korrektur gemäß Stenogramm.

284 *dieser Kultus ... im Sinne unserer Christengemeinschaft:* Die «Christengemeinschaft» als Bewegung für religiöse Erneuerung, mit ihrem Hauptsitz in Stuttgart, wurde im September 1922 begründet. Erster Erzoberlenker war Dr. Friedrich Rittelmeyer. Zum Begräbnisritual siehe Rudolf Steiner, «Vorträge und Kurse über christlich-religiöses Wirken», Band II., 24. Vortrag, GA 343.

296 *daß die Legende existiert von einem Philosophen:* Des Empedokles von Agrigent, um 500 v. Chr., von dem es heißt, daß er sich in den Krater des Ätna gestürzt habe. Siehe die Fragmente zu dem Drama «Der Tod des Empedokles» von Friedrich Hölderlin.

Das Lebenswerk Rudolf Steiners ist überliefert in den geschriebenen Werken und in den Nachschriften seiner stets frei gehaltenen Vorträge. Hinzu kommen zahlreiche künstlerische Arbeiten, von denen die beiden Goetheanumbauten weltweite Beachtung gefunden haben. Seine Ausführungen über Pädagogik, Landwirtschaft, Medizin, Nationalökonomie usw. führten zur Begründung zahlreicher Einrichtungen, die als Bereicherung des öffentlichen Kulturlebens immer mehr Anerkennung finden.

Im Auftrag Rudolf Steiners hat Marie Steiner-von Sivers die Vortragsnachschriften durchgesehen und veröffentlicht. Nach ihrem Tod (1948) wurde gemäß ihren Richtlinien von der durch sie 1943 begründeten Rudolf Steiner-Nachlaßverwaltung mit der Herausgabe der Rudolf Steiner-Gesamtausgabe begonnen. Diese wird etwa 350 Bände umfassen. In den beiden ersten Abteilungen erscheinen die *Schriften* und das *Vortragswerk,* in der dritten Abteilung wird das *künstlerische Werk* in entsprechender Form wiedergegeben.

Einen systematischen Überblick über die Gesamtausgabe (GA) gibt der Band «Bibliographische Übersicht. Das literarische und künstlerische Werk von Rudolf Steiner». Über den jeweiligen Stand der erschienenen Bände orientieren die Bücherverzeichnisse und der Gesamtkatalog des Rudolf Steiner Verlages.

Chronologischer Lebensabriß

(zugleich Übersicht über die geschriebenen Werke)

1861	Am 27. Februar wird Rudolf Steiner in Kraljevec (damals Österreich-Ungarn, heute Jugoslawien) als Sohn eines Beamten der österreichischen Südbahn geboren. Seine Eltern stammen aus Niederösterreich. Er verlebt seine Kindheit und Jugend an verschiedenen Orten Österreichs.
1872	Besuch der Realschule in Wiener-Neustadt bis zum Abitur 1879.

1879–1882	Studium an der Wiener Technischen Hochschule: Mathematik und Naturwissenschaft, zugleich Literatur, Philosophie und Geschichte. Grundlegendes Goethe-Studium.
1882	Erste schriftstellerische Tätigkeit.
1882–1897	Herausgabe von Goethes Naturwissenschaftlichen Schriften in Kürschners «Deutsche National-Litteratur», 5 Bände (GA 1a–e). Eine selbständige Ausgabe der Einleitungen erschien 1925 unter dem Titel *Goethes Naturwissenschaftliche Schriften* (GA 1).
1884–1890	Privatlehrer bei einer Wiener Familie.
1886	Berufung zur Mitarbeit bei der Herausgabe der großen «Sophien-Ausgabe» von Goethes Werken. *Grundlinien einer Erkenntnistheorie der Goetheschen Weltanschauung mit besonderer Rücksicht auf Schiller* (GA 2).
1888	Redakteur bei der «Deutschen Wochenschrift», Wien (Aufsätze daraus in GA 31). Vortrag im Wiener Goethe-Verein: *Goethe als Vater einer neuen Ästhetik* (in GA 30).
1890–1897	Weimar. Mitarbeit am Goethe- und Schiller-Archiv. Herausgeber von Goethes Naturwissenschaftlichen Schriften.
1891	Promotion zum Doktor der Philosophie an der Universität Rostock. 1892 erscheint die erweiterte Dissertation: *Wahrheit und Wissenschaft. Vorspiel einer «Philosophie der Freiheit»* (GA 3).
1894	*Die Philosophie der Freiheit. Grundzüge einer modernen Weltanschauung. Seelische Beobachtungsresultate nach naturwissenschaftlicher Methode* (GA 4).
1895	*Friedrich Nietzsche, ein Kämpfer gegen seine Zeit* (GA 5).
1897	*Goethes Weltanschauung* (GA 6). Übersiedlung nach Berlin. Herausgabe des «Magazin für Litteratur» und der «Dramaturgischen Blätter» zusammen mit O. E. Hartleben (Aufsätze daraus in GA 29–32). Wirksamkeit in der «Freien literarischen Gesellschaft», der «Freien dramatischen Gesellschaft», im «Giordano Bruno-Bund», im Kreis der «Kommenden» u. a.
1899–1904	Lehrtätigkeit an der von W. Liebknecht gegründeten Berliner «Arbeiter-Bildungsschule».

1900/01	*Welt- und Lebensanschauungen im 19. Jahrhundert,* 1914 erweitert zu: *Die Rätsel der Philosophie* (GA 18). Beginn der anthroposophischen Vortragstätigkeit auf Einladung der Theosophischen Gesellschaft in Berlin. *Die Mystik im Aufgange des neuzeitlichen Geisteslebens* (GA 7).
1902–1912	Aufbau der Anthroposophie. Regelmäßige öffentliche Vortragstätigkeit in Berlin und ausgedehnte Vortragsreisen in ganz Europa. Marie von Sivers (ab 1914 Marie Steiner) wird seine ständige Mitarbeiterin.
1902	*Das Christentum als mystische Tatsache und die Mysterien des Altertums* (GA 8).
1903	Begründung und Herausgabe der Zeitschrift «Luzifer», später *«Lucifer-Gnosis»* (Aufsätze in GA 34).
1904	*Theosophie. Einführung in übersinnliche Welterkenntnis und Menschenbestimmung* (GA 9).
1904/05	*Wie erlangt man Erkenntnisse der höheren Welten?* (GA 10). *Aus der Akasha-Chronik* (GA 11). *Die Stufen der höheren Erkenntnis* (GA 12).
1910	*Die Geheimwissenschaft im Umriß* (GA 13)
1910–1913	In München werden die *Vier Mysteriendramen* (GA 14) uraufgeführt.
1911	*Die geistige Führung des Menschen und der Menschheit* (GA 15).
1912	*Anthroposophischer Seelenkalender. Wochensprüche* (in GA 40, und selbständige Ausgaben). *Ein Weg zur Selbsterkenntnis des Menschen* (GA 16).
1913	Trennung von der Theosophischen und Begründung der Anthroposophischen Gesellschaft. *Die Schwelle der geistigen Welt* (GA 17).
1913–1922	Errichtung des in Holz als Doppelkuppelbau gestalteten ersten Goetheanum in Dornach/Schweiz. Im gleichen Zeitraum entstanden in Dornach ebenfalls nach Entwürfen Rudolf Steiners mehrere Wohn- und Zweckbauten, so das Haus Duldeck, Haus de Jaager, drei Eurythmiehäuser, Heizhaus, Transformatorenhäuschen, Glashaus, Verlagshaus u. a.
1914–1923	Dornach und Berlin. In Vorträgen und Kursen in ganz Europa gibt Rudolf Steiner Anregungen für eine Erneuerung auf vielen Lebensgebieten: Kunst, Pädagogik, Naturwissenschaften, soziales Leben, Medizin, Theologie. Weiterbildung der 1912 inaugurierten neuen Bewegungskunst «Eurythmie».

1914	*Die Rätsel der Philosophie in ihrer Geschichte als Umriß dargestellt* (GA 18).
1916–1918	*Vom Menschenrätsel* (GA 20). *Von Seelenrätseln* (GA 21). *Goethes Geistesart in ihrer Offenbarung durch seinen «Faust» und durch das «Märchen von der Schlange und der Lilie»* (GA 22).
1919	Rudolf Steiner vertritt den Gedanken einer «Dreigliederung des sozialen Organismus» in Aufsätzen und Vorträgen, vor allem im süddeutschen Raum. *Die Kernpunkte der sozialen Frage in den Lebensnotwendigkeiten der Gegenwart und Zukunft* (GA 23). *Aufsätze über die Dreigliederung des sozialen Organismus* (GA 24). Im Herbst wird in Stuttgart die «Freie Waldorfschule» begründet, die Rudolf Steiner bis zu seinem Tode leitet.
1920	Beginnend mit dem Ersten anthroposophischen Hochschulkurs finden im noch nicht vollendeten Goetheanum fortan regelmäßig künstlerische und Vortragsveranstaltungen statt.
1921	Begründung der Wochenschrift «Das Goetheanum» mit regelmäßigen Aufsätzen und Beiträgen Rudolf Steiners (in GA 36).
1922	*Kosmologie, Religion und Philosophie* (GA 25). In der Silversternacht 1922/23 wird der Goetheanumbau durch Brand vernichtet. Für einen neuen in Beton konzipierten Bau kann Rudolf Steiner in der Folge nur noch ein erstes Außenmodell schaffen.
1923	Unausgesetzte Vortragstätigkeit, verbunden mit Reisen. Zu Weihnachten 1923 Neubegründung der «Anthroposophischen Gesellschaft» als «Allgemeine Anthroposophische Gesellschaft» unter der Leitung Rudolf Steiners.
1923–1925	Rudolf Steiner schreibt in wöchentlichen Folgen seine unvollendet gebliebene Selbstbiographie *Mein Lebensgang* (GA 28) sowie *Anthroposophische Leitsätze* (GA 26), und arbeitet mit Dr. Ita Wegman an dem Buch *Grundlegendes für eine Erweiterung der Heilkunst nach geisteswissenschaftlichen Erkenntnissen* (GA 27).
1924	Steigerung der Vortragstätigkeit. Daneben zahlreiche Fachkurse. Letzte Vortragsreisen in Europa. Am 28. September letzte Ansprache zu den Mitgliedern. Beginn des Krankenlagers.
1925	Am 30. März stirbt Rudolf Steiner in Dornach.

RUDOLF STEINER GESAMTAUSGABE

Überblick über das literarische und künstlerische Werk

Erste Abteilung: Die Schriften

I. Werke

Goethes Naturwissenschaftliche Schriften, eingeleitet und kommentiert von Rudolf Steiner, 5 Bände (GA 1 a–e); separate Ausgabe der Einleitungen (GA 1)
Grundlinien einer Erkenntnistheorie der Goetheschen Weltanschauung (GA 2)
Wahrheit und Wissenschaft. Vorspiel einer «Philosophie der Freiheit» (GA 3)
Die Philosophie der Freiheit (GA 4)
Friedrich Nietzsche, ein Kämpfer gegen seine Zeit (GA 5)
Goethes Weltanschauung (GA 6)
Die Mystik im Aufgange des neuzeitlichen Geisteslebens und ihr Verhältnis zur modernen Weltanschauung (GA 7)
Das Christentum als mystische Tatsache und die Mysterien des Altertums (GA 8)
Theosophie. Einführung in übersinnliche Welterkenntnis und Menschenbestimmung (GA 9)
Wie erlangt man Erkenntnisse der höheren Welten? (GA 10)
Aus der Akasha-Chronik (GA 11)
Die Stufen der höheren Erkenntnis (GA 12)
Die Geheimwissenschaft im Umriß (GA 13)
Vier Mysteriendramen: Die Pforte der Einweihung – Die Prüfung der Seele – Der Hüter der Schwelle – Der Seelen Erwachen (GA 14)
Die geistige Führung des Menschen und der Menschheit (GA 15)
Anthroposophischer Seelenkalender (in GA 40)
Ein Weg zur Selbsterkenntnis des Menschen (GA 16)
Die Schwelle der geistigen Welt (GA 17)
Die Rätsel der Philosophie in ihrer Geschichte als Umriß dargestellt (GA 18)
Vom Menschenrätsel (GA 20)
Von Seelenrätseln (GA 21)
Goethes Geistesart in ihrer Offenbarung durch seinen «Faust» und durch das «Märchen von der Schlange und der Lilie» (GA 22)
Die Kernpunkte der sozialen Frage in den Lebensnotwendigkeiten der Gegenwart und Zukunft (GA 23)
Aufsätze über die Dreigliederung des sozialen Organismus und zur Zeitlage 1915–1921 (GA 24)
Kosmologie, Religion und Philosophie (GA 25)
Anthroposophische Leitsätze (GA 26)
Grundlegendes für eine Erweiterung der Heilkunst nach geisteswissenschaftlichen Erkenntnissen. Von Dr. Rudolf Steiner und Dr. Ita Wegman (GA 27)
Mein Lebensgang (GA 28)

II. Gesammelte Aufsätze

Gesammelte Aufsätze zur Dramaturgie 1889–1900 (GA 29)

Methodische Grundlagen der Anthroposophie. Gesammelte Aufsätze zur Philosophie, Naturwissenschaft, Ästhetik und Seelenkunde 1884–1901 (GA 30)

Gesammelte Aufsätze zur Kultur- und Zeitgeschichte 1887–1901 (GA 31)

Gesammelte Aufsätze zur Literatur 1886–1902 (GA 32)

Biographien und biographische Skizzen 1894–1905 (GA 33)

Lucifer–Gnosis. Grundlegende Aufsätze zur Anthroposophie und Berichte aus den Zeitschriften «Luzifer» und «Lucifer-Gnosis» 1903–1908 (GA 34)

Philosophie und Anthroposophie. Gesammelte Aufsätze 1904–1918 (GA 35)

Der Goetheanumgedanke inmitten der Kulturkrisis der Gegenwart. Gesammelte Aufsätze aus der Wochenschrift «Das Goetheanum» 1921–1925 (GA 36)

III. Veröffentlichungen aus dem Nachlaß

Briefe – Wahrspruchworte – Bühnenbearbeitungen – Entwürfe zu den vier Mysteriendramen 1910–1913 – Anthroposophie. Ein Fragment aus dem Jahre 1910 – Gesammelte Skizzen und Fragmente – Aus Notizbüchern und -blättern (GA 38–47)

Zweite Abteilung: Das Vortragswerk

I. Öffentliche Vorträge

Die Berliner öffentlichen Vortragsreihen («Architektenhaus-Vorträge») 1903/04 bis 1917/18 (GA 51–67)

Öffentliche Vorträge, Vortragsreihen und Hochschulkurse an andern Orten Europas 1906–1924 (GA 68–84)

II. Vorträge vor Mitgliedern der Anthroposophischen Gesellschaft

Vorträge und Vortragszyklen allgemein-anthroposophischen Inhalts – Evangelien-Betrachtungen – Christologie – Geisteswissenschaftliche Menschenkunde – Kosmische und menschliche Geschichte – Die geistigen Hintergründe der sozialen Frage – Der Mensch in seinem Zusammenhang mit dem Kosmos – Karma-Betrachtungen (GA 91–244)

Vorträge und Schriften zur Geschichte der anthroposophischen Bewegung und der Anthroposophischen Gesellschaft – Veröffentlichungen zur Geschichte und aus den Inhalten der Esoterischen Schule (251–270)

III. Vorträge und Kurse zu einzelnen Lebensgebieten

Vorträge über Kunst: Allgemein-Künstlerisches – Eurythmie – Sprachgestaltung und Dramatische Kunst – Musik – Bildende Künste – Kunstgeschichte (GA 271–292)

Vorträge über Erziehung (GA 293–311)

Vorträge über Medizin (GA 312–319)

Vorträge über Naturwissenschaft (GA 320–327)

Vorträge über das soziale Leben und die Dreigliederung des sozialen Organismus (GA 328–341)

Vorträge und Kurse über christlich-religiöses Wirken (GA 342–346)

Vorträge für die Arbeiter am Goetheanumbau (GA 347–354)

Vorträge für die Arbeiter am Goetheanumbau (GA 347–354)

Dritte Abteilung: Das künstlerische Werk

Reproduktionen und Veröffentlichungen aus dem künstlerischen Nachlaß

Originalgetreue Wiedergaben von malerischen und graphischen Entwürfen und Skizzen Rudolf Steiners in Kunstmappen oder als Einzelblätter: Entwürfe für die Malerei des Ersten Goetheanum – Schulungsskizzen für Maler – Programmbilder für Eurythmie-Aufführungen – Eurythmieformen – Entwürfe zu den Eurythmiefiguren – Wandtafelzeichnungen aus dem Vortragswerk, u. a.

Die Bände der Rudolf Steiner Gesamtausgabe sind innerhalb einzelner Gruppen einheitlich ausgestattet. Jeder Band ist einzeln erhältlich. Ausführliche Verzeichnisse können beim Verlag angefordert werden.